Peter Rosegger

Schriften am Wanderstabe. 7 ed. Leipzig, 1899

D1703355

Peter Rosegger

Schriften am Wanderstabe. 7 ed. Leipzig, 1899

ISBN/EAN: 9783744629003

Hergestellt in Europa, USA, Kanada, Australien, Japan

Cover: Foto ©ninafisch / pixelio.de

Weitere Bücher finden Sie auf **www.hansebooks.com**

Am Wanderstabe.

Von

P. K. Rosegger.

Siebente Auflage.

Volks-Ausgabe.

Leipzig.

Verlag von L. Staackmann.

1899.

Eingang.

—

Es giebt Kinder, welche mit neugierigen Augen in die Welt hinausschauen und jeden Menschen gutmüthig anlächeln, dabei aber nicht einen Augenblick die Rockfalten der Mutter aus der Hand lassen. Ein solches Kind bin ich und meine Mutter ist die Steiermark.

Ich bin just nicht weit in der Welt herumgekommen; die Nordsee und der Rhein, der Montblanc, Neapel und die Karpathen begrenzen den Kreis um das Stücklein Welt, das ich bisher gesehen habe. Aber große Schönheiten habe ich geschaut, viele Güte habe ich erfahren von den Menschen, auch wenn sie nicht in meiner Muttersprache redeten. Und doch hat kaum Jemand, der auszog in Jugend, Gesundheit und zur Lust und Lehr', so viel an Heimweh gelitten, als ich. Selbst noch mitten im Vaterlande, im gastlichen Nieder- oder Oberösterreich, im schönen Tirol habe ich Heimweh gehabt nach den Bergen und Thälern der Steiermark. Nicht immer so sehr nach den Menschen — denn mit diesen blieb ich, auch wenn ich draußen war, stets im Verkehr — als vielmehr nach der heimischen Landschaft.

Und so bin ich allemal eher zurückgekehrt, als es ursprünglich festgesetzt war und habe dann an schönen Sommertagen, wenn Andere die Herrlichkeiten in der Ferne suchten — mit Vorliebe mein stilles, grünes Heimatland durchwandert, nicht etwa systematisch, um es zu studiren und zu beschreiben, sondern zwanglos, in Kreuz und Krumm, wohin es mich eben zog, um die Schönheiten der Natur und den Frohsinn der Menschen zu genießen.

Erst später — im Jahre 1877 — bin ich, und zwar von dem Buchhändler Kröner in Stuttgart, veranlaßt worden, für sein großartig angelegtes patriotisches, alle deutschen Lande umfassendes Prachtwerk „Unser Vaterland" die Naturschönheiten der Steiermark in schlichter Weise zu schildern. Ich that's gern, that's so gut ich's vermochte und wie es der mir zu Gebote stehende Raum gestattete. Die Schilderung wurde mit vorzüglichen Bildern versehen und so kam ein Werk zu Stande, an dem ich besonders seiner Ausstattung wegen meine wahre Freude hatte.

Nun ist gewünscht worden, daß ich meine Naturschilderungen aus Steiermark als Gegenstück zu meinem „Volksleben in Steiermark" dieser Ausgabe der Schriften einverleibe.

Ich erfülle diesen Wunsch, mit der Bemerkung jedoch, daß meine „Wanderung durch Steiermark" nichts weniger, als eine erschöpfende Beschreibung des Landes ist, oder sein will, sondern ein leichtbeschwingter, fröhlicher Ferienausflug mit besonderer Berücksichtigung der Naturschönheiten, mit

sachgemäßen geschichtlichen, ethnographischen und wirthschaftlichen Streifblicken — für den Fremden wie für den Einheimischen.

Wenn diese Schrift geeignet ist, in den Einen schöne
Erinnerungen an einzelne Gegenden aufzufrischen, die Anderen
zum Besuche des Landes anzuregen, dann kann ich mich des
Dankes freuen, der ihr dafür gebührt.

Die schöne Steiermark hat noch nicht die entsprechende
Beachtung gefunden.

Der Steirer selbst ist sein Lebtag kein Prahlhans gewesen. Was er war, das bewies er durch redliche That,
was er hatte, das genoß er still vergnügt für sich. Wohin
in alle Welt der Steirer verschlagen werden mag, er hat ein
wenig Heimweh nach seinem Lande. Er ist nicht gewohnt, es
auszuposaunen: dieses Land sei so schön. Das ist ja ganz
selbstverständlich und Jeder, der da ist und da war, der
sieht es, fühlt es und er bestreitet es nicht.

Was soll man da viel loben! Tirol war nicht immer
schön, die pittoresken Gegenden der Schweiz waren nicht
immer schön, denn nicht immer war dem Menschen die
Eigenschaft gegeben, daß auch das Wilde, Schauerliche,
Gewaltige angenehm und erhebend auf seine Seele wirke.
Aber die grüne Steiermark mit ihrer unendlichen Mannigfaltigkeit an Formen, mit ihrer unerschöpflichen Fruchtbarkeit auf den Höhen wie in den Thälern, ist schön gewesen
zu aller Zeit, ein Kleinod, um dessen Besitz sich die
Großen oft hartnäckig gebalgt, ein Paradies, in welchem

selbst die Horden der Völkerwanderung länger Rast gehalten haben, als anderswo.

Hoch vom Dachstein an bis zum Bett der Sann! Welch' ein Reichthum von gewaltiger Herrlichkeit und lieblicher Schönheit auf so kleinem Flecke! Das freie Auge vermag von den Kronen der Sulzbacheralpen aus die Gletscher des Dachstein zu schauen; die Winzer an der Drau sehen im sonnigen Aether die blauenden Höhen des Wechsel blinken — und was liegt Alles dazwischen! — Wer von den schreckhaft schauerlichen Bergen jener Kalkalpen, von deren Wänden das Sausen der Enns wiederhallt, eine Wanderung gemacht hat durch die wilde Gegend des hohen Schwab, über das feierlich ernste Mariazell, durch die finstern Schluchten des Todten Weib, über die idyllischen Gelände des Mürzthales und des Murbodens, durch die entzückenden Auen an der Feistritz und Raab, über die in üppiger Fruchtbarkeit prangenden Ebenen an der Drau, über die sonnigen Weingärten der windischen Büheln und des Kolojer Ländchens, an den schattigen Ufern der grünen Sann, durch die Urwildnisse des Bacher in das Paradies an der Sulm und an der Kainach und nach dem heiteren Grazfelde mit seiner schönen, großen Stadt — der weiß, was die Steiermark ist.

Die meisten deutschen Reisehandbücher gehen den Reisenden nach, anstatt ihnen vorauszugehen; die nicht orientirten Reisenden aber streben dem zumeist Auffallenden und Naheliegenden zu, finden alljährlich dieselben hohen Berge und

hohen Hotelrechnungen, die beeisten Höhen, die sie nicht
besteigen, die befrackten Kellner, die ihnen verhaßt sind —
aber der Fremdenstrom hat einmal sein tiefes Bett gerissen,
in dem er sich fortbewegt, und so erzählen die Fremdenbücher
immer wieder das, was man schon weiß das Weitere —
wissen sie selbst nicht.

Jene Reisenden aber, die fast zufällig verschlagen werden
auf unbekanntes Gebiet der deutschen Alpen, vermögen sich oft
vor Entzücken kaum zu fassen. Was da noch Alles so
ursprünglich und unentweiht ist! Die Natur voll ungeahnter
Pracht, die Menschen so schlicht, die Wirthshäuser so
patriarchalisch anheimelnd und die Preise so — naiv. Anfangs
können sie es kaum begreifen, daß es möglich ist, wieso die
Naturschilderer, Ethnographen und Maler diesen und jenen
Winkel so ganz übersehen haben, wieso diese Menschen so vernünftig und zufrieden sein können, ohne daß die modernen Welt-
verbesserer in ihre Bergthäler gedrungen sind. Ja, die Fremden
können sich kaum enthalten, es laut in die Welt zu jubeln,
daß sie das Eden wiedergefunden hätten. Aber Manche sind
unter ihnen, die schweigen fein still, wie das Schäflein, das
abseits von der Heerde ein saftiges Rasenplätzchen gefunden hat,
das Blöken einstellt und gar heimlich und eifrig sich an seinem
Funde sättigt.

Und im nächsten Jahre schleichen die touristischen Schäflein
wieder herbei, genießen die wahre Idylle des Landlebens
und zittern nur vor dem Einen, daß sich plötzlich der Strom
der Modereisenden in ihr Bereich ergießen und dasselbe mit

einer Sündfluth von Städtern jeglichen Kalibers übersluthen könne.

Dann wäre es aus mit dem keuschen Hauche, der heute über Natur und Menschen liegt. In solcher Ueberschwemmungs= gefahr befindet sich allerdings auch Steiermark. Bereits haben nach vielen Richtungen hin Eisenbahnen die Dämme durch= brochen und nur die landläufigen Reisebücher, die von der Steiermark nicht viel zu sagen wissen, als daß sie grün sei, schützen uns gottlob noch vor größerem Unheil.

Mancher Sänger in alter Zeit hat die Steiermark ver= herrlicht; der Sang verscholl, aber was Kalchberg, Seidl, Lenau, Grün, Hamerling über dieses Land sagen, das ist lebendig.

Weiland Erzherzog Johann schrieb, daß er sich erst wohl fühle, wenn er über den Semmering herüber sei. Der Steiermärker freute sich solcher Aussprüche, blieb des Weiteren aber indifferent; er ist in der Regel einer der Letzten, welche über sich und ihr Land sprechen. Da aber alle Anderen ihre Erdscholle rühmen vor der Welt, wäre allzugroße Be= scheidenheit eine Unterlassungssünde.

Bisher sind so Viele durch Steiermark gereist, ohne Steiermark zu sehen und fast könnte man sagen, daß Mancher in Graz — Graz übersehen hat. Man meint, wenn man hier den Stadtpark durchwandelt und auf den Schloßberg steigt und da oben bei der „Liesel" in Bewunderung ausbricht über das herrliche Bild, ganz gelassen wieder abreisen zu können mit dem Bewußtsein, Graz gesehen zu haben. Nun besteht aber Graz nicht aus der Stadt allein, sondern, und besonders für den Reisenden, auch und viel mehr aus seiner Umgebung. Man muß durch die blühende Garten- und Villenstadt des Rosenberges, durch die reizenden Schluchten des Zuserthales über die Höhen des Rainerkogels, des Ruckerlberges, der Platte wandeln, man muß die Wald-dämmerungen von Maria Grün, von Maria Trost, vom Bründel durchstreichen und die Wildgärten des Hilm und des Stiftingthales, die grünen Matten der Andritz, die Mauern des alten Gösting und die Hochwarte des Plabutsch betreten, um Graz zu sehen, „die Großstadt, die auf dem Lande steht.“ Behaglich breitet das an der klaren Mur ruhende Graz seine Gassen und Gärten aus über Berg und Thal; lieblich liegt es hingesessen, spottend allen Regeln einer geschlossenen Stadt, huldigend nur den Principien des An-muthigen und Schönen.

So viel an Menschen ist, Stadt und Land schön zu machen, oder schön zu erhalten, geschieht nun, und was die Menschen nicht zu schaffen vermögen, das hat hier der Himmel längst vollbracht: Ein mildes, gesundes Klima, eine reine Berg- und Waldluft, ein krystallklares Wasser — und ein harmlos heiteres Gemüth der Bewohner.

Da eine alljährlich wiederkehrende Völkerwanderung nach neuen, schönen Zielen modern geworden ist und auf diesem Wege die Unterschiede der Nationalitäten und der Stände sich mildern und gleichen und die Menschen sich finden, schätzen und lieben lernen — so ist es wohl zeit- und sachgemäß, die Fremden auch einmal zu uns nach Steiermark einzuladen.

Wir können ihnen frohen Herzens die Herrlichkeiten unserer Heimat zeigen und mit dem Stolze edler Heimatsliebe beweisen, daß der grünen Steiermark Smaragd nicht der geringste ist unter den Edelsteinen der Alpenkrone.

Der Verfasser.

Eine Wanderung durch Steiermark.

—

Eine Wanderung durch Steiermark.

Vom Semmering bis zur Salza.

Das ist ein merkwürdiger Eingang in die Steiermark. Man kommt von den Ebenen, von Wien, und steht hier plötzlich vor den trotzigen Bergen. Mit einem für unsere Verkehrsmittel scheinbar unüberwindlichen Festungswall ist das schöne Bergland verschanzt. In den tiefen Wiesenthälern blinken die Wasser, in den Schluchten rauschen die Wildbäche, an den Hängen zwischen Wald und Wand starren die Schutthalden, von den Höhen leuchten zwei Drittel des Jahres die Schneefelder nieder. Aber jenes wunderbare Thier der Neuzeit, jenes Roß, das Kohlen frißt und Feuer schnaubt, schrickt vor solchen Wildnissen nicht zurück. Das hat sich selbst seine sichere Straße gebaut an den oft senkrechten, zerrissenen und zerklüfteten Felswänden hin. Achtzehnmal rauscht es unter die Erde hinein und ebenso oft setzt es über schwindelnde Brücken, bis die Veste überwunden ist.

Der Semmering!

„Es ist nicht möglich!“ sagten anfangs die Leute, „die Eisenbahnbauer sind große Herren, aber die Berge sind noch größere, und — da hinüber kommen sie nicht.“

Zehn Jahre lang ist gearbeitet worden mit allen Mitteln des menschlichen Willens, und an einem heiteren Sommertage des Jahres 1854 fuhr die erste Locomotive von Niederösterreich in die Steiermark hinein.

Das Werk hat fünfzehn Millionen Gulden gekostet und die seitherigen Auslagen dafür dürften nicht viel geringer sein. Viele können es nicht begreifen, wie gerade die wildeste Stelle gewählt werden konnte, da andere Punkte scheinbar viel geeigneter gewesen wären, die Ausläufer der Alpen zu durchbrechen. Wir freuen uns, daß die Semmeringbahn so gebaut worden ist, sie gehört zu den kühnsten und allergroßartigsten Eisenbahnbauten in Europa und ist an Reichthum von mannigfaltigen Bauten und Naturschönheiten einzig in ihrer Art.

Die Reichsstraße über den Semmering von Gloggnitz bis Mürzzuschlag kann zu Fuß leicht in fünf Stunden zurückgelegt werden; die Eisenbahn von Gloggnitz bis Mürzzuschlag aber ist 5¹/₂ Meilen lang: das läßt denken, in welchem Zickzack dieselbe hin und her muß, bis sie alle Tiefen und Klippen überwunden hat. Die Steigung ist stellenweise so scharf, daß man an eine Zahnradbahn denkt und nur staunen muß über den damaligen Unternehmungsmuth der Erbauer.

Von Gloggnitz über Schlöglmühl (wo das österreichische Banknotenpapier gemacht wird) nach Payerbach gelangt, stehen wir vor dem ersten Riesenbau. Es ist die auf dreizehn Pfeilern ruhende neunhundert Fuß lange Brücke über das Thal der Schwarza gespannt, in einer Höhe von hundertzwanzig Fuß. Von hier beginnt die Steigung und bald kommen zwei Tunnels von dreihundertsechzig und vierhundertachtzig Fuß Länge. Nun öffnet sich links die Gegend, tief unten liegt der Markt Gloggnitz, über denselben hinaus schweift zum letztenmal der Blick in die Ebenen Oesterreichs, Mährens und Ungarns, die wie ein blaues Meer allmählich mit dem Firmamente verschwimmen. Und die Bahn wendet sich gegen das Innere der Berge.

Bald halten wir an der Station Klamm. Hier finden wir nichts als den Bahnhof, ein Kirchlein, ein paar Berghäuser und die malerische Ruine. Aber unten in der Schlucht, gar eng eingepreßt zwischen den Wänden, an beiden Seiten der Reichsstraße, liegt der Ort Schottwien; hinter demselben an grüner Lehne schimmert die zweithürmige Wallfahrtskirche Mariaschutz; von den jenseitigen Bergen blinken mehrere Ruinen.

In schwindelnder Höhe über dem Ablitzbache zieht sich nun die Bahn in der Länge einer Meile an der Weinzettelwand fort, mehrere Tunnels durchlaufend und endlich das romantische Thal der Ablitz übersetzend auf einem dreistöckigen Viaduct, der höher als ein Haus von zehn Geschossen sich erhebt. An der Weinzettelwand war es, wo bei dem Baue durch einen Felssturz vierzehn Arbeiter ihren Tod fanden. — Nun gelangt man durch einen Tunnel in ein anderes Thal, von dem sich ein großartiger Blick in das Hochgebirge aufthut. Ueberraschend ist es, wie man · - jetzt zur rechten, jetzt zur linken Seite mehrmals wechselnd — das Gebirgsbild hat. Ueber einer grünen Niederung herein leuchtet uns das erste Riesenhaupt aus Steiermark entgegen — die Rax.

Der Zug rollt hier wieder mehrmals in die Erde hinein, bietet wiederholt Ansichten der eben zurückgelegten Bahnstrecke, durchbraust den mehr als sechshundert Fuß langen Wolfsberger Tunnel und steht endlich auf der Station Semmering.

Wir steigen aus, um das dem Erbauer dieser Bahn hier errichtete Monument zu betrachten und dann einen Blick über die weiten Berge hin und besonders auf den nahen Sonnwendstein zu werfen, der den Grenzpfeiler Steiermarks bildet und seinen Ersteiger mit der prächtigsten Aussicht über vier Provinzen lohnt. — Vom Bahnhofe aus liegt uns das Land Niederösterreich tief zu Füßen; junger Lärchenwald umgiebt uns; wir athmen — auch im Hochsommer — kühle Alpenluft. Frisch Wasser, Alpenrosen und Edelweiß werden von barfüßigen, blauäugigen Kindern uns angeboten.

Da auf der Semmeringbahn der Sicherheit wegen ein größeres Wärterpersonale als sonst aufgestellt ist, so sind auch die Bahnwächterhäuser stattlich, stets einen Stock hoch und für mehrere Familien eingerichtet. Seit fast vier Decennien, da diese Bahn nun im Betriebe ist, hat sich auf derselben noch kein bedeutender Unfall ereignet, trotz der dreißig und mehr Züge, die täglich auf dieser merkwürdigen Strecke verkehren.

Unmittelbar hinter der Station Semmering rollen wir mit einem langen Pfiffe in den großen Tunnel, der 4530 Fuß lang ist. Er zieht durch den eigentlichen Semmeringberg. Die Bahn geht bald in eine leichte Senkung über. — Was bedeutet der schrille Pfiff unter der Erde? Der Pfiff bedeutet kein Unglück, er ist ein Gruß an die Steiermark. Mitten im Berge haben wir die Grenze durchbrochen, und endlich wieder im Tageslicht gleiten wir durch ein frischgrünes Wiesenthal zwischen Waldbergen dahin.

Wie seltsam! Jenseits des Tunnels waren wir auf dem Berge, und hier — fast auf gleicher Höhe — sind wir in der Niederung und an beiden Seiten bauen sich hoch, aber in welligen Linien die reichbewachsenen Kuppen, Bauernhöfe an ihren Lehnen, Matten und Almhütten auf ihren Höhen. — Noch übersetzen wir die mächtige, dreihundertsechzig Fuß lange Brücke bei Steinhaus, und der Semmeringbau, dieser gewaltige Sieg des menschlichen Geistes und Fleißes, liegt hinter uns — wir sind eingezogen in die grüne Steiermark.

> „Lusti wulauf
> Is da schdeiraschi Brauch
> A diaggascha Schdeaz
> And a Schwomsupn drauf!
>
> Bin a lustiga Bua,
> Los in Tuifl ka Rua,
> And d'Engerln in Himel,
> Däi lochn dazua!"

Ihr versteht es nicht? Das ist ja steierisch. — Lustig wohlauf ist der steierische Brauch! Bin ein lustiger Bursche, laß dem Teufel keine Ruh! — Ein kecker Junge singt's oben an der „Räuberhöhle" über dem Alpendorfe Spital. Die Räuberhöhle ist ein Felsenloch, ein Viertelstündchen ober dem Bahnhofe. Da hätten vor Zeiten die Straßenräuber ihre Schätze verborgen, die sie den Reisenden auf der Heerstraße abgenommen. Erwiesener ist, daß zur Türkenzeit die Bewohner der Gegend mit ihrer Habe sich vor dem Feinde in diese Höhle geflüchtet haben. Vor Kurzem befand sich am Eingange noch eine eiserne Thür, welche heute die Sacristei der Spitaler Kirche bewacht. Schon in alten Zeiten, da in diesen Bergen noch die tiefste Wildniß war, führte die Straße nach Italien über den Semmering. Da ließ im 14. Jahrhundert ein steierischer Herzog mitten im Urwalde ein Hospiz, damals Spital am Herrenberge genannt, erbauen, aus welchem das heutige Spital am Semmering entstanden ist.

Zur Sommerszeit wimmeln in diesem Alpenthale die Wiener,
steigen auf die schönen Berge Stuhlegg und Kamp und
horchen den übermüthigen Liedern der lustigen Aelpler. —
„Seids lusti!" ist dieser Aelpler Sprichwort, „mir tema so
jung neama zsomm!" und:

> „Geht ma sunstn nix o,
> Wir a Mühl and a Rod,
> Wir a Haus and a Feld,
> And a Dirndl mit Geld.
>
> Du himlischa Voder,
> Af da Welt wars wul z'bleibn,
> Wans nur amol a holbi Schdund
> Zwoanzga tad schneibn."

Blutarm und kreuzlustig! So sind die Bergbewohner.
Die Gegend von Spital und Mariazell besonders ist bekannt
als das lebensfreudige österreichische Arkadien.

Ich habe an anderer Stelle die Arbeitsweise, Sitten
und das seelische Leben dieser Menschen zu schildern gesucht
(„Volksleben in Steiermark"), ich habe ihre Lieder und
Sagen belauscht und dieselben in meine volksthümlichen
Schriften eingestreut; ich habe ihre Mundart und in derselben
ihre lyrische und humoristische Anlage darzustellen unternommen
(„Zither und Hackbrett" und „Tannenharz und Fichtennadeln", Graz, Leykam-Josefsthal), ich habe das Menschliche, das Eigenthümliche und die Vorzüge des deutschen
Steierers nach allen Seiten hin zu fassen und in Form zu
bringen mir zur Aufgabe gestellt. Es ist Localpatriotismus,
wenn Ihr wollt, aber einer, den ich nicht zu entschuldigen
brauche. Wer sein Vaterland ignorirt, um vom „Kosmopoli-
tismus" zu schwärmen, der kommt mir vor wie ein Mensch,
der seine Mutter verläßt, um sich auf der Gasse mit

fremdem Volke herumzutreiben. Die Allgemeinheit, die Versöhnung und allmähliche Vereinigung der Völker auf Erden ist ein Ideal, dem wohl jeder Vernünftige anhängen muß; aber der gesammten Menschheit dient man am besten, nicht wenn man sich verflacht, sondern wenn man sich auf das beschränkt, was man ist, wenn man das bringt, was man hat, wenn man auf seinem eigenen Boden nach neuen Schätzen gräbt, in seinem eigenen Garten Früchte züchtet, die vielleicht sonst nirgends wachsen, und damit dem Allgemeinen ein Geschenk macht. Das ist jener kosmopolitische Localpatriotismus, durch den die Agricultur wie die Industrie, die Wissenschaft wie die Kunst universell gefördert wird.

Also laßt mich meine Steiermark preisen und folgt mir.

Wir benützen noch die Südbahn bis zur nächsten Station Mürzzuschlag. Hier verlassen wir sie, um nach einer langen Fußwanderung über Berg und Thal weit unten im Wendenlande wieder mit ihr zusammenzutreffen.

Der alte Ort Mürzzuschlag — wo die Mürz zur Reichsstraße schlägt — liegt an der Ausmündung dreier anmuthsreichen Thäler und ist ein Tummelplatz der Wiener. Schöne Spaziergänge schlängeln sich in die Berge und Nebenthäler. Ein in das Thal vorgeschobener Felskopf, der Gansstein, bietet eine prächtige Aussicht auf den Flecken, in das waldreiche Mürzthal und in die Felsengruppe von Neuberg.

Die Geschichte vom „Gansstein-Michel" ist weit und breit bekannt. Der Gansstein-Michel, das ist ein buckeliges Männlein, welches tief im Felsen des Gansstein wohnt und unmeßbare Schätze bewacht. In der Christnacht könnte man den Eingang finden. Da ist in dieser Nacht einmal eine Bäuerin mit ihrem Kinde gegen Mürzzuschlag in die Mette gegangen.

2*

Und als sie am Gansstein vorbei kommt, denkt sie: Schau, Mirzel, eine Schürze voll Geld wär' nicht zu verachten! und geht tief in die Felsenhöhle hinein. Ein großer Karfunkel beleuchtet die Nacht; ein schwarzer Hund sitzt da und knurrt; der Michel kauert auf einem Stein und schläft; die Fässer, die in langen Reihen stehen, sind voll von Gold und Edelgestein. Das Weib setzt ihr Kind auf den Boden, faßt in die Schürze was Platz hat, füllt die Kittelsäcke und die Strümpfe und eilt jauchzend über ein solches Glück davon. Als sie wieder auf der Straße ist und den Sternenhimmel sieht, denkt sie an ihr Kind. Das hat sie in der Höhle vergessen. Sie eilt zurück, kann aber den Eingang nicht mehr finden, und weder sie noch ihre Nachkommen haben ihn bis heute gefunden. — Wer zur stillen Mitternachtsstunde am Gansstein vor-übergeht, der soll heute noch das Kind schreien hören. Oder ist es die Stimme des Herzens, daß man über alles Gold und Edelgestein der Welt des bluteigenen Kindes nicht ver-gessen soll? —

Landstraße und Eisenbahn laufen in größerer Eintracht, als das sonst zwischen Concurrenten der Fall zu sein pflegt, über die freundlichen Matten des Mürzthales mittägigen Landstrichen zu. Wir nehmen die Richtung nach Norden, rüsten uns mit Bergschuh und Bergstock und wandern im schattenreichen Alpenthale der klaren, forellenreichen Mürz entgegen. Die Leute, die uns begegnen, bieten uns treu-herzigen Angesichtes einen guten Tag. Es sind zumeist Wald-arbeiter in steierischer Tracht. Unter Weidenbüschen rieselt die Mürz, an deren jenseitigem Ufer die neue Eisenbahn den Fußmüden bis Neuberg führt. Gerade vor uns, hoch über sonnigen Tannenwipfeln, blauet das Gewände der Neu-berger Alpen.

Im Dörfchen Kapellen unter einer Linde halten wir Rast, und blicken in das Thal von Altenberg mit seinen vielen Bretterjägen, seinen Spatheisensteinbergwerken und Röstöfen. Uns, die wir gern „naturbummeln," interessirt vor Allem das ungeheure Felsenhalbrund der Rax, 6340 Fuß hoch. — Der Himmel ist so blau, die Luft so frisch, die Brust so freudig. Machen wir eine Alpenpartie; besuchen wir den lieben Gott auf dem hohen Berge.

Von Kapellen führt ein guter Weg auf den bewaldeten Bergsattel des G'scheid. Vom G'scheid biegt ein Steig gegen die ragenden Wände der Rax empor. Die noch mit Tannen und Lärchen bewaldete und mit üppigem Grase bewachsene Thalmulde, über welche wir wandeln, heißt die Sieben-brunnerwiese wo bereits das Hirtenleben mit seinen Schäfer-stunden anfängt, sich zu entfalten. Dann kommt schon der steile Hang mit seinem Gestein und Alpenstrauch, der Weg führt bequem im Zickzack hinan und ist ein Geschenk des Touristen-freundes Erzherzog Karl Ludwig von Oesterreich, der im Vereine mit dem Touristenclub in Wien, oben auf dem Plateau auch ein Bergfahrer-Hospiz erbauen ließ, zu Schutz und Schirm im Sommer und im Winter. Denn wir fangen schon an, selbst an reinen Wintertagen Alpenpartien zu machen — uns zu freuen an dem Himmelsklar, in welchem auch zur Tageszeit manch' Sternlein glüht, an der erhabenen Ruhe und dem fast überirdischen Frieden, der da oben waltet und die kleinen, menschlichen Begierden dämpft. — Im Sommer, inmitten des warmpulsirenden Lebens, ist das ganz was Anderes …

Hoch über den Felswänden der Rax, wo man ewiges Eis vermuthet, liegt ein grünes Mattenland mit Berg und Thal, voll duftender Kräuter, prangender Rosen und mit Sennhütten voll üppiger Lebensfreude.

Wir besteigen den höchsten Punkt, die Heukuppe. Von da muß man scheinbar auf alle Bergspitzen hinabschauen — auf die Giebeldachung des Schneeberges, auf den Kameelrücken der hohen Veitsch, auf die Schroffen des Oetscher bei Mariazell, auf die weiße Zackenkrone des Hochschwab, auf das blaue Täselchen des hohen Schöckel bei Graz, auf den ätherischen Rücken des Wechselgebirges, in welchem die erhabene Kette der Centralalpen niedersinkt in das Flachland der Magyaren. — Wir stehen höher, als die gluthrothe Scheibe, die hinter dem Türenstein niedertaucht. Wir sehen die Sonnenscheibe in der dichten Luftschichte, in welche sie versinkt, wie plattgedrückt. Im Thale der Mürz liegt schwere Dämmerung. Dort läuten jetzt alle Glocken, daß die Menschen auf's Beten nicht vergessen. Hier oben bedarf's der Erinnerung nicht. Ueber den Ebenen Ungarns zieht die Nacht herauf, ihr voraus wallt ein violeter Schein, wie Nordlicht leuchtend. — Endlich sprossen die Sternlein, und Du, Menschenkind mit Deinem winzigen Auge, das oft so kurzsichtig ist, daß es den Stein nicht sieht vor den Füßen, überschaust Millionen von Welten in ungeheuren Fernen! — Aber nicht allein das Auge, auch andere Sinne möchten genießen und so steigen wir nieder in die Thalungen zu den Schwaighütten (Sennhütten). Es ist Samstagnacht und man sollte meinen, es wären alle Thüren schon verschlossen vor den Wohnungen der schmucken, sittigen Schwaigerinnen. Sie sind aber nie weiter offen, als in der Samstagnacht. Alle Hütten sind besetzt und belagert. Lauter junge, kernfrische Burschen aus Neuberg, Kapellen und Prein sind da, die singen und scherzen; und auch Andere, die still und finster, wie das böse Gewissen um die kleinen Behausungen schleichen. Die Hütten sind schlecht, ein Sturmwind bläst durch die Wandfugen das Herd-

feuer hin und her, das mitten im Raum auf einem Stein-
gelege brennt. Tisch ist gar keiner da; wer essen will, der
setze sich auf die schmale Wandbank oder vor die Hütte in's
Freie, stelle die Pfanne auf seine zwei Kniescheiben und esse.
Gott gesegne den Sterz, die Schmalznocken, oder was es
sonst Köstliches sei! Wer trinken will, der gehe zum Trog,
in welchem die Schneestücke schmelzen, die vom Kar nieder-
geschleppt worden sind. Eine andere Wasserquelle ist auf der
Rax nicht zu finden. — Wer schlafen will, der muß die
Schwaigerin bitten, daß sie ihr Bett herleiht, welches dort
im Winkel steht. Die Schwaigerin geht dann zu einer Nachbarin oder ruht oben unter den Brettern des Daches auf
dem Haufen isländischen Mooses, das sie ihren Schweinen
gesammelt hat.

Heute denkt kein Mensch an's Schlafen. Dort steht das
Wirthshaus. Es ist nicht besser und nicht schlechter, als die
übrigen Hütten, aber es beut Wein, Schnaps, Geselchtes,
Thee und Kaffee. Die Wirthin ist emsig und froh; der Wirth
ist eine Andreas Hofer-Gestalt und drückt ein Auge zu, oder
zwei, merkt er, daß die Verantwortung zu groß würde, wenn
er sähe. Es ist ein Voll von Sündern beisammen. Die
Jüngsten karteln und kegeln um's Geld oder balgen sich
umsonst. Andere trinken und johlen Gesänge, so farbenüppig
schier, wie das Muster glühender Liebespoesie — Salomon's
hohes Lied. Und Jene, die gar nicht da sind, sondern hinten
und draußen im Verborgenen munkeln, das sind die Schlimmsten
von Allen.

Wiener sind heraufgestiegen mit nackten Knieen, be-
schlagenen Schuhen, Eisen und Alpenstöcken. Gerade durch
ihr auffallend älplerisches Thun und affectirt bäuerliches
Gehaben merkt man den Städter. Ganz tolle Kerle! Sie

stiegen auf die Berge, um „frei" zu sein, aber die Bauernburschen weisen ihnen Trotz. — Eine Zither hört man surren;
draußen herum schrillt eine Mundharmonika. Dort am Stein-
kloß stehen singende Gruppen. Mancher aus dem Thale scheint
erfolglos da zu sein, man merkt den Aerger aus seinem
Sang:

> „Af d'Olm bin ih gonga,
> Af d'Olm hots mi gfreid,
> Af d'Olm geh ih neama,
> Da Wäig is ma z'weid.
>
> Da Wäig is ma z'weid,
> And die Schwoagarin z'schbulz,
> And a Bua, dea sa hoch schdeigg,
> Is ah nit vox Hulz."

Auf dem Dachfirst einer anderen Hütte sitzt Einer und
läßt die Beine an beiden Seiten hinabhängen und singt:

> „Selm afn Schnegguschdeig
> Schnawln zwoa schneeweißi Taubn,
> And heind mäicht ih goa sa gern, goa sa gern
> Hulzäipfl klaubn."

D'rauf eine weibliche Stimme vom Kuhstall her:

> „D'Hulzäipfl, d'Hulzäipfl
> Warn ma viel zsauri,
> Wanst scha nix Siassers findst,
> Bua, sa is's trauri."

Inzwischen das Schellen der Reigen, das Röhren der
Rinder, das Grunzen der Schweine, das Gackern der auf-
geschreckten Hühner. Und auf allen Höhen jauchzen die Halter
und Hüttenbuben. Die Lust des Aelplers klingt in Gesang
aus — jeder Athemzug wird zum Jubelschall. —

So vergeht die Samstagnacht. Auf der Heukuppe liegt bereits der Sonntagsschein, da tollen Bursche in die Hütte. Der hat einen Riß im Beinkleid, ein Loch im Rock; die Schwaigerin hat Nadel und Zwirn, die soll flicken. „Jerum," ruft sie aus, „da ist ja ein Blut auf dem Aermling! Werd's doch nit g'rauft haben?"

Es ist nicht zu leugnen.

Wir trinken frische Milch und denken an den Abstieg. An der österreichischen Seite über steiles, schattenfinsteres Gewände klettern wir hinab in das tiefverlassene Reißthal, in welchem die Ruinen eines abgestifteten Dorfes stehen. Wegen Wildereien und Auflehnung gegen den Guts- und Schutzherrn ist vor etlichen dreißig Jahren die Ansiedlung zerstört worden. — Wir nehmen unsern Weg über den Naßkamm auf die pflanzenreiche Schneealpe, wo wir wieder Dörfer von Schwaighütten finden, verlassen endlich dieses Arkabien, um durch das Lichtenthal hinabzusteigen zu den Ufern der Mürz nach Neuberg.

Vor uns liegt der Ort mit seinem stattlichen Stifte, mit den Felsenkegeln seiner alten Annenkirche und seines Calvarienberges, hinter welchem das Horn des Rabensteines aufsteigt. Es weitet sich das Thal, und dort, wo sich's gegen Mürzsteg hin wieder einzuengen beginnt, liegen die großartigen Eisenwerke mit ihren schwarzen Dächern und rauchenden Schloten. Dahinter, wo sich die pittoresken Schluchten der Krampen und des Tirol hinziehen, erhebt sich die Laahalpe, an welche sich zur Rechten hin die vielgestaltige Chorwand und die Spitzen des Hirschegg reihen. Vom Gewände des Windberges und des Rauhensteins gehen wüste Schutthalden nieder in die Waldungen und gegen die Matten, auf denen Gruppen von Menschenwohnungen stehen.

Je unwirthlicher die Umgebung erscheint, desto behaglicher liegt Neuberg in seinem Thale, ist es doch geschützt von bewachsenen Vorbergen, und der berüchtigte Neuberger Wind, der die Mürzzuschlager mitunter stark frösteln macht, wird in Neuberg selbst verhältnißmäßig wenig gespürt.

Neuberg ist trotz seines Namens ein uralter Ort; die Eisensteinbaue daselbst messen sich weit über die christliche Zeitrechnung zurück. Auf dem Rabensteine und auf dem Falkensteine an der Laahalpe sollen Schlösser gestanden haben; auf letzterem will man heute noch Ruinenreste finden. Das Stift wurde in der ersten Hälfte des 14. Jahrhunderts gegründet, und zwar von Otto dem Fröhlichen, um die Heirat mit seiner Blutsverwandten Elisabeth von Bayern, deretwegen er in Verbannung war, zu sühnen. Schon drei Jahre nach der Gründung setzte er im Capitelgewölbe die Leiche seiner jungen Gattin bei. Wenige Jahre später bestattete er daselbst auch seine zweite Gemalin, die sechzehnjährige Anna von Böhmen, und nach etlichen Monaten folgte er, der lebenslustige Mann, selbst in die Gruft. Achtunddreißig Aebte regierten in Neuberg, bis das Stift unter Kaiser Josef aufgehoben und mit all' seinen Gütern der Staatsdomäne einverleibt wurde. Da war es aus mit der Poesie des Klosters. Die Räume wurden von der Gewerkschaft als Amtslocale verwendet. Der schöne gothische Kreuzgang mit den Bildnissen der Aebte, sowie das Capitelgewölbe dienten als Holzkammern; die große Steinplatte über der Gruft wurde ausgehoben und zu einem Zahltisch für die Gewerkschaft benützt. Bei dieser letzteren Gelegenheit entdeckte man wieder die Gebeine des Gründers und seiner Familie, die Kaiser Franz von Neuem feierlich beisetzen und mit Denkmälern versehen ließ.

Die Eisenwerke, Hochöfen und den Bergbau verkaufte der Staat an die Neuberg-Mariazeller Gewerkschaft, unter welcher sie zu glänzendem Aufschwunge kamen. Grund, Boden und Forst behielt das Aerar für sich; die Stiftsgebäude sind zum Theile an die Gemeinde vermiethet. Die herrliche Stiftskirche wurde der Gemeinde als Pfarrkirche überlassen.

Sie ist im gothischen Style aufgeführt und gehört zu den größten Gotteshäusern des Landes. Das Gewölbe ist durch vierzehn Pfeiler getragen, schöne, hohe Fenster, an denen aber die Glasmalereien fehlen, gießen ein helles Licht in den Raum, die Altäre sind reich an mitunter geschmacklosen Schnitzwerken; an den Seitenwänden befinden sich viele Grabmonumente der Aebte. Auf dem freistehenden, reich vergoldeten Hochaltare ruht das Bildniß der Krönung Mariens.

Ueber den wirthschaftlichen oder culturellen Einfluß des Stiftes Neuberg auf seine Zeit und Gebiete weiß die Geschichte nicht viel zu erzählen. Hingegen bringt uns die Sage manch' seltsame Kunde aus dem Klosterleben des alten Cistercienserstiftes. Einer der Aebte, vielleicht war es der hochwürdige Herr Erhard Krakauer, soll ein geborner Jude gewesen sein. Dieses Prälaten Wandel war derart, daß sich in der Gegend das Sprichwort erhob: „So wenig die Katze ein Hund ist, so wenig wird der Jude ein Christ." Auf seinem Todtenbette soll er den Wunsch geäußert haben, nicht in die Gruft der Aebte beigesetzt zu werden. Da man ihn hierauf fragte, wo er denn ruhen wolle? gab er die Antwort, man möge seinen Leichnam auf einen Leiterwagen legen, zwei Ochsen daran spannen und denselben freien Lauf lassen: so weit sie gehen, mögen sie ihn ziehen, wo sie stehen bleiben, solle man ihn begraben. Man that's und die Ochsen zogen den todten Prälaten hinein gen Mürzsteg, daß man meinte

sie wollten ihn nach Maria-Zell geleiten. Aber auf dem
Niederalpel blieben sie stehen; und dort auf der Höhe, wo
sich die Wässer der Mürz und der Salza scheiden, unter
Tannen und Wachholderstrauch soll der Abt begraben liegen.

Mehrmals des Jahres kommt der kaiserliche Hof nach
Neuberg, dem Mittelpunkte eines großen, ergiebigen Jagd-
reviers. Der Fremdenverkehr steigt, seit die Eisenbahn bis
Neuberg langt, in ausgiebigster Weise.

Das ausgedehnte Dorf verlassend, führt der Weg an
Eisenwerken und Hochöfen vorbei an der Mürz hin nach
Mürzsteg. Der Fluß trägt uns fortwährend Holzscheiter entgegen, die von den hinteren Wäldern kommend, bei Neuberg
durch Rechen aufgefangen werden. Das Thal verengt sich
mehr und mehr. Ueber einer Nebenschlucht, das Tirol genannt,
ragt das kahle Gefelse der Naßkehr mit seinen Schneemulden
und seinen zahlreichen Gemsrudeln. Die Jagd ist kaiserlich
und ist die ergiebigste im ganzen Lande. — Waldlehnen
beschatten den rauschenden Fluß, den wir auf mehreren
malerischen Holzbrücken überschreiten. Plötzlich, hinter einem
Engpasse, lichtet sich das Thal und im Wiesengelände ragt
ein schlankes, rothes Thürmchen auf, wir sind in Mürzsteg.

Das ist ein kleiner, aber gesuchter Ort. Zwischen Mürzzuschlag, Neuberg und Mürzsteg ist im Sommer ein lebhafter Verkehr von Herrschaftswagen. Vor Allem ein gutes
Wirthshaus, dann die schönen Hochwaldbilder, die malerischen
Hänge der hohen Veitsch, dann Mariazell, nach welchem
von hier aus links über das Niederalpel die Straße führt,
und endlich das berühmte „Todte Weib," nach welchem der
Weg rechts leitet — das sind die Ziele, welche hier dem
Reisenden winken. — Lohnend genug wäre die Partie auf
die hohe Veitsch, welche von Mürzsteg aus in vier Stunden

erreichbar ist und welche ihrer Alpenflora wegen zu den ge-
suchtesten Höhen der steierischen Berge zählt. Aber unsere Füße
haben sich von den Beschwerden der Rax noch nicht ganz
erholt, und so bleiben wir im Thale — weiß ich doch in
diesem einen gar herrlichen Punkt.

Am kaiserlichen Jagdschloß in Mürzsteg vorüber gehen
wir der Mürz entlang, die stellenweise zwar in breiten,
klaren Wasserspiegeln steht, jedoch nach und nach kleiner
wird und immer wilder, so daß man vor lauter Gischten
und Schäumen zwischen bemoostem Gestein keine Forelle mehr
sieht. Noch manche Häuschen stehen am Wege. Aber diese
werden bald abgelöst von riesigen Steinblöcken, die von den
Felsen niedergebrochen am Wege ragen. Allmählich verliert
sich in den Schutthalden auch der Weg und nur ein schmaler
Fußsteig ist uns noch geblieben von den herrlichen Straßen
draußen, die wir gefahren und gewandert sind. Still grünen
die Lärchen und die Fichten, still starren die grauen Wände
und die Felsenköpfe. Hoch über den Zinnen im Meere der
Himmelsluft schwimmt ein Habicht und lauert, ob nicht doch
irgendwo ein gestürztes Gemslein zerschmettert liege im Abgrund. — Ueber Schuttfelder, auf denen allweg die Steinchen
rieseln, leitet der Pfad. Schmale Holzstege tragen uns über
die Mürz, die hier in engen Tiefen fluthet, dort flach auseinander geht und mit Felsblöcken übersäet ist. Und endlich
sind wir dort, wo die Natur nicht einen fußbreiten Raum
mehr für den Menschen gelassen hat; wo selbst das Wasser
Jahrtausende lang taglöhnern mußte, um sich sein tiefes
Bett zu graben zwischen dem Gestein. Senkrecht starren die
Wände der Engschlucht, dunkel wird's in den Gründen der
Mürz und das Auge begreift es nimmer, wie hier noch ein
Weiterkommen sein könne. Aber der Mensch ist ein trotzig

Wesen, just dort, wo die Natur ihm alle Wege verlegt, schlägt er sich am kecksten durch. Und so hat er hier hoch über den weißen Wellen des Alpenflusses am Gewände hin aus eingebohrten Eisenstäben einen schwindelnden Steg gebaut. Einen um den andern; bald hängen sie an den überragenden Wänden, bald führen sie der Länge nach große Strecken frei über der Mürz hin. Mehrmals biegt sich die Schlucht, wechseln die wilden Bilder, bis man plötzlich vor einem Wasserfalle steht, der viele Klafter hoch von der Felswand in mehreren Absätzen tosend in die Tiefe stürzt. Aber es ist nicht die Mürz, es ist ein anderer Bach, der oben aus einer Grotte bricht. Ein Steg und mehrere Leitern führen zu dieser Höhle hinan, aus deren Finsternissen der riesige Quell bricht. Alpenrosen wachsen an ihrem Rande und Edelweiß schmiegt sich um ihre Mündung. Dieser Wasserfall, der schönste in Steiermark, heißt zum „Todten Weib", weil hier einst eine todte Aelplerin gefunden worden sein soll. — Ihren Liebsten hatten sie zu den Soldaten genommen, aber ihr Liebster konnte die Heimat in den Bergen nicht vergessen und auch sein Mägdlein nicht, und er ist desertirt. Sie haben ihn gefangen eingebracht und Spießruthen laufen lassen durch eine Gasse von hundert Mann. Aber mit dem rothen Blut ist nicht die Lieb' entflossen — er ist wieder geflohen. Sie fangen ihn ein zweitesmal, er schlägt in Verzweiflung dem Officier die Faust in's Gesicht. Da haben sie ihn zu Wien im Straßengraben erschossen. Eine kurze Weile später fanden sie sein Mägdlein todt am Wasserfall. Auf der Stelle ragt ein eisernes Kreuz

Am Fuße des Wasserfalls zwischen Felsblöcken steht aus Baumrinden gebaut ein Capellchen, das hat aber anstatt des Altars einen Tisch, auf daß der Wanderer seine mitgebrachte

Labniß darauf ausbreite und verzehre. Dieses Hüttchen wird die Einsiedelei geheißen. — Wir hören in dem Gebrause des Wassers zwischen den Wänden kaum ein einziges Wort. Wir greifen uns an den eisernen Handhaben weiter durch die Felsenwildniß. Da öffnet sich mit einer Wendung die Enge, ein umwaldetes Wiesenthal liegt vor uns und der kleine Ort Frein. Die Frein ist eine Holzknechtgemeinde, welche sich vor etwa sechzig Jahren hier ansiedelte, um die Wildforste zu lichten für das Gußwerk bei Mariazell. Kirche, Pfarrhof und Schulhaus ist unter Einem Dache; das freundliche Wirths-haus steht nicht weit davon.

Hier verlassen wir den Mürzbach, der rechts aus mor-gentlichen Wäldern bricht und weit hinten in einem Felsenkar entspringt. Wir übersteigen links den Freinsattel und es thut uns wohl, wieder einmal die freien Höhen zu überblicken. Zur Linken die Student- und Tonionalpe, zur Rechten den hohen Söller — an welchem im Winter 1878 eine Schnee-lawine vierzehn Menschen tödtete — steigen wir nieder in das Hallthal, um bald ein anderes, nicht minder herrliches Alpenbild vor uns zu haben. Wir wandern mit dem Flüß-chen Salza. Der Fußsteig ist wieder zum guten Fahrweg ge-worden, an welchem stattliche Bauerngehöfte stehen. Die steierischen Häuser haben nicht das flache, steinbeschwerte Dach, wie jene Tirols oder der Schweiz. In diesem Eisenlande giebt es Nägel genug, um die Schindeln oder Bretter an die Dachsparren zu nageln. Die übrige Bauart unterscheidet sich nicht wesentlich von den Menschenwohnungen anderer Alpenländer. Noch bemerken wir an einer Stelle des Weges ein Täfelchen mit den Worten: „Blick auf den Hochschwab." Wir wenden unser Auge in die Richtung und sehen hinter der mannigfaltigen Bergkette ein lichtes Gipfelchen ragen.

Mit Gotteswill' werden wir über kurz stehen auf jenem
Gipfelchen, daß unser Haupt das höchste sei in weiter Rund'.
Jetzt öffnet sich uns ein weites Thal, eingerankt von be-
waldeten Bergen, hinter welchen hie und da ein kahles
Felsenhaupt emporragt. Und in diesem stillen, wiesenthauigen
Alpenthale, wo sich die lauschig rieselnde Grünau in die
krystallklare Salza ergießt, auf sonniger Au steht das Haus
der Mutter Jesu.

Das heilige Mariazell.

Zwischen Bäumen hin sehen wir zuerst das Funkeln der
Thurmzacken, und bald stehen wir vor dem großen, drei-
thürmigen Tempel. — Ueberall dort, wo dem Wandersmann
der erste Schimmer der Gnadenkirche entgegenleuchtet, steht
ein Kreuz am Wege, vor welchem der fromme Waller seinen
Ankunftsgruß jauchzt, seine Abschiedsklage weint.

Maria in Zell! In weiten Landen hört ihr das süße
Wort nennen — ununterbrochen seit jenen fernen Tagen,
da in der Wildniß ein einsamlebender Priester das Marienbild schnitzte aus Lindenholz und es zu eigener Andacht aufstellte in seinem Capellchen. Das war vor mehr als sieben-
hundert Jahren. Bald erscholl hierauf die Kunde, es thäten
Wunder geschehen bei dem Bild in der Einsiedlerzelle.
Markgraf Heinrich I. von Mähren hatte zur selben Zeit die
Gicht. Er kam, wurde heil und ließ aus Dankbarkeit anstatt
der bisherigen hölzernen Hütte eine steinerne Capelle bauen
— dieselbe, welche heute noch steht und über welche die große
Wallfahrtskirche — die größte Kirche in Steiermark — erbaut worden ist. Sie hat eine Länge von zweihundertein,
eine Breite von siebenundsechzig und eine Höhe von neun-

undneunzig Fuß. Der mittlere, gothische Thurm ist zwei-
hundertsechzig Fuß hoch. Das schöne Portal unter diesem
Thurme zeigt die Geschichte der Wallfahrtskirche in Bild-
hauerarbeit dargestellt. Die Kirche enthält außer dem Gnaden-
altare in der Capelle, welche mitten im großartigen Baue
steht, viele Nebenaltäre mit werthvollen Bildern und eine
freistehende „Frauensäule", über welche sich eine weite Kuppel
wölbt. Seit des Markgrafen Heinrich's Zeiten haben viele
hohe Herren hier geopfert und die Schatzkammer enthält
kostbare Dinge. Votivtafeln bedecken die Wände, wohin man
das Auge nur mag richten. Alljährlich an hunderttausend
Wallfahrer besuchen den Gnadenort. Kummervolle Menschen
giebt es allerwege; viele von ihnen entbehren in ihrem Leide
der Mitmenschen Theilnahme und Tröstung. Aber eine Freundin
haben sie, die hört sie an, die läuft nicht davon, wenn sie
aus Fernen kommen und ihr Anliegen klagen; die sitzt in
ihrem weißen Zelt zu jeder Stunde, und ihr Schweigen ist
wie Mitleid und stille Erhörung.

Sie kommen zu einzeln und in Gruppen, kommen in
großen Haufen, das wallende Fähnlein vor sich tragend,
es vor jedem Wegkreuze senkend, es unzähligemale tief ver-
neigend, wenn sie vor der herrlichen Quaderntreppe des
berühmten Gotteshauses stehen. Da hebt das dumpfe Getöne
der Glocken an, in seinen leisen, melancholischen Accorden
fast vergleichbar dem Tonspiele der Mundtrommeln. Schon
dieses Geläute hat ein Berückendes. Und die Pilger aus
fremden Ländern ziehen ein in die Kirche zu Zell. In der
Capelle des Gnadenaltares strahlen die ungezählten Sterne
der Kerzenflammen. Die Ankömmlinge rutschen auf den
Knieen über die Steinplatten hin bis zur heiligen Stätte,
wo in dem Gezelte voll goldener Zier die Jungfrau thront:

Das Bildniß der Mutter mit dem Kinde, in weißer Seide und mit funkelnden Kronen. Und sie küssen die Steine, und sie legen sich hin und strecken die Hände aus und sind bewegungslos, als hätte sie die Keule des Mörders erschlagen. — Und wenn es Abend wird, schweben sie in langen Reihen mit Kerzenflammen durch die Kirche und in allen Enden hallt Gesang. Hier der Begeisterung Hochruf: „O, sei gegrüßt, viel tausendmal, Mariazell, du Gnadenthal! Du allerschönste Mutter Jesu!" Dort das flehende Gebet der Bangniß: „Der Tag ist vergangen, die Nacht ist schon hier; gute Nacht, o Maria, bleib' ewig bei mir!" Und weiterhin und durcheinander schallen fremdartige Weisen fremder Sprachen. Ein Gebet sucht das andere zu überschreien, ein Gesang den andern zu übertönen. Es ist eine ungeberdige Kinderschaar, die hier die Mutter bestürmt, zuerst demüthig und schmeichelnd, bald aber kühner und wilder werdend, bis endlich gar Einer in der Begeisterung Hochfluth die Schranken des Marmorgeländers überspringt, hinstürzt auf das geheiligte Bildniß und den Saum des Mantels mit heißen Küssen und Thränen bedeckt. — Ein grauenhafter Aufschrei ist's, aus tiefstem Herzen der Menschheit. — Und d'raußen ruht die Alpenwelt in lieblichem Abendfrieden und die Felshäupter glühen in stiller Herrlichkeit.

Selbst dem Freigeist wird die Stätte heilig. Der Gedanke, daß Millionen und Millionen von Menschen aus fernen Zonen ihren Kummer, ihre Drangsal herbeigetragen haben, um sie vor der Gestalt im weißen Zelte niederzulegen — dieser Gedanke senkt einen wunderbaren Schein auf das uralte Stück Lindenholz, das einst gewachsen sein mag in jenen Wäldern, in welchen unsere Vorfahren ihre Vollmondnächte noch dem Wuotan haben geweiht. —

Schon am zweiten Tage, nachdem zur nächtlichen Zeit vielleicht Einer oder der Andere den Meßner zu bestechen versucht, daß er ihm die Kirche öffne und das hochgelobte Gnadenbild zum Kusse reiche, oder ihm eine Kerze vom Frauenaltare verkaufe für die Sterbstunde; nachdem sie den Ihren daheim Zeller Angedenken gekauft, Rosenkränze, Heiligenbildchen, Amulete, Gebetbücher, Wachsstöcke u. s. w. und dieselben zur Weihe getragen — nach alldem ist das Scheiden da. „Wie kurz der heilige Tag, wie kurz die Zeller Freuden, muß heut' schon Urlaub nehmen, Maria, von Dir scheiden! O Jungfrau, wenn wir sterben, o thu' uns Gnad' erwerben, geleit' zum Himmel uns're Seel', vergiß uns nicht, o Maria Zell!" So der wehmüthige Gesang. — Unter Glockengeläute und Trompetenschall zieht die Schaar um die Kirche, verneigt noch einmal ihre Fahnen und wallt davon. Und Andere kommen und Andere ziehen und unerschöpflich an Gnaden ist das Bildniß im weißen Zelt.

Erst wenn die eisigen Octoberwinde über die Alpen fegen und vom Schwaben und vom Oetscher hernieder die finsteren Schneestürme tosen, wird es öde im Zeller Thal. Der Lichterkranz um das Gnadenbild ist verloschen. Durch die Fensterfugen weht der Schneestaub herein auf die Votivtafeln, und in den Beichtstühlen nisten die Mäuse.

Die Bewohner von Mariazell — so stattlich ihr Markt ist — fühlen sich zur Winterszeit nicht ganz wohl; ihnen ist ihre Maria nur im Sommer gnadenreich.

Im oberen Theile des Marktes steht die „Brunkirche", welche wieder eine andere Maria beherbergt, ein Frauenbild, das — wie die Sage geht — alle Jene erhört, die in der Hauptkirche unerhört geblieben. Daher sucht jeder fürsorgliche Wallfahrer stets auch die Brunkirche auf. Der nahe Calvarienberg bietet ebenfalls Gelegenheit zur Andacht und nebenbei eine prächtige Aussicht über die Gegend. Besonders beliebte Ausflüge von Mariazell sind auf die Bürgeralpe mit ihrer schönen Fernsicht und auf den Erlasee, wo man im Wirths-hause gute Forellen bekommt.

Wir mögen aber mit der Erlaf nicht anbinden, denn diese würde uns in das flache Land der Donau zurückführen. Wir halten es mit der Salza, die uns aus dem Zeller Thal durch eine Waldschlucht an dem malerischen Bergkirchlein Sanct Sigmund vorüber in das großartige Gußwerk leitet. Hier schlägt sich der Aschbach zur Salza, und diese große Wasserkraft und die Nähe mehrerer Erzbergwerke und zahlloser Holzkohlenquellen gaben Anlaß zum Gußwerk, welches 1740 errichtet worden ist.

Aus zahlreichen Schloten pfustert schwarzer Rauch empor zu den Wald- und Felslehnen, welche den eminent industriellen Winkel einschließen. Und das klingt in diesen Werkstätten anders, als das Geläute zu Zell — hier werden Kanonen gegossen. Wer in den Abendstunden durch das Thal wandert, der kann im sonst so friedlichen Gebirge das Donnern der Geschütze vernehmen, wenn diese erprobt werden.

Wir verlassen einen so unheimlichen Ort und mit ihm die klare Salza, welche der Enns zustrebt. Auch wir werden die wilden Herrlichkeiten des Ennsgestades schauen, machen aber lohnende Umwege in und über die Gebirgsgruppe des Hoch-schwab. Vom Gußwerk ziehen wir zwei Stunden lang am Asch-bache hinan. Manch' leichtes Steierwäglein rollt uns entgegen und das flinke, feurige Rößlein dran trabt und schnaubt; sein Eigenthümer würzt ihm Hafer und Heu mit Arsenik. Sehen wir diesen Eigenthümer, einen kräftigen, kernlebigen Burschen gut an, vielleicht ist er selber ein Arsenikesser — damit er frisch und jung bleibe, wie sein Rößlein. Ueber unseren Häuptern haben wir stets Wald und Gestein. Und dort oben am Hang, seht ihr die vier versteinerten Männer sitzen? Das sind die „Spieler". — In einer Christnacht war's, da stiegen vier Arbeiter aus dem Gollrader Bergwerk, anstatt nach Zell zur Christmette zu gehen, auf den Berg, um Karten zu spielen. Sie kamen nicht mehr zurück, und als die Sonne aufging, saßen oben hoch an der Lehne vier ver- steinerte Männer — heute noch zu sehen, die Karten in den Händen. Sie müssen spielen, sagt der Volksmund, so lange, bis der letzte Wallfahrer von Zell kommt. Unter dieser Gruppe im Felsen ist ein Loch, durch welches man von der Straße aus das Firmament schimmern sieht. Jeder Waller, der vom Gnadenorte kommt, versucht es, durch dieses Felsloch zu gucken; Mancher sieht durch dasselbe den Himmel nicht. Für Solchen ist es ein Zeichen, daß er nicht mehr nach Zell kommt. (Siehe „Waldheimat", II. Bd., Seite 225—230.)

Wir sehen nicht hindurch, denn es liegt die Abend- dämmerung schon in den Bergen und wir sind froh, daß wir in das kleine aber gastliche Wegscheid gelangen, wo der Wirth über seine Thür den Spruch geschrieben hat: „Herr, bleib' bei uns, denn es will Abend werden!"

Der hohe Schwab.

Die Höll' wird uns den Himmel kosten. Untersuchen wir, ob sie ihn werth ist.

In der Wegscheid — wenn der heitere Morgen auf- gegangen ist — steht Mancher am Scheidewege, ohne ein Hercules zu sein, und besinnt sich, welchen Pfad er wandern soll. Der eine links führt empor zu den olympischen Höhen

der Veitsch und des Schwab; die Straße rechts geleitet
schnurgerade zur Hölle. — Profanen Sinnes wollen wir
diesen Weg wandeln. Wir calculiren so: Tragen wir den
Himmel im Herzen, so kann uns die Hölle nicht schaden;
haben wir aber in uns böse Brut, so wird uns der neunte
Himmel nichts nutzen. Also die Sach' auf nichts gestellt!
Den Weg zur Hölle! Er ist wohlig und angenehm. Es
geht glatt und schön zuerst an freundlichen Gehöften vorbei,
unter weichen Buchenwäldern hin; es blühen helle Enzianen
und wilde Nelken, es duften frische Harze und Kräuter, es
hüpfen und singen mannigfache Böglein auf den Aesten. Nach
einer Stunde sachten Steigens aber, da die pittoresken Ausläufer des Schwabenstockes allmählich herangerückt sind und
man auf dem Sattel des Karstriegels steht, wo der Wald
sich plötzlich lichtet, ändert sich die Sache ganz erstaunlich.

Eine schattenfinstere Schlucht thut sich tief vor uns auf,
eine Kluft, als wäre die Weltkugel auseinander gesprungen. An
beiden Seiten der stundenlangen Tiefe ragen und drohen über-
hängende Felsberge, mit rothen Wänden in Sonnengluth,
mit rissigen Schründen, mit bizarr vorstehenden Felsnasen
und Hörnern. — Ungeheuer, wie sie Sanct Johannes in
seiner Apokalypse nicht schrecklicher hatte zu erfinden vermocht.
Ich nenne Namen, die in Steiermark Klang haben: zur
Rechten ragt die Zeller Starritzen und der Brandstein; zur
Linken die Aflenzer Starritzen, der Wetterkogel — die Felsen-
wucht des Hochschwab.

Und nun steigen wir auf einem Schlangenpfad hinab in
diesen Grund, in welchem die Nebel brauen, die Schatten
dämmern, in welchen so selten der göttliche Tropfen eines
Sonnenstrahles niederfällt. Wir wandeln zwischen den un-
beugsamen Gewalten, die keine Menschenmacht vermag zu

dämmen und zu zähmen. Vor wenigen Jahren erst hat in
diesem wüsten Kessel — die Höll' genannt — eine Revolution
stattgefunden. Die Menschheit schreibt ihre Geschichte auf
Papier, die Natur gräbt die ihre in eherne Felsen ein, wo
sie zu lesen steht nach tausend und tausend Jahren. Eine
solche Episode ist auch hier aufgezeichnet worden. — Der
Mann hätte was erfahren, der in jener Nacht auf einer
Felsnase des Brandstein gesessen wäre und niedergestarrt
hätte in die gährenden Gründe, an deren Wänden die Blitze
sich brachen und die Donner schlugen, von deren drei- und
viertausend Fuß hohen, steilen Lehnen ununterbrochen Schnee-
und Schuttlawinen niederfuhren. Er hätte das Tosen der
zahllosen Wildwasserstürze und das Beben des Gebirges
vernommen. Manch' aufgeschreckter Raubvogel wäre hin-
geflattert über seinem Haupte und zu seinen Füßen hätte
manches entsetzte Gemslein die kühnsten Sprünge versucht
und — ungewohnt solcher Gräuel — wäre es vielleicht nieder-
gestürzt in das Verderben. Der Mensch verschließt der
Schreckniß sein Auge und Ohr, kann's nicht fassen, wenn
die Elemente ihr Dämonenhaupt erheben.

Nun erst, da Alles vorbei, da die Schuttriesen und
Schründe und die niedergebrochenen Felsblöcke liegen in der
Stille und Starrniß der Oede, jetzt vermögen wir die Zerstörung oder vielmehr die neue Schöpfung anzusehen und die
neugegrabene Schrift zu lesen. Laut hallen unsere Schritte,
wenn wir über das Steinkar hinwandeln; kein Tröpflein
mehr von den Wassermassen, die hier gestürzt und gebaut
haben. Keine labende Quelle und kein leuchtend Rößlein —
eine verlorene, versunkene Welt, eine Hölle, aber — Gottlob! — ohne Verdammte. — — Die Glücklosen jagen, die
Verlornen irren draußen in der „großen Welt". — An den

Lehnen eines dieser Kare wachsen Bäume und nicht weit
davon steht eine Köhlerei. Die paar Leutchen daselbst, hablos
wie das Murmelthier, schwarz von außen wie der Teufel,
tragen kein Hemd auf dem Leibe. So hat jener König also in
diesem Felsenthale das Hemd des Glücklichen gefunden? Da
war es ja, wo mir jener Mann begegnete, der vor wenigen
Jahren noch eine halbe Million besessen hatte. Ein armer
Bursche aus dem Waldlande, war er durch Glücksspiel rasch
zu Gelde gekommen. Nun hub er an und trat den Erdball
stolz mit acht Füßen seiner jungen Pinzgauer Hengste und
ließ es hoch hergehen und erschöpfte die Freuden der Welt
und sich selber. Durch den Comfort abgestumpft, abgespannt,
ging er auf Reisen, zog durch Amerika und Asien und über-
zeugte sich, daß die Erde kugelrund ist. Die Erde ist ein
Spielball — das langweilt. Der Mann kehrte zurück in die
Heimat. da spielte man mit Geld und Ehre — er that
wacker mit. Ein wenig über's Jahr war's nun her, seit er Alles
verlor, nur des Vaters Erbe, die Ehre nicht. Ein blutarmer
Mann, kehrte er in das Gebirge zurück, wo er jetzt Kohlen
brennt und des Tages dreimal seine Ziege melkt. Das ist
einmal Einer, der über der Welt Lustrausch das Jodeln und
Jauchzen nicht vergessen hat. Kohlenrauch ist ihm jetzt lieber, als
der Mammon, der die Köpfe benebelt. Wenn von „Millionen“
die Rede ist, so schlägt er mit Stein und Schwamm Tabak-
feuer, schüttelt den grauenden Kopf und meint: „Millionen?
Ist nichts dahinter.“ — Solche Leute fand ich hier, und da
dachte ich wohl an den Spruch meiner Großmutter: „Die
Höll' ist nicht so heiß, als sie die Pfaffen heizen.“

Welthassern und Lebensmüden empfehle ich die Natur-
wildnisse und ihre wenigen Bewohner. Draußen sieht man
nur die Wagschale auf- und niederschnellen; der Steigende

wird übermüthig und selbstisch, der Sinkende flucht und verzweifelt. Aber im Schoße der Ursprünglichkeit schwankt gleichmäßig der Wage Zünglein hin und her, und wir sehen den ewigen Ausgleich des Steigens und Fallens. Und schließlich, nach aller Täuschung, und wenn in Klagen und Beten und Fluchen das Herz sich heiser geschrien hat, gewinnt man in der Rückkehr zur Natur die Einsicht, daß doch die Welt nach einem sicheren Plane geht, dem man sich anvertrauen mag.

Nun rasch wieder zur Höll' zurück. Von der Köhlerei weiter fällt die Thalschlucht rasch ab. Hier herum sind bei jenem Wolkenbruche zwei Seen entstanden, wovon der eine zwar wieder trocken ist, der andere aber ein offenes Auge bleiben dürfte, in dem sich die Felsen und Wolken spiegeln. Zwei Gemsen sah ich niedersteigen von den Riffen und in den grünlichen Spiegel gucken — zu sehen, wie prächtig ihnen die zwei gekrümmten Hörnchen stehen.

Endlich kommen wir hinab zum Ring. Das ist ein gewaltiges Felsenkar, welches von den Warten des Wetterkogels und des Schwab sich in ungeheueren Wänden und Schuttfeldern niedersenkt. Unterhalb des Kars legt sich eine kleine frischgrüne Wiese hin und auf dieser Wiese steht das Jagdhaus des Grafen Meran. Am Jagdhause im Ring ist's über die Maßen schön; doch es ist jene Schönheit, die das Weltkind nur auf kurze Zeit entzückt, allmählich aber drückend wird. Wer hier aber leben könnte Jahr und Tag, und beobachten der Jahreszeiten Lauf und Eigenthümlichkeiten im Gebirge, der müßte groß werden und einig mit dem Geiste Gottes. — Wer die Natur kennt und liebt, dem ist keine Einsamkeit hier; Stein-, Pflanzen- und Thierreich, Wald und Wasser, Luft und Licht bieten ihm die mannigfaltigsten Genüsse.

Bei dem Jagdhause wendet sich die Schlucht nach rechts in die vordere Höll'. Zwischen den Schroffen des Brandstein und dem Gewände der Edelböden ziehen wir hin. Plötzlich sprudelt zu unseren Füßen ein kristallklares, eiskaltes Wasser hervor, so groß, daß es auf einmal drei Kornmühlen triebe, wenn sie hier stünden. Doch die Aelpler haben viel gutes Wasser, aber wenig und schlechtes Brot. Trotzdem möchte der Schlemmer bei Zuckertorten und Champagner gern die Körperkraft des Aelplers haben.

Schließlich treten wir hinaus auf die grünen Matten von Weichselboden. Sie sind nach drei Seiten von Felswänden und nach der vierten von hohen Waldbergen umgeben. Die Salza finden wir wieder, die stattlicher und etwas grünlich geworden ist. Weichselboden ist eine Holzknechtgemeinde mit einem Kirchlein, das dem heiligen Johannes in der Wüste geweiht ist. Auf einen Bewohner dieser Gegenden fallen vierzig Joch der Bodenfläche, die ja zum größten Theile unfruchtbar ist. Die Weiber und Kinder der Holzarbeiter klettern in dem Gehänge herum und sammeln eßbare Schnecken, um sie in Gruben zu füttern und dann zu verkaufen. Die Leute, welche nicht im Walde oder auf den Felsen verunglücken, werden hier sehr alt. Einst gab es in dieser Gegend viele Wildschützen, allein seit Erzherzog Johann — der Gönner Steiermarks — die Reviere erworben und Wildpret zu fabelhaft billigem Preise — eine Gemse z. B. um einen Gulden — den armen Leuten zu überlassen eingeführt hat, sind die Wilderer selten geworden.

Der Beherrscher dieser Gebirgsgruppe ist der Hochschwab, der mitten unter Hunderten von hohen Herren 7170 Fuß hoch sein Haupt erhebt. Die Kenner der Schweiz und Tirols werden vielleicht über eine so geringe Hochheit dieses Alpenfürsten die Nase rümpfen; aber wer nur in einer seiner

wüsten Schluchten steht oder gar seinen Scheitel erklettern
will, der bekommt Achtung! Vom Thale aus wird er sagen:
Diese Berge in Steiermark sehen höher aus, als sie sind;
und oben angelangt wird er rufen: Ei, diese Berge sind
höher, als sie aussehen. — Wir verzichten schwer auf das
waldreiche Engthal der Salza, auf die großartigen Abstürze
der Ringerin, des Ebenstein, des Griesstein u. s. w., aber
wir wollen das Beste haben und packen den Stier gleich bei
den Hörnern. Von Weichselboden aus besteigen wir den
Hochschwab. Ich ergehe mich in einer älteren Erinnerung.

Ich bestieg diesen Berg im Sommer 1874 von der
östlichen Seite, von Aflenz aus. Meine Gefährten waren ein
österreichischer Major, ein junger Maler und ein Führer.
An einem klaren Julinachmittage wanderten wir dem kalkigen
Fölzbach entlang, in dessen Schluchten die prächtigen Fichten
und Lärchen stehen, von dessen Höhen zwischen und über den
Wipfeln die lichten Wände des Fölzstein und der Mitteralpe
ragen. Der Sandweg ist gut und steigt leicht an. Wundersam
spielen Licht und Schatten des heiteren Nachmittags in den
Bäumen und Sträuchern, an den zirbenbewachsenen Lehnen
und an den Schründen der Wände, über welchen der duftige
Schleier des Aethers liegt. Nach einer kleinen Stunde von
Aflenz haben wir das letzte Haus des Fölzthales hinter uns
und wir ziehen durch waldschattige Engen und werden feucht
von dem Staube der rauschenden Fölz. Wir kommen zu den
zwei Brücken, auf welchen der Führer zweimal stillsteht. Hier
sehen wir ein Bild, wie es malerischer noch kein Maler
gedacht hat. Dort ragt der senkrechte Koloß des Fölzstein,
ein dräuender Vorwart und Thorwart des Schwab. Zwanzig
Schritte vorwärts ein ander Bild. Der Fölzstein verschwunden,
die weißen Zacken der Mitteralpe leuchten über den schwarzen

Kronen des Tannenwaldes. Der Gegensatz dieser strahlenden
Wände oben und der kühlen, thauigen Waldschlucht unten
mit dem Brausen des Wassers und dem dunkelnden Gestein,
aus dessen Klüften der Lorbeer der Alpen, der Rhododendron
mit seinen Rosenflammen wuchert — dieser Gegensatz weckt
in uns das Hochgefühl des Entzückens.

Plötzlich aber verliert sich der Wildbach, wir hören ihn
rauschen, wir fühlen das Beben des Bodens vor seinen
Fluthen, die eingebrückt unter unseren Füßen brausen. So führt
uns ein kühner Weg über den Wassern durch eine enge, finstere
Klamm. Zum Ueberfluß ist die Klamm besetzt mit einer Heerde
von Rindern, unter welchen etliche stahlgraue Stiere nicht
gewillt scheinen, uns so leichthin freie Passage zu gewähren.
Zwar machen wir die Wegelagerer aufmerksam auf unsere
tüchtigen Alpenstöcke, allein sofort erlauben sie sich, kopfschüttelnd
auf ihre Hörner hinzuweisen. Wir stehen still, Jeder von uns
bewundert laut das kolossale Felsenthor und fürchtet sich
heimlich vor den Stieren. Zum Glücke kommt des Weges
ein Bauersmann, der die Rinder zur Aufhebung des Be-
lagerungszustandes zu bewegen weiß. — Wir steigen hinan
zur Halterhütte, die in einem Hochsattel zwischen den Wänden
des Fölzstein und der Mitteralpe liegt, machen uns dort
heimisch und genießen Milch und Butter. Mittlerweile beginnt
es zu dunkeln und auf den Hochwarten liegt die Abendgluth.
Die junge, hübsche Schwaigerin ist vertrieben; der Major
kauert wie ein Taschenmesser eingeknickt in ihrem Bettchen.
Der Maler und ich liegen unter dem Dache im Heu. Der
Führer ist uns abhanden gekommen; es geht die Sage, daß
der gute Mann, die Sehnsucht im Herzen, ein Ahasver,
manche stille Nacht von Alpenhütte zu Alpenhütte wandert,
um die süße Ruh' der Almerinnen zu belauschen.

Es ist finster geworden. Den vertrockneten Blumen-
kelchen des Heues entsteigen Bilder aus vergangenen Tagen
und voll des heimlichsten Wunsches zukünftiger Erfüllung . . .
Da erschallt unten in der Hütte plötzlich der Ruf: „Jesus,
Maria und Josef! was ist denn das! Ihr Leute all', geht
und schaut!" — Ich kollere über die Leiter hinab. Der
Major steht in purem Hemde draußen vor der Thür, hält
die Hände zusammen und schreit: „Jesus, Maria und Josef!
Hab' ich das schon gesehen in der weiten Welt!"

Da schaue ich's denn auch. Ich erschrecke anfangs, daß
mir der Herzschlag stockt, dann heb' ich an und lache —
lache vor Entzücken. Die senkrechten Wände der Mitteralpe,
die sich über dem schwarzen Zirbengrund in einer langen
Reihe von Norden gegen Süden ziehen, stehen in einem
hohen, magischen Weiß, wie durchsichtig fast und von lichtem
Aether umgossen, als hätten sich die ewigen Wände bedeckt
mit Feenschleiern oder wollten sich auflösen zu flüchtigen
Nebelflocken. — Der letzte Blick des verdämmernden Tages
liegt auf den Wänden und ist Ursache dieser unbeschreiblich
schönen Erscheinung. Dieser Schein, der von den Kalkfelsen
auf uns niedergießt, ist fast, wie das helle weiche Licht des
Vollmondes. — Um Mitternacht rüsten wir uns zum Auf-
bruche. Kaltes Wasser in's Gesicht und warme Suppe in den
Magen, dann sind wir frisch. Wir treten die Wanderung an,
zur Linken immer die schwarzen Massen des Kars, zur Rechten
die Wände der Mitteralpe, die nun auch finster geworden
sind. Wir schreiten langsam zwischen Gezirm und auf
thauigen Almen hin. Am Himmel funkeln die Sterne. Da
stehen wir plötzlich am Rande. Vor uns liegt eine Tiefe, aus
welcher fahle Punkte und Tafeln heraufschimmern. — „Da
unten sieht's aus, wie in einem Friedhofe," bemerkt der

Maler. — „Und da müssen wir jetzt hinabsteigen," sagt der
Führer. Er ertheilt uns Unterricht im Klettern und zündet
die mitgebrachte Fackel an, auf daß wir geblendet seien und
den grauenhaften Abgrund nicht sehen, an dem wir quer
hinklimmen. — Nach einer halben Stunde haben wir wieder
verläßlichen Boden unter den Füßen. Der Führer setzt sich
auf einen Felsklotz, trocknet sich mit dem Tuch die Stirne
und sagt, er wäre sehr froh, daß wir diese Stelle glücklich
hinter uns hätten. In der Nacht ginge es noch, aber am
Tage wolle ihm Keiner an der Tradwand herüber. — Hierauf
gehen wir durch die obere Tullwitzschlucht, umstanden von
dem Hochgefelse des Wetterkogel, der Großscharte und der
Tradwand. Wie schrecklich hoch stehen diese noch über uns,
und wir müssen so lange steigen, bis wir sie alle weit überragen. An den Tullwitzhütten kommen wir vorüber, sie sind
unbewohnt und von ödem Gestein umgeben. Wo einst Menschen
wirthschafteten, da könnten sich heute Gemsen und Steinadler
heimisch niederlassen, wenn sie sich miteinander vertrügen. Alljährlich sinkt die Starrniß tiefer und tiefer nieder von den
Höhen. Wir wandern stellenweise über körnigen Schnee gegen
das „goldene Bründel," aus welchem aber glücklicherweise
nicht eitel Gold, sondern frisches Wasser quillt zur gesegneten
Labe. Wir gelangen an den sogenannten Edelsteig, der aber
seinen Namen nicht verdient, er führt über knorziges Geschroffe
hinan und am besten ist's, man vergißt sein Menschenthum
und wandert auf allen Vieren. Wir rasten und sehen jetzt
an der gegenüberliegenden Tradwand wieder jenen magischen
Schein, wie er Abends an den Wänden der Mitteralpe
gelegen. Es tagt. — Eine Stunde später sind wir auf dem
Hochboden der Samstatt, über welchen der Fußsteig jenseits
hinab gegen Weichselboden führt. So stoßen wir nun mit

unserer planmäßigen Route zusammen und steigen weiter aufwärts. Die Steige sind hier nur durch Steinhäufchen angedeutet, die, wenige Klafter von einander entfernt, hin und hin die Merkzeichen bilden. Wer ein solches, zumeist auf glatten Klötzen zusammengelegtes Häufchen nicht bemerkt, der kann von der Richtung abirren, und im Nebelwetter mag ihm diese Verirrung das Leben kosten. — Schärfer und schärfer zeichnen sich nun die Höhen und Zinnen in dem sich immer mehr lichtenden Morgenhimmel, und possirlich ist es zu sehen, wie auf solch' scharfen Linien die Gemsen sachte hin und wieder gehen. Seht es, wie jetzt zwei Gemslein, unser ansichtig werdend, wie der Wind über das steile Schneekar hinabsausen!

Die Vegetation ist hier im Versterben. Das flammende Kohlröschen, die zarten Blüthenzapfen des Speik, die goldkronige Arnika, die blauen Freudenkelche der Enziane, selbst die zarte Flocke des Edelweiß — alle sind zurückgeblieben unten an der Fölz, in der Tullwitz. Nur das blauäugige Vergißmeinnicht ist einschmeichelnd mit uns heraufgestiegen, stetig bittend, daß wir in dieser majestätischen Herrlichkeit auch seiner grünen Heimat, der lieblichen Wiesenflur, nicht ganz möchten vergessen, auf deren Blumenteppichen wir am Arm eines geliebtesten Wesens sonst so gern gewandelt wären.

Endlich kommen wir — an der Kuppe des Kleinschwab vorüber — der letzten Höhe zu, derselben, die über alle Berge hinausblaut in das Zellerthal, wo die hölzerne Hand nach ihr weist. — Mit jedem Schritt, den wir hier machen, dehnt sich weiter und weiter vor unserem Auge der Ring der Alpen. In den Thälern liegt noch der Schatten der Nacht, auf allen Höhen blüht das Morgenroth. Schon sind wir dem Ziele auf hundert Schritte nahe. Heller und heller wird die Gluth im Osten, da bricht in gewaltiger Flamme die Sonne hervor und siehe — nun liegt es, wie ein Regen- bogenkranz über dem ganzen Horizonte ringsum, der obere Rand dieses Luftkreises ist purpurroth, dann kommt es grünlich und blau, dann verschwimmt es in das Dunkel, das noch auf der Erde liegt. Dieser Farbenkreis bildet die Grenze zwischen Tag und Nacht, und je höher die Sonne steigt über den mährischen Landen, desto tiefer sinkt das Pur- purrund, bis es nach und nach die Spitzen der Berge berührt. Da leuchten die Häupter roth in stillem Feuer, da wird es golden-sonnig hin über das weite Alpenland.

Im Anblicke solcher Größe ist man still, wie die Steine ringsum und das unvergleichliche Bild zieht ein in das Allerheiligste der Seele zum ewigen Andenken. —

Wir sehen das Leuchten der Karawanken, das Glitzern der Donau und das Morgenglühen des Großglockner. Die Schilder des dreizackigen Dachstein blinken uns zu; das wilde Heer der Ennsthaler Alpen reckt seine unzähligen Riesen- und Greisenhäupter, mit Kronen und Diademen geschmückt, empor zum Hochschwab, wie Patriarchen der Vorhölle zum Allvater schauen. Wer wollte all' die Berge und Thäler mit Namen nennen? Der Pedant. Nicht wie sie heißen, sondern wie sie sind, das ist auch bei den Bergen die Hauptsache. Vom Schwab aus ist die Hautreliefkarte der Steiermark zu sehen. Ein Meer von unzähligen Bergkämmen und Spitzen, aber wegen der breiten Vorberge des Hochschwab sieht man kein Thal, keine menschliche Ansiedlung.

Gegen Osten steile Wände, große Kessel und Schluchten, die auch im Sommer mit Schnee gefüllt sind. Die westlichen Höhen ähneln dem Karst. Das Gebirge ist wasserarm.

Abstiege finden sich an allen Seiten. Jenen möchte ich aber nicht anrathen, den ich einmal wählte hinab in die Tullwitz. Es war der Nothgang. Des fortwährenden Kletterns im Gestein müde, wollte ich, um auf besseren Boden zu gelangen, eine Schneemulde überschreiten. Die Schneelehne war aber steil und wohl an zehn Klafter breit. Dazu war sie hart gefroren und von einem aufrechten Gehen darüber konnte keine Rede sein. Mehr liegend als lehnend, mit den Stiefelabsätzen Haltgruben in den Schnee hauend, wollte ich mir hinüberhelfen. Um aber mit den Füßen Gruben schlagen zu können, mußten die Hände einen Halt haben und zu diesem Zwecke bohrte ich den Stock senkrecht in den Schnee, was einen guten Anker gab. Abwechselnd so mit den Füßen und mit dem Stocke vorgreifend, kam ich eine Strecke weiter. Doch wurde der Schnee gegen die Mitte der Mulde hin immer härter und steiler und endlich vermochte ich kaum mehr den Eisenstock, geschweige die Stiefelabsätze erklecklich genug einzubohren. Dazu mußten, um nicht in's Rutschen zu kommen, größere Bewegungen vermieden werden. Die Schneemulde war lang und endete an einem Abgrund, dessen Tiefe von oben gesehen nicht ermessen werden konnte. — Ich blieb eine Weile ruhig sitzen und rastete. Ich sah, es war unmöglich, in der bisherigen Weise die Lehne zu übersetzen, aber — weil ich mich nicht wenden durfte — auch unmöglich, den Rückweg zu ergreifen. In dieser Gefahr fühlte ich plötzlich eine seltsame Wärme in mir. Die Alpennatur, die ich all' meiner Tage so sehr geliebt habe, sie will mich jetzt verderben? — Zornig sprang ich auf und mit einigen raschen, weiten Sätzen quer abwärts dem Sandufer zu wollte ich mich retten. Der vorletzte Schritt glitt aus, ich fiel und rutschte rasch hinab. Lustig ging's, denn ich sah, es war gewonnen;

knapp am Abgrunde glitt ich zwar vorbei, aber auf den Sand
hinaus und auf diesem eine Weile dahin. Glücklich unten
angekommen, sah ich den Abgrund, in welchem die Schneemulde ausmündete; es war eine erklecklich hohe Wand, an
der das „Martertaferl" eines Verunglückten die Romantik
der Gegend nur noch erhöht hätte.

Einen so waghalsigen Abstieg wollen wir nicht nehmen;
lieber gehen wir über die weichen Matten der Speikböden
dahin und am Brandstein, der scharf und steil wie ein
Kirchendach aufragt, vorbei in's Eisenerzer Thal hinab; oder wir
steigen rechts nieder in die wilde Einsamkeit der sieben Seen
und nach Wildalpen.

Das Dorf Wildalpen an der Salza ist einer der
schönsten Ruhepunkte auf unserer Wanderung. Die Umgebung
ist tief romantisch und hat herrliche Waldculturen und schöne
Almwirthschaften. Ein großes Gasthaus bietet guten Comfort. — Durch eine schauerliche, von Wasser durchtoste Felsenschlucht führt uns ein Saumpfad über die Eisenerzer Höhe zum
Leopoldsteiner See, der zwischen einer fast senkrechten Felswand
und einem freundlichen Waldberge hingegossen liegt. Gar merkwürdig ist dieser grüne, sehr tiefe Alpensee bei Regenwetter,
wo plötzlich Strömungen auf ihm entstehen, während an
anderen Stellen das Wasser heftig aufsprudelt. Man glaubt,
daß er in seinem Grunde einen unsichtbaren Abfluß hat,
welcher weiter unten in einer großen Quelle hervorbricht, die
dem Seewasser ganz gleich ist. Die Gebirgsgruppe des
Schwab geht hier zu Ende; eine halbe Stunde vom See,
im engen Thale des Erzbaches, zwischen den Felsmassen des
Kaiserschild, des Reichenstein und des Pfaffenstein, birgt sich
einer der berühmtesten Orte der Steiermark, das Schatzkästlein
des Landes — das uralte Eisenerz.

Die Ennsthaler Alpen.
(Von Eisenerz bis Admont.)

Der Markt Eisenerz ist stattlich und im Vereine mit seiner Umgebung höchst malerisch. Ueber dem Markte mit seinen schimmernden Schindeldächern und seinen von Erzstaub geschwärzten Mauern, auf einem Hügel steht die herrliche gothische Oswaldikirche. Rudolf von Habsburg hat sie erbaut im Jahre 1279; man sieht ihr das hohe Alter wohl an, trotzdem sie durch Brände und Kriegsnoth viel zu leiden gehabt hatte und oftmals restaurirt werden mußte. Zur Zeit der Türkeneinfälle hat man oben um die Kirche eine förmliche Festung geschaffen und die Kostbarkeiten des Ortes darinnen verwahrt. Noch heute umgeben die gewaltigen Mauern das Gotteshaus, welches, wie die Berge, die es hoch umragen, für die Ewigkeit gebaut zu sein scheint.

Der Markt ist von Erzwerkbauten, Hochöfen und Schmelzhütten umgeben und durch eine Zweigbahn verbunden mit der Rudolfs-Bahn — wie sich's wohl gebührt, daß der Eisenberg seinen eisernen Weg hat hinaus in die Welt. Hinter dem Markte, gegen den Süden, steht als bewaldeter Ausläufer des Reichenstein der Erzberg. Seine nackten, rothen Stellen, Löcher, Höhlen und Schutthaufen zeigen schon von weitem, wie die Menschen gierig in dieser unerschöpflichen Schatzkammer wühlen. Schon die Römer haben sich ihre Lanzen geschmiedet aus dem Erze dieses Berges, dessen Geschichte sich verliert in die ältesten Zeiten. Und voreinstmal, zu David's Zeiten soll es gewesen sein, haben die wilden Bewohner der Gegend im Leopoldsteiner See einen Wassermann gefangen. All' seine Mühe zu entkommen ist umsonst gewesen und hat er gesagt: „Laßt Ihr mich frei, so weise ich Euch einen ungeheuren Schatz." Das

4*

haben sich die Leute nicht zweimal sagen lassen. „Und ich gebe Euch die Wahl," fuhr der Wassermann fort, „wollt Ihr ein reiches Silberbergwerk, das aber nach der Jahre einhundert erschöpft sein wird, oder wollt Ihr einen Eisen- berg, der nimmer zu Ende geht?" — Die Allermeisten wären für's Silber gewesen, aber ein alter Mann saß abseits auf einem Stein, und der sagte: „Ueberlegt Euch's wohl! Läßt sich aus Silber schmieden der Pflug und das Schwert?" „Nein!" riefen sie Alle, „so wollen wir den Eisenberg." — Der Wassermann zeigte den Erzberg und stürzte sich in die Fluthen.

Höchst interessant ist die Befahrung des Innern, die Wanderung durch manche von der Natur gewölbten Räume, die „Schatzkammern", in welchen das steinerne, schneeweiß schim- mernde Buschwerk der wunderbaren Eisenblüthe wächst. Der Berg soll einer Berechnung nach zum mindesten neunhundert Millionen Centner Eisen enthalten; vielleicht auch doppelt und zehnmal so viel. Das Eisen wird hier zum Theile so rein und unvermischt gebrochen, daß es ohne weitere Scheidung in die Schmelzöfen kommt; der beste Stahl in ganz Europa wird aus steierischem Erze erzeugt. Der Bau beschäftigt durchschnittlich über fünftausend Berg- und Hüttenleute.

Auf der halben Höhe des Berges, im grünen Waldanger, steht die Barbaracapelle, in welcher am Feste der Schutz- patronin das marianische Wunder ausgestellt wird, ein rohes Stück Erz, welches ein Marienbild mit dem Kinde darstellt und als solches aus dem Berge gegraben worden sein soll. Auf der Spitze des Berges steht ein riesiges Kreuz aus Gußeisen, welches der Erzherzog Johann errichten ließ. Vor Kurzem noch hat es weit hinaus in die Gegend geleuchtet; heute überwuchern es die Wipfel des Tannenwaldes. —

Tiefer herab von der Kuppe steht der „Kaisertisch". Auf diesem Platze soll Kaiser Max I. geruht und das herrliche Bergrund von Eisenerz betrachtet haben. Eine steinerne Säule trägt folgende Inschrift: „Hier steh' ich — rund um mich ist Alles Macht — ist Alles Wunder. — Mit tiefer Ehrfurcht schau' ich die Schöpfung an, — denn Du, Namenloser, Du erschufest sie. Fried. Klopstock." — Ferner: „Als Man zehlte nach Chr. Geburth 712 hat man dießen Edlen Erzberg zu bauen Angefangen." Und das dürfte die erste authentische Nachricht sein, gleichwohl mancherlei Beweise vorliegen, daß die Römer ihr berühmtes norisches Eisen aus diesem Berge geholt haben.

Links vom Erzberg führt die Straße durch den Hochgerichtsgrund über den Prebühel nach Vordernberg und Leoben an der Mur; bedeutende Ortschaften, die wir auf unserer Rundreise noch kennen lernen werden. Heute wandern wir rechts vom Erzberge durch die Klamm an den weißen Wänden des Kaiserschild vorüber, bergauf und thalab bis zum Alpendörfchen Radmer, das mit seiner zweithürmigen Kirche am Fuße des hohen, auffallend gestalteten Lugauer ruht, und wo Ferdinand II. auf seinen Hochjagden so gern weilte.

Der Sandweg entlang des rauschenden Radmerbaches durch eine interessante Schlucht, genannt „zwischen den Mäuern", führt uns in die Kohlenbrennerstadt Krautgarten, in welcher die Hochwälder der Runde verglühen. Und so liefert diese gottgesegnete Gegend Speis' und Stoff den großen Eisenwerken draußen, in welchen die Geschicke der Menschen geschmiedet werden.

Das nahe Dorf Hieflau hat ähnliches Interesse. — In Hieflau stoßen wir zu jenem Flusse, der, weit oben im Salzburgischen entspringend, die großartigsten Naturschönheiten

von Steiermark durchbrauft, bis er sich draußen im Oester-
reicherland verflacht und in der Donau verliert. Es ist des
Landes schönster und intereffantester Fluß — die Enns. —
In Hieflau sehen wir gleich einen merkwürdigen alpinen
Wafferbau, den weitberühmten Holzrechen. Er dient zum
Auffangen aller aus dem oberen Ennsthale hergeschwemmten
Verkohlungshölzer; im Laufe des Jahres werden 27.000 Cubit-
meter Holz darin aufgefangen. Vor Erbauung des Rechens
(1512) war die Gegend nur von Holzarbeitern bewohnt,
erst seit dem Bestehen dieses Werkes hat eine größere Anzahl
von Menschen hier Erwerb gefunden.

Und nun sehen wir, wie sich ein uraltes Volksmärchen
hat erfüllt. Viele Jahrhunderte vor uns haben sie gesprochen
von der Zeit mit der eisernen Straße und von einem Pferde,
das Steine frißt. Ein kindisch Märchen war's. Und heute
ist es wunderbare That: durch die wildesten Schluchten der
Alpen, wo Waffer und Gestein kaum den Fußsteig für den
Jäger und Hirten dulden wollte, zieht die eiserne Straße
mit dem Roß, das Steinkohlen frißt, und ihr zur Seite der
Blitzdraht, die Bahn des raschen Gedankens.

Die aus den Donaulanden kommende Rudolfs-Bahn
durchzieht von Hieflau bis Admont der Enns entlang aufwärts die großartige, über vier Stunden lange Schlucht, das
Gesäuse, die einzig in ihrer Art ist. Ich habe sie durchwandert noch in jenen Tagen, da die Aelpler gelacht haben
über das tolle Project, durch das Gesäuse die Eisenbahn zu
bauen. Man hat's auch kaum für menschenmöglich halten
mögen. Die Herrlichkeit war fast schrecklich — einsam schritt
man zwischen den hohen, dräuenden Bergen des Damischbachthurm, des Hochthor, des Buchstein und des Reichenstein, an der sausenden Enns, die sich milchweiß, wallend

wie Schaumwein, tosend durch das Gefelse bricht, zwischen wuchtigen Steinklötzen sich bohrt und windet, das stetig keimende Gewurzel des Waldes zerreißt — ein rasendes Wasser.

Und als ich nach Jahren wiederum kam in die Wildniß, die mit steinernem Ernste so lange der menschlichen Cultur getrotzt hat, da glitt ich in einem Glassalon, auf rothsammtenem Sitze ruhend, unter den Füßen einen hellblumigen englischen Teppich, vor mir einen venezianischen Wandspiegel — durch die schauerlichen Felsenschluchten.

„Ach, diese Eisenbahnen!" gähnte ein Reisender neben mir, „die haben die Poesie des Reisens total zugrunde gerichtet."

„So?" sagte ich.

„Nicht?" fuhr er auf und wies mir seine Fahrkarte, „da sehen Sie den Frachtschein, ein Paar Colli sind wir, ich und Sie, ein Paar gestempelte, aufgeladene und weiter zu befördernde Colli. Und dieser meineidige Kohlengestank und dieses gottvergessene Pfeifen der Locomotive! Herr, da lobe ich mir das Posthorn!"

„Das Posthorn allerdings, ich lobe es auch, wenn es gut geblasen wird. Nur fürchte ich, daß, lebten wir noch in den Zeiten des Posthorns, wir heute Beide daheim bei Muttern säßen. Am Posthorn hing nämlich auch der Postillon, der wenig blies, aber viel fluchte. Und der Postillon saß auf einem Karrenkasten, der mit den verehrlichen Reisenden bei jedem Stein und bei jeder Wasserauskehre Fangball spielte. Und an diesem Wagen holperten oft ein paar Mähren, deren Wohlgeruch nicht von Jedermann dem der Steinkohlen vorgezogen wurde. Dann die Postmeisterwirthschaft! — Herr, das war ein Reisen, auf dem man Du und Du wurde mit den Heiligen Gottes, die gerädert und geschunden worden sind."

„Aber," sagte mein Partner, „das werden Sie doch zugeben, daß der Reisende damals Muße hatte, das Land zu beschauen, während er heute an den schönsten Gegenden vorüberfliegt."

„Station Hieflau!" rief der Schaffner. — Wir dehnten uns auf unseren Sitzpolstern und fuhren weiter. „Ganz recht," sagte ich, an den schönsten Gegenden fliegt man vorüber. Doch ist unser Zug hier drei Minuten still gestanden; wir hätten aussteigen und eine Partie nach Eisenerz und dem Leopoldsteiner See machen können. Daß wir sitzen bleiben, wer trägt die Schuld?"

„Pah!" entgegnete mein Mann, „wer wird hier aussteigen! Will man Gebirgswelt sehen, so muß man in die Schweiz!" — Glückliche Reise! dachte ich und sah zum Fenster hinaus. Hätte im Schwätzen selbst schier vergessen auf das großartige Gesäuse, durch das der Zug jetzt brauste. Wir passiren zwei Tunnels, die Biegungen sind sehr häufig, so daß man nicht allein jeden Augenblick ein anderes Gebirgsbild hat, sondern auch den höchst interessanten Bau der Bahn zu übersehen vermag. Es hat sich hier darum gehandelt, das wilde Wasser zu bändigen, zwischen Quadermauern einzuzwängen, den alten Fahrweg abzubrechen und wieder neu in die Felsen zu sprengen, die Schutthalden zu reguliren weit hinan in die Hänge, den Gießbächen die Betten zu graben und zu pflastern und tief unter dem Bahndamm hin den Abfluß in die Enns vorzuschreiben. Zierliche Bahnhäuschen aus Holz fliegen an uns vorüber. Der Zug geht rasch, er muß seiner Sache so ziemlich gewiß sein. Die kolossalen Kalkfelsen kommen uns immer näher und starren immer wilder.

An die siebentausend Fuß hoch sind die Vettern all', die uns hier umragen. Millionen von jugendlichen Tannenstämmen stehen in der Thalsohle zwischen den Schuttströmen, Felsklötzen, in den Schründen, auf den Höhen — allüberall, wo nur eine Spanne Boden dem Felsen abzutrotzen war, wuchert in bunter Ueppigkeit das Pflanzenreich. Schlankes Nadelholzgestämme und herrliche Buchen prangen; und dennoch erfüllt graues, weißes, schreckbar schründiges Gefelse schier das ganze Bild. — Lasse man sich aber von dem weiten Fenster eines Waggons ja nicht bestechen. Es zeigt Alles und Nichts.

„Station Gstatterboden!" ruft der Schaffner.

Wir steigen aus; unser eisenbahnfeindlicher Reisegenosse fährt mit halbgeschlossenen Augen seiner Schweiz zu.

Wir stehen mitten in einem der wunderbarsten Eng=thäler des Hochgebirges, und nieder von den Höhen fließt der kühle reine Hauch voll würzigen Speikduftes. Der Schober des Damischbachthurm, der ungeheure Felskegel des Buchstein und der seltsam zerrissene Gebirgsstock des Hochthor mit seinen zwölf in den Himmel hineinragenden Zähnen und mit den silberweißen Fäden seiner Wasserfälle — wenn hoch oben der Schnee schmilzt — schließen das kleine Waldthal ein. Der hohe Herr dort, der mit bleichem Haupte in die Bläue ragt, wird der Reichenstein (es ist aber nicht der bei Eisenerz) genannt. Dann die senkrechten Schroffen des Kalbling und die zinngrünen, aber kaum besteigbaren Höhen des Sparafeld. Die Enns ist hier still — stab, wie die Leute sagen — das Thal heißt „Stader Boden". Ein paar Bauern= und Kohlenbrennerhäuschen stehen hier und warten, bis eine der gespaltenen Felswände auf sie niederbricht, oder — was wahrscheinlicher ist — bis ein Speculant kommt und auf dem unfruchtbaren Kalkboden ein großartiges Hotel baut, vielleicht genannt: „Am Gestade".

Der Geologe findet in der Umgebung vom Gstatterboden
Steinkohlenschichten, Gypslager und eine Tropsteinhöhle. Von
allgemeinerem Interesse ist der Bruckgraben, ein Stündchen
vom Gstatterboden aufwärts. Die über eine Stunde lange
Schlucht des Bruckgraben geht von der Bahn zur Rechten
schnurgerade hinan in das eherne Herz des Buchstein. Der
Weg ist unheimlich — streckenweise ein sehr schmaler in Felsen
gehauener Gang, stellenweise ein hoch an senkrechten Wänden
hinlaufender Steg, durch Eisenklammern befestigt. Dann
wieder hat man Stellen zu passiren, an welchen blos Eisen=
sprossen in die Wand gebohrt sind, um die Füße darauf zu
setzen. Ein Schwindelanfall bringt hier den Tod. Das uns
entgegenströmende Wildwasser hat ein außerordentliches Gefälle
und wird zum Herausschwemmen des Holzes benützt, welches
durch zahllose Rinsen und Mulden von den versteckten Wäldern
in die Schlucht geworfen wird. Am oberen Ende der Schlucht,
3600 Fuß hoch, zwischen dem Geschroffe des Buchstein, wird
das an den Regentagen von den Schründen niederstürzende
Wasser gesperrt. Die Schleuße endlich aufgeschlagen, brandet
der schneeweiße Strom hervor und reißt alle Scheiter und
Holzblöcke, die in der Schlucht angesammelt waren, mit sich
fort, schleudert sie hier an Felsblöcke, daß es klingt, stürzt
sie dort über Abhänge, daß manch' ein wuchtiger Fichtenstamm
zerschellt, wälzt sie von Hang zu Hang und schwemmt sie
schließlich unter dem Damm der Eisenbahn hindurch in die
Enns. — Diese Wasserbauten im Bruckgraben sind eine der
großartigsten Triften unserer Alpen.

Viel einfacher, aber nicht minder interessant sind die
vielen Holzrinsen im Gesäuse, über welche an Regentagen
oder bei Glatteisbildung das Gehölze von den Holzschlägen
herabgelassen, oft hoch über Busch und Baum niedersaust und

in einem weiten Bogen klingend in die Enns stürzt, um auf
dieser den Kohlenstätten von Hieflau zuzuwallen. Manch
Martertäfelchen steht am Wege, erzählend von Unglücksfällen
die hier den Holzarbeiter, den Wegmacher, den Wanderer
getroffen.

Wir verlassen die Enns und die kühnen Bauten der
Eisenbahn und spazieren links nach dem eine Stunde ent-
fernten Johnsbach hinein. Diesen Weg empfänglichen Gemüthes in der Abendkühle oder in der Morgenfrische zu
wandeln, gehört zu den höchsten und reinsten Genüssen —
unstreitig. Rechts den Reichenstein, links das Hochthor. Wer
das erstemal ein solches Bild vor sich hat, dem graut; wer
es zum hundertstenmal sieht, der ist entzückt. Die Straße
ist glatt; ihr zur Seite schäumt der Johnsbach, der die Tannen
und Büsche des Engthals mit seinem Nebelstaub bethaut.
Nahe dem Wege über Busch und Baum ragen schlanke Fels-
thürme, spitze Nadeln, Zacken, Hörner und allerlei wunderliche
Gestaltungen, wie die versteinerten Reiter und Recken im
Märchen. Jede dieser Statuen hat im Volksmunde ihren
Namen und ihre Sage. Am Wege stehen wieder die Gedenk-
tafeln von Verunglückten, die etwa über das Gewände gestürzt,
von Felsblöcken erschlagen, von Schuttströmen und Lawinen
begraben worden oder in den wilden Wellen des Johnsbaches
umgekommen sind. Schreckhaft gewaltig sind die Schutthalden,
welche vom Reichenstein niederziehen. An den freundlichsten
Sommerabenden vermag man sich bei dem Anblicke dieser
Schuttmeere die ganze Schreckniß eines Hochgewitters oder
der rasenden Mailawinen vorzustellen. — Heute freilich leuchtet
still eine goldige Wolke nieder; es ist aber keine Wolke, es
ist das Alpenglühen auf dem Haupte des Thorstein. Bei uns
in der Tiefe herrscht schon Dämmerung. Wir hören kein

Rauschen der Wildhühner mehr im Strauchwerk, sehen nur noch ein Rudel lustiger Gemsen an den Hängen. Wer in den Fluß schaut, dem deckt das Gischten die muntere Forelle. Ein Rückblick gegen die Enns wird noch reich belohnt, denn von hier aus ist der Buchstein am schönsten.

Wer nun aber in das Allerheiligste dieser imposanten Herrlichkeit dringt, wer die Schutthalden verfolgt in ihre Kare und Winkel, wer dann sieht, wie die scheinbar glattesten Wände sich wieder auseinanderfalten und sich da oben zwischen dem bleichen Gemäuer immer neue Thäler und Schluchten aufthun, neue Klüfte, neue Risse erscheinen — und zuletzt in den Hochkesseln auf ewigen Schnee stößt und den Horst des Adlers findet, und die verkalkten Knochen des heute ausgetilgten Steinbockes, und in den Höhlen die Reste unbekannter Thiere — und wer endlich vollends eingeschlossen ist von wüstem Gewände und kein grünes Blatt mehr sieht und keinen Laut mehr hört, als das Sausen des Windes in den Rissen: dem muß doch wohl das Herz beben in Anbetung der unendlichen Kraft, die da in anscheinender Starrniß ewig wechselnd und gleichend die Felsen baut und zerstört. Und wer es noch mag sehen, wie bei Gewittern die Wasserfälle niederstürzen von allen Wänden, die in brauende Nebel hineinragen, und wie die grelle Lohe der Blitze hin und wieder geschleudert wird zwischen den ehernen Tafeln, und er es noch mag hören, wie der Schlag erbricht und alle Felsen donnern   der darf — ist er wieder zu den Mitmenschen herabgestiegen — wohl sagen, er sei bei Gott gewesen und habe die großen Gebote vernommen . . .

Ueber die Brücke und durch die Felsenge, das Johnsbacherthor, sind wir nun in ein sanfter geformtes, bewaldetes Thal getreten. Die wilde Natur scheint sich ausgetobt zu haben. Wir stehen wieder vor einem Holzknechtdörfchen mit Pfarrhof und Kirche. Voreinst, zur Zeit der Bauernaufstände und Religionsunruhen, sollen die Priester des Stiftes Admont ihre goldenen Schätze in diesem Bergwinkel verborgen haben. Heute sind die Truhen und Säcke freilich längst wieder davon. Der Johnsbacher Holzhauer steht Morgens um vier Uhr auf und legt sich Abends um zehn Uhr schlafen. Sein Tagwerk dauert, mit Ausnahme der Essenszeit, sechzehn Stunden. Dafür erzielt er durchschnittlich eine monatliche Einnahme von achtzehn Gulden. Und doch sind die Arbeiten der Holzleute schwer und nicht selten lebensgefährlich. Wer es gesehen hat, wie man an den Berghängen riesige Bäume fällt, die Stämme auf steilen Rinsen oder im Winter die Scheiter auf Schlitten in die Thalschlucht befördert, der mag eine Ahnung haben von der Resignation eines Waldarbeiters, der für das arme tägliche Brot so oft sein Leben auf's Spiel setzen muß und doch zufrieden ist. — In's Lied wollen sie ihr Leben kleiden:

> „Und die Hulzknechtbuabn
> Müaßn frua aufstehn,
> Müaßn d'Hacken nehmen,
> Müaßn in Hulzschlog gehn" .

weiter kommen sie nicht mehr mit Worten, brechen in ein schallendes Jodeln aus, als ob's eine so tiefe Glückseligkeit wäre, mit der Hacke in den Holzschlag zu gehen.

Wollt Ihr von hier aus nicht auf den Zeiritzkampel zum Wunderloch, wo der große See ist, von schwarzen Fischen und dem Lindwurm bewohnt, über welchem Hexen auf Ofengabeln reitend ihre Wettrennen halten und Wetter machen — so kehren wir wieder um in's Gesäuse. Wir wandern stets

aufwärts der Enns, die in ihrem Sturze, bisweilen weiß
wie eine wildfluthende Schneelawine, unser Ohr betäubt.
Dieses stattliche Wasser, weiter oben so still und sanft, ist
hier in seinem ursprünglichen Elemente zum wildesten Bergstrom
geworden und wirft seine Fluthen donnernd bald über Fels-
bänke, bald über Trümmer der Berge. Das Gesäuse ist die
großartigste und mannigfaltigste Felsenge der österreichischen
Alpen und läßt an Herrlichkeit den berühmten Paßlug im
Salzburgischen weit zurück. Das Gefälle der vier Stunden
langen Enge beträgt sechshundert Fuß.

Noch eine letzte Felsenge, in welcher die Eisenbahn mit
Einem Satze über Straße und Strom springt, dann im
Befreiungsdrange durch die Felswand bricht — und wir
sind im schönen, weiten Thale von Admont.

* * *

In Admont möchte ich Priester sein. Dieses große
Benedictiner-Stift mit seiner herrlichen Kirche, seiner berühmten
Bibliothek, seinen Kunstwerken verschiedener Art ist eine
ideale Stätte. Und eingefriedet von einer weiten Felsenkrone,
umgeben von den ergreifendsten Naturschönheiten, und —
was die Hauptsache — der heilige Benedictus ist kein strenger
Mann. Ich denke ein wenig an das gesegnete Refectorium
von Admont und an das Labyrinth seiner Keller, an seine
stets belebten Kegelbahnen und an die lustigen Jagdzüge, die
auf seinen ausgebreiteten Revieren stattfinden. Ganz, wie
hier die Leute singen:

> „Ein solch Ding, das thät mich noch freuen,
> Wann ich zu Admont kunnt sein,
> Morgens, da spend' ich die Weihen,
> Mittags, da tränk ich den Wein.

Vormittags Kragerl umbinden,
Nachmittags nähm ich die Flinten,
Schießet das Gamsl daher,
Als wie wann ich Jäger selbst wär'."

Admont ist der Hauptort des Ennsthales und ein ge-
suchtes Ziel der Touristen. Seine Geschichte hebt mit einer
romantischen Sage an.

Zu Anfang des elften Jahrhunderts hat zu Straßburg
in Kärnten eine hochedle Frau gelebt, Namens Hemma.
Diese hatte ihren Gatten, den Grafen von Friesach, und ihre
beiden Söhne durch Mörderhand verloren. So beschloß sie,
sich in die Einsamkeit zurückzuziehen und lebte fortan ab-
geschieden von der Welt auf ihrer Veste Burgstall zwischen
den Felsbergen des Ennsthales. Aber sie war noch ein
schönes Weib, und das nahm sich ihr Burgvogt zu Herzen.
Zuerst war er um sie her, wie eine Taube, aber das verstand
sie nicht. Dann war er wie ein Wolf und wollte sie mit Gewalt
haben. Da entfloh die bedrängte Frau auf einem Karren,
bespannt mit zwei Rindern, die noch nie ein Joch auf dem
Nacken hatten gehabt. Sie floh bis nach Kärnten, an die
Stätte, wo heute der Dom von Gurk steht. Der Vogt von
Burgstall soll mitsammt dem Schlosse in dem schlammigen
Moorgrund versunken sein. Noch zu den Zeiten Ernst's des
Eisernen will man die Zinnen der Burg aus dem Sumpfe
emporragen gesehen haben. Die fromme, unglückliche Hemma
vermachte all' ihr Vermögen der Kirche; und der Salzburger
Erzbischof Gebhard gründete damit ad montes (an den
Bergen) das Benedictinerstift Admont. Die Gebeine des
Stifters ruhen unter dem Hochaltare der Stiftskirche. Bald
hernach hat der wegen der Erfindung des Steingusses be-
rühmte Mönch Thiemo als Flüchtling sich einige Zeit im

Stifte aufgehalten. Er war Erzbischof von Salzburg gewesen,
aber der Afterbischof Berthold hatte ihn verjagt. Später reiste
Thiemo nach Palästina, wo er den Märtyrertod fand. Eine
böse Zeit für Admont war das sechzehnte Jahrhundert. Viele
Priester des Stiftes traten zum Lutherthume über und die
Bauern des Ennsthales wurden aufständisch.

Admont, in dem von Alpenstürmen durchbrausten Ennsthale, ist vielfach von Bränden heimgesucht worden. Der
Brand vom 27. April 1865 hat die große Kirche, das Stift
und den Marktflecken zum größten Theile in Schutt gelegt.
Die Kirche mit ihrer berühmten Orgel brannte vollends nieder,
bis auf einen einzigen Altar aus Holz und seinem Frauenbilde der unbefleckten Empfängniß. Das verschonte Bildniß
wurde in der nun neuen Kirche aufgestellt und ist der Gegenstand hoher Verehrung. Auch die über achtzigtausend Bände
starke Bibliothek mit ihrem prachtvollen Saale blieb verschont.
Zwölf korinthische Säulen aus rothem Marmor mit reich-
vergoldeten Capitälen tragen die Rotunde in der Mitte des
Saales. Schöne Malereien und kunstvolle Statuen schmücken
den Raum. Berühmt sind die aus Holz geschnitzten, phan-
tasievoll und gar originell gedachten übergroßen Darstellungen
der vier letzten Dinge, die ein Admonter Mönch geschaffen
haben soll, der vormals ein Hirt auf den Almen gewesen
war, und niedergestiegen kam, um im Stifte eine Freistätte
seines Schaffensdranges zu suchen.

Und das neuerbaute Blasiusmünster! Die himmel-
anragenden Felskolosse sind Muster gestanden dem Baumeister, der dieses Gotteshaus errichtet, wie Steiermark kein
zweites mehr hat. Reiner und edler habe ich die wunderbare
Gothik noch nirgends durchgeführt gesehen, als in der Stiftskirche zu Admont; von der Thorklinke bis hinan zu den

hohen eisernen Thurmkreuzen ist Alles Eins und Harmonie.
Diese Kirche ist nach dem Muster des Regensburger Domes
durchgeführt. Alle Fenster mit herrlichen Glasmalereien versehen. Ueber dem Hochaltare prangt die imposante Statue
des heiligen Blasius, an einem Seitenaltare stehen vier ent-
zückend schöne Figuren aus Zirbenholz geschnitzt. Und wenn
die Welt der Töne losströmt aus der neuen Orgel mit ihren
achtundvierzig Registern und neben dem süßen Zauber der
weichsten Klänge die Vollgewalt des Donners durch die weite,
durch Kerzenstrahlen erhellte Kirche braust; und wenn auf den
zwei Thürmen die Glocken klingen und harmonisch weithin in die Felsen und Wälder hallen — dann wacht die
Gottessehnsucht auf im Herzen, und man beneidet schier den
jungen Priester, der jetzt in göttlicher Begeisterung vor dem
Hochaltar steht und bald hernach in warmblütiger Weltfreude
durch den großen Stiftsgarten wandelt, sich niederlassend im
Lusthause des heiligen Benedict und dem Gezwitscher der
hier versammelten inländischen Singvögel lauschend, oder auf
dem Kahne des schattigen Teiches sich wiegend. — Es ist
böse von unserer Zeit, daß sie die Klöster verschimpfirt; ich
kenne keine besseren Anstalten, um das Schöne dieses Lebens
und die Hoffnungen des künftigen Friedens zu genießen —
als den Klosterhort.

Die schönsten Ausflüge von Admont sind auf das Schloß
Röthelstein mit seinen großen, inhaltsreichen Felsenkellern
und auf das freundliche Jagdschloß Kaiserau, welches auf
einer Hochebene liegt, rings von Waldhöhen umgeben, über
denen die Felsengipfel des Kalbling und des Sparafeld aufragen. Alpenwiesen und Sennereien liegen hier zerstreut um
das Jagdschloß — die Sommerfrische des Stiftes. Weitere
Ausflüge zu der Wallfahrtskirche Mariakulm, deren zwei

Rosegger, Am Wanderstabe. 5

Thürme von ihrem Berglein weit in das grüne Admonter
Thal hineinleuchten; oder auf den märchen= und sagenumgau=
kelten Hexenthurm, dessen wildzackige Felsenkette den Norden
des Thales begrenzt; oder auf den Natterriegel. Von diesem
Berge aus sieht man über das ferne Donaugebiet hinaus
den blauen Rücken des Böhmerwaldes. Gegen Osten, Süden
und Westen ist die wilde graue Felsenwelt der Ennsthaler
Alpen und des Hochschwab, sind die sanfteren Massen des
Urgebirges im Murgebiete, dann die Schladminger Alpen
mit dem Hochgolling, dann die Ausseer Felsen mit dem
trotzigen Grimming, die eisigen Salzburger Tauern mit dem
Dachstein und dem Großglockner.

Heute ist Admont, dieses einzige Alpenthal, noch nicht
so berühmt, als es zu sein verdient; aber jedes Jahr
fahren auf der schönen Rudolfs=Bahn neue Bergwanderer
herein, die den Ruhm allmählich verbreiten werden in der
weiten Welt.

Das herrliche Aussee.

Unser Weg führt weiter das breite Ennsthal hinauf.
In dem neu emporstrebenden Orte Selzthal verlassen wir
die Rudolfsbahn, welche links in das grüne Paltenthal ein=
mündet und der Mur zustrebt. Wir bleiben noch auf dem
mit hundert und hundert Moor= und Heuhütten übersäeten
Moorgrunde des Ennsthales und laben uns nach all' der
wilden Pracht an den nur spärlich mit Felsen besäeten Wald=
höhen, die es einsäumen. An dem aus der Zeit der Refor=
mation merkwürdigen Bergschlosse Strechau vorbei, das wie
ein ummauertes vielgiebeliges Städtchen in's Paltenthal hinaus=
schaut; an dem stattlichen Lietzen vorüber und an dem male=

rischen Wörschach mit seiner uralten Felsenruine Wolkenstein zieht unser Weg. Vor uns taucht immer höher und höher empor der trotzige Felsriese: der Großherrscher Grimming. Am Fuße desselben steht das weiße Würfelchen des Schlosses Trautenfels.

Wir haben absichtlich die Gisela-Bahn, welche von Selzthal her an der Enns zieht und uns leicht in das Salzburgische entführt hätte, vermieden. Wir wollen noch allzugern in diesem Thale weilen, um dann den allerschönsten Punkt der schönen Steiermark aufzusuchen. Ist doch auch die Enns, die wir unten bei den Felsen ganz anders kennen gelernt haben, hier so freundlich und zahm. Die wunderliche Maid! Im salzburgischen Hochthale drin, ganz wie ein schämiges Mädchen, schleicht sie auf den Zehenspitzen hin unter dem Weidengebüsch und schaukelt manches Halterbüblein auf weichen Armen. Hier wie eine stattliche Frau voll Milde, Anmuth und Würde zugleich, und weiter unten, kaum an dem Priesterpalaste vorbei, die wilde Furie — reitend auf schäumendem Schimmel setzt sie über Klotz und Gestein. „Und wollt' sich ihr da unten das Halterbüblein vertrau'n, sie thät es umarmen, fiebernd drücken an den wildwogenden Busen, halsen und küssen — mehr als genug.

So bestimmen die Verhältnisse nicht allein den Menschen, sondern auch das Wasser — ganz anders im Gebirge und ganz anders auf flachem Lande.

Wir wundern uns, daß heute der Himmel so blau ist, denn dieses von den höchsten Gebirgen des Landes eingeschlossene Thal der Enns ist nicht allzuoft aufgelegt zum Lächeln; gar häufig hängen die zerrissenen Fahnen der Nebel an den Zacken, und so lange der trotzige Grimming seine graue Flagge nicht eingezogen hat, ist nicht zu trauen. Auf

den Höhen des Grimming finden wir, die von Osten Kommenden, die ersten gletscherähnlichen Schneelager. Der Grimming erscheint vom Thale aus um so erhabener, als er von
den Umgebungen durch tiefe Thaleinschnitte gesondert ist.
Wegen dieser seiner vereinzelten Lage und ob seiner furchtbar
nackten und schroffen Wände und Zacken stand er früher im
Rufe großer Höhe, so daß sie ihn den steierischen Altissimus
nannten. Der Grimming ist nur 7425 Fuß hoch und trägt
auf seinem Rücken einen fünfzehnzackigen Kamm. Hinter ihm
heben die wilden Herrlichkeiten von Neuem an — es ist die
gewaltige Felsenburg des steierischen Alpenkönigs — des Dachstein. In den Ortschaften des Thales aber, im Baustyl und
in den Kleidern und Sitten der Bewohner macht sich der
salzburgische Charakter geltend.

Aus dem Salzburgischen herein, den Ufern der Enns entlang sind um das achte Jahrhundert die alten Bayern gedrungen
und haben die Slaven und den Rest des Römerthums verdrängt und vom Ennsthale aus haben sich die Germanen
verbreitet hin in die schönen Thäler der Mur, der Mürz,
der Kainach, der Raab und der Feistritz. Diese Landstriche
waren damals noch zum größten Theile mit der karantanischen
(kärntnerischen) Mark vereinigt. In der Stadt Steyr an der
Enns (im heutigen Erzherzogthume Oesterreich) lebten die
Grafen von Steier aus altbayerischem Hause. Dieses Geschlecht
der Grafen von Steier bemächtigte sich allmählich der großen
Gebiete an der Enns, Mur, Mürz und Feistritz, welche von
der karantanischen Mark losgelöst, von nun an die „Steiermark" hießen. Das war um das Jahr 1055. Selbstverständlich
wurde überall in der grünen Mark der christliche Altar aufgerichtet. Aber zur Zeit der Glaubensbewegung ging es im
Ennsthale scharf her. Der Gau wurde protestantisch und bis

heute ist es noch nicht ganz gelungen, das Lutherthum aus diesem Alpenthale zu verdrängen.

Wir wenden uns; dort wo der Grimming stürzt und mit seinen Schatten die Berge deckt, verlassen wir das Enns-thal und ziehen rechter Hand. Von hier aus zieht sich die schöne Salzkammergutbahn, gegenwärtig von der Rudolfs-Bahn verwaltet, über Aussee, Hallstatt, Ischl und Gmunden nach Schärding und Passau. Die Rudolfs-Bahn, die Beherrscherin der Enns und der herrlichen Alpenthäler in Kärnten und Krain, hat sich's nicht nehmen lassen, den allerschönsten Fleck der österreichischen Lande in ihr Gebiet zu ziehen. Das viele Eisen-bahnfahren ist in der Regel kein angenehm Ding, aber die treff-lichen Einrichtungen dieser Alpenbahn beweisen, daß recht gut ein Vergnügen daraus werden kann. Wir bleiben einstweilen zu Fuße. Nach wenigen Stunden allmählichen Ansteigens auf guter Straße erreichen wir Mitterndorf, welches in der Mitte einer Hochebene liegt, rings von hohen Kalkgebirgen umkränzt.

Im Norden stehen die Vorwände des todten Gebirges, wo der Sage nach der wilde Jäger noch hausen soll, der heute aber nur durch den Wildschützen ersetzt wird. Besonders zur Hahnenbalz muß mancher schöne Vogel vom Baumwipfel und mancher Bursche mitsammt Schildhahnstoß auf dem Hut hinter Schloß und Riegel. — Im Westen und Süden ruht das waldreiche Kammergebirge mit seinen steinigen Hochfeldern, die sich bis an die Gletscher des Dachstein ziehen. Gegen Osten ragt der Grimming, welcher von hier aus gesehen die Gestalt eines auf seinen Hinterfüßen sitzenden ungeheuren Löwen hat. Zu seinen Füßen wüthen die gischtenden Wellen des Grimmingbaches und der Salza. Letztere (nicht die Salza, welche wir bei Mariazell fanden) bricht zwischen dem Grim-ming und dem Kamm durch eine großartige Schlucht hinaus

zur Enns. Ein guter Fahrweg führt an ihrem Ufer hin von
Mitterndorf ins Ennsthal und wer den wandelt, der sieht
ein wildherrliches Naturbild, Wandstürze und Wasserfälle,
und Martertafeln dabei, von Raubmorden erzählend, die
hier einst geschehen, von Elementarereignissen, die von Jahr
zu Jahr heute noch stattfinden. Diese Schlucht heißt „durch
den Stein".

Das Hochthal von Mitterndorf hätte gute Lust, ein
großer See zu sein — überall Wasser und Sumpfboden,
grüne Wiesen mit saurem Gras. Viele Heuhütten, wenig
Aecker und Obstbäume. Die Dörfer mit ihren weißen Wänden
und schimmernden Schindeldächern stehen fast ohne Baum
und Strauch. Aber die Häuser, wovon die meisten einen
Stock hoch sind, stets mit zierlicher Lattenverschalung und
grünen Fensterballen versehen, machen den Eindruck der Wohl-
habenheit, die freilich nur durch die Viehzucht begründet sein
kann. Hier alles Hirtenleben, und der Größte im Orte ist
nur groß durch die Anzahl seiner Heerden. Auf manchem
Hause ragt nach salzburgischer Sitte das Glockenthürmchen;
die Glocke dient zum Mahlzeitläuten und noch mehr zum
Nothzeichen, wenn die Hilfe der Nachbarschaft erheischt
wird.

In dem Innern der Häuser herrscht eine fast holländische Reinlichkeit; an manchen Hausthüren findet man sogar
Holz- oder Strohschuhe, die den Eintretenden einladen, seine
staubige oder lehmige Fußbekleidung gegen dieselben zu ver-
tauschen. Wandern wir im Frühjahre und Frühsommer durch
diese Gegend, so fallen uns schlanke, weißgeschälte Tannen-
bäume auf, die in den Gehöften stehen. Nur obenan prangt
noch das Grün des Wipfels, an welchem bunte Bänder und
Sträuße flattern. Das sind die Maibäume.

Nun geht's durch ein enges Thal. Wir benützen den Eisenbahnzug. In einem grüngepolsterten Salonwagen, der durch seine hellen Glaswände nach drei Seiten hin freie Aussicht gewährt, gelangen wir zur nächsten Station Kanisch hinter welcher sich das Thal engt. Zwischen Waldlehnen, an einem lebhaften Bache, geht's lustig hinab zu den Ufern der Traun, wo in der Muschelkrone der Felsen, im Glanze der Seen die Perle von Steiermark ruht — das herrliche Aussee

Vom Wechsel her und von der Sann hat die Natur reiche Gaben gestreut, aber hier an der Grenze hat sie Alles, was sie an Großartigem besitzt, auf Einen Fleck ausgeschüttet. Aussee, die Wiege der grünen Traun, in deren tiefen Seen die Gletscher des Dachstein sich spiegeln!

Das Ausseer Thal ist klein, ja, es ist eigentlich gar kein Thal, es besteht aus sanften, zumeist mit grünen Matten, theilweise mit Nadelwald bedeckten Höhungen und engen Schluchten, in denen überall klare, stattliche Wässer rauschen. An den Ufern rasseln Holzsägen, klappern Mühlen, kocht aus den Felsbergen geschwemmt das köstlichste Gewürz unseres Brotes, der Weisheit und der Ehe Symbol — das heilige Salz. Und wo der Wald die Ufer beschattet, steht wohl der Fischer und ladet mit einer Schnur an der Stange die rothbesternten Forellen ein, einmal ein wenig in die trockene Luft herauszukommen. Und hinter Büschen, auf sonnigem Heidehang sammeln lustige Kinder für des Reichen Tisch das Köstlichste, die Erdbeere. Oder solche Kinder, rothwangig und helläugig, stehen am „Gatterl", das am Feld- oder Wiesenrande steht, öffnen es dem Fremden und überreichen ihm als Eintritts- oder Abschiedsgruß einen Blumenstrauß aus Alpenrosen und Vergißmeinnicht. — Das freut uns und ist den Kleinen meist nicht ganz fruchtlos.

Mitten in der Gegend stehen ein paar bewaldete Berg-
pyramiden, die leicht zu besteigen sind und eine herrliche
Aussicht bieten. Dieses Thal mit seinen kleinen Bergen nun
ist von hohen Felswänden und Bergriesen umgeben, zwischen
welchen nur wenige Pässe in's Weite führen. Zwischen den
Hochmassen des Sarstein und des Koppen schimmern die
Schneefelder des Dachstein hernieder. Tief zu den Füßen der
vom Todten Gebirge vorspringenden Türkenkuppe, der weißen
Wand, der Trisselwand, des Sandling und des Loser liegen
die drei Seen, wovon der Grundel-See der größte, der Alt-
aussfeer See der schönste und der Toplitz-See der interessanteste ist.

Der Grundel-See — der größte im Lande — von einem
Dampfer befahren, hat einen Wasserspiegel von 736 Joch und
enthält köstliche Salblinge, Ruten und Forellen. Er ist der
Toilettespiegel prächtiger Sommerhäuser, die an seinem Ufer
stehen und zur schönen Jahreszeit vornehme Herrschaften aus
Graz und Wien und von weiter her beherbergen.

Der Altausseer See ist nach drei Seiten von schroffem
Gewände eingeschlossen; er mißt dreihundertzweiundsiebzig Joch.
Aus ihm werden jährlich gegen zweitausend Salblinge und
bei zehn Centner Forellen gehoben, welche sich theilweise die
Badegäste und Touristen schmecken lassen, theilweise versandt
werden. An der freien Seite des Sees liegt malerisch hin-
gestreut das Dorf Altaussee mit seinen zahlreichen Herren-
häusern — eines freundlicher als das andere — der allerschönste Punkt der schönen Steiermark, an welchem des
Morgens zwei Sonnen glänzen, die von Osten aufsteigende
und das Eisfeld am Dachstein. Dort zu hinterst im Gebirge
ragt der Gletscherberg mit seinen grauen Thürmen. Er scheint
— um uns Niedrigstehenden im Thale nicht zu beschämen —

auch bescheiden niedergeduckt; aber je höher wir emporsteigen an dem Loser, um ihn etwa zu überragen, desto massiger wächst er hervor aus dem Gebirge und endlich steht er als trotziger Zwinger da über dem ganzen weiten Rund, und sein ist die Herrlichkeit in Steiermark, Oberösterreich und Salzburg.

Der kleinere Toplitz-See liegt düster zwischen Wald und dräuenden Wänden. An seinem Ufer steht ein Denkstein mit der Jahreszahl 1819. In diesem Jahre hat hier der Erzherzog Johann seine liebliche Anna von Aussee das erstemal gesehen. Der Prinz kehrte von einer Jagd zurück; die Ausseer bereiteten dem hohen Gast einen festlichen Empfang und mit weißgekleideten Kranzjungfrauen kamen sie ihm bis zum Toplitz-See entgegen. Der kaiserliche Jäger nahte; die Mädchen streuten Blumen, überreichten ihm Rosen; eines aber stand abseits und getraute sich nicht vor, zu dem hohen Herrn. Dem Erzherzog fiel das auf, er trat zu der Schüchternen hin, faßte sie an der Hand und fragte lächelnd, wie sie heiße und ob sie sich vor ihm fürchte. — Anna heiße sie . . . und daß sie sich fürchtete, bewies das leise Zittern ihrer Hand, die Thräne in ihrem Auge. — So, und nicht wie die Sage geht, auf dem Bock als Kutscher verkleidet, hat Johann von Oesterreich seine nachmalige Gattin aus bürgerlichem Stamme das erstemal gesehen. — Interessant ist jedem Fremden, lieb und werth jedem Oesterreicher das Haus Nr. 37 auf dem Meranplatz in Aussee. Das war die alte Post, das Heimatshaus der nun betagten Frau Gräfin Anna von Meran, welche zur Sommerszeit stets mehrere Wochen in demselben verlebt, um die Romantik ihrer Jugendzeit immer wieder zu träumen.

Um noch einmal zu den Naturschönheiten von Aussee zurückzukehren, ist erwähnenswerth der Kammer-See, ein kleiner

Königsee in seiner finsteren Wildheit, der Oeden-See, der
Langen-See, der Elm-See, der Wilden-See und andere, die hoch
in den Steinkesseln des Gebirges liegen. Auch ist die Gegend
reich an Höhlen, Wetterlöchern und Wasserfällen; und jeder
dieser Naturmerkwürdigkeiten kommt eine Sage zu, und jeder
Sage ein Glauben, und so gesellt sich der pittoresken Wirklichkeit auch die Phantasie und macht die Gegend wunderbar.

Von den Seen kommen die beiden Arme der Traun,
und dort, wo sie ihre Arme ineinanderlegen, wie ein junges
Ehepaar, das plötzlich Ein Leib ist, haben sich die Menschen
ein stattliches, vielfältiges Nest gebaut. Das Nest schmiegt
sich in eine Schlucht, in welche von den Höhungen und
Seitenschluchten gute Straßen und weiße Sandwege nieder-
gehen, wo hinein zur Sommerszeit sich auch zahlreiche Fremde
nisten — zumeist Taubenpaare, hie und da ein Adler, aber
auch manchmal ein Kukuk darunter — und sich in den Sool-
und Alpenwässern gütlich thun. Das Nest heißt Markt Aussee.

Einzelne Gebäude bezeugen diesem Orte ein sehr hohes
Alter. Die Kelten und Römer werden noch verspürt, die hier
schon für ihr halbrohes Wildpret das Salz gesotten haben
mögen. Die Pest war da; Religionswirren haben die Gestade der
Traun beunruhigt. Im 16. Jahrhundert wollten die Ausseer
lutherisch werden, aber die katholischen Herren richteten an
verschiedenen Punkten Galgen auf, „um die verirrten Schäflein wieder freiwillig zum katholischen Glauben zurückkehren zu
machen". — Ist gleich eine solche Vergangenheit nicht heimlich, so bringt doch wahrscheinlich die neue Bahn dem herrlichen Thale eine schöne Zukunft. Seit 1870 ist das Curhaus
eröffnet, in und vor welchem an den Sommerabenden heiteres
Leben herrscht. Die jungen Anlagen sind nicht eben großartig,
wie etwa in anderen Modebädern, wo man es noth hat, zu

verschönern. In Aussee wären gewisse „Verschönerungen" von Menschenhand Sünden gegen die Natur.

Die Waldschlucht, durch welche die Altausseer Traun herausrauscht, ist ein Naturpark, wie nur Gott ihn schafft. Geschmackvolle Villen mit frischen Wiesenplätzen unterbrechen den Waldschatten; das Sanatorium — eine Pension mit sechzig Zimmern — hat den schönsten Punkt. Es ist ein Zauberschloß im Walde, aber eins, wie es die Neuzeit zaubert, mit allem Comfort des modernen Lebens und doch — wenn ich den beliebten aber so oft mißbrauchten Ausdruck anwenden darf — mitten in der Romantik. An seinen Fenstern huscht das Reh vorbei, über seinen Zinnen schwebt der Adler hin, zu seinen Füßen schäumen in mächtigen Fluthen die hundert und hundert von Quellen und Wasserstürzen, die nieder= kommen von jenem Gebirge, welches seine blauen und weißen Häupter über die Tannenwipfel hereinreckt. — Aussee ist ein Curort besonders für Brustleidende und Melancholische, immer= hin aber am heilsamsten und lohnendsten für Gesunde, denen es der Geldbeutel gestattet, die hier ziemlich hoch besteuerten Naturschönheiten zu genießen.

Unweit von Aussee, an der Straße, welche über die Petschen nach Ischl hinüberführt, ist ein mit schönen Bäumen bestandener Hügel, wo der Dichter Lenau so gern weilte und der den Namen Lenauhügel trägt. Weitere Ausflüge nach den reizenden oder prachtvollen Punkten anzuführen, ist hier kein Raum. Selbst sehen! ist der beste Rath und der Volksdichter Kain zu Aussee sagt:

> „Sam dih nit long und sind'
> Eini af Aussee gschwind,
> Weil dauscht von Paradis
> Nouh a Trum is!"

Die Bewohner des Ausseer Thales gehören zu den schönsten Menschen der Alpen, sie sind aufgeweckt, hellen Auges für die Neuzeit, ohne die naive Gemüthlichkeit des patriarchalischen Hirtenthums vergessen zu haben. Offenheit und Redlichkeit zeichnet sie aus; ihre Weltanschauung scheint stets kirchlich fromm zu sein, trotzdem greifen sie keck zu, was die Welt bietet und die eine der drei göttlichen Tugenden, die Liebe, haben sie sehr in's Irdische übersetzt. Die Mädchen sind gar nicht zimperlich, und die Männer steigen in ihrer strengsteierischen Tracht mit den nackten Knieen nach Gemsen und Senninnen um, und von den Höhen knallen Schüsse. Im Uebrigen Gutmüthigkeit und Harmlosigkeit und überall Gesang und Tanz und Jauchzen. — Darum hat der Dichter recht, wenn er dem lieben Gott extra an's Herz legt:

> „Hergott, Du woaßt es schon,
> Thua nix dem Landl on.
> Gib af des Tog und Nocht
> Extra ocht."

Hoch vom Dachstein!

Wenn sich am Meeresstrande der Adria sechzehnhundert stattliche Männer aufstellten, so daß einer auf dem Kopfe des andern stünde, so wäre das Haupt des obersten so hoch, wie die Spitze des Dachstein. Und wenn man ein vorzüglicher Tourist ist, und von Aussee aus neun Stunden tüchtig wandert, steigt und klettert, so kann man auf der Höhe des Dachstein sein. Es dürfte aber doch nur Wenige geben, die über die tiefen, breiten Spalten der Gletscher, über ihre steilen Felder, an den furchtbaren Abstürzen hin mit mir wandern wollten. Und wenn — so doch vielleicht resultatlos, denn es giebt wenige Tage zur Sommerszeit, an welchen das Gethürme des Dachstein nicht seinen Nebelhut hätte. Die zwischen den grauen Felsmauern liegenden Eis- und Schnee-massen fangen in der Sonnenwärme leicht zu dampfen an.

Es ist wohl ein arger Weg. Nur zu bald beginnen die finsteren Schluchten mit den wahnsinnigen Wildbächen, die kahlen Hänge, die ewig rieselnden Schutthalden, und wo sich irgend noch eine Menschenhütte an strauchbewachsene Felsen schmiegt, da ist sie wie ein an der Wand klebendes Schneckenhaus, das der erste rollende Stein zerdrücken kann. Höher oben, wo sich hinter den Felswällen wieder die Almen breiten, wird es wohl gemüthlicher, da blüht die Alpenrose, wuchert der Speik, wiegt sich etwa das schämige Kohlröschen unter knorrigem Gezirm. Noch weiter oben hebt die Wüstenei wieder an.

Die Felsen sind oft ganz gothisch gebaut, haben scharfe Zacken mit Steinrosen, spitze Thürme mit Knörpeln und Nixpen und mit steilen Dachungen, auf denen die Schnee-felder liegen. Die Gemsen halten solche Schroffen für den ebensten Boden auf Erden, sie hüpfen mit ihren schlanken Beinen darauf herum, wie die Spatzen auf unseren Haus-dächern.

Weiterhin lagern die mattgrauen Schnee- und Eis-mulden; da mag aber kein Gemslein mehr sein, da kann vielleicht nur noch der Steinadler darüber hin, wenn's ihn nicht verdrießt, wo nichts zu holen ist.

Aber die Eisfelder sind nicht der Alpen höchste Zinnen; über denselben baut sich noch manch' hoher, leuchtender Riff, manch' schreckhaft geformtes Horn in die Lüfte. Das sind die höchsten Warten, hier ist's mit Allem aus, was wir Leben nennen.

Wir aber stehen oben und leben und jauchzen das Lied:

> „Hoch vom Dachstein an,
> Wo der Adler haust,
> Bis in's Wendenland,
> In's Bett der Sann,
> Wo die Sennerin
> Frohe Lieder singt,
> Und der Jäger kühn
> Sein Jagdrohr schwingt:
> Dieses schöne Land
> Ist das Steierland,
> Ist mein liebes, theures
> Heimatland!"

Um meinem Alten Respect zu verschaffen, muß ich wohl gestehen, daß er ein nahezu zehntausend Fuß hoher Herr ist, was in einer Welt, in welcher man Fünf- und Sechstausender schon himmelhoch nennt, etwas sagen will. Gegen Norden ziehen sich die weißen Locken seiner Gletscher hinab, und tiefer hat er den Pelz des Tannenwaldes; gegen Süden fällt er in ungeheuren Wänden senkrecht ab und sein eherner Panzer leuchtet über die steierischen und kärntnerischen Alpen bis in's Krainerland hinein.

Südlich des Dachstein liegt das freundliche Schladming.

Im Westen liegen die grünen Almen von Filzmoos mit ihrem fröhlichen Hirtenleben, ragt die zweizackige Bischofsmütze, an deren Fuß, wie es heißt, der wilde Jäger noch sein Wesen treiben soll, ruht zwischen schattigen Waldlehnen das tiefe, schwarze Auge des Gosau-Sees, der Taschenspiegel des Dachstein, in welchem sich der alte Schelm des Abends, wenn das Alpenglühen seine Wangen schminkt, so selbstgefällig beschaut. Der Dachstein ist es auch, der mit seinen reißigen Sturzbächen den schönen Hallstätter See und den berühmten

Traun=See speist, sowie er überhaupt nicht weniger als zehn größere Seen in seinem Bergrund beherrscht.

Im Norden ruhen die Gelände von Aussee.

Nun sind wir wohl lange genug an seinem Fuße herum= geschlichen, wie Kinder um den Ahn, den sie lieben und fürchten zugleich. Wir krabbeln empor zu seiner Brust. In natura ginge das freilich ohne Führer mit Seil und Haken nicht und selbst mit diesen nicht ganz ohne Gefahr.

Die Spitze des Dachstein mußte nach touristischer Auf= zeichnung bis zum Jahre 1834 nach Christi warten, bis sie von Menschen erstiegen wurde. Es steht zwar nirgends geschrieben, daß die Alten keine Berge bestiegen hätten, gewiß haben sie es nicht aus dem Grunde gethan, wie unsere modernen Touristen, welche so gern als die Entdecker der Bergspitzen gelten möchten. Als Dachsteinforscher hat sich Pro= fessor Simony viele Verdienste erworben.

Dieser Gelehrte ließ sich auf den Eisfeldern eine Hütte bauen und brachte in derselben mehrere Sommer zu, um Naturstudien zu treiben. Die Gesetze der Wärme, der Luft, des Lichtes, des Schalles u. s. w. äußern sich da oben auf neuntausend Fuß Höhe anders, als hier unten, und Simony hat die Gletscherforschung, sowie die Meteorologie mit mancher Erfahrung bereichert. Der „Alpenverein" baute vor wenigen Jahren auf einem Felsgrate, wo sich die aus verschiedenen Richtungen heraufschlängelnden Steige einigen, eine Unter= standshütte für Dachsteinbesteiger und nannte sie Simony= hütte.

Der Alpenstock trägt eine Art Hochebene, welche über vier Stunden breit und von zahllosen Kegeln, Furchen, Kesseln, Trichtern und Wällen besetzt ist. Gemsenrudel beleben das starre Bild. Die Vegetation des Kalkbodens erstreckt sich nur auf einige Moose, so üppig tief unten die Alpenrose wuchert. Edelweißjagen giebt es mehr als Edelweiß.

Aus dem Steingewirr der Hochebene steigen verschiedene Schroffen und Gipfel empor, einige der höchsten ragen wie graue Thürme aus dem Silberdache der Gletscher. Das sind der G'jaidstein, der Thorstein, die Mitterspitze, die Scheuchen= spitze, das Hochkreuz, der Dachstein. Letzterer überragt die übrigen um ein Weniges und ist der Majoratsherr. Unter den Gletschern der größte ist das Karlseisfeld, es hat vier Stunden im Umfang und liegt flach und breit in einer ungeheueren Mulde, welche sich gegen oben hin mächtig anschweift. Westlich dehnt sich der Gojau=Gletscher, östlich der Schladmin= ger Gletscher; weitere Eisflächen und gletscherartige Schneelager, wie sie zwischen den Riffen und Steinriedeln liegen, sind nicht zu zählen. Der Dachstein trägt den letzten, östlichsten Groß= gletscher der Alpen; die Leute hier nennen das ewige Eis den „todten Schnee".

Die Spitze des Dachstein fällt nach allen Seiten schroff ab und ist kaum so breit, daß zehn Männer auf derselben stehen können. Die Aussicht von ihr ist überaus großartig. Vom Schneeberg und Wechsel bis zum Großvenediger, über die ganzen hohen Tauern und viel weiter hinaus sind sie alle sein, die grauen und die weißen Häupter. Der Glockner dort drüben kann leicht noch höher sein, er steht auf hohen Schemeln; aber versuch's Einer, zwischen den tiefliegenden Thälern der Enns und der Traun als Zehntausender aufzusteigen! — Und so liegt denn die Gebirgskarte in Naturgröße hier unten aus= gebreitet. Die Ortschaften in den Thälern — Gott erbarm' — wie auf grünem Blatte weiße Schimmelfleckchen, so liegen sie da. Soll, wie es heißt, der Herr der Schöpfung drinnen wohnen! — Gegen Norden, hinter dem Todten Gebirge und hinter dem Kolosse des Traunstein, beginnt sich's auszuflachen, und es wird wie ein blaues Meer, stellenweise licht im Sommeräther, stellenweise dunkel im Schatten der Wolken, die am Himmel stehen.

Eine ähnliche Aussicht bietet die Scheuchenspitze. Diese Spitze ist sehr sagenreich und galt als der steierische Blocks-berg für junge Hexen. „Auf der Scheuchenspitze kann man alte Hufeisen finden," heißt es.

Damit hat's so seine seltsame Bewandtniß; gestattet mir, daß ich Euch die Geschichte des Hufschmieds von Steinach erzähle, von dem man auf der Scheuchenspitze, hoch über den Gletschern, die Hufeisen findet.

Das Dorf Steinach liegt am östlichen Ende der Dach-steingruppe, wo jetzt die Salzkammergutbahn vom Ennsthale abzweigt. In diesem Dorfe lebte vor Zeiten ein frommer Mann, den man nur sprechen hören durfte, um von seiner Heiligkeit überzeugt zu sein.

„Sünder," sagte er stets, „sind wir Alle, ich auch; aber demüthig muß man sein, und nicht so hoffärtig wie der Post-meister zu Liezen, und nicht so Aergerniß geben wie die Adler-wirthin zu Irdning, und nicht so ausgelassen sein, wie die Burschen zu Mitterndorf, und nicht so leichtfertig leben, wie die Dirndln zu Gröbning und St. Martin und Wörschach und Weißenbach und Steinach. Die Wenigsten sind was nutz heutzutag, und muß Unsereiner nur seinem Gott danken, daß die Schlechtigkeit nicht in's eigene Haus kommt. Die Burschen zu Mitterndorf sind Nachts nicht daheim in ihrem Bett, das ist schlecht: aber zu St. Martin sind Nachts die Dirndln nicht daheim, das ist noch schlechter. In Donnersbachwald wächst jahraus jahrein nicht so viel Haferstroh, daß es für die Braut-kränze unserer Dirndln thät langen. Und der Herrgott hat nicht so viel Feuer und Schwefel im Himmel, daß er auf unsere Almen und Brenntlerhütten genugsam kunnt regnen lassen."

Dermaßen hat der brave Hufschmied zu Steinach oftmals seiner Entrüstung Ausdruck gegeben.

Da war es einmal in der Sonnenwendnacht, daß der Schmied plötzlich aus dem Schlafe geweckt wurde; eine Maus hatte ihn an der Zehe gebissen. Auf seiner Bettstufe saß ein Männlein, das hatte Augen wie Karfunkel, so daß die ganze Kammer blitzlicht war.

„Was ist das für ein Gezücht?" rief der Schmied.

„Lieber Hufschmied mein," sagte das Männlein, „Du sollst eilends aufstehen, Hammer und Zange nehmen und mit mir auf die Scheuchenspitze gehen."

„Ich alter Mann auf die Scheuchenspitze am Stein? Bin gar Jungheit nie oben gewest."

„Hufschmied, das laß meine Sorge sein," sagte das Männchen, „es geschieht Dir nichts zu Leid, Du bist ja ein frommer Mann."

Deß war der Schmied nicht wohlgemuth.

„Steh' auf," drängte das Männlein, „kannst auf goldenem Wagen durch die Lüfte fahren oder auf feurigem Rappen reiten — wie's gefällt."

Wohl. Als der Schmied vor's Haus trat, stand ein Drache da und flatterte mit den schwarzen Flügeln. Auf den Drachen mußte der Hufschmied sich setzen, das Männlein stieg kichernd in einen feurigen Wagen — dann flogen sie im Bogen über den Grimming, und auf dem Stoderzinken machten sie Halt.

„Jetzo, Meister," sagte das Männlein, „jetzo wisse, wie Du mir sollst dienen. Dort unten im Ahornsee, auf den der

Mond scheint, baden meine Rößlein, hernach werden sie mit ihren Knieen auf die Scheuchenspitze steigen."

„Das kann ich nicht verstehen," sagte der Hufschmied.

„Das wirst Du gleich verstehen," sagte das Männlein. „Diese jungen Rößlein, das sind die losen Dirnen von Gröb= ning und St. Martin und Wörschach und Weißenbach und Steinach, die Du so gut kennst und denen ich auf der Scheuchenspitze heute einen Festball gebe. Nun weißt Du aber, daß die Felswände glatt und steil sind; und weil die Balle= rinen knieend hinauf müssen, so wirst Du ihnen Hufeisen an die Kniee schlagen."

Einen Seufzer that der Hufschmied, dann fuhren sie nieder zum See. In einer Felsenkluft wurde die Schmiede errichtet, das grünäugige Männlein führte die Dirnlein eins um's andere vor und der Meister Hufschmied waltete seines Amtes. Die Mehrzahl war da der Schönen vom Ennsthal; von den Dörfern herauf, von den Gehöften heran, von den Almen herüber waren sie gekommen — ganz so, wie es der Schmied gesagt hatte: „Die Wenigsten sind was nutz heut= zutag." Er seufzte über die Schlechtigkeiten, freute sich ins= geheim darüber, weil sie seine und seines Hauses Tugend um so glänzender emporhoben. Er kannte fast Alle. Auch die „Ehrenwerthen" waren dabei, die daheim im Ruf der Sitt= samkeit und Frömmigkeit standen — betagte Frauen auch darunter. Einigen war vor lauter Knieen in der Kirche die Kniescheibe so verknöchert, daß der gute Meister die Eisen= nägel kaum hineinbrachte.

Die Meisten kamen wider alles Erwarten gern herbei, um sich für die Besteigung des Berges rüsten zu lassen. Nur Eine, die Allerletzte, wollte gar nicht voran und be= deckte ihre Kniee mit den Händen und ihr Gesicht mit den

6*

langen Locken. Als der Meister diese Störrische sah, holte
er seine schärfsten Hufeisen und seine längsten Nägel hervor,
aber als er ihr die Haare aus dem Gesichte schob, erkannte
er — seine eigene Hausfrau.

Eilends nahm er Reißaus, floh durch das steinige Kar
dem Thale zu und soll von dieser Nacht an nicht mehr so
laut geeifert haben gegen die liederliche Welt. —

Auf der Scheuchenspitze sollen eben heute noch Hufeisen
zu finden sein, die sich die Mägdlein auf ihrem Balle wieder
losgewetzt hatten. Es giebt Wurzelgräber, die nach solchen
Dingen auslugen; sie wüßten schon, sagen sie, was sie mit
den Hufeisen thäten. Aber ihre Absicht habe ich niemals erfahren können. —

Unter solchem Geplauder sind wir herabgekommen zu den
Almen, wo wir in einer der Sennhütten einkehren und uns
gütlich thun.

Hier fängt der grüne Wald an.

Durch denselben gehen wir in's obere Ennsthal nieder
und besuchen Schladming, das alte Schladming mit seinem
blutigen Marktplatz. Wir erinnern uns an das entsetzliche
Blutbad, das zur Zeit der Religions- und Bauernkriege hier
angerichtet worden ist. Zu dieser Zeit erhoben sich die Bauern
und Bergknappen und zogen gegen Adel und Geistlichkeit
in's Feld, sie wollten Verminderung der Abgaben, Freiheit
in Wald und Wild. Da rückte der Landeshauptmann von
Steiermark, der Dietrichsteiner, mit den kaiserlichen Söldnern
an. Er wurde in Schladming von viertausend Bauern um-
ringt und gefangen. Er entkam, aber ein Dutzend Edelleut-
köpfe sind in den Sand gekugelt auf dem Schladminger Platz.
Da rückte der Graf von Salm (der Vertheidiger Wiens
gegen die Türken 1529) mit seinen Schaaren an, besiegte die

Bauern, ließ viele derselben hinrichten und zerstörte das blut-
rauchende Schladming.

Heute blüht der Ort und verspricht ein gesuchter Ruhe-
punkt für Touristen zu werden. Und den Fremden, der
einmal hier geweilt, zieht's immer wieder in diese Hochau
zurück, so wie zu Rom die Fontana di Trevi Jeden
wieder zurückziehen soll zu ihrem Quell, der einmal daraus
getrunken. Eine katholische und eine protestantische Gemeinde
leben friedlich neben einander. Die Bevölkerung ist gutmüthig und noch in jenem wohlthuenden Grade der Entwickelung, wo Naivetät sich mit der Cultur vereinen. Vielleicht
wird das in wenigen Jahren nicht mehr so sein. Zu Tau-
senden werden auf der neuen Gisela-Bahn die Touristen kommen
mit ihren Ansprüchen, ihren Weltverbesserungsplänen und
ihren Weltsünden.

Von Schladming hinter einem Waldrücken, unter dem
senkrecht aufragenden Gewände des Dachstein liegt das
Hochthal der Ramsau. Hier ist Alles protestantisch. Die
Katholiken haben zwar eine Kirche hingebaut, aber zwischen
ihren Pflastersteinen wächst das Gras. Die protestantische
Kirche mit Pfarrhof und Schulhaus ist gut bestellt. Den
Brandriedel, einen niedrigen, grünen Vorberg in der Ramsau,
sollte wohl Jeder besteigen; er ist der Fußschemel zum Hochaltare des Dachstein. Beten muß man auf diesem Schemel,
es kann nicht anders sein. Dem Gewände zu sind wir
gekehrt, gerade vor uns stehen die Riesen, sichtbar von den
langen, breiten Schleppen der Schuttlehnen hinan bis zur
ehernen Brust, bis hoch zu dem Haupte mit dem silberweißen
Gelocke der Gletscher, das nach rückwärts gekämmt ist und
gegen Gosau, Hallstatt und Aussee hinabwallt. Hoch oben im
Gewände zeigt man einen vorspringenden Stein, die Felsen-

kanzel genannt. Als einst zur Zeit der Verfolgung die Lutheraner sich in die Klüfte des Dachstein verkrochen hatten, predigte ihnen ein Priester von diesem Felsen herab.

„Die hohen Berge sind der Gemsen Zuflucht," steht es nach dem Psalm geschrieben auf einer Tafel des Brand-riedel, und ich setze ohne Psalm bei: „Die hohen Berge sind der Hort des Menschen, der gehetzt ist von der Welt und seinen eigenen Begierden." — Eine weitere Tafel auf dieser Höhe singt mit dem Psalmisten. „Die Hügel sind lustig. die Anger sind voll Schafe, die Auen stehen voll Früchten, daß man jauchzt und singt." Ein treffendes Bild von der Ramsau, die uns zu Füßen liegt. Der gute Boten-Hans von der Ramsau aber giebt ein anderes Bild von diesem Alpen-thale; „bei schönem Wetter," sagt er, „ist es eine Rams-Au, und bei schlechtem eine Ram-Sau."

Wir verlassen nun für immer die Enns und gehen von Schladming südwärts in's Gebirge hinein, wo uns auf lange Zeit kein Eisenbahnpfiff und kein Kirchenglockenklang be-grüßen wird.

Die Sölker und die Murthaler Alpen.

Einige Minuten hinter Schladming auf der Brücke schauen wir noch einmal zurück und sehen ein entzückendes Bild. Zu Füßen das schneeweiße Gischten des Wassers; vor sich den Flecken mit seinen malerischen, steinbeschwerten Schindeldächern, mit seinen beiden Kirchthürmen, von welchen der protestantische schön geformt ist. Und hinter dem Orte der Waldrücken, und darüber emporragend die lichten Wände der Dachsteingruppe — im Sonnenlicht und im Monden-schein ein einzig schönes Bild.

Wir wandern nun rechts durch das Oberthal zum öden Giglach-See, oder links durch das Unterthal an den Sümpfen des Tetter-Sees vorüber zu dem nicht minder öden Risach-See. In der Nähe dieses letzteren Sees, in den tiefen Schatten einer Waldschlucht ist der größte Wasserfall Steiermarks; die Risach stürzt in mehreren Absätzen über ein 150 Fuß hohes Gefelse. Häufig sieht man in dem aufsteigenden Wasserstaubnebel der Waldschlucht die Farben des Regenbogens spielen. An der Risach erheben sich zwei der höchsten Berge des Landes, der 9045 Fuß hohe Hochgolling und die 8680 Fuß hohe Hochwildstelle. Auf dem Wege hinan gelangt man in ein reizendes Thal mit Sennhütten. Hier ist echte Urgebirgsnatur; braune Felsmassen, grün ausgebuchtet mit frischen Matten oder auch mit Schneefeldern. Weiter hin kommt man auf eine Wiese, das Himmelreich genannt; auf dieser Matte ist vor vielen Jahren eine junge Sennin schlummernd gefunden worden. Der Jägerbursche, der sie fand, hat den Namen „das Himmelreich" aufgebracht. Der Gipfel der Hochwildstelle ist nur mit Steigeisen und Stricken erreichbar; die Spitze hat vier Quadratklafter Raum und fällt fast nach allen Seiten senkrecht ab. Die Aussicht steht jener des Dachstein nicht viel nach.

Und so ziehen wir nun bergauf, thalab, schluchtein, schluchtaus, über wilde Wässer und unwirthliche Pässe durch das Urgebirge. Es sind die Sölker Alpen. Die Wege dieses Gebirges nennt der Mensch elend, denn ihr Baumeister ist die Natur: das Wasser gräbt, das Eis sprengt, die Lawinen wölben. Auf den Höhen scheinbare Kahlheit und Oedniß, und dennoch ist die Gegend bewohnt. Auf einen Bewohner kommen zweiundfünfzig Joch Boden; hin-

gegen kommt auf das Joch eine Gemse. -- Es ist ein Stück
Welt voll düsterer Schönheit.

Wir wandern viele Stunden lang und klettern der
Gegend des schwarzen Sees zu und steigen über den
Schimplsattel am Fuße des wüsten Sauofenberges in den
waldigen Katschgraben hinab. Hier bleibt das Gefelse endlich
etwas zurück, die Gegend lichtet und flacht sich ein wenig
und schattet sich zu schönen, weiten Wäldern. Das Klima
mildert sich und von den Wohnsitzen der Menschen grüßt
uns wieder Cultur entgegen. Wir gehen über das Schöder
und durch das Rantenthal nach Murau.

Dieser Weg von Schladming her ist die unwirthlichste
Strecke unserer ganzen Wanderung; ich hatte ihn einst bei
Nebelwetter zurückgelegt. Es vergeht kein Jahr, in welchem
nicht irgendwer verunglückt in den wilden Gebirgen des
Tauern. Touristen besuchen diese Gegenden nur selten, obwohl sie für den Naturforscher und Ethnographen inter-
essanter sein mögen, als manch' effectvolles Hochgebirgsthal
mit Hotels und Eisenbahnen.

Wir sind nun in dem buchen- und tannenumkränzten
Thale der oberen Mur. Der Fluß kommt von den Salzburger Tauern und bringt schon eine hübsche Stattlichkeit mit
in die Steiermark. Das Städtchen Murau ist in hohe,
alte Mauern eingeschlossen. Ueber der Stadt auf buschiger
Höhe liegt das Schloß Ober-Murau, dem Fürsten Schwarzen-
berg gehörig, dem Herrn des ganzen Gebietes. Jenseits
des engen Thales ragt die Veste Grünfels. Die Stadt hat
zwei interessante gothische Kirchen. Mehrere Eisenwerke blasen
ihren Rauch in die klare, feuchte Alpenluft empor.

Das zwei Stunden von Murau entfernte Benedictiner-
stift St. Lambrecht lassen wir rechts abseits liegen inmitten

seiner weiten Felder und Wälder; wir ziehen mit der Mur, an dem reichen Gestade mit seinen Dörfern, Wallfahrts= kirchen, Schlössern, Ruinen und Städten — an der Haupt= ader der Steiermark.

Hier Triebendorf, wo Seneca, der Philosoph und Lieb= haber einer Nichte des römischen Kaisers Claudius, in der Verbannung gelebt haben soll. Dort die Ruine Katsch und die gesuchte Wallfahrtscapelle Saurau, der letzte Rest des Schlosses Saurau. Weiterhin das Schloß Teufenbach, das Schloß Schrattenberg, in welchem 1797 Bonaparte sein Hauptquartier nahm.

Gegenüber ragt die steile rothe Wand des Puxberges, welche hoch oben eine nischenartige Vertiefung zeigt. Aus dieser dunkeln hochgewölbten Höhlung schimmert — die abenteuerlichste Festung des Landes — eine graue Ruine. Das Schloß im Puxerloch!

Das Volk erzählt sich davon schauerliche Sagen von Räubern und Gespenstern.

Im Thale liegt das Dorf Niederwölz, zwei Stunden davon am Wölzerbache die uralte Stadt Oberwölz mit dem malerischen Schlosse Rothenfels. Wir bleiben an der Mur, und das um so lieber, als hier bei Scheifling auch die Rudolfs=Bahn von Kärnten hereinkommt und mit uns einen und denselben Lauf nimmt.

Scheifling ist ein kleiner anmuthiger Ort. Die Berge sind hier mäßig hoch und meist bewaldet; nur hier und da ragt aus dunklem Tannenforst eine kahle Felsnase hervor. Im Hintergrunde des Thales der Wölz aber erheben sich blauend einzelne Spitzen jener Bergkette, die wir von Schladming her durchwandert haben und die unter dem Namen der oberen „Tauern" oder der Sölker Alpen bekannt

sind. Das mildere Klima sagt uns bereits, daß wir uns
südlich des Central-Alpenzuges befinden.

Weiter hin auf einem Hügel aus dunkeln Büschen ragen
die stattlichen Ruinen der uralten Veste Frauenburg. Sie ist
reich an Sagen und Erinnerungen. Eine Sage, aus welcher
die Bewohner der Gegend den Namen „Hundsmark", oder
Unzmarkt herleiten, ist folgende: Die Rittersfrau im G'schloß
ist ihrem Gemahl untreu worden, dieweilen der gegen die
Türken hat gekämpft im heiligen Land. Und als er aus
war gewesen ein Jahr und darüber, hat sie an einem Tage
zwölf Knaben geboren. — „Meine liebe Kammerfrau, leg'
mir diese Würmer in den Korb und wirf sie in die Mur."
Aber als die Kammerfrau die Würmer will werfen in
die Mur, reitet der Herr und Ritter heran vom heiligen
Land. „Meine liebe Kammerfrau, wie steht's im G'schloß
und was tragst Du im Korb?" „Mein lieber Ritter und
Herr, im G'schloß steht es gut, und im Korb trag' ich
zwölf Hunde, die blind sind geboren." „Meine liebe
Kammerfrau, zeig' mir die armen Wesen herfür." „Mein
lieber Ritter und Herr, es ist nicht werth des Augen-
blicks und Eure Gemahlin wartet auf Euch mit Sehnsucht im G'schloß." — Nicht abgelassen hat der Ritter, bis
er die zwölf Knäblein im Korb hat gesehen. Sie und die
Kammerfrau hat er entführt in's weite Land. Darauf kehrt
er heim, lebt mit der falschen Gemahlin, als thät' er nichts
wissen. — Zwanzig Jahr' sind vergangen. Der Burgherr
giebt ein großes Fest und ladet dazu aus weitem Land zwölf
junge Ritter. Froh sind sie Alle und froh ist die Schloßfrau. Da giebt der Gastherr auf einmal den Gästen die
Frage zu lösen: Wenn ein Ritter in Krieg zieht, und die
Gemalin betrügt ihn daheim und wirft die Frucht ihrer

Untreu in's Wasser wie blindgeborene Hündlein — was soll mit dem Weibe geschehen? Einer der jungen Ritter giebt Antwort: „Das Weib soll man thun in ein messerbeschlagenes Faß, und das Faß soll man rollen den Schloßberg hinab in das Wasser." Die Eilf stimmen bei. — Die Schloßfrau wird blaß und nun sagt ihr Gemahl: „So hast es gehört, das Urtheil ist Dein — und Dein sind die Kinder, die es haben gesprochen." —

Diese Sage wird in sehr verschiedenen Variationen erzählt; in einer derselben ist der Schloßherr treulos und die Gemahlin wird unschuldig durch das Faß hingerichtet.

Die Frauenburg ist eines berühmten Minnesängers Heimat. Sie gehörte einst den mächtigen Lichtensteinern, wovon einer — Heinrich I. — viel Unheil in's Land brachte. Er zog gegen Ottokar, den Böhmen, wurde aber gefangen, und Frauenburg und Murau wurden zerstört. Dieser Heinrich hatte einen Bruder, der lieber mit dem Sange siegte, als mit dem Schwerte und das Lob der schönen tugendsamen Frauen sang; das war der Minnesänger Ulrich von Lichtenstein. Aber auch er fiel den Ränken der Feinde zum Opfer. Man nennt noch den Tag — es war der 26. August 1248 — als zwei Pilgrime Einlaß begehrten auf Frauenburg. Ritter Ulrich nahm sie gastlich auf. Aber plötzlich überfielen sie ihn, versetzten ihm Messerstiche, schleppten ihn in den tiefsten Kerker der Veste. Seine Freunde kamen, ihn zu befreien, wollten das Schloß stürmen; da drohten die Pilgrime, den Gefangenen mit einem Strick um den Hals über die Thurmaltane den Pfeilschüssen der Belagerer auszuhängen. Ueber ein Jahr lang mußte der Sänger im Kerker schmachten, bis ihn endlich Graf Meinhard von Görz, der Statthalter von Steiermark. gegen schweres Lösegeld befreien konnte.

Unter Unzmarkt weitet sich das Thal. Es beginnt der fruchtbare Murboden, stets belebt von Dörfern, Märkten, Städten und herrlichen Burgen. An beiden Seiten Wald= berge, über welche freundliche Almen niederlachen in's freund= liche Thal. Die Hauptstraße — es ist die alte Römerstraße, welche von Kärnten herein über den Tauern zog — hält sich stets rechts an den Bergen, und erreicht so die auf einer Anhöhe liegende Stadt Judenburg. Im Mittelalter ging's hier lebhaft zu, deutsche und italienische Kaufleute machten den Ort laut und reich. Jetzt zählt er an 2300 Bewohner. Die alte Herzogenburg, einst der Sitz der Babenberg'schen Regenten, steht heute in Oedniß. Idunum hießen die Römer diesen Ort. Der steierische Geschichtschreiber Julius Cäsar erzählt eine gräßliche Geschichte aus der Judenzeit dieser Stadt. Im Jahre 1313 sollen die Juden eine Verschwörung ange= stiftet haben, in der Christnacht alle in der Stadt lebenden Christen zu ermorden. Da war aber eine junge Jüdin, die einen jungen Christen liebte und diesem die Gefahr verrieth. Hierauf haben sich die Christen zusammengeschaart und in der nämlichen Nacht, in der sie selbst hätten vernichtet werden sollen, alle Juden erschlagen. — Der altersschwarze Thurm, welcher mitten in der Stadt aufragt, wüßte auch zu erzählen von Krieg, Pest und Feuer, so den Ort oftmals heimgesucht haben. In der Nähe der Stadt ragen die zerrissenen Mauern des Stammschlosses der Lichtensteiner, eine der dreiundsiebzig Vesten dieses einst so mächtigen Geschlechtes.

Eilen wir zur Erquickung wieder einmal dem Alpen= frieden zu. Heimweh nach den Höhen! Den Athem Gottes und die Herrlichkeit mit vollen Zügen genießen — das ist Leben. Von Judenburg durch eine Waldschlucht aufwärts und über Bergrücken kommen wir durch eine mehrstündige

Wanderung zu dem höchstgelegenen Pfarrdörfchen Steiermarks, St. Wolfgang. 's ist eigentlich ein trauriger Weg dahin. Als ich ihn vor Jahren das erstemal ging, begegnete mir ein Weib, das mit regen Geberden Steine schlug. Ich fragte es nach dem Wolfganger Weg. Keine Antwort; das Weib glotzte nur und schlug weiter. Bald darauf trottete die Straße herein ein Knabe mit mächtigem Kropf. „Du Kleiner, grüß Dich Gott, geht's da recht nach Wolfgang?" Der Junge sah mich verblüfft an, dann kletterte er stöhnend über den Wegrain und floh davon. Ich ging nachdenklich weiter über grüne Matten und rauschende Schluchten. Da holperte wieder ein Weib des Weges, ebenfalls mit einem stattlichen Halsauswuchs. Ich hatte es schon von weitem schnaufen gehört. Das fragte ich auch nach dem Wege. Wohl eine Antwort, aber ich verstand sie nicht. Es war ein Gegurgel, als wäre dem Wesen die Zunge an den Gaumen gewachsen. Nicht lange blieb ich stehen bei diesem Ebenbilde Gottes. Es grub in meinem Herzen. Warum in einem so schönen Lande so elende Menschen? Der Boden, das Wasser, das Klima, sagt man, sei Ursache der Cretins; die Eltern, Erzieher, der Staat wälzen dadurch so bequem die Schuld von sich ab. — Trotz der vielen Menschen, die mir begegneten auf jenem Gange, habe ich mich doch unendlich einsam und verlassen gefühlt. — Zum Glücke giebt es doch nur wenige Thalstriche in Steiermark, wo ein solcher Mißwachs des Menschen vorkommt. (Siehe „Die Aelpler", Seite 130).

Wir gelangen nun zu dem alpenfriedlichen Dörfchen, das hoch auf dem Berge liegt, am Saume der 7578 Fuß hohen Zirbitz. Ein Pfarrhaus, wo wir übernachten und wo der Pfarrer seine Gäste selbst bedient. Der leutselige Herr setzt sich zu uns, raucht seine Pfeife und plaudert. Er hat

die Menschen gern. Sein Vorfahre war gar menschenscheu,
der konnte nicht predigen, wenn er einen Fremden in der
Kirche sah, und kam des Weges einmal ein Tourist heran,
so lief er davon und hüpfte über alle Zäune. So kann
man werden, da oben in St. Wolfgang. — Das Kirchlein
ist gar schlicht und Jeder, der es besucht, kommt nur, um zu
beten. Im Friedhofsgärtchen wachsen Alpenblumen. — —
Am frühesten Morgen werden wir durch das Aveglöcklein
geweckt. Der Himmel ist heiter, kühle Luft rieselt nieder von
dem Berge. Auf der Spitze leuchtet die junge Sonne und
ihr goldiges Meer sinkt nieder über das Fels= und Zirm=
gehänge, über die Matten zum thauigen Tannenwald. Und
die tiefe Ruhe! Man hört die Fittige seines Engels fächeln;
man hört das Athmen der Zeit, fühlt den Hauch der Jahr=
tausende, die still dahinziehen über diese lichtvollen Höhen.

Und endlich auf der Spitze der Zirbitz angelangt, unter=
halb welcher ein Schutzhaus steht — wie ist das Auge so
reich! Von den duftblauen Zacken der Sulzbacher Alpen
bis zu den funkelnden Gletschern des Dachstein in einem
Halbrund liegt die Steiermark da. Und auf der andern
Seite das nachbarliche Kärntnerland mit seinen herrlichen
Bergen. In einzelnen Thälern liegen wie weiße Seen die
Nebel und mancher hohe Berg ragt daraus wie eine Insel
auf. Rings um die Spitze der Zirbitz sind mehrere fischreiche
Seen, wovon der Wilden=See am westlichen Hange, von un=
ergründlicher Tiefe, ein ausgebrannter Krater sein soll.

Sind Hunger und Durst nicht zu groß, so ist es mit=
unter fast bitter, von solch' schönen, friedensstillen Höhen —
wohinauf uns von allen leidenschaftlichen Bewegungen des
Herzens nur die selbstloseste Freude gefolgt ist — wieder
hinabsteigen zu müssen zu den Menschen. Die treiben es

hier unten oft so, daß es schwer ist, bei ihnen zu wohnen. Die Bewohner der Höhen haben bei all' ihrer Armuth meist ein fröhliches Gemüth und eine frischere Lustigkeit, als andere Leute. Nicht selten sieht man sie mit ihren Zithern oder Pfeifen im Freien sitzen und musiciren.

Wir steigen zum Markte Obdach nieder und gehen, dem Granitzenbach entlang, wieder dem Murthale zu. Dort, wo unser Engthal in den weiten Murboden mündet, links an einem kühnen Felsvorsprunge, steht die herrliche Burgruine Eppenstein. Die Markgrafen von Istrien, nachmaligen Herzoge von Kärnten, hatten sie erbaut vor tausend Jahren. Später kam sie in den Besitz mächtiger Gaugrafen aus dem Mürzthale; jetzt gehört sie einem der reichsten und angesehensten steierischen Cavaliere, dem Baron Seßler-Herzinger, dessen weite Waldungen ganze Thäler des Oberlandes beschatten, dessen Hammerwerke manche Gegend beleben.

Im Murthale angelangt, stoßen wir auf das großartige Eisenwerk Zeltweg; es liegt an dem Punkte, wo die Tochter der Zirbitz, die Granitzen, und der Sohn des Tauern, der Pölsbach, in die Mur springen. Zu solcher Wasserkraft hat sich die volle Dampfkraft gesellt, um die hundert Essen und tausend Räder zu beleben. Die dazugehörigen Kohlen sind in den nahen Gebirgen aufgespeichert. Bei Dietersdorf entstand vor mehr als sechzig Jahren ein Grubenbrand, welcher, wie man sagt, heute noch fortfrißt in den großen Kohlenlagern und von Menschen nicht zu löschen ist. — Wenn wir einen raschen Gang machen durch die finsteren, donnernden, funken-sprühenden Hütten von Zeltweg, so wäre freilich zu erzählen von der Gewinnung des Erzes, vom Kobern und Rösten desselben, von den Hochöfen, in welchen es geschmolzen, theil-weise von Schlacken gereinigt und zu Roheisen wird; zu er-

zählen von dem Frischen und Bessemern, wodurch das Eisen
mehr und mehr verfeinert, endlich zum weltberühmten steierischen Stahle wird. Doch dafür giebt es andere Lehrer, und
wir begnügen uns, die rußigen, halbnackten Arbeiter zu betrachten, die durch die Hütten eilen und poltern. Diese ziehen
mit riesigen Zangen weißglühende Eisenblöcke, Andere schieben
mit Stangen die sprühenden Massen; Andere leiten gewaltige
Maschinen, und es ist ein Schnauben und Brausen, daß der
Erdboden zittert. Wir beneiden die Menschen nicht, die in
solcher Umgebung — wie mitten in der leibhaftigen Hölle
— ihr Brot erwerben müssen. Laßt es aber nur erst Sonntag
werden und Ihr werdet sehen, wie sich der Werksarbeiter und
Bergknappe zu entschädigen wissen. Kein Wirthshaus groß
genug in der Gegend, keine Musikbande zu theuer, kein
Dirndl zu stolz. Wo Schmiede und Bergknappen sind, da
haben die Bauern kein Recht.

Wie es aber den Knappen manchmal übel ergehen kann,
davon berichtet die Sage von Zeiring. Wenige Stunden von
Zeltweg im ruinenreichen Thale der Pöls liegt der uralte
Markt Zeiring. Hier manche Spur von den alten Herren des
Landes, den Römern; auch Kaiser Max I. hat sich längere
Zeit in diesen Bergen aufgehalten. Einst nun bestand bei
Zeiring ein gar reichgesegnetes Silberbergwerk. Da zechten
und jubelten und fluchten und kegelten eines Tages die über-
müthigen Knappen, und wie Gottfried Leitner, der steierische
Uhland, singt: „Das Silber im Beutel, das Silber im
Schacht hat Allen die Köpfe wirbeln gemacht; sie meinen,
es gäb' keinen Kaiser und Herrn, und selbst den Gottvater
entthronten sie gern. — Da tritt, ein zartes Kind an der
Hand, gehüllt in ein schlechtes, graues Gewand, ein ältlich
Weib von der Straße herbei, zu schauen, was da zu jubeln

sei. Das liebliche Kind ergötzt sich sehr, es hüpfet und spähet hin und her, und kommen d'raußen die Kegel zum Fall, so lacht es darüber mit hellem Schall. Gefällt Dir das draußen, du Affengesicht? schreit Einer es an, so vergaffe Dich nicht! Ein And'rer höhnt: das ist drollig, nicht wahr? Ich zeige Dir's gleich in der Nähe gar! D'rauf köpft er das Kind — und rollet graus das blutige Haupt in die Kegel hinaus, daß flugs wie mit unheimlicher Kraft er alle Neune zu Boden rafft. — Und als im Berg am Werkeltag ertönet der erste Hammerschlag, erbebt der Grund und mit Donnergebraus stürzt Schacht und Stollen in Nacht und Graus."

Die Landeschronik erzählt, daß das Silberbergwerk bei Zeiring im Jahre 1158 eingestürzt und ersoffen sei und dabei über anderthalbtausend Menschen um's Leben gekommen wären.

Wir kehren zurück zum Städtchen Knittelfeld, um von dort aus die freundlichen Herrensitze Spielfeld, Hautzenbühel, Heinbach und Wasserberg zu besuchen. Wasserberg liegt aber wieder tief im Tauerngebirge am Ufer der Ingering, die bei Knittelfeld in die Mur geht. Wasserberg, ein alter Bischofssitz und einst den Templern gehörig, weist Spuren der Behmgerichte. Reiche Wälder und grüne Almen frieden das Thal ein; und für den Weltmüden und Naturandächtigen wüßte ich keine passendere Stätte, als das stattliche Schloß an der Ingering, an dessen Wänden der wilde Epheu empor-rankt, von dessen Fenstern aus der Hirsch erlegt werden kann, der unten im erleuumschatteten Teiche sich labt.

Und wandert der Einsiedler weiter hinein, der Ingering entlang, so gelangt er in einen finsteren Hochwald, über dessen Wipfeln die verwitterten Wände der Pletzen und des Zinken starren. Aller Sang und Klang ist hier erstorben, nur das Wasser schreit, es werde heute zwar schmählich herabgestürzt

von allen Höhen, aber es werde dereinst die Welt zugrunde
richten! Endlich weitet, lichtet sich das Thal und eingerahmt
von dunkelgrünem Rasen, von knorrigen Tannengruppen
und von Zirmbüschen liegt ein stiller, klarer See — der
Ingering-See.

Das Thal ist still, die Ingering liegt hier in der
Wiege und schläft. Dort über dem zerrissenen Gewände
gehen weiße Strähne nieder — das sind die Quellenstürze,
deren Rauschen nimmer in die Tiefe dringt. — Und
wäre der Einsiedler von Wasserberg geladen, den Ursprung
der Ingering zu besuchen, so müßte er hinter dem See
durch das zerfahrene Gestämme eines Urwaldes hinan, er
müßte durch kriechendes, oft verdorrtes Gezirm sich winden,
und durch jene wilde Gegend, die Hölle genannt, zwischen
senkrechten Wänden wandern, über abgestürzte Felsblöcke
klettern, bis er mitten stünde in dem wüsten Gerölle und den
Felsen, wo das Wasser von einer mächtigen Wand schwer
und dumpf niederstürzt. — Ein labender Trunk zum Ab-
schiedskuß, und noch weiter empor klettert der Wanderer über
Geschiefer und Gerölle, zwischen Felsblöcke sich stemmend, bis
er endlich oben steht in der siebentausend Fuß hohen Oedniß
der Petzen, des Zinken, des Reichard. Eine Hochwüste ohne
Baum und Strauch und Quell — ringsum steinige Hügel
und Kuppen, steinige Mulden, Kare und Löcher. Keine pittoresken Felsformen, keine romantischen Schluchten — eine
Welt, in der die Natur schön ist nur in ihrer Einförmig-
keit und in welcher der Mensch sich ein ewiger Fremdling
fühlt. — Und ruht er auf einem Stein und stützt sein Haupt
auf die Hand, so wird hier sein Gedanke selber zu Stein
und lastet auf dem Herzen ... Wenn's nicht vielleicht ein
lustig Gemslein ist, das unseren Schwärmer weckt, so bleibt

er oben und wartet auf Gott ... und nach Jahren finden sie ein Menschengerippe auf dem hohen Zinken.

Auf dem Rückwege von den Tauern, die wir nun für immer verlassen, besuchen wir das schöne Seckau, welches sich in der grünen Thalsohle an den hohen Zinken schmiegt und wo im Jahre 1218 das Bisthum Seckau gegründet wurde, dessen Sitz jetzt in Graz ist. In der Stiftskirche, einer schönen Basilika, ist das prächtige Mausoleum Herzog Karl's II. von Steiermark, des ersten Kaisers Ferdinand Sohn. Es ist aus schneeweißem Marmor. Die Gestalten Karl's und seiner Gemalin ruhen auf dem Sarkophag, welchen Bronzesäulen und ein kunstvolles Gitter umgeben. Darunter befindet sich die Gruft, in welcher neun Glieder der habsburgisch-steierischen Familie ruhen. In Seckau hatte sich auch der Minne-sänger Ulrich von Lichtenstein seine Grabcapelle bauen lassen. Er ruht daselbst und das Gemäuer fällt allmählich über ihm zusammen, und eines Tages wird der edle Frauenlob gar vergessen sein.

Im Seckauthale steht die uralte gothische Kirche St. Marein, welche Viele für die älteste Kirche Steiermarks halten. Zahlreiche, argzersetzte Türkenfahnen wehen über dem Hochaltare, und Inschriften erzählen von der Noth in der Türkenzeit und von den unglaublichen Grausamkeiten, welche die wilden Schaaren aus dem Morgenlande hier verübt hatten. Eine davon, hinter dem Hochaltare, lautet: „Anno Christi Geburth Alss man hat Zahl MCCCCLXXX an Sand Afran Tag haben die Verdamblichen Abgottischen hin-tischen Türkhen das Jungfreiliche Bildt zerhakht. Gott erbarm' es." Auch wird erzählt, daß die Türken ihre Gefangenen auf die hohe Alpe schleppten und dort an Pflüge

7 *

spannten, um unter Säbel- und Peitschenhieben den felsigen
Boden umzuackern. Nach diesem Werke metzelten sie die
armen menschlichen Zugthiere nieder. Eine steinige Fläche
auf der Hochalpe wird noch heute das „Türkenfeld" genannt.

Nun überspringen wir den schönen breiten Murboden,
der in weiter Runde von grünen Vorbergen und hohen Alpen-
zügen umgeben ist, der belebt ist von freundlichen Städten
und blühenden Dörfern und ewig geschäftigen Eisenhämmern.
Die Eisenbahn zieht über St. Michel durch das Lifing- und
Paltenthal den Ufern der Enns zu, wo wir sie in Selzthal
verlassen haben. Auf der Mur gleiten lustige Holzflößer abwärts gegen Leoben, Bruck und Graz, wo wir seinerzeit
wieder mit ihnen zusammenzutreffen hoffen. Wir haben, um
die schöne Runde durch Steiermark zu vollführen, einen andern
Weg; und da der hier erzählende Wanderer die Berge nicht
mied, so wird es dem Leser wohl um so weniger unangenehm
sein, im Geiste die grünen Murthaler Alpen zu übersteigen,
um auf lieblichen Pfaden in's Land der Gärten und der Reben
zu gelangen.

Das steierische Paradies.

Wir haben uns in's weiche Federgras gelagert — auf
den sonnigen Matten der Gleinalpe, dem höchsten Punkte dieses
Gebirgszuges, der Ober- und Untersteier trennt. Wir blicken
zurück auf den breiten Murboden und die gestaltenreichen
Berge, die ihn umgeben, blicken zurück auf das schöne, uns
trautgewordene Oberland; sehen die lichten Gipfel der Rax,
des Hochschwab und manches andern Berges, den wir auf
unserer fröhlichen Wanderung erstiegen haben. — Und wenn
der Führer hier zurücksieht und zurückdenkt, so wird ihm
eigentlich bange. Dieses Land und seine Bewohner mit all'

den Schönheiten und Eigenheiten! Bücher könnte man darüber schreiben, wie sie ja schon geschrieben worden sind. Aber
dem Führer ist die Zeit gemessen.

Also wieder vorwärts! Wir beginnen den Marsch in
den mittleren Theil des Landes — in's Gebiet der Kainach,
der Laßnitz und der Sulm. — Von den speikreichen Höhen
der Gleinalpe überblicken wir diesen Theil des Landes am
schönsten. Auch der ist noch gebirgig, aber die Berge sind
zahm, von unten hinauf prangend in reicher Fruchtbarkeit,
dann dicht bewaldet bis zu den Gipfeln mit Nadel- und
Laubholz. Keine schauerlichen Felshörner erschrecken mehr das
Auge, kein Lawinen- und Wassersturzdonner beängstigt mehr
das Gemüth. Wälder und Felder, Obstgärten und Weinberge
werden uns abwechselnd erquicken; interessante Schlösser und
Städte werden uns beherbergen, bis wir aus dem Wendenlande zurück heranziehen dort in jenes duftblaue Thal, auf
welchem die zahllosen weißen Punkte schimmern um jenes
scharfgeschnittene Kegelchen, wie gestreuter Sand die Häuser
und Paläste ruhen — Steiermarks Herz und Stolz, das
blühende, maienhafte Graz.

Noch laben wir uns im Wirthshaus, das auf der Ein-
sattlung der Gleinalpe steht, verrichten vielleicht — war der
Wein gut und gemütherwärmend — eine kleine Andacht im
nebenstehenden Kirchlein Maria Schnee, lassen uns endlich
vom Halter noch von dem großen Viehmarkte erzählen, der
alljährlich im August auf der Gleinalpe stattfindet und die
schönen Rinderarten der unteren Gegenden mit denen des
Murbodens und Mürzthales und wohl auch Kärntens hier
versammelt — dann gehen wir zu Thale. Das Ursprungs-
gebiet der Kainach hat außer seinen zwei hübschen Ruinen
Groß- und Altkainach kein besonderes Interesse; einladender

däucht uns das mit der Kainach parallel laufende wiesenfrische
Grabenbachthal mit seinen sangeslustigen Menschen. Im
hintersten Orte desselben, der Sala, treffen wir die erste
Glashütte von der bedeutend gewordenen steierischen Glas-
industrie, die besonders im nahen Köflach aufblüht. In diesem
Thale finden sich auch mehrere Höhlen in Kalkfelsen, wovon
die „heidnische Kirche" die interessanteste ist. Diese Höhle hat
ein prächtiges Eingangsthor, welches frei wie ein Triumph-
bogen vor ihr steht. Der Rückblick durch das Thor in's lange
Grabenthal hinaus ist zauberisch schön. — Wenige Stunden
davon liegt der industriereiche Ort Köflach. Die Köflacher
Kohlenbergwerke versehen halb Steiermark mit Heizmaterial,
das Köflacher Glas hat dem böhmischen längst Rang und Ruhm
abgelaufen und hat mit dem feinen belgischen Bruderschaft
gemacht. Wasser und Dampf treiben hier um die Wette
Fabriken, Eisenwerke, Holzsägen und Mühlen. Bei Köflach,
auf einem seit Jahrhunderten brennenden Braunkohlenberg
steht die Wallfahrtskirche Lankowitz mit einem Franziskaner-
kloster und einer Straf- und Zuchtanstalt für weibliche Ver-
brecher. Von Köflach geht eine gute Straße nach Kärnten,
eine andere durch das Grabenthal über die Stubalpe nach
Judenburg; eine dritte endlich ist die Eisenbahn und würde
uns in anderthalb Stunden gern nach Graz bringen. Wir
fahren mit ihr aber nur bis zur nächsten Station Voitsch-
berg, einer alten malerischen Stadt mit Römersteinen, am
Fuße der Ruinen Ober-Voitsberg und Greisenegg. Im
zwölften Jahrhundert ist dieser Stadt von Herzog Friedrich
ein Freiheitsbrief ausgestellt worden, durch welchen ihr die
gleichen Rechte mit Graz gesichert waren. In Anbetracht
solcher Begünstigungen hat sie's freilich bisher nicht allzu-
weit gebracht.

Unweit hinter Voitsberg, auf einem Felshügel, an welchem die Kainach wühlt, ragt die wunderbar malerische Ruine Krems; zu ihren Füßen Eisenhämmer und Mühlen — ein prächtiges Bild. — Wir verlassen nun die Kainach, deren Thal sich immer breiter auseinanderlegt, immer mehr Ortschaften in sich aufnimmt, bis es in's weite Grazfeld mündet, seinen klaren Bergfluß bei Wildon in die Mur ergießend. Die Wanderung ist für den echten Naturfreund lohnend genug. Und echter Naturfreund ist der, welchen auch die milde Größe und Schöne eines freundlich blühenden Hügelgeländes, einer frisch-grünen, schattenreichen Waldgegend mit ihren sonnigen Hochmatten und murmelnden Wässern zu beglücken vermag. Solchen ist die mittlere Steiermark das rechte Land. Ein Gang über das ewige Eis auf Zehn- und Zwölftausendern bewegt Einen allerdings ganz anders, als ein fröhlich Hinschlendern zwischen Obstgärten und durch Wälder; doch ist die wohlthätige Wirkung dieser letzteren nachhaltiger, als jene der majestätisch ernsten Höhen, auf welchen die Starrniß herrscht und der kalte Sonnenblick.

Wir wenden uns gegen Süden, dem freundlichen Thalkessel von Ligist zu. Auf der Straße taumelt uns manch' ein angeheitertes Bäuerlein entgegen, den Hut schief in der Stirne, ein optimistisch Lied lallend — im Cultus des berüchtigten Ligister Schilchers. Hier der erste Weinberg, der uns anlacht, wenngleich mit etwas saurem Gesichte, denn daß er noch so tief in den Waldbergen ist, das will ihn schier verdrießen. Trotzdem ist sein Wein ein guter Kamerad und wird lieber getrunken, als der Erguß der jod- und schwefelhaltigen Heilquellen zu Ligist, zu dem alle Kropfigen des Landes wallen, um an solcher Gnadenquelle Erleichterung ihres Anliegens zu erlangen.

Von Ligist gehen wir über die Hochstraße; ein herrlicher
Weg mit vielfachem Ausblick über die breiten Thäler der
Kainach und Mur. Und Wald — reicher, frischer, gesunder
Wald. Auf mancher Säule ein Crucifix, und ein Liebfrauen-
bild auf manchem Baum. Und etwa ein bedrängtes Menschen-
kind davor knieend — ganz wie der Dichter singt:

> „Wie düster des Waldes Tannenschloß!
> Ein Bild des Gottheiligen strahlt nieder in's Moos,
> Ein betendes Dirndl kniet davor,
> Gesenkt das Auge, geschlossen das Ohr.
> So still ist der Wald und so still ist Dein Herz;
> Es rührt sich kein Vogel, nur stiller Schmerz,
> Und ferne murmelt verloren ein Bach,
> Als spräch' er Dir leise die Worte nach!
> Und durch der Tannen tiefdunkle Hut
> Bricht golden ein Schein von Abendgluth,
> Dein Haupt verklärt er wie Segen mild,
> Es lächelt das hehre Christusbild."

Und wahrhaftig, dort vor dem Stamme weint ein
Mädchen, dem sie gestern beim Gelage den Liebsten haben
erschlagen. Hier unten im strohgedeckten Häuschen auf dem
Brette liegt er hingestreckt — ein weißes Tuch verhüllt das
Antlitz und die Wunde. In der Dorfkirche läuten sie „Ver-
scheiden"; die Leute in den Häusern und auf der Gasse nehmen
ihre Mützen ab und beten für „die abgeschiedene Seele".
Auf dem Friedhofe, der um die Kirche herum liegt, graben
Bauernbursche ein Grab. Die Gemeinde ist zu klein und die
Gegend zu gesund, als daß ein Todtengräber d'rin leben
könnte. Die Nachbarn müssen so gut sein und graben, so oft
doch Einer in Altersschwäche endet oder aus Jugendübermuth
erschlagen wird. Gendarmen mit aufgepflanzten Gewehren
gehen von Haus zu Haus und suchen die Uebelthäter. Vor

Gericht heißt's: nicht aus Haß, nicht aus Rache und Eifer-
sucht wär's geschehen — der Wein alleinig hätt's gethan.
Ja, aber den Wein kann man nicht strafen, und wenn man
ihn zwanzig Jahre einsperrt, so erweist man ihm noch eine
Wohlthat. Die Trinker also kommen in den Arrest, der Todte
kommt mit feierlichem Conduct unter die Erde, das Mädchen
weint und betet vor dem Crucifix im Wald und — der Wein
wird getrunken wie bisher! — Dieser Ligister und Stainzer
Schilcher hat die merkwürdige Eigenschaft, daß er nicht so sehr
zu Kopf, als zu Faust geht.

Davon kommt viel Unglück, gerauft wird an jedem
Sonn- und Feiertag, als ob an solchen Tagen des Friedens
lauter Feinde in der Gegend lebten. Uebrigens herrscht hier,
wie auch in manch' anderen Gegenden des Landes, eine ganz
seltsame Sitte, welche dem Naturforschertag zu Graz (1875)
Anlaß zu mancherlei Betrachtungen gab: das Arsenikessen.
Den Pferden wird Arsenik gar häufig gefüttert, die Thiere
werden dadurch feurig, kräftig, flink und glatt; nun ist es
wohl zu erklären, daß auch mancher struppige Pferdeknecht den
Wunsch hat, feurig, kräftig, flink und glatt zu sein, insonder-
heit, um bei den Weibern etwas mehr Glück zu haben, welch
letztere in der Regel Bauernburschen, Holzknechte und Schmiede
den Pferdeknechten vorzuziehen pflegen. Wohlan, so wird der
Roßwart Arsenikesser; zuerst nimmt er das Gift, welches
er sich für die Pferde zu verschaffen weiß, in ganz kleinen
Portionen zu sich. Allmählich genießt er davon mehr, ohne
üble Folgen zu verspüren, und fühlt nun eine stete Jugend-
lichkeit in sich, oder bildet sich eine solche wenigstens ein.
Dabei geht die Sage, daß, wer einmal Arsenikesser ist, es
auch bleiben müsse, sein Lebtag lang; denn von dem Augenblicke an, wo er aufhören würde, dieses Gift zu sich zu

nehmen, beginne er zu verwelken und zu verdorren und beiße in kürzester Zeit in's Gras.

Beim Naturforschertag in Graz sind aus der Ligister und Stainzer Gegend Arsenikesser beobachtet und untersucht worden und man hat keinen nachtheiligen Einfluß des Giftes constatiren können.

Außer einer gewissen Heißblütigkeit, welche doch wohl eher vom Wein als vom Hüttenrauch (wie hier der Arsenik genannt wird) herrühren mag, sind die Leute dieser Thäler gutmüthig und wohlwollend gegen einander. Das zeigt sich besonders bei Unglücksfällen. Brennt Einem das Haus nieder, so steuern die Bauern der ganzen Gegend zusammen und helfen es ihm wieder aufbauen. Reißt in einem Hause eine Krankheit ein, so bebauen die Nachbarn ungebeten dessen Aecker oder führen die Ernte unter Dach und leisten allen nöthigen Beistand.

Die Wohnungen sind hier nicht so stattlich, wie im Ober-lande: zumeist klein, finster und mit Stroh gedeckt; zuweilen wohl oft auch gemauert und mit Ziegeldach, aber gar ärmlich gegenüber den schönen Bauernhäusern im Ennsthale und der Aussſeer Gegend. Wohl giebt es hier im fruchtbaren Lande viel mehr Reichthum, als dort zwischen den Felsbergen, aber leider weniger Geschmack. Ueber den Hausthüren sehen wir mit rother Farbe in plumpester Form stets die Umrisse des heiligen Florian oder der Dreifaltigkeit gezeichnet. An den Stein- und Holzkreuzen, die am Wege stehen, drängt sich überall die Geschmacklosigkeit vor. Wenn wir über einem Muttergottesbild die Worte lesen: „Heilige Maria Lankowitz renovirt 1864 bitt für alle christgläubige Seelen," so klingt uns das wie toller Humor; wenn wir aber auf einem großen Crucifix die ganze Brust- und Magengegend des Christus

mit Blumen bemalt sehen, so schließen wir denn doch auf
eine unendliche — Frömmigkeit. Die Kleidung hat auch ihren
Charakter verloren und huldigt keiner bestimmten Form. Knie-
lederhosen und grünbebänderte Hüte werden hier nicht mehr
viel gesehen. Der Dialekt ist ebenfalls ein anderer, als im
Hochgebirge, er ist undeutlich und hat einen gedehnten, bellen-
den Ton. Gegen Fremde und Neuerungen ist der Mittel-
steierer viel mißtrauischer, als der harmlosere, offene Ober-
länder. So ist er auch unbeholfener und träger in seinem
geistigen Leben, während die Kraft der Leidenschaft sich in
ihm energischer äußert, als in dem ruhigen und überlegenden
Aelpler. Den geistigen Getränken, welche hier aus Obst und
Traube gezogen werden, giebt man die Schuld; gewiß aber
wirken noch andere Factoren ein — vor Allem vielleicht die
unmittelbare Nachbarschaft fremder Völker, als Slaven,
Magyaren, Romanen — man will das hier näher nicht
untersuchen.

Die Hochstraße führt uns hinab auf den Stainzer Boden,
gegen Landsberg, auch der „deutsche Boden" genannt. Die
Gegend ist so fruchtbar und lieblich, daß man sie das Paradies
von Steiermark heißt.

Dieses Paradies ist gut eingerahmt. Ueber den Höhenzug
der Radl taucht, in blauen Duft gehüllt, der Bacher mit der
hohen Rinka auf. Im Westen und Nordwesten ziehen sich
die Fruchtgefilde der Laßnitz, Sulm und Kainach und im Hintergrunde in großem Halbkreise die Schwanberger, Stub- und
Gleinalpen; gegen Nordosten dehnt sich das Grazfeld mit
der Hauptstadt, hinter welcher die blauende Tafel des Schöckel
ragt. Nach Osten und Südosten verflacht sich das Land über
die windischen Bühel in's Ungarland hinein. Und inmitten
liegen idyllische Dörfer und wohlhabende Flecken zwischen

wallenden Feldern, weiten Obstgärten und Weinbergen. Dazwischen manches stolze Schloß, manche malerische Ruine,
aber auch manche brausende Fabrik, an den Wäldern zehrend,
die hier stets kümmerlicher werden. Seit wenigen Jahren geht
durch das steierische Paradies auch eine Eisenbahn bis hinab
gegen die Steinkohlenlager von Eibiswald.

Das Thal von Stainz, von dem bewaldeten Rosenkogel
beherrscht, erfreut sich nicht allein dessen, was über der Erde
gedeiht, es hat auch Schätze, die unter dem Rasen liegen.
Es hat prächtige und unerschöpfliche Gneislager und versieht
Graz und noch manche andere Stadt mit Steinpflaster.
Stainz hat ferner auch eine Schwefel- und eine Sauerbrunn-
quelle, die in einer schönen Waldschlucht sprudeln und nur
auf ein vornehmes Curhaus und etliche illustre Gäste warten,
um ein berühmtes Bad zu sein. Stainz besitzt ein altes
Chorherrenstift, welches aber Kaiser Josef zu einer Kaserne
gemacht hat, bis es dann Erzherzog Johann erwarb. Heute
dient es theilweise zu Beamtenwohnungen; zum größten
Theile steht es leer und öde, so freundlich es mit seinen
hellen Fenstern hinauslacht in die Gegend.

Die Straße führt nun beständig hügelauf, thalab; in
jedem Thälchen fließt unter Silberweiden ein klares Wasser;
auf jeder Höhung bietet sich eine anmuthsreiche Aussicht über
das sonnige Gelände, das, im Westen sich an die dunkeln
Waldkissen der Schwanberger und Koralpen lehnend, in
üppigster Fruchtfülle daliegt. Feld-, Garten-, Wein- und
Bergbau, Viehzucht und Wildzucht, Holzwirthschaft und Industrie beleben, bereichern die Gegend, in welcher ein mildes,
gesundes Klima athmet, in deren Ortschaften noch einmal
deutsches Wesen und deutsche Sitte aufstrebt, bis es wenige
Stunden weiter südlich mit einemmale verlischt.

Wir gelangen zu dem freundlichen Markte Deutsch-Landsberg. Hinter demselben auf dem Berge ragt die gleichnamige Burg, einst Sitz der mächtigen Grafen von Khüenburg, jetzt dem Fürsten Lichtenstein gehörig. Man gelangt am besten dahin, wenn man durch das hier plötzlich eng und wild werdende Laßnitzthal, im dunkeln Schatten hoher Tannen, an einer Einsiedelei und einem im Walde stehenden Gedächtnißsteine des steierischen Dichters Johann Kalchberg vorbei, emporsteigt. In der Felsenschlucht, über dem Brausen des Wassers, unter dem Rauschen der Wipfel wohnt die Einsamkeit. Aber die Blasirten sind gekommen und haben hier eine Einsiedelei gebaut, um an schönen Sommertagen drin — Karten zu spielen. Vergebens ruft der Dichter, der auf einen Stein folgende Zeilen schrieb, das Wasser an:

> „O, schlinge dich, du sanfte Quelle,
> Ein breiter Strom um uns herum,
> Und drohend mit empörter Welle
> Vertheidige dies Heiligthum!

Eilen wir weiter und lassen wir uns überraschen durch die heitere Fernsicht, die sich am Eingange in die Burg erschließt. Das Gebäude ist für Wirthschaftsräume eingerichtet worden; im Rittersaale tummeln sich die Schafe herum und macht wohl manch' ein ritterlicher Schöps den züchtigen Fräulein seines Geschlechtes sittig den Hof, oder ein paar reckenhafte Widder üben sich zum Ergötzen der Uebrigen im edlen Turnier, indem sie mit ihren steinharten Schafsköpfen aneinander rennen, daß die Knochen krachen.

Von Deutsch-Landsberg führt ein lohnender Weg den massigen Bergstock hinan über Trahütten und Glashütten auf die Koralpe — die Kärntner Grenze. Wir wandern im lieb-

lichen Thale zum nahen Schlosse Hollenegg, einer der interessantesten Burgen Steiermarks. Sie liegt auf einer theils
bewaldeten, theils mit Reben bepflanzten Anhöhe, von der
aus man die ganze mittlere Steiermark übersehen kann. Es
ist ein rankenumflochtener, hochgiebeliger Bau, über dessen
Dächern ein glänzender Kirchthurm emporragt. Wenn man
im Schloßhofe steht und die Bogengänge, Terrassen, Erker
und Prachttreppen sieht, so fällt Einem die Alhambra ein.
Ob das Innere dem Aeußern entspricht?

Wir kommen durch einen großen Saal mit zweihundert-
jährigen vortrefflich erhaltenen Fresken. Venezianische Spiegel
mit reichen, kunstvollen Rahmen hängen schwer an den Wänden.
Herrliche Lustres, Möbel, eingelegt mit feinem Elfenbein,
gewundene, silberne Leuchter. Der Fußboden ein Spiegel für
den prachtvollen Plafond, die Oefen Meisterwerke der Bildnerei.
Von diesem Raum aus treten wir durch ein Dutzend Säle,
Gemächer, Cabinete, welche eher an eine auserlesene Kunst-
ausstellung, als an eine Menschenwohnung erinnern. Das
Haus ist zu prachtvoll, um behaglich zu sein. Ueberall Gegenstände aus Marmor und Ebenholz, reich eingelegt mit
Gold und Silber und Elfenbein. Chinesische Teppiche, Vasen,
Seiden, Gemälde, Bildhauerarbeiten, zumeist aus der Rococco-
zeit. Aber auch rein antike Formen und Darstellungen aus
der Bibel, sowie die großen, gewirkten Bilder aus der Geschichte Moses, auf welche der Pförtner, der uns führt, mit
besonderem Nachdrucke aufmerksam macht. Bilder aus der
heiligen Schrift, Ahnenporträts, Schlachtstücke, Waffen,
Wappen, Pferde, schöne Weiber, wilde Thiere, kurz — aristo-
kratisch. — Mitten im Schlosse die Kirche mit den Wappen
auf dem Altare, weil auch Gott von altem Adel ist. Um
das Schloß fischreiche Wässer, Kunstgärten mit Orangerien,

Wildparks. Die Herren von Hollenegg — sie kamen und sie gingen, man weiß nicht wann — erbauten das Schloß und man weiß ebenfalls nicht, rührt es aus dem 11., 12. oder 13. Jahrhundert. In der jetzigen Weise eingerichtet hat es aber der gegenwärtige Eigenthümer Fürst Lichtenstein, welcher die alte Riegersburg plündern ließ, um diesen seinen Lieblingssitz seiner Prachtliebe angemessen einzurichten. Trotzdem wohnt der Fürst selten in Hollenegg und an Sonn= und Feiertagen ist das herrliche Schloß ein Zielpunkt der Grazer Ausflügler.

Wir steigen nun in das Thal der Sulm hinab, berühren die kohlenreichen Gegenden von Schwanberg, Wies und Eibiswald, mit ihren Hütten=, Berg=, Eisen= und Stahlwerken. Bei Eibiswald steht das stattliche Schloß der alten Eibiswalder. Auffallend ist die Sagenarmuth dieser sonst so poesiereichen Gegenden; und die doch vorhandenen Sagen und Märchen, die sich das Volk erzählt, tragen in der Regel den Charakter anderer deutscher Geschichten, wie sie sich überall an Oertlichkeiten, Ruinen und Naturmerkwürdigkeiten knüpfen. So auch ist's hier mit dem Text des Volksliedes, während die Melodie desselben schon etwas fremdartig klingt.

Eine Stunde hinter Eibiswald wird auf der Straße unser „Grüß Gott!" schon in slavischer Sprache beantwortet. Wir sind angelangt an der Sprachgrenze, und somit auch an der Grenze „unseres Vaterlandes". — Weil es aber wohl wahr ist, daß die Slovenen von Jahr zu Jahr weiter in's deutsche Land hereinnagen, freilich um sich dann wieder aufzulösen in den deutschen Elementen, so wollen auch wir einen Zug in's Windische keck unternehmen und dem Liede folgen, das die Gauen „hoch vom Dachstein an bis in's Wendenland, an's Bett der Sann", als des deutschen Steierers

Vaterland bezeichnet. Wollen in raschem Fluge über die Drau und das Bachergebirge den Sannthaler Alpen zustreben, in welchen die Alpenwelt noch einmal in ihrer ganzen, wilden Herrlichkeit auflebt. Wollen dann quer durch's Wendenland bis an die kroatische Grenze, und von dort wieder auf deutschen Boden und in's Herz des Landes zurückkehren.

Wir steigen hinab zu den kalkigen Wellen der Drau. Das ist der größte Fluß Steiermarks, aber von Geburt ein Tiroler Bergkind, das seine Jugend in Kärnten verlebt. Schon mannbar und gesetzt kommt die Drau in's steierische Weinland und man sieht ihr den Uebermuth kaum mehr an, mit dem sie einst über die Felsen sprang. Hier ist sie schon gesittet und überschreitet — auch bei Hochwasser — die Grenzen des Anstandes nur selten. Sie trägt schwere Flöße und giebt sich gar auch schon ein wenig mit Schifffahrt ab. Sie treibt unterwegs hunderterlei von Rädern und hält allerlei Fische, wie Huchen, Hechte, Karpfen, Barben, Schleien, Bürstlinge, Schiele, Alten, zu jeder Tageszeit feil. Gern schaut sie an den windischen Büheln hin dem Winzer beim Keltern zu, wird schließlich eingeladen zum Feste und macht eine gute Partie, vermält sich mit dem feurigen Jünglinge Rebensaft und erzeugt mit ihm den „Wein".

Auch der von den steierischen Alpen kommende Murfluß hat sich um die Drau beworben und ihr viele Meilen her auf kürzestem Wege zugestrebt. Aber plötzlich bei Ehrenhausen — nur mehr wenige Stunden vom Ziele entfernt — fällt's dem launenhaften Burschen ein: er vermähle sich noch nicht, und er schleicht oberhalb den windischen Büheln hin. Erst auf den Pusten Ungarns wird's ihm allein zu langweilig und er geht die Verbindung mit der robusten Tirolerin endlich ein.

Bei Mahrenburg übersetzen wir die Drau und wandern an der Ruine Wuchern, dem Stammsitze der einst so mächtigen Mährenberger, vorbei über das Bachergebirge. Das ist eine finstere Welt für sich. Da ist noch Vorzeit. Zu Hunderttausenden stehen sie da in ihrer stämmigsten Ursprünglichkeit, die Laub- und Nadelhölzer, aus deren abwärtsstrebendem Geäste der Baumbart in langen, grauen Strähnen niederwebt in die ewigen Schatten, die nur selten ein Blitzstrahl der Sonne durchbricht. Doch gesellt sich zu dem Rauschen des Windes, zu dem Aufschrei des Adlers nun bereits auch der Wiederhall der Holzaxt, welche ausgeschickt ist von hungrigen Glashütten, Eisenwerken und Brettersägen, um Nahrung heimzubringen. Das Bachergebirge windet sich aus Kärnten her, um sich in Steiermark zwischen der Drau und Sann auszubreiten, emporzuheben zu seiner 4866 Fuß hohen „Velka kappa", und östlich zur weiten Pettauer Ebene niederzufallen. Es ist siebzehn Geviertmeilen groß und enthält die bedeutendsten und urthümlichsten Waldungen Steiermarks. Auf seinen Höhen springt das Reh, der Hirsch, jauchzt der Auer- und Schildhahn; in seinen Schluchten war vor wenigen Jahrzehnten Meister Petz noch heimisch. An seinen niedrigen Hängen und Vorbergen aber stehen zahlreiche Dörfer, Schlösser und an die fünfzig Kirchen, lehnen Wiesen, Saatfelder und Weingärten, reift der edle Raster, Pikerer, Radiseller, Brandner, Gonowitzer und Rittersburger. Reges, sonniges Leben unten, düstere Stille oben, aber oft unterbrochen durch den Donner stürzender Bäume.

Die Holzhauer auf dem Bacher, die Bacheranzer, wie sie geheißen werden, sind Leute aus aller Herren Ländern. Kärntner, Steierer, Krainer, Friauler, Italiener und Böhmen leben hier friedlich, mitunter auch unfriedlich zusammen in

ihren leichtgezimmerten Hütten, welche ähnlich den Holzknecht-
kasernen im Norden der Alpen. Der Bacher bietet zwar
schöne Ausblicke in die krainerische und kärntnerische Alpenwelt, für sich selbst aber muß er fürlieb nehmen mit dem
Charakter des Mittel- und Waldgebirges. Aber gerade diese
Natur spricht hier an; der Blick in die weiten Wälder,
welche wie ein dunkler Mantel sich über die Schultern und
Lenden der Berge schlagen, die einsamen, beerenreichen Holzschläge, die Fernsicht in die zahllosen Thäler und unermeßlichen Ebenen, belebt von den flimmernden Sandkörnchen
der Dörfer, Kirchen, Schlösser, Städte (man soll vom Bacher
aus über dreihundert Kirchen und Ortschaften erblicken), erfreuen das Auge in wunderbarer Weise. An den Gipfeln
des Gebirges, auf moorigen, mit Krummholz überwucherten
Hochflächen liegen die schwarzen Seen — zwölf seenartige
Wasserkessel von großer, mehrere von unergründlicher Tiefe,
deren Wasser schwarz aussieht. Wirft man in diese Untiefen einen
Stein, so erhebt sich — nach dem Glauben des Volkes —
bald daraus ein Wölklein, das dehnt sich und verdichtet sich
zugleich und „auf Ja und Nein“ ist das Ungewitter fertig.

Möge Keiner den Stein schleudern in die schwarzen
Seen, bevor wir im Mißlingthale geborgen sind. Durch
dieses von vielen Eisenhämmern belebte Thal führt eine
Straße von der Drau zur Sann, der wir uns anschließen.
Rasch durcheilen wir das malerische Städtchen Windischgrätz,
wenden uns bei St. Leonhard südwärts durch wilde Gebirgs-
schluchten. Wir haben den Weinstock verloren; es geht wieder
in's hohe Gebirge hinein; wir durchschneiden den Weitensteiner Kalk- und Dolomitenzug. Die Straße windet sich
nur mühsam zwischen den Felsen hin. An der engsten
Stelle, in einer Felswölbung, steht ein Denkmal an Erz-

herzog Johann, den Beförderer dieser wichtigen Verbindungs-
straße. Gleich unterhalb des Denkmals öffnet sich rechts eine
Felsengrotte, aus welcher ein mächtiger Bach hervorrauscht.
Diese Höhle heißt das böse Loch, nach welchem auch der
Engpaß den Namen hat. Im Gebiete der hohen Petzen und
des Ursulaberges den Sannthaler oder Sulzbacher Alpen
zutrachtend berühren wir die Märkte Wöllau, Schönstein und
Praßberg. — Der Menschenschlag trägt hier überall den
Charakter des slavischen Stammes. Der Körperbau ist schlank,
Augen und Haare sind vorwaltend dunkel, im Gesicht liest
man Klugheit und Verschlossenheit. Den Eindruck treuherziger
Gemüthlichkeit der deutschen Steierer fühlt man hier nicht
mehr. Auch die Gemüthsstimmung scheint etwas gedrückt,
melancholisch; man sieht selten ein fröhlich Treiben, hört
selten ein lustig Lied. Die Kleidung besteht aus selbsterzeugtem
Loden und aus Leinwand; allgemein gebräuchlich sind die
Holzschuhe. Was die Nahrung anbelangt, sind die Bewohner
dieser Gegenden Vegetarianer; Mais, Haiden, Fisolen, Milch,
Gemüse, Obstmost bilden ihre Hauptnahrungsmittel. Bei
Hochzeits-, Tauf- und Todtenmahlen aber geben sie sich
leicht der Unmäßigkeit hin. Die Wenden sind sehr religiös,
aber auch sehr abergläubisch; sie lieben das viele Rosenkranz-
beten, das Wallfahren und fürchten sich vor Teufel und
Hexen. Ringen und Raufen sind ihre Lieblingsübungen, sie
arten hierin oft aus, bis es Blut und Todte giebt.

Bei Praßberg stoßen wir an die Sann, den Fluß, der
aus Westen von der „untersteierischen Schweiz" kommt, und
den wir nun bis zu seinem wildromantischen Ursprung verfolgen wollen. Es sind freilich mindestens drei Tage dazu
vonnöthen, bis wir wieder in belebte Gegenden zurückkommen;
aber wenn der Himmel gutes Wetter giebt, so sind diese

8*

drei Tage in keiner Weise besser verwendbar, als wenn wir das verlorene und verschlossene Sulzbacher Thal aufsuchen. Der Weg ist gleich anfangs einladend. Es weitet sich etwas das Thal; wir sehen hohe Gebirge, die Praßberger Höhen, die Oberburger Alpen und im Hintergrunde die kahlen, grauen Steinmassen, denen wir entgegeneilen. Kalter Wind weht uns an, er „riecht" nach Schnee und Eis. Wir passiren den Markt Riez und kehren im Wallfahrtsorte St. Xaver ein. An der äußeren Wand der Filialkirche sehen wir das Riesenbild des heiligen Christof, jenes Patrons, mit welchem ein lustiger Grazer Maler einmal eine große Wette gewonnen hatte. Er kam in's Dorf, um an die äußere Kirchenwand einen möglichst großen Christof zu malen. Da versprach er den Vätern der Gemeinde, daß er an die Kirche einen Christof malen wolle, der größer sei, als die Kirche. Sie lachten; er aber wollte darauf wetten. Sie gingen die Wette ein, und er malte an die Wand einen Christof, der sich tief bückte, um sich just die Sandalen zu binden. Gerade aufgerichtet würde der Mann hoch über das Kirchendach geragt haben. Der Maler strich die Wette ein und die Gemeinde war tief befriedigt, einen so großen Schutzheiligen zu besitzen. — Wir besichtigen in St. Xaver die von Fürstenhand reich beschenkte Schatzkammer, steigen über grüne Weide zum Pfarrhofe hinan, wo wir freundlich willkommen geheißen werden und übernachten können.

* * *

Die untersteierische Schweiz.

Am Morgen öffnen wir, nach dem Wetter auslugend, das Fenster. Ein kühles Lüftchen streicht an die Wange; das Frühroth vergoldet den Thörberg, welcher gerade vor uns sein leichtes Nebelkleid fallen läßt. In der Morgenfrische erreichen wir den Markt Laufen, den Stapelplatz der Flöße, für welche die Sann hier schiffbar zu werden anfängt. — Die Laufener sind ein rabiates Völklein, so wie überhaupt die ganze Gegend nicht im besten Rufe steht. Burschenübermuth in rohester Form, Raufereien, Todtschlag und selbst Morde kommen nicht selten vor. Die Gerichte müssen für diese Leutchen ganz eigene Maßregeln treffen.

Hinter Laufen beginnen sich die Ufer allmählich zu heben. Hohe Berge, mit dickstämmigen Waldungen bedeckt, ragen beiderseits an. Der Weg schlingt sich bald über steile Anhöhen empor, bald senkt er sich wieder tief bis an's Flußbett. Brausend schäumt die Sann über kolossale Felstrümmer dahin, welche die Berge, in wildem Grolle zusammenschauernd, im Laufe der Zeiten abgeschüttelt haben. Bald geht's in düsteres Gehölz, bald gähnt vor uns ein Abgrund in die Sann. Halbvermorschte Holzbrücken führen über von den Bergen niederfahrende Wässer. Dort und da ein langer, schwanker Steg, wie ein Faden über die Sann gespannt. — Wir erreichen eine Stelle, über welche die Felsen einen ehernen Baldachin bilden; eine Steinbank ladet uns zum Rasten ein. Wir thun es und gewahren die unendliche Einsamkeit, die uns umgiebt. Stundenweit kein Haus, kein gastlich Dach. Wenn hier ein Ungewitter losbräche, oder ein anderes Elementarereigniß uns überraschte? — Die hohe Karnitza zur Seite und den Velki Verh vor uns, schreiten wir wieder getrost vorwärts. Wir wandeln durch saftgrünes Laubholz auf dem Rücken einer Anhöhe dahin; die Berge scheinen auseinanderzutreten, das Auge ahnt eine freiere Aussicht. Wir sehen den spitzen Kirchthurm von Leutschdorf. Hier schlägt sich der forellenreiche Leutschbach zur Sann. Wir sind mitten

in der Gebirgswelt, wie wir eine solche in Untersteiermark
nicht gesucht hätten. Gerade gegen Westen hin steht die Pod-
vesha, die absichtlich recht breite Achseln macht, um vorläufig
das noch zu verdecken, was im Hintergrunde bestimmt ist,
uns zu überraschen. Nördlich ragt in trotziger Gewalt die
Raducha. Im gastlichen Wirthshause zu Leutschdorf hängen
an Gams- und Hirschgeweihen Steigeisen, Hacken, Wurfspieß
und Zither; auch die Tracht der Leute erinnert uns hier
wieder an deutsches Hochgebirge. Es ist ein ergiebiges Jagd-
revier, in dem wir uns befinden. Nicht nur der stattliche
Berghirsch, der „König des Bergwaldes", sondern auch die
Gemse wird hier von Jägern und Burschen mit einer an
Todesverachtung grenzenden Kühnheit gejagt.

　　Hinter Leutschdorf muß ein Felsen mit eingehauenen
Stufen überstiegen werden, an dessen Fuß das Wasser einen
tiefen Tümpel bildet. Das Flußbett wird immer enger;
hohe Gebirgsmassen nicken beiderseits herab und rücken oft
so knapp zusammen, als wollten sie uns den ohnehin kümmer-
lichen Weg ganz und gar versperren. In den Felsen sind
mehrere Höhlen; „in eine derselben verstieg sich vor vielen
Jahren eine Ziege, die erst drüben in Kärnten wieder heraus-
kam". J. G. Seidl, an dessen Aufzeichnungen ich mich hier
lehne, weiß mancherlei von Jägern und Wild zu erzählen.
Da war auf der Karnitza bei Leutschdorf ein Bauer. Der
bemerkte zu seinem Leidwesen, daß auf seinem Buchweizen-
felde, welches sich über eine steile Berglehne bis an die
finstere Sannschlucht erstreckte, ein Bär nächtliche Schlitten-
fahrten halte. Diese Thiere finden nämlich eine Wollust
daran, mit ungeschlachter Behaglichkeit über abschüssige Lehnen
zu rutschen, und auf dieser Rutschpartie Alles, was sie rechts
und links mit den Tatzen erhaschen können, abzukratzen. Da

sich der Bauer zu solch einer unerwiesenen Zehentpflichtigkeit nicht verstehen wollte, so sann er auf eine List, des unbescheidenen Patrons los zu werden. Das Beste that der Zufall. In einer mondhellen Nacht überrascht der Bauer den Bären wieder auf seiner Schlittenfahrt. Er nimmt seine Büchse und legt sich auf die Lauer. Meister Petz läßt sich wohl geschehen, sättigt sich nach vollbrachter Körperübung am Heidekorn und klettert dann auf einen Holzapfelbaum, um die Mahlzeit mit Confect zu beschließen. Am Fuße des Baumes steht ein zweiräderiger Wagen mit aufwärtsgekehrter Deichselstange. Der Bauer sieht den Bären, drückt auf gut Glück los. Der Bär springt erschrocken vom Baume auf den Karren — der geräth in's Rollen und schießt über die Berglehne hinab. Vergebens sucht der unerfahrene Kutscher die Speichen der Räder aufzuhalten; brüllend zieht er die zerquetschten Tatzen zurück — da stürzt der Karren schon in den Abgrund, leert seinen Inhalt in die Sann, wo ihn am Morgen der Bauer zur Strafe für seinen Frevel gerädert findet.

Noch seltsamer ist die Geschichte vom Steinadler, der einen jungen Schafhund von der Weide raubte und ihn mit kräftigen Krallen empor an die Hänge der Oistrizza trug, um ihn dort auf einer hohen Fichte behaglich zu verzehren. Schon schickt sich der blutgierige Vogel zum Erwürgen an, da weiß der Hund den Adler plötzlich an der Kehle zu fassen und todtzubeißen. Das Raubthier stürzt zur Erde, das Hündlein sitzt hoch auf dem Baume und die Leute sind nicht wenig überrascht, als sie auf dem Wipfel den gar seltsamen Vogel gewahren. —

Wir kommen auf unserer Wanderung endlich zu einem besonderen Effectstücke dieser Partie, zur Nadel, welche durchschritten zu haben Mancher dem Wagestück einer Montblanc-

Besteigung gleichgestellt hat. — Wir haben uns drei Viertelstunden weit von Leutschdorf entfernt. Das Flußbett ist so
schmal geworden, daß ein Kind Steine an's jenseitige Ufer
werfen könnte. Fast senkrecht steigt die Bergwand auf, welcher
der Pfad abgetrotzt ist. Das Gebüsch verhüllt uns die
schwindelerregende Tiefe. Die Felsen sind so eng zusammen-
gerückt daß man keine Menschenmöglichkeit sieht, da durchzu-
dringen. Aber die Natur schlägt ihre Wünschelruthe dran:
„Sesam, öffne dich!" und das Wunder ist geschehen. Ein
mächtiger, bis an die Sann hinabreichender Felsblock scheint
sich von der Hauptwand losgerissen, aber wie von Reue ergriffen, sich mit zurückgeneigter Achsel und Stirne wieder an
dieselbe gelehnt zu haben. Dieser kleine Zwischenraum nun,
von der Achsel bis zur Stirne, bildet das Oehr der Riesen-
nadel. Drei Stufen führen in diese Klause, die kaum zwei
Schuh weit ist. Ein scharfer Luftzug fährt uns wie Gletscher-
gruß entgegen. Diese Felsgestaltung der Nadel ist nicht
malerisch; denn der Maler wird ihr kaum ein genug bezeich-
nendes Bild abgewinnen können, aber sie ist seltsam.

Jenseits der Nadel steigen wir wieder zum Flusse hinab;
wer an dem schmalen Pfade der Wand nicht mehr länger
hinklettern will, der watet durch das Wasser, wie sich hier
überhaupt der Weg in der Sann gänzlich zu verlieren droht.
Aber da hinten wohnen auch noch Menschen, und nach einer
weiteren Stunde Wildniß sehen wir die Spitze des Pfarr-
thurmes von Sulzbach.

Wir eilen dem Pfarrhofe zu — begrüßen in dem geistlichen Herrn den Touristenvater der Gegend, der uns gern
in Allem mit Rath und That beispringt. Kehren dann aber
beim Meßner ein, wo wir gut aufgehoben sind. Sulzbach
liegt in die Alpenwildniß wie eingemauert. Dort im Norden

steht die Dushova mit ihren Felsenhöhlen, den „Rekruten-
löchern". Südlich ragt das Vorgebirge der Sherbina und die
Distrizza. Oestlich trotzt zerfurcht und zerklüftet die ungeheure
Raducha — im Mondlichte gesehen, wie sie dasteht in
ihrem faltigen Silbertalare — ein Riesenpriester, um im
Schweigen der Einsamkeit dem Herrn der Welt sein Opfer
zu bringen. Gegen Westen gähnen die Hochschluchten, durch
welche die Sann hernieder kommt, und durch welche man
hinüber nach Kärnten gelangen kann. — Sulzbach mit Allem,
was dazugehört, zählt an die achtzig Häuser; die Pfarrkirche,
welche auf einer Anhöhe steht, ist der Mutter Gottes geweiht,
als der Beschützerin dieses von der Welt losgetrennten, von
drohenden Felsmassen beengten Alpenthales. Unter Friedrich II.
von Cilli — der Fehde hatte mit Kaiser Friedrich IV. —
war Sulzbach die Schatzkammer des Grafen, der all' seine
Kostbarkeiten in diese damals fast unzugängliche Wildniß
schaffen ließ. Hoch im Gebirge, hinter schroffen Felsen oben
steht ein großer Bauernhof, beim „Knez", so viel wie Fürst
oder Graf geheißen. Hier sollen gräfliche Flüchtlinge aus dem
Geschlechte der Cillier gewohnt haben, um sich vor ihren
Feinden zu verbergen, oder wohl auch des Hochwilds wegen.
Jedenfalls haben die Grafen von Cilli zur Urbarmachung
des Thales und zur Erbauung der zwei Kirchen das Meiste
beigetragen. Auf dem kleinen Kirchhofe steht die alte
St. Annacapelle, unter deren Fußboden man im Jahre 1848
einen sehr großen Leichnam fand. Es sind in Sulzbach überhaupt Todtenköpfe von ganz ungewöhnlicher Größe zu sehen,
die uns von der Riesenhaftigkeit eines alten Geschlechtes
erzählen, das hier gewohnt haben muß.

Außer der Pfarrkirche steht im Thale auch noch die
Kirche zum heiligen Geist, von welcher uns der harmonische

Klang der drei Glocken freundlich grüßt. Diese Kirche, so
entlegen und hoch sie auch im Gebirge steht, soll gar von
einem Bischof consecrirt worden sein. Unweit ist auch eine
Quelle, aus welcher „Weihwasser" fließt. Ein Bischof auf der
Wanderung soll einst daselbst gerastet, sich am Wasser gelabt
und dasselbe für ewige Zeiten geweiht haben. —

Von den Sulzbachern kam bis vor kurz selten Einer
über die Nadel hinaus; die Leute bildeten sich auf diese Abgeschlossenheit auch gar nicht wenig ein. Als dazumal die
Franzosen in Steiermark gewesen, hörten die guten Sulzbacher erst davon, als sie schon längst wieder abgezogen
waren. — Und käme es drauf an: etliche gute Schützen am
Engpaß der Nadel halten ein ganzes Heer auf. — Im
Dorfe sieht man gewöhnlich nur Greise und Kinder; die
Mannbaren sind in den Holzschlägen, auf den Halden, von
welchen des Abends die Kühe glockend herabkommen, um vor
den Häusern gemolken zu werden — oder treiben sich als
Gemsjäger auf den Klippen der Distrizza, auf den Zacken
der Rinka umher. Die Leute hier sterben an Altersschwäche
oder an einem Sturz in den Abgrund. Die Burschen sehen
in ihren Filzhüten mit Hahnenfedern und niedergebogenen
Krempen verwegen aus. Die „Gartenlaube" brachte in ihrem
Jahrgange 1865 ein sehr wenig schmeichelhaftes Capitel über
das Sulzbacherthal; es nannte dieses „die größte Räuber-
burg Deutschlands". Alle Soldatenflüchtlinge der weiten Umgebungen hätten sich nach Sulzbach gezogen, dort anfangs
vom Wildern gelebt; die Sulzbacher hätten gar keinen Gensdarmen und keinen kaiserlichen Beamten zu sich hineingelassen,
die herkömmlichen Steuern jedoch regelmäßig an die Behörde
abgeliefert. Bald wäre das zusammengelaufene Gesindel
aber aus der Felsenburg hervorgebrochen, hätte in Kärnten

Krain und Steiermark geraubt und geplündert und selbst die Reichsstraße zwischen Wien und Triest nicht geschont. Im Jahre 1848 wären sie endlich in mächtigen, wohlorganisirten Banden in die Nachbarländer eingefallen, eroberten z. B. Bleiburg in Kärnten mit seinen zwei Gerichten und eintausend Bewohnern. Da bestürmte man Sulzbach im Jahre 1852 von der steierischen und kärntnerischen Seite mit Militärmacht. Viele wurden gefangen; Andere verkrochen sich hoch an den Wänden in die Höhlen und Spalten, wo sie aber bald von Hunger und Kälte besiegt wurden.

So erzählt Dr. Friedrich Hoffmann in der „Gartenlaube"; so war es aber nicht. Eine zehntägige Belagerung Sulzbachs im genannten Jahre fand allerdings statt; das jedoch nur, weil Bauernbursche von Sulzbach drei Gensdarmen mißhandelten, die in der Gegend herumgezogen waren, um paßlose Individuen aufzuspüren. Solche Individuen, und besonders Militärflüchtlinge mögen in Sulzbach, wie zu jener Zeit allerorts im Gebirge, wohl vorgekommen sein — aber die romantische Geschichte von den Räuberbanden ist erfunden. Die Leute dieser Gegend sind meist gutmüthig und redlich; gleichwohl ihre Abgeschlossenheit von der Welt auch Mißtrauen, Aberglauben und Verstocktheit zur Folge haben muß. Dieses Sulzbach wäre eine (nicht von des Gedankens Blässe modernen Lebens angekränkelte) Idylle aus alter Zeit, wenn nicht das arme, kummer- und mühevolle Leben die Poesie zerstörte. Die Felsen engen den Blick ein und leiten ihn gegen Himmel, wo diese armen Menschen einst zu wohnen hoffen, wo es keine wilden Berge mehr giebt, wo ein sonniger Rosengarten blüht, ähnlich dem lieblichen Gelände, auf dem die Stadt Cilli steht, und das Einer oder der Andere in seinem Leben einmal schon gesehen hat.

Als ein bedeutendes Culturelement für Sulzbach erscheint
die allgemeine Wehrpflicht. Die männliche Jugend dieses
schönen, kräftigen Menschenschlages wird fast durchgehends
tauglich befunden. Als Soldat kommt der Jüngling in die
Fremde, verliert seine Vorurtheile, lernt in der Regel deutsch
lesen und schreiben und kommt nach wenigen Jahren als
neuer Mensch zurück. — Wie das Fremdenbuch in Sulzbach
erzählt, sind Fremde jeden Standes, Damen und Herren,
sogar aus England und Schottland, schon dagewesen. Und
da sich die Alpenvereine nun um diesen neuentdeckten Touristen-
winkel annehmen, so geht Sulzbach einer guten Zukunft entgegen.*) Im Angesichte der Naturwunder, die in diesem
Gebirge das Menschengemüth zutiefst erschauern machen und
zugleich erquicken und erheben, hat der Dichter J. G. Seidl
das humorvolle und ergreifende Lied gesungen:

> „Weil du ein Weib dich nennst, Natur,
> So sollt' ich dir wohl schmeicheln,
> Und dir mit zarten Fingern nur
> Die Wange kosend streicheln!
>
> Ich soll dir sagen, daß du zart
> Und lieblich bist vor Allen!
> Nicht wahr, so mag's nach Dichterart,
> Dir, Eitle, wohlgefallen?!
>
> Doch nein, Natur, hier bist du's nicht,
> Nicht zart, nicht mild, wie Frauen!
> Ein Amazonenangesicht
> Zeigst du uns hier, voll Grauen!

---

*) Wem um eine wissenschaftliche und ausführliche Beschreibung
dieses herrlichen Alpenwinkels zu thun ist, dem ist das Werk „Die
Sannthaler Alpen" von J. Frischauf anzurathen.

In deinem Zorne stehst du da,
Mit herrschend stolzen Blicken,
Daß, wer dir in das Auge sah,
Sich muß in Demuth bücken.

Doch edel ist dein Zorn und groß,
Gepaart mit milder Schonung;
Und also wandl' ich schreckenlos
In deiner Schauerwohnung."

Hinter Sulzbach haben wir einen schauerlichen Engpaß zu durchwandern. Gestein und wirres Gefälle überall. Der Fußsteig springt, seinen Raum ängstlich suchend, auf zehn Stegen von einem Ufer zum andern. Plötzlich treten wir nun in ein schönes, üppiggrünes Thal, umstanden von den herrlichsten Bergen: das Logerthal. Hier steht ein stattliches Bauerngut, der Logerbauer, von welchem das Thal den Namen hat. Neben dem Gehöfte bricht, vom Schatten alter Erlen bedeckt, unter einem Felsblocke die Sann hervor, deren klares, eiskaltes Wasser nicht größer als ein Mühlbach durch die Au fließt. Das ist aber nur der Sann Wiedergeburt. Wer zu ihrem Ursprunge will, der muß am westlichen, urwaldgekrönten Felsenwall hinanklettern, und dies führt ihn vor das großartigste Felsgebiet der ganzen Alpenwelt.

Aus grünem Vorhang von Matten und Waldhügeln baut sich ein Amphitheater von Felsen empor, so riesig, so gestaltenreich und hoch — ein Thron Gottes. — Dieser Anblick ist Tagreisen, Mühen und Gefahren werth. — Nach fast drei Stunden beschwerlichen Steigens stehen wir vor der Felswand Okreschel, von welcher eine etwa 50 Fuß hohe Cascade niederstürzt. Es ist die Sann, welche hier geboren, den Eisschluchten und dem Herzen der Rinka entspringt. Hier überschauen wir die ganze erhabene Gruppe des Sulzbacher

Hochgebirges, überschauen weite Theile von Steiermark, Kärnten und Krain und sehen keinen Ausgang mehr. Die Oushova, die Veliki Verh, die Stuta drohen, die Distrizza zeigt uns finster ihr Doppelhaupt; die Pyramiden und Kronenzacken des Rottchnagebirgs starren uns an; aber Alles überstrahlt die Hoheit der 9000 Fuß hohen Rinka — die felszerrissene, schneedurchfurchte Gigantin, die Königin dieser Berge. Auf der Rinka laufen die Grenzspitzen von Steiermark, Kärnten und Krain zusammen. Ihr höchster Punkt soll noch nicht bestiegen worden sein. Ein Gemsjäger ging eines Morgens mit der Absicht aus, die Rinkaspitze zu besteigen — ist aber nicht mehr zurückgekommen.

Wir scheiden nun von dieser schreckhaften Größe und sagen nicht: Gott schütze dich! Oder sollten auch noch solche Herrlichkeiten der Hut Gottes bedürftig sein? — Und wenn die Berge stürzen und die Felsen brechen, so wird in was immer für einer Gestalt uns die Herrlichkeit und Größe nur noch bedeutsamer, denn nicht die Form allein ist es, die uns in den Naturschönheiten packt, erschüttert und erhebt; es ist die Kraft, es sind die Gewalten, die uns berücken.

Wir schließen uns der jungen Tochter der Rinka an und eilen zu Thale und suchen den Rückweg. — Nach Leutschdorf zurückgekehrt, haben wir das Gefühl, als ob wir einem großartigen, eines gefangenen Gottes würdigen Kerker entronnen wären. Der Herr Pfarrer von Leutschach läßt uns gern seine Rößlein satteln, um bis Laufen zu reiten und von dort aus auf einem Steirerwägelchen der uralten Stadt Cilli zuzufahren.

———

Wanderungen im Lande der Wenden.

Wie uns die freie Weite wohl thut! Wir sehen wieder
Gärten und Reben, Schlösser und Ruinen — und das
düstere Gethürme der Sulzbacher Alpen ist weit zurückgeblieben.
Wir wandern einen Tag lang durch Auen, Dörfer und Märkte;
Römersteine und eine finstere Burg um die andere erzählen
von bedeutsamer Vergangenheit dieser Gelände. Die Cillier
Grafen sind überall noch zu spüren; freilich stürzen nun,
unbekümmert von der heutigen Welt, ihrer Burgen letzte bald
in den Schutt. Hingegen hämmern an der Sann fleißige
Gewerke, und hinter dem Markte Sachsenfeld trägt uns ein
sanfter Ost den fernen Pfiff des Dampfrosses entgegen. Wir
sehen schon die Burg und die Thürme von Cilli — die erste
größere Stadt in Steiermark (mit 4500 Einwohnern), in
welche wir nun — da wir fast zwei Drittel unseres Weges
zurückgelegt haben — einziehen.

Cilli, das alte Celle, oder wie es die Römer nannten,
die Colonia Claudia Celeja, ist der Hauptort der unteren
Steiermark. Die Stadt liegt in einem von Wald- und
Weingärtenhügeln umgebenen, schönen Thale, am Ufer der
Sann. Auf den Höhen freundliche Landhäuser und Kirchen.
Die Stadt ist trotz ihres Alters jugendlich heiter und freundlich, hat breite Straßen mit hübschen Gebäuden und Stadtmauern mit großen, runden Eckthürmen. Eine alte Chronik
erzählt aus den schönen Zeiten von Cilli: „Da waren auch
die edlisten und mäblein (marmorne) thüren und pallasten
wunderlich gepaut, daß die selbig stat billeich die ander Troja
war geheissen." 1493 waren die Türken da, doch Georg
von Herberstein ließ sie nicht in die Stadt. In der Pfarrkirche
ist ein schöner Marmoraltar; vor Allem sehenswerth ist die
alte Capelle an derselben, eines der schönsten Baudenkmale.

Das im Jahre 1370 gestiftete Minoritenkloster dient heute zum Theile als Zinswohnung, den andern Theil bildet die deutsche Kirche. In dieser Kirche bewahrt man achtzehn Schädel der Cillier Grafen. Daß Cilli sehr alt ist, beweisen zahlreiche Alterthümer, die man hier fand und immer noch findet; viele derselben sind im Joanneum zu Graz aufbewahrt. Die römischen Cloaken, welche die Stadt unter der Erde in allen Richtungen durchkreuzen, werden noch jetzt zu Canälen benützt. Im Norden der heutigen Stadt hat ein Jupitertempel gestan= den. Am 12. October 283 — man weiß den Tag noch ganz genau! — ist hier der heilige Bischof Maximilian (ein Cillier) enthauptet worden, weil er dem Mars nicht opfern wollte. „Auf der Stelle, wo sein Haupt hinfiel, sprudelte von dem Augenblicke an eine Quelle hervor," über welcher heute eine Capelle steht, zu der viel Volk herankommt, weil es ans Wunder glaubt und das Wasser also heilsam ist. — Viel zu leiden hatte Cilli in den wilden Zeiten der Völker= wanderung, aber zertreten ließ es sich niemals. — Auf dem Schloßberge, der sich unterhalb der Stadt scharf vorschiebt und das Sannthal plötzlich einengt, ragt das weitläufige und vielgestaltige Gemäuer der Ruine Ober=Cilli. Ueber Schuttgerölle treten wir in den Burghof; die Mauern sind eingesponnen von Epheu. Oestlich erhebt sich in gewaltiger, viereckiger Masse der Friedrichsthurm, in welchem Kaiser Friedrich, verfolgt von seinen Mitbewerbern um das Erbe, sich verbarg. Alles Andere ist gar sehr zerfallen.

> „Ein Trümmerwerk, an dem Vernichtung nagt,
> Gewaltige Pfeiler, Riesenrippen gleich,
> Erwarten einzeln ihren Todesstreich;
> Und Mauern fragen, winklig, schroff und dick.
> Um ihren vorigen Zweck des Wand'rers Blick

Hier einer Treppe Saum, dort ein Gemach,
Wo bald ein Herz und bald ein Becher brach;
Hier noch ein Hof, wo manch' ein Schwerthieb klang,
Jetzt wuchert Gras den Waffenplatz entlang;
Dort, wo der Zelter kampfbegierig stand,
Ein Fruchtfeld jetzt, gepflanzt von karger Hand."

Inmitten dieser Trümmer mag man sich erinnern, daß hier
die Burg gestanden, die vor Zeiten der Mittelpunkt jener
siebzig Herrschaften gewesen — zerstreut in fünf Ländern —
über welche einst der letzte Cillier gebot. Sie alle haben,
sofern sie nicht vom Erdboden verschwunden sind, andere
Herren erhalten; die Ruine Ober-Cilli aber wurde eines
freien Bauers freies Eigen. — Lange Jahre hindurch hat
dieses mächtige Dynastengeschlecht in Steiermark geherrscht,
wie es im ganzen Innerösterreich vielleicht sonst keinem mehr
gelungen war. Es stieg durch Gunst und Glück zu hoher
Macht; aber auf dem Gipfel angelangt, war ein jähes
Stürzen und Verlöschen. — Das Geschlecht, aus dem Hause
der Freien von Sanneck stammend, wurde 1341 zu Grafen
von Cilli erhoben. Es ist reich an Romantik. Eine Tochter
dieser Grafen war 1402 Königin von Polen. Unter den
Cilliern kennt die Geschichte auch ein gar berüchtigtes Weib,
die schöne Barbara, deren Gemal niemand Geringerer war,
als Kaiser Sigismund. Aber die schöne, glänzende Frau
hat es mit der ehelichen Treue nicht sonderlich genau genommen und in ihren späteren Jahren hat sie gar Himmel
und Hölle geleugnet — fasten und beten sei albern, angenehm
zu leben und die Freuden der Welt zu genießen sei der
Menschen einziges Ziel, denn mit dem Sterben des Leibes
sei auch die Seele todt. — Das waren die Grundsätze dieses
einen Weibes im fünfzehnten Jahrhundert. Und sie lebte

darnach — da hat sie ihr Gemal von sich gewiesen. — Ein ähnlicher Charakter mochte ihr Bruder Friedrich gewesen sein. Unter den Dienstfräulein seiner Gemalin war die Tochter eines armen, kroatischen Edelmannes — Veronika von Teschenitz. Sie war reizend, Graf Friedrich sah, sie war schöner als seine Gattin. Und eines Morgens ist die Gräfin todt im Ehebette gefunden worden. Untersuchungsrichter, wie heute, gab es damals nicht, und Graf Friedrich vermälte sich mit der schönen Veronika. Friedrich's Vater aber war gar adelsstolz und wollte nicht, daß das Blut der Cillier gemischt werde mit dem armen, unberühmten kroatischen Geschlechte. Er ließ Veronika bei Abwesenheit ihres Gemals, den zur Zeit Kaiser Sigismund in Ungarn gefangen hielt, hart verfolgen, sie floh und irrte schutzlos in den Wäldern. Bei Pettau wurde sie von den gräflichen Spähern aufgegriffen. Der Altgraf wollte sie als Hexe verurtheilen lassen, die das Herz seines Sohnes verblendet und vergiftet habe, aber die Richter gingen nicht darauf ein, und so blieb dem Tyrannen nichts übrig, als seine Schwiegertochter selbst aus dem Leben zu schaffen. In seinem Schlosse Osterwitz, wo sie nach der Chronik lange „ungessen und ungetrunken" lag, wurde sie im Bade erstickt.

Derlei erzählte sich die böse Welt freilich lieber, als die vielen Verdienste, die sich die Cillier um Land und Staat erworben hatten, und wofür Friedrich von Cilli, Veronikas Gatte, gefürstet wurde. Von nun an übten die Cillier fürstliche Gewalt in ihrem Gebiete und schrieben sich „Von Gottes Gnaden" Bald jedoch gab es Fehden zwischen den Cilliern und dem Landesfürsten und den Mächtigen von Oesterreich, Ungarn und Böhmen, bis eines Tages Ulrich von Cilli, „ein Recke mit blutunterlaufenen Augen, wollüstig und ohne Treu und Glauben, ein Heuchler und Betrüger, würdig seiner Tante, der Kaiserin Barbara", von seinem Feinde, dem Ungarn Ladislaus Hunyady im Zweikampfe ermordet wurde. Das war der letzte Cillier; das Land wurde von nun als windische Mark zu Oesterreich geschlagen. — Das düstere Denkmal dieses düsteren Geschlechtes, die Burg Ober-Cilli, hat in neuester Zeit die steierische Landschaft käuflich an sich gebracht.

Weitere Merkwürdigkeiten hat Cilli nicht, man müßte nur des „Wasserthors" gedenken, das so wunderbar akustisch gebaut ist, daß ein an der einen Ecke geflüstertes Wort dem an der andern Ecke Horchenden „als schallende Rede ertönt". — Wir wollen uns nun aber nach all' den Anstrengungen auf unserer Wanderung durch Wildnisse in Natur und Geschichte in einem guten Hotel dieser Stadt einmal gründlich gut thun, um hernach mit der Südbahn unsere Sann bis zur Grenze und ihrem Eintritt in die Save zu begleiten.

An den eng zusammengetretenen Bergen, die oft kaum Fluß, Eisenbahn und Straße zwischen sich durchlassen, grünen dichte Buchenwälder. Wir kommen zum Markte Tüffer, in welchem an Kirche und Pfarrhof die Templer zu verspüren sind. Dem hübsch angelegten Bade Tüffer folgt bald die Station Römerbad, stets von vielen Sommergästen besucht. Dieses Warmbad haben schon die Römer genossen, wie zwei Inschriften verkünden. Eine kleine Stunde unter Römerbad gelangen wir zu den ungeheuren Schuttmassen des gewaltigen Bergsturzes, welcher sich am 15. und 18. Januar 1877 ereignet hat. Vom Berge Plesche nieder, links an der Eisenbahn, lösten sich in der thauenden Winternacht große Erdmassen und begruben drei Bauernhäuser und zwölf

Menschen. Ich habe die Katastrophe von einem dabei be-
theiligten Deutschen folgendermaßen erzählen gehört: „Gegen
vier Uhr in der Nacht mag's gewesen sein, da weckt mich
ein Fensterklirren. Na, denk' ich, Lumpen, jetzt werfen sie
mir die Fenster ein. Aber gleich sehe ich, wie mir Steine
und Erden in die Stube fahren und das ganze Häusel kracht.
Jesus denk' ich, was ist das? Lauf' hinaus und hör' das
Brausen vom Berg herab. Leut', schrei ich zum Nachbar
hinein, lauft's geschwind aus! Was es ist, das weiß ich nicht,
aber es fallen die Häuser um, das obere Haus ist schon
weg. — Gleich fahren sie aus dem Schlaf. Nach dem Gewand greifen ist allzuspät, mit dem nackten Leben springen
wir in die finstere Nacht hinaus. Da kracht's hinter uns,
das es ein Graus ist. — Sonst weiß ich selber nichts. Und
wie wir's beim Licht anschauen, sehen wir, 's ist Alles hin,
kein Haus und keine Maus ist davongekommen. Gemeint
hab' ich hell, der jüngste Tag ist da. — Seit etlichen
Monaten ist der Brunnen ausgeblieben da oben an der
Lehn; und dieses Wasser sagen sie, hätte den Berg aufge-
weicht. — Aber warum ist der Brunnen ausgeblieben? Weil
eine alte Bettlerin in's Dorf gekommen ist, der man einen
frischen Trunk Wasser abgeschlagen hat, um den sie gebeten.
Deswegen das Unglück."

So der erste Sturz. Mit dem Ausgraben der Unglück-
lichen beschäftigt, wurden die Leute aber von neuen ungeheuren
Bergmassen überrascht, welche von der steilen Mulde nieder-
braußten, Straße und Eisenbahn zerstörten und der tobenden
Sann den Lauf verlegten. Sogleich hub sich ein ·großer
See zu bilden an, der bis Römerbad zu wachsen drohte und
Häuser und Fabriken unter Wasser setzte. Nach einer viel-
stündigen, angestrengten Arbeit gelang es dem herbeigeholten

Militär, den Schuttwall zu durchstechen. Wochenlag arbeiteten
Hunderte an der Regulirung des Flusses, an der Wieder-
herstellung der Eisenbahn und der Straße. Aber die Spuren
dieser Katastrophe werden unvergänglich sein. Da man die
Leichen der zwölf Verschütteten nicht fand, so ist der Schutt-
hügel durch eine kirchliche Einsegnung zum Friedhofe gemacht
worden, wohl des Landes eigenartigster Friedhof, durch
welchen der mächtige Fluß aus den Sulzbacher Alpen und die
bedeutendste Verkehrsader des Reiches ihren Lauf nehmen.

Fünfzehn Minuten unterhalb dieser Stätte ist zwischen
steilen Bergen und Felsen die Grenzstation Steinbrück. Die
Bahn geht nach Krain; von diesem Lande rinnt die Save
heraus, die nimmt die Sann zu sich, um sie und sich selbst
tief unten in Serbien, am Fuße der Festung Belgrad, in
die Donau zu ergießen.

———

Vom Semmering bis Steinbrück fährt der Wien-Triester
Eilzug durch die ganze östliche Länge der Steiermark nur
sechs Stunden; ein Weg, den wir, freilich mit manchen Kreuz-
und Krummzügen, nun zurücknehmen wollen. Vom Semmering
bis zum Dachstein zogen wir westlich, vom Dachstein bis
zur Sann südlich, um nun den heimischen Strichen des
Nordens wieder zuzustreben. Um zuvor noch einen fruchtbaren
Blick in's schöne Land der Wenden zu thun, achte ich es für
gut, daß wir einen Berg suchen, der leicht zu besteigen ist
und eine schöne Fernsicht bietet. Eine solche Höhe ist der
Donatiberg, schon an und für sich so interessant, daß wir
ihn nicht hätten unerwähnt lassen dürfen. Wir fahren über
Cilli zurück bis zur Station Pöltschach und zweigen von
dort nach dem berühmten Bade Rohitsch-Sauerbrunn ab,
das — drei Stunden von der Eisenbahn östlich — an der

kroatischen Grenze liegt. Gar Viele schon haben Gesundheit getrunken an den sauren Quellen und alle Welt trinkt Wasser aus der schönen, waldreichen Bergschlucht, südlich des Wotsch. Ueber eine Million Flaschen Sauerbrunn werden von Rohitsch-Sauerbrunn aus alljährlich nach allen Gegenden hin verschickt.

Von diesem stattlichen, mit Luxus ausgestatteten Badeort (Graf Ferdinand von Attems hat ihn gegründet) aus besteigen wir den nahen Donatiberg. Der ist lange nicht 3000 Fuß hoch — ein Zwerglein im Verhältniß zum Dachstein und der Rinka; aber im Hügelland spielt er doch einen Herrn. Er ist auffallend genug und zeigt jeder Gegend ein anderes Gesicht. Wer von Norden über das Pettauerfeld heranfährt, der sieht hoch über den Weinbergen von Maxau und Neustift einen langen, dreihöckerigen Sattel blauen — es ist der Donatiberg. Wer von den ungarischen Drau-niederungen naht, der wird als Vorboten der karnischen Alpen einen rauhen, scharf emporsteigenden Kegel vor sich sehen, den ersten Berg mit deutschem Namen, den Donati-berg. Wer die Straße von Agram kommt, dem stellt sich eine wilddurchfurchte Kalkwand entgegen — der Donatiberg. Und wer in einer Buchenlaube des Bades Sauerbrunn ruht, dem bangt anfangs vielleicht vor der wilden schreckhaft scharfen Spitze, die ganz nahe dort wie ein ungeheurer Römerspeer in den Himmel hineinsticht. Aber er wird — ist er ein Fremder — bald fragen, ob diese seltsame, grünbewachsene Pyramide denn nicht besteigbar ist, und man wird ihm zur Antwort geben: „Nichts leichter als das."

Der Aufstieg ist in der That leicht. Zwischen Garten- und Wiesenwegen, bevor man zum eigentlichen Berg hinan kommt, der so wild aussieht, geht's noch am steilsten. Von der Ein-sattlung, die den Berg westlich mit dem Wotsch verbindet, geht der Steig in neunzehn Schlangenwindungen durch den herrlichen Buchenwald empor. Der Charakter des Urwaldes. Die nordische Tanne ist hier fremd, sie würde unter den hundertfältigen Umarmungen des Laubgehölzes ersticken. 's ist ein wildes Geschlecht, dieses Laubholz, wenn es nicht erzogen wird. Wie die Bäume hier wachsen, so stehen sie in ihren riesigen, oft abenteuerlichen Gestalten da; wie sie altersmorsch zusammenbrechen, so liegen die wuchtigsten Strünke hingeworfen am steilen Hang. Und wenn tief unter den Füßen des Wanderers der Wind in den Kronen braust, so ist es zu hören, wie das Tosen des Meeres. Die Flora des Donatiberges ist reich an seltenen Pflanzen, seine Vogelwelt eine überaus lebendige. Dort in der Buchenkrone der Sperber, auf der Felskante der Thurmfalke, in jener hohlen Eiche der Steinkauz, die Dohle und die Elster nicht weit, sogar Meister Specht, der Zimmermann, hackt im Gestämme, dann die Finken, die Ammern, Lerchen, Meisen und Drosseln; der kleinwinzige Zaunkönig, die niedliche Grasmücke und die gefeierte Primadonna Nachtigall. Und das flatterhafte Volk der Wildtauben und Waldhühner und so fort in den Reihen, die den Donatiberg umschwirren, umjubeln, umkreischen — verfolgend und verfolgt — die meisten beneidet von den Menschen, die wenigsten sich ungetrübt freuend an ihrem Vogeldasein im grünen Walde. Auf die geologischen Zustände habe ich mich nirgends eingelassen, weil ich mit dem Manne im Evangelium wohl gestehen muß: graben kann ich nicht und zu betteln schäme ich mich, und ich nicht auch noch unter der Erde das thun will, was im rosigen Lichte nicht ausbleibt, nämlich erzählen, was Andere gesehen, behaupten, was Andere erforscht haben. Doch mag ich wohl sagen, daß auch der Geologe auf dem Donatiberg seine Rechnung finden wird.

Auf der Höhe des Berges, wo einst der Heidentempel und dann das Christenkirchlein gestanden war, erhebt sich heute das alpine Wahrzeichen der Touristenwelt, die auf drei Holzfüßen stehende Pyramide, gegen welche der Blitz — sonst hier so kampflustig — bisher noch keinen Speer geschleudert hat. — Der Berg muthet heidnisch an. Bronzegegenstände, die in dieser Gegend ausgegraben wurden, erzählen uns von den Kelten. Diese Alten hatten auf der Höhe des Donatiberges einen Sonnentempel erbaut, von welchem später die Römer nur mehr Trümmer vorfanden. War er der Hertha geweiht gewesen? — Jener Hertha, deren Bild von auserlesenen Sklaven gereinigt wurde, wofür diese Sklaven zur Ehre der Göttin stets erwürgt worden sind? Manche Denksteine dieser Gegend erzählen durch eherne Zeichen von Menschenopfern, die noch um die Zeit Christi hier verübt worden sind. —

Der Berg Donati ist dem Gotte des Donners und Blitzes geweiht, und war das wahrscheinlich auch bei den Alten. Der alte Blitzschleuderer hieß bekanntlich Donar; der Berg kann Donarberg geheißen haben. Als aber nachher das Christenthum kam, hat es aus dem Donar einen Donat gemacht und gesagt, es wäre der heilige Bischof Donatus damit gemeint, und Donatus sei ein großer Schutzpatron gegen böse Wetter, Blitz und Donner. Auf der Spitze des Berges, wo einst der Sonnentempel gestanden war, haben sie dem Heiligen ein Kirchlein gebaut. Aber was geschah? Der Blitz hat dem Blitzpatron das Haus über dem Kopf ange-zündet (1740). Nichts destoweniger verlor Donatus durch diesen Schlag an Ansehen bei den Leuten; sie schossen Gaben zusammen, bauten auf der Bergeshöh' die Kirche wieder auf und wallfahrteten eifriger denn je zu demselben hinan. Da schlug der Blitz abermals ein, und zwar während einer

Messe; vierzig Personen sind dabei theils getödtet, theils beschädigt worden. Die Glocken des Kirchleins aber hat der Blitz — wie die Sage geht — hoch über den Urwald und das Gefelse an jene Stelle hinabgeschleudert, wo heute am Fuße des Donatiberges das neue Kirchlein steht, und wo der durch den Blitz vertriebene Wetterpatron von der weiten Umgebung hochverehrt wird.

Heute ragen auf dem Berge ein paar kahle Felsen und das Triangulirungszeichen. Aber wer bei günstigem, hellem Wetter dort oben steht, dem ist zu gratuliren. Er sieht vom Donatiberg aus den fünfzehntausendsten Theil der ganzen Erdoberfläche. Im Süden sieht er grüne Thäler und blauende Waldberge; im Osten Ebene; im Westen Hochgebirge; im Norden Urgebirge, vor welchem sich das mittelsteierische Hügelland und das große Dreieck der Pettauer Ebene dehnt. Das zur Orientirung, und nun wollen wir das Land ein wenig näher betrachten. Ich selber kann mich einer genauen Kenntniß dieser Gegend nicht rühmen; doch habe ich das Bild in Gesellschaft des kundigen Touristen Gustav Jäger geschaut, und gebe demnach Auskunft. Im Süden also waldbedeckte Höhen und Berge, welche sich durch collegiales Entgegenkommen und Händereichen ineinander verschlingen. In der Nähe unten haben wir den Markt Rohitsch; Sauerbrunn aber duckt sich entweder aus Bescheidenheit oder Behaglichkeit in die grünen Polster seiner buschigen Hügel. Rückwärts dehnt sich die Hochebene von Bärneck und das liebliche Thal St. Marein mit seiner großen Wallfahrtskirche und der Heiligenstiege, auf welcher mancher Pilger bis zu der hochgelegenen Rochuscapelle knieend hinaufsteigt. Man sieht die Berge von Tüffer und Steinbrück und der Blick schwimmt über das blaue Wellenmeer der krainerischen Höhen, bis er in weitester Ferne

hängen bleibt an der weißen Narbe des Schneeberges am
Karst. Dann die Waldhänge von Reichenburg, dessen Schlösser
einst zwei feindliche Brüder bewohnten, die in einem und
demselben Momente ihr Feuerrohr gegen einander richteten,
gleichzeitig abschossen und sich gegenseitig tödteten. Ihre
Schädel werden noch heute in einer Nische der dortigen
Schloßcapelle aufbewahrt und gezeigt. Wenn man ihre Gesichts-
seiten einander zukehrt, so wenden sie sich in der Nacht wieder
auseinander. — Nicht weit davon liegt das Schloß Thurn
am Hart, die Heimat und Ruhestätte Anastasius Grün's.

Wenden wir uns gegen Osten, so stößt der Blick an
die Berge von Agram und fliegt hin über die fruchtbaren
Ebenen Kroatiens — fort in's Weite, bis hinab zu den
blauen Höhen an der Glima und dem Kapellagebirge in
Dalmatien — den Wächtern an der türkischen Grenze*).
Die Vorpartien dieses seltsamen Flachbildes liegen im Gebiete der Feste Teschenitz, der Heimat jener Veronika von
Teschenitz, deren Schicksal wir im alten Cillier Schlosse betrachtet haben.

Weiter hin breitet sich Sagorien, das Land hinter den
Bergen, die sogenannte kroatische Schweiz mit ihren Saat-
feldern, Triften, üppigen Wein- und Obstgärten, riesigen
Eichen-, Buchen- und echten Kastanienwäldern, Heilquellen —
ein reiches Land voll geselliger, gastlicher Bewohner, die
keinen Wein ausführen, sondern den Fremden in ihrem
eigenen Lande damit bewirthen.

Kehren wir uns allmählich dem Norden zu, dem Hügelgelände zwischen der Wotschkette mit unserem Berg und dem

---

*) Zur Zeit, als dieses geschrieben wurde, lag Bosnien noch
unter türkischer Herrschaft.   Der Verfasser.

Pettauer Felde. Schöne Höhen; und dem Süden wenden die meisten ihre Weingärten zu, während sie gegen Norden die Pelzmäntel ihrer Buchenwälder drehen. Es ist das steierisch-wendische Ländchen der „Koloser" — vielleicht nach dem römischen Colis (Hügel — Hügelbewohner). Die Koloser sind ein lustig Völklein, lieben Wein, Weib und Gesang. Sind aber genügsam bei den Bohnen und Kartoffeln und mit ihren, gewöhnlich nur aus weißer Leinwand bestehenden Kleidern. Haben sie was, so verlegen sie sich nicht sonderlich auf's Sparen, so daß ein Volkswort von den Kolosern sagt: Auf dem Hinweg schälen sie die Aepfel und auf dem Rückweg suchen und essen sie die Schalen. — Keine geschlossenen Dörfer, sondern nur einzelnstehende Gehöfte und Winzer-häuser schmücken die engen Thäler und sonnigen Lehnen — im Halbkreise ihrer vier Pfarrkirchen St. Nikolaus, St. Barbara, St. Andre und Dreifaltigkeit. Darüber hinaus hinter dem Draufluß verzweigen sich die berühmten Weinberge von Kersch-bach, Jerusalem und Luttenberg. Dort am schimmernden Bande der Drau das hochragende Schloß Ankenstein; dort, sich an die Rebenhügel schmiegend, Dornau, Eigenthum der Familie Auersperg — ein Lieblingsaufenthalt Anastasius Grün's. Dort die Thürme von Großsonntag, wo 1518 am Ostersonntage die deutschen Ordensritter über die Türken einen Sieg erfochten haben. Und zwischenhin zieht der hoch oben den Dolomiten entsprungene Fluß in die Ebenen Ungarns hinaus, wo Erd' und Himmel ineinander verschwimmen und wo an einer Stelle das matte Schimmern den Spiegel des Plattensees verräth.

Wir wenden unser Auge wieder der lieben Steiermark zu, über das weite Pettauer Feld, den Boden blutiger Schlachten. Dort die alte Stadt Pettau mit den weißen Mauern ihres

Schlosses und mit ihrem finstergrauen Thurme, voll heid-
nischer Denkmäler zu seinem Fuße, das römisch-katholische
Kreuz auf seiner Spitze. Pettau, wahrscheinlich die älteste
Stadt des Landes, ist seiner Römersteine wegen berühmt;
weit über hundert Sarkophage und größere Denksteine sind
hier ausgegraben worden, die jetzt theilweise in den Museen
zu Graz und Wien prangen, zum Theile noch an Ort und
Stelle zu sehen sind. Pettau zählt nicht viel über zweitausend
Einwohner, muß aber einst viel größer gewesen sein, da die
Chroniken erzählen, daß im Jahre 1396 bei dem Einfalle
der Türken an die sechzehntausend Einwohner dieser Stadt
ihr Leben verloren hätten. Im Schlosse Ober-Pettau befinden
sich ebenfalls viele Denkmale aus der Vergangenheit, aus den
Tagen der Ritter und Herren — und so ist diese Stadt ein
altes Buch aus alter Zeit. — Näher an uns ragt die
strahlende Wallfahrtskirche Maria Neustift, ein schöner gothischer
Bau. Dort auf schmächtigem Hügel aus einer Baumgruppe
hervorstrebend, steht die im Landvolke weitberühmte Rochuscapelle, in deren Grundfesten seltsame Münzen begraben liegen
sollen und in deren Mauern dereinst die Wiege des Antichrist
stehen wird.

.　　Hinter dem Pettauer Felde aber, an den windischen Büheln,
starrt der kühne Bau der alten Templerburg Wurmberg in
die Wellen der Drau. Weiter oben an die kahlen Berge lehnt
sich die Stadt Marburg, der wir später noch einen Besuch
machen müssen. Anmuthig zu sehen ist der muntere Hügel-
reigen der Windischen Bühel mit seinen farbenspielenden
Wein-, Obstgärten und Fruchtfeldern, Winzerhäusern und
Thürmen bis hin zu den Ufern der Mur. Ein gesegneter
Landstrich! Dort waltet zur Zeit der Weinlese Böllerknall,
Becherklang, Musik, Lied und heiteres Spiel. Mahlzeiten

giebt der Winzer den Nachbarn aus Dankbarkeit für eine gute Lese; und das junge Volk tanzt sich die Sohlen von den Füßen, und allerwärts Frohsinn und helle Lust unter der traubenreifenden Sonne Homers. — Weit über den Büheln her leuchten die Hochschlösser Mureck, Radkersburg, die Gleichenberger Kegel und ihre Burg Trautmansdorf, dann die stolze, feste Riegersburg, die Pyramide des Kulm bei Weiz, das blaue Band des Rabenwald und die hohe Tafel des Grazer Schöckel. Gar bis zum Wechsel und zum Schneeberg in Nieder-österreich bringt der Blick! — Weiter links — in tiefer Ferne dehnen sich die schneegesprenkelten Massen des Hochschwab, dann ziehen die Gleinalpe, die Kor- und Schwanberger Alpen den Grenzwall.

Im Westen endlich haben wir das Urwaldgebirge des Bacher und über dasselbe herein schimmert in reinen Morgen-stunden der Glanzpunkt des herrlichen Bildes — niemand Geringerer, als die Spitze des Großglockner. — Dann kommen zur Linken die schroffen Felshörner des Weitensteiner Thales mit seinen murmelnden Bächen, brummenden Waldmühlen und tobenden Eisenhämmern und mit seinen malerischen Schloß-ruinen. Dann das alte Seebecken des Schallthales mit seinem hohen Ursulaberg, auf welchem eine Wallfahrtskirche steht, die ihren Eingang in Kärnten, ihren Hochaltar aber in Steiermark hat. — Die hohe Petzen dort weckt uns die Erinnerung an die uralte kärntnerische Raubfirma: „Meister Petz und Söhne", die in den Waldungen der Petzen ihren Stammsitz hatten. — Und endlich kommen, hinter grünen Waldpolstern abenteuerlich aufstrebend, die hörnernen Grenz-warten, die Sulzbacher Alpen, mit dem auswärtigen Ehren-mitgliede im Hintergrund, dem hoch in die Wolken ragenden Terglou.

Ueber Cilli zurück fliegt das Auge bis zu den näheren Punkten Süßenberg, Lemberg, Kostreinitz, und allen den schimmernden Ortschaften, die auf grünen Auen ruhen; bis zu der schattigen Waldschlucht ferner, zur zerstörten Karthause Seiz — der größten Deutschlands. Von Ottokar, dem ersten Traungauer, wurde sie 1151 gegründet; von Josef II. 1781 aufgehoben. Die Gebeine des Stifters und seiner Gemalin, welche im Kloster ruhten, sind in das Stift Rein bei Graz übertragen worden. Noch finden wir in unserer Nähe am Wotschberg die Kirchen Maria Loretto und St. Florian, und auf idyllischem Hochthale die Nikolaikirche, welche der heilige Nikolaus — dem es in dieser Gegend auch gefällt — persönlich heraufgetragen haben soll. Am Fuße des Berges noch das versteckte Schloß Studenitz und das alte Nonnen-kloster Gnadenprunn, wo man seit hundert Jahren vergebens nach Horaklängen lauscht. Kaiser Josef hat ein rasches Ende gemacht mit allen jenen Klöstern, in welche sich die arbeits-scheuen, feigen und grämigen Kinder der Erde zurückgezogen hatten, um durch Beten und Nichtsthun Gott und den Menschen Genüge zu leisten. Nur jene geistlichen Anstalten, die humanitäre Zwecke verfolgten, als das Lehramt, die Krankenpflege, ließ der große Kaiser bestehen und nahm sie unter seinen Schutz. — Wenn wir endlich noch die zwei mächtigen aber unbeständigen Bäche sehen, die vom Nordhange des Wotsch niederstürzen, und in welchen oft blinde Forellen von ungewöhnlicher Größe zu Tage kommen — so daß man hier einen unterirdischen See vermuthet — so haben wir den großartigen Rundblick auf dem Donatiberg geschlossen. — Geist und Auge haben sich satt getrunken, nun dürstet vielleicht noch den Gaumen. Setzen wir uns auf den Steingrund, wo einst der Tempel gestanden, und trinken wir Wein. Wein aus dem Wendenlande, und bringen wir ein Hoch dem gesegneten Boden, auf dem er gewachsen ist.

––––––

Wir haben uns wieder zur Südbahn geschlagen, daß sie uns in einem Stündchen über das weite Pettauer Feld nach Marburg trage. Bei Pragerhof halten wir an und besinnen uns, ob wir auf der ungarischen, hier abzweigenden Bahn nach Budapest nicht einen kleinen Abstecher zu den Magyaren machen wollten. Mit nichten; unser Reisepaß gilt nur für Steiermark. So fahren wir in die zweitgrößte Stadt des Landes ein, in die gute Weinstadt Marburg.

Sie liegt zwischen dem Bacher, dem rebenreichen Poßruck und den windischen Büheln, am Ufer der Drau, die hier gar stattlich und breit ist und so mächtig erscheint, wie etwa die Donau bei Linz. An den Ufern sehen wir eine Unzahl von kleineren Schiffen und Fahrzeugen aller Art, die aber nur für den localen Gebrauch sind. Eine lange Holzbrücke und die massige Eisenbahnbrücke der Südbahn, die hier auch nach Kärnten und Tirol abzweigt, führen über den Fluß. Marburg mit seinen zwei Vorstädten und den nächstgelegenen Höfen hat mehr als fünfzehntausend Einwohner, wovon die Mehrzahl aus Deutschen besteht. Der Handel mit dem vom Bacher kommenden Holzreichthum, dem hier wachsenden Wein und den Erzeugnissen der Glas-, Leder- und Rosogliofabriken ist ein lebhafter. Die Südbahn hat hier eine große Maschinenwerkstatt gebaut und beschäftigt über tausend Arbeiter. Die Stadt ist der Sitz des Bischofs von Lavant, mehrerer Verwaltungs- und Gerichtsbehörden, besitzt mehrere wohlthätige Institute, Kirchen, ein Theater, kurz, ist ein Ort, der sich nicht mehr gern „Städtchen" schelten läßt. In neuer Zeit hat man den Marburgern nachgesagt, daß sie in ihrer

Stadt so vorzügliche Weinfabriken besäßen; aber ein Weinfest, das sie vor ein paar Jahren angeordnet und zu welchem zahlreiche Gäste erschienen sind, hat die Welt belehrt: Es ist, Gott sei Dank, Naturwein noch in solcher Fülle da, daß es nicht nöthig ist, an Kunstwein zu denken. — Die alte Marburg (Markburg), ein Besitzthum des Grafen Brandis, enthält eine werthvolle Gemäldesammlung. — Nördlich von der Stadt auf einem Bergkegel stand einst das Schloß Obermarburg, das aber gänzlich zerstört ist. Es war der Sitz der Grafen von Marchburg; zweimal wurde es von den argen Schaaren Mathias Corvin's belagert, hat aber tapfer widerstanden. Die Zerstörung der Burg scheint der „Türk" auf dem Gewissen zu haben. — Einige reizende Theile der Umgebung laden zu Ausflügen ein. Uns aber entführt die Eisenbahn unter der Erde durch den Poßruck; ein zweiter Tunnel durchbricht die windischen Bühel und wir sind wieder auf dem Gebiete einer alten Bekannten — der Mur. Sie kommt, stets an der Seite der Eisenbahn, vom Oberlande und von Graz herab, biegt aber hier bei Ehrenhausen, nachdem sie noch die Sulm, welche aus dem „steierischen Paradiese" kommt, auf ihre Achsel genommen hat, nach Mureck und Radkersberg ab.

Wir begrüßen noch den freundlichen Ort Leibnitz, der schon wieder im lieben, deutschen Bereiche liegt, begrüßen in seiner Nähe die alten Mauerreste, wo erwiesenermaßen das römische Flavium Solva gestanden hat, begrüßen den etwas zerfahrenen Bischofssitz Seckau, der auf einer schönen, waldigen Höhe liegt, und begrüßen endlich das weite Leibnitzer Feld selbst, wo 1529 die Türken geschlagen wurden.

Nun wollen wir auch noch die alte Wohnung des Tycho de Brahe erwähnen, nämlich das Schloß Ober-Wildon,

welches nun freilich längst Ruine ist. Der Markt Wildon
liegt anmuthig an einem bewaldeten Bergvorsprung, welcher
das breite Thal plötzlich einengt, ja beinahe abschneidet. Hier
endet das Leibnitzer Feld und beginnt das Grazfeld. Von der
Ruine Ober=Wildon aus würden wir den Grazer Schloßberg
sehen; die Landeshauptstadt liegt nicht mehr fern. Bevor
wir aber in ihre gastlichen Mauern einziehen zur fröhlichen
Rast, wollen wir noch einen Ausflug machen in die schönen
östlichen Theile der mittleren Steiermark, nach dem Bade
Gleichenberg, nach der interessanten Riegersburg und in's
liebliche Raabthal.

Das liebliche Gleichenberg

Wir übersteigen auf unregelmäßigen Straßen vier Hügel-
züge, die sich von Norden gegen Süden ziehen, überschreiten
die reizenden Wiesenthäler von Kirchbach, St. Stefan und
Gnas, durchziehen sonnige Heidenfelder kleine Föhrenwal-
dungen und Obstgärten, kommen an zerstreuten Bauernhäusern und Dörfern vorüber, welche den Charakter jener
bei Stainz und Deutsch=Landsberg haben, und kommen jenem
waldigen, zweikuppigen Berg immer näher an dessen Fuß
der Curort Gleichenberg liegt.

Im Angesichte dieses freundlichen Zieles, unter einer
Eiche ruhend, haben wir unsere eigenen zollfreien Gedanken:

Uns sind die Curorte das, was unseren Vorfahren die
Gnadenorte waren. Diesen Ausspruch unterschreibe ich nur
dann, wenn die Gnadenorte nicht im Sinne unserer, sondern
in dem ihrer Zeit gedacht werden.

Unseren idealeren Vorfahren ging es um den Frieden
der Seele, und den fanden sie an ihren Wallfahrtszielen

uns geht es zuvörderst um das persönliche Behagen, um das
Wohlbefinden des Körpers, und zumeist finden wir das in
unseren wohlorganisirten Curorten. Die Frage unserer künftigen
Seligkeit beunruhigt uns nicht so sehr, als die unserer körperlichen Gesundheit, und in den Curorten giebt es Priester
Aeskulap's, denen wir unsere Anliegen beichten, die durch die
heilsame Buße, welche sie uns in den Medicamenten, Molken,
Gesundbrunnen, Bädern und allerlei Diät auferlegen, be-
ruhigen und somit die erste und wichtigste Bedingung zu
körperlichem Wohlsein spenden.

Was Curorte! höre ich rufen, wo Einen die Kranken
und die Bademusiken und die Modegecken beiderlei Geschlechtes
und die hohen Preise erst recht nervösmachen! Bei guter
Luft und vernünftiger Diät wird mir überall wohl sein,
brauche dazu nicht erst einen Curort aufzusuchen. Sehr vernünftig! So ist es, bei guter Luft und rechter Diät schlägt's
überall an. Jedoch, wie Wenige vermögen sich an ihrem
freigewählten Erholungsorte zu einer strengen, geregelten
Cur zu entschließen, so lange sie sich halbwegs wohl fühlen,
und geht's ihnen schlecht, dann wissen sie erst nicht, was sie
wollen und sollen. verstehen es nicht, ihre Natur einer
strengen Prüfung zu unterziehen. versuchen das und das, und
in der Absicht, Diät zu halten, werden sie in ihrer Lebensweise unsteter und regelloser, als je.

Endlich entschließen sie sich auf Anrathen ihres Arztes
für einen Curort. Curorte liegen stets in einem gegen bestimmte Leiden gewählten günstigen Klima. Das ist Eins
voraus. Dann ist das Wasser, sind die Specialärzte für
bestimmte Gebrechen, sind allerlei Anstalten und Einrichtungen
zur Beseitigung der Uebel, zu deren Bekämpfung Natur und
Menschenkunst sich vereinigen. Und nun geht's an die syste-

matische Ausbesserung der Gesundheit. Leichte Anregung, süßes Nichtsthun und heitere Zerstreuung wirken das Ihre. Da kommt nun das Bewußtsein, daß alle dem Zustand ungünstigen Einflüsse beseitigt sind, die Scrupel in Bezug auf die Diät hören auf, der Glaube an eine heilsame Wirkung tritt ein. An den Gnadenstätten macht der Glaube selig, an den Curorten macht er gesund.

Das gilt im Allgemeinen, selbst auch für bloße Mode-Curorte.

Wenn nun aber ein Erdenwinkel so gesegnet ist, daß er reine Luft, mildes Klima, Gesundbrunnen mit landschaftlicher Schönheit vereinigt, und wenn die Menschen zu diesem Erdenwinkel vorzügliche Straßen angelegt, denselben mit Comfort, Kunst und Luxus und Allem, was den ländlichen Aufenthalt angenehm macht, ausgestattet haben, so ist es kein Wunder, wenn er zu einem Gnadenorte wird, wo die Natur ihre Wunder wirkt.

Meiner Anlage nach bin ich kein Freund von Curorten, wenn ich es auch nicht ganz mit jenem Landsmanne halte, der „die Bäder für sehr ungesunde Aufenthaltsorte hielt, weil er, so weit er auch in der Welt herumgekommen, nirgends so viele Kranke habe herumwandeln gesehen, als in den Badeorten". Ich will mich auf die Heilwirkung der Curorte auch gar nicht weiter einlassen, sondern hier das touristische Interesse des vor uns liegenden Badeortes erwähnen.

Männiglich weiß ja, was wir Bewohner der „gemäßigten Zone" mit unserem Frühling für ein Elend haben! Das ist ein tückischer Wicht! Mit seinem jungen Grün und seinen hellen Blümlein sucht er die Leute unter den Nasen zu locken. Man sagt, es sei eine heimliche Rache. Vor Zeiten haben die Dichter den Mai besungen, aber die heutigen Recensenten

sagen, es wäre abgeschmackt, noch immer den Mai zu be-
singen, und die Lyriker lassen sich das gesagt sein, nur die
Anfänger machen noch Verse auf den Frühling. Deß ist der
sich seines alten Ruhmes wohlbewußte Junge nicht zufrieden
und weil man ihn nicht lobt, so mag er auch nicht mehr
brav sein; wie verzogene Kinder schon sind, sobald man sie
nicht mehr zärtelt, werden sie boshaft. Die Kirschbaum-
blüthen vermischt er mit Schneeflocken; statt „Jauchzen aus
freier Brust" hört man das Husten der Bronchial-Katarrhe.
In der Stadt wirbelt der Nordwind die Staubwolken auf,
überall die Unlust der ersterbenden Wintersaison und die Un-
ruhe der anzuhoffenden Sommerszeit. Aber auf den Bergen
ist noch Schnee und im Süden sengt schon die Hitze. Wohin
also? Welche Gegend schützt uns vor dem Frühling?

Da wir in der mittleren Steiermark unser Auge über
das weite Hügelland schweifen ließen, so stieß es gegen Südosten an diese ätherblaue Pyramide mit zwei Spitzen. Das
ist der Aufbau eines Vulcans, der in uralter Zeit das liebliche Thal der Raab und die unteren Gebiete der Mur mit
seinen Aschenwolken bedeckt haben soll. Der Felskegel, auf
dem heute die alte Riegersburg steht, hat einst im Wider-
scheine eines feuerspeienden Berges geleuchtet, und die Erd-
brühe, die bei solchem Herde gekocht, ist heute noch nicht ganz
ausgekühlt, sondern fließt in der 13 Grad warmen Constantinsquelle des Gleichenberger Brunnenhauses aus dem Felsen.

Die ätherblaue Pyramide mit den zwei Spitzen ist
nämlich das weithin grüßende Wahrzeichen des im letzten
Jahrzehnt zu so großer Berühmtheit gelangten Curortes
Gleichenberg. Dorthin zieht's Manchen im Wonnemonat
Mai, zu sehen, ob vielleicht der von Vulcanus geheizte
Ofen noch warm sei.

Fast ist es so. Oder vielmehr die Lage des Ortes und die üppigen Waldungen schützen vor kalten Winden und Frösten und fangen die liebe Sonnenwärme auf und vertheilen sie so, daß es in keiner Stunde des Tages zu heiß und auch in keiner zu kalt ist. Am Fuße des Gleichenberges in einem wahrhaften Naturpark liegt das freundliche Villenstädtchen, und schaut gegen Mittag. — Hier läßt sich minnen mit dem Mai.

Gleichenberg lächelt. Man hat Vertrauen zu ihm, sobald man es nur sieht. Versteckt in den Büschen und zwischen herrlichem Baumschlag stehen die Häuser, Höfe und kleinen Paläste, und zu allen Fenstern schaut das frische, kühlende Grün herein. Und am Grunde der Hügel, unter einem großen Baldachin, rinnen die vier Brunnen, die unter einander verschieden sind, wie die vier Lebensalter, und doch zusammenstimmen. Zur Constantinsquelle kommen die mit Krankheiten der Athmungs- und Verdauungs-Organe Behafteten herangekeucht und trinken Wasser des Lebens. An der Emmaquelle laben sich hysterische Frauen. An der Klausen-Stahlquelle trinken Blutarme Eisen und Kraft in sich. Der Johannisbrunnen erfrischt Herzen und Nieren und bringt das Blut in einen fröhlicheren Lauf, und entzündet mit seiner Kohlensäure die Phosphorlämplein des Gehirnes, daß es nur so glitzert und leuchtet in dieser schönen Welt. Wie manches verwelkende Weltkind hat an diesen vier Brüsten von Gleichenberg sich wieder rothe Lippen, volle Backen und helle Augen angesogen! Zur weiteren Erquickung hat man in den Inhalationssälen die Essenzen der heilsamen Salze und selbst der würzigen Waldluft unserer Fichtenwälder bereitet und öffnen flinke Jünger Poseidon's warme, kalte und aller Art präparirte Bäder und credenzen reizende Heben Molken und

Milch, und wer recht auf das Unmittelbare geht, der mag, wie meine resolute Engländerin, mit eigenen Lippen aus dem Euter der Ziege sein Heil saugen.

Es wird energisch vorgegangen. Darum beklagen sich ja die verschiedenen Krankheiten und Siechthümer, die in Mitternachtsstunden auf dem nahen Hochstraden als Hexen zusammenkommen, daß sie nirgends so schlecht gehalten wären, als in Gleichenberg, wo man ihnen schon höllisch zusetze. Am liebsten möchten sie sich an den alten Vulcanus wenden, daß er Gleichenberg noch einmal in Lava begrabe, oder zum mindesten durch ein tüchtiges Erdbeben seine Brunnen verschütte.

Nun, wir betrachten den Curort und seine Umgebung ja mit dem Auge des Touristen, und da ist es doppelt schön. Vor Allem besuchen wir den freundlichsten Bau Gleichenbergs, die mit Kunstwerken verschiedener Art ausgestattete Villa Wickenburg, den lieblichen Wohnsitz des Begründers Gleichenbergs, des hochverdienten Grafen Constantin Wickenburg. Bis in sein hohes Alter erfreute sich der wackere Mann, nach einer bewegten und ehrenvollen Laufbahn, hier des ländlichen Lebens, umgeben von seinen Kindern und Enkeln, angebetet von der Bevölkerung in weitem Umkreise und verehrt von Allen, die kamen, um von seinem Gleichenberg Genesung zu erlangen.

Obzwar die Heilquellen schon von den Römern benützt wurden, fielen sie später doch in Vergessenheit, bis in den Dreißiger-Jahren dieses Jahrhunderts auf Anregung des Grazer Arztes Dr. Werlé Graf Wickenburg als damaliger Statthalter von Steiermark mit Zuziehung mehrerer Patrioten die Quellen fangen, den Sumpfboden entwässern, Wege, Bauten und Pflanzungen anlegen ließ, und so aus einer

Einöde die Anstalt in's Leben rief, welche heute unter einer umsichtigen Leitung zu den ersten und besuchtesten Curorten des Reiches zählt.

Wir berühren das stattliche Vereinshaus, das wohlgelegene und comfortabel eingerichtete Curhaus, das Theater, den in altdeutschem Style erbauten Hubertushof, die schönen Villen Höflingers, Süß, Triestina, Max, Franzensburg, nicht zu vergessen des Brünnerhauses mit seiner freien Aussicht nach dem nordwestlichen Thale und des malerischen Schlosses Gleichenberg. Und schon gar nicht zu vergessen auf die Schweizerei, die mit ihren hundert sinnigen Sprüchen ein offenes Buch im Grünen ist.

Wer vom Brunnenhaus wenige Schritte durch die Waldschlucht hinaufgeht, der steht auf einmal in einer veritablen Wildniß. Altes, verknorrtes Nadel- und Laubgehölze, Felsblöcke, ein wildzerrissenes Rinnsal, dem nichts fehlt, als der gischtende Wildbach, der sich nach heftigen Gewittern auch einzustellen pflegt. Und diese finstere Waldlandschaft liegt mitten im lachenden Curort und ist mehr Menschenkunst, als Naturwerk. Als einer der reizendsten Spaziergänge, von dem es mich nur wundert, daß er nicht längst der Corso des Badeortes geworden ist, und an dem es mich sehr freut, daß er es nicht geworden ist, weist sich die Straße von der „Stadt Venedig" durch das Albrechtswäldchen (benannt nach dem Dichter Grafen Albrecht Wickenburg, Sohn des Gründers von Gleichenberg) am Waldhause und dem Hubertushofe und Brünnerhause vorbei, auf welcher man innerhalb zehn Minuten mannigfaltige Landschaftsbilder genießt.

Auf der Promenade ist ein Waldhügel und auf demselben steht eine Hütte, aus Tannenrinde gebaut, in welcher

eine alte, weltberühmte Wunderdoctorin ordinirt — die Mutter
Gottes Maria. Mancher, der mit düsteren Gedanken umher-
wandelt, steht hier im Waldesdunkel sinnend still. Er hatte
von jeher kein besonderes Vertrauen auf die Heilkünste alter
Frauen, aber er hat nun auch keines zu den studirten Herren,
denen es auf die Länge nicht gelingen will, den Stein, der
auf seiner Brust liegt, wegzuscherzen. Nun steht er da vor
der Waldcapelle und denkt: 's ist nur ein Bild. Aber hinter
diesem Bilde steht eine Idee und in dieser Idee liegt eine
Kraft, eine Naturkraft, wie sie im sprudelnden Brunnen ist,
eine Heilsahnung, aus der ganze Völker ihren Trost und
ihren Halt geschöpft haben — mit zitternden Füßen kniet er
hin und betet. Der Atheist, der Skeptiker, der Pessimist, er
wird hier zum Bekenner seiner Gefühle und seine Religion
heißt: Ich will leben!

Rührend ist es zu sehen, wie sich die Menschen, die in
Gefahren schweben, hier an das Leben anklammern. Und
selten vergebens. Die Meisten, die als Curgäste ankamen,
verlassen Gleichenberg als Touristen.

Nun auf unserem Rundgange weiter.

Auf den Curort leuchtet von ihrem Hügel die Kirche
nieder. Wer innerhalb derselben steht und durch die Kirchen-
thür herausblickt auf die Gegend mit den Staffagen ihrer
Thürme und Villen, der hat ein an die schönsten Striche
Italiens gemahnendes Landschaftsbild vor sich. Von dieser
Stelle aus betrachten wir den schönen Gau.

Die Spitzen der Gleichenberger Kogel bieten die erhoffte
Aussicht nicht. Selbst wenn sie vollständig entwaldet wären,
stünde der eine dem anderen im Wege. Nach Süden zeigt
die Stelle des Mühlsteinbruches an der halben Höhe des
Berges Alles, was zu zeigen ist. Ueber dem Gloriette der

Albrechtshöhe herüber blaut der durchaus bewaldete Hochstraden, der steierische Blocksberg, wo sich einst die Hexen
versammelten und ihren wilden Spuk trieben. Das Schloß
Gleichenberg, dessen grauer Hexenthurm dort über den hellen
Buchen aufragt, birgt wunderliche Urkunden; Urkunden, die
unsere Vorfahren nicht in's beste Licht stellen.

Dort draußen auf dem Hügel, von fern wie eine große
Festung zu sehen, steht das alte Straden, ein kleiner Ort mit
vier Kirchen, wovon zwei übereinanderstehen, und zwar die
eine im ersten, die andere im zweiten Stock eines festungs-
artigen Gebäudes. Am Fuße von Straden liegt das Quellen-
haus und die wohlverwaltete Füllanstalt des delicaten Johannes-
brunnens. Weiter draußen deutet ein leichter Dunststreifen, der
über dem blauenden Hügellande schwebt, den Lauf der Mur
an. In jenem Dunststreifen erstirbt die deutsche Zunge. Weit
hinter den windischen Büheln steht wie ein mattes Wölklein
am Himmel der Donatiberg bei Rohitsch. Links davon die
blauen Berge Kroatiens, rechts ziehen sich der Wotsch, der
Bacher, die Karawanken und die Kärntner Alpen. In diesem
weiten Halbrunde liegt das Hügelland bis zu unseren Füßen,
wo wir das anmuthige Trautmannsdorf und den Curort haben.

Diese Aussicht nach Süden wird noch weit übertroffen
von jener nach Norden, vom nordöstlichen Abhange des
Gleichenberger Kogels, dem „Bauern-Hansel", aus. Dort
fliegt der Blick zwischen dem Schöckel und Wechsel weit in's
obersteierische Gebirge hinein und rechts dehnen sich wie ein
blaues Meer die Ebenen Ungarns aus, deren weiße Schlösser
und Thürme wie Segelschiffe stehen. Aber unser Auge wird
gefangen gehalten von dem riesenhaften Felsenlöwen, der
dort kauert und mit seinen ehernen Mähnen hoch über die
Hügel aufragt. Die Riegersburg.

Zur Hochsaison singen die Curgäste in allen möglichen Sprachen das Lob Gleichenbergs und der Curort läuft von Jahr zu Jahr mehr Gefahr, ein „Modebad" zu werden, in welchem blasirte Leute das Vergnügen suchen an den geheiligten Stätten, wo Andere um Gotteswillen nur das Eine erwünschen und erstreben — die verlorene Gesundheit.

Auch zur herbstlichen Zeit, wenn die Trauben reifen, suche man den lieblichen Landwinkel auf. Nichts ist so schön, als wenn über den belebten Weinbergen und über den gilbenden Buchenwäldern die Herbstsonne ihre stillen Fäden spinnt. Ja, lieblich ist's hier zu aller Zeit. Schön sind die thaufrischen Haine in den Sommertagen, aber noch schöner sind die vom Sange der Nachtigall durchklungenen Frühlingsnächte Gleichenbergs.

Ein Flug über das östliche Land

Auf herrlicher Straße durch die schattenkühle Klause gegen Norden erreichen wir in zwei Stunden den Markt Feldbach im Raabthale, an der ungarischen Westbahn. Feldbach war einmal eine Stadt, wie heute noch die Reste der Thürme und Ringmauern zeigen. Auf dem Platze findet man noch den „reisenden" Metzen, ein durchlöchertes Gemäß, in welchem nach einer alten Gerechtsame auf Getreidemärkten das Getreide öffentlich gemessen wurde, während ein Theil unterhalb durchfiel. Dieser Theil gehörte der Stadt. Die Kirche ist festungsartig gebaut. Solche Kirchencastelle kommen in der östlichen Steiermark nicht selten vor, sie dienten zur Aufnahme der Landbevölkerung und ihrer Habe bei Einfällen der Türken, die Styrias grüne Fluren unglaublich oft heimsuchten und mit Blut und Feuer rötheten. — Am 23. September 1675 bewegte sich ein trauriger Zug aus den Thoren dieser Stadt. Der Mittelpunkt desselben waren vier Hexen: die Pflegerin von der Riegersburg, das Weib des Thorwarts daselbst, eine Schneidersfrau und eine anmuthsreiche Jungfrau, allerwärts genannt das schöne Mädchen von Feldbach. Seit Monaten waren sie schon scharf befragt worden, mit Ausnahme des Mädchens, das wohl die Richter selbst ein wenig behext haben mochte. Mit dem Teufel sollen sie ein unerlaubtes Verhältniß gehabt haben; Wetter machen, Hostien schänden war eingestandenermaßen ihre Profession gewesen. — Die vier Weibsbilder wurden durch das Schwert hingerichtet und ihre Leiber dann auf einem Scheiterhaufen verbrannt. Das war eines der letzten Hexenfeuer in Steiermark, und der Rauch davon trübt noch heute den Himmel über Feldbach.

Wir eilen rasch über die nördliche Berghöhe und stehen plötzlich vor jener Feste, welche auf einem schroffen Felsenberge ragt und weit in's Hügelland hinausleuchtet: der Riegersburg. Von fern sieht dieser Berg wüst und hoch und die Burg fast glorreich aus; in der ganzen mittleren Steiermark erblickt man über dem Hügellande die blauende Kante der Riegersburg scharf in die Luft ragen. Aber je näher man kommt, desto mehr scheint der Fels an Höhe zu verlieren, und der Markt Riegersberg klettert an einer Seite weit hinauf, fast bis zu dem ersten der sieben Thore. Die Kirche mit einigen schönen Bildern und Grabmälern steht auf halber Bergeshöhe. Nach einem aufgefundenen Römerstein war die Felsenburg schon von den Römern befestigt; die Wogen der Völkerwanderung mögen an dieser Feste wild aufgezischt haben. Im dreizehnten Jahrhundert war sie das treue Asyl der Agnes von Meran, Gemalin des letzten

Babenbergers. Eigentlich zwei Burgen ragen mit all' ihren
Gebäuden wie eine kleine Stadt auf dem Felsenberg; Lichtenegg
heißt die eine, Kronegg die andere Sie soll einst zweien
feindlichen Brüdern gehört haben, wovon der Lichtenegger dem
Kronegger den Ausgang verweigerte, so daß Letzterer in der
hohen, fast senkrechten Wand einen Steig nach dem Thale
aushauen lassen mußte, der heute noch zu sehen ist. In ihrer
jetzigen Gestalt wurde die Burg 1613 von der Freiin Elisabeth
von Galler, genannt die schlimme Liesel, vollendet. Gefangene
Türken mußten die Steine herbeischaffen und die Mauern auf-
führen zum Schutzwall gegen ihre Landsleute. Die „Gallerin"
war eine gar resolute Frau, hatte den Bau selbst geleitet,
dann aber auch eingestanden und schriftlich auf der Burg
hinterlassen, daß das „pauen fil kost"

Ein breiter, durch die Felsen gebrochener Fahrweg führt
durch die sieben Thore, deren drei erste zur allgemeinen Be-
festigung dienten. Das vierte führt zur besonderen Abtheilung
Lichtenegg, deren Stelle jetzt zwischen Trümmern ein Küchen-
garten einnimmt. Ueber gewaltige Zugbrücken kommt man zu
dem mit Wappen reich verzierten sechsten und siebenten der Thore,
durch welche man in das noch bewohnte hundertfensterige
Schloß Kronegg gelangt. In einem der Höfe findet sich ein
tiefer Ziehbrunnen, der mit einem reichverzierten, eisernen
Bogen überspannt ist, auf welchem der Pförtner jeden Fremden
aufmerksam macht und ihn einladet, mit den Augen das Hufeisen zu suchen, welches zwischen dem eisernen Schling- und
Blätterwerke angebracht ist und das Zeichen sein soll, daß
ein Hufschmied mit freier Hand diese kunstvolle Arbeit hergestellt hat. Eine Rüstkammer, reich an alten Waffen, ein
großer Rittersaal mit alten Bildnissen bietet Interessantes.
Im Rittersaale erzählt eine Inschrift: „Ano 1635 denn

6. April hat sich das Saufen angehebt und alle Tag ein Rausch geben bis auf den 26. detto." Im Rittersaale prangt auch das anmuthige Bild der „Hexe von Riegersburg", welche zu Feldbach verbrannt worden ist, weil sie, wie unser Schloßwart erzählt, im Winter frische Blumen gehabt hatte. — Wem derlei Erinnerungen nicht behagen, der blicke zu den Fenstern hinaus in die liebe, freundliche Natur. Er übersieht von diesem nur 1515 Fuß hohen Felsenberg einen Flächen-raum von hundert Geviertmeilen, und aus jeder Fensterreihe eine andere Weltgegend.

Das Bild dieser herrlichen Burg erinnert in etwas an Hochosterwitz in Kärnten, aber die Riegersburg ist gewaltiger als jene. Gegenwärtig gehört sie dem Fürsten Franz v. Lichten-stein, der sie der kostbarsten Einrichtungen entblößt hat, um sein Lieblingsschloß Hollenegg damit zu schmücken.

In dieser Gegend und besonders gegen Fürstenfeld, Hartberg und Pellau hin liegen zahlreiche Pesthügel, findet sich manches Denkmal aus der drangvollen Türkenzeit. Aber die Bewohner sind nichts destoweniger fröhlich. Es ist ein kräftiger, bildungsfähiger Menschenschlag. Rohheit oder Ge-waltthätigkeit kommt hier selten vor. Die meisten Wohnhäuser sind gemauert und mit Ziegeln gedeckt; nur abseits sind noch jene strohgedeckten Hütten, in welchen Küche und Wohnstube Ein Raum sind und welche Rauchstuben genannt werden. Das Familienleben ist sehr patriarchalisch, wie in diesen Strichen überall. Die Nahrung liefert hauptsächlich der eigene Grund und Boden; auch zum größten Theile die Kleidung. Mehlspeisen, Gemüse und Obstmost; Fleischspeisen nur an Sonn- und Festtagen. Die Männer tragen Kleider von Wilfling (Schafwolle gemischt mit Garnzeug) oder aus dunkelfarbigem Tuche. Auch hat jeder eine blaue Schürze umgebunden. Die

Hüte sind schwarz und schmalkrempig und haben flatternde
Bänder von schwarzer Seide. Die grünen Steiererhüte kommen
hier nicht vor. Die Weiber tragen hellfarbige Kopftücher,
deren Enden sie unter dem Kinn zusammenknüpfen, dann
dunkelblaue Joppen und Kittel, die etwas kurz sind; zur
Sommerszeit an den Werktagen gehen sie meist barfuß. Die
Mundart hat hier einen angenehmeren Ton, als in der
Stainzer Gegend, charakterisirt sich aber dadurch, daß in sehr
vielen Fällen das o wie ou, und das sp wie schw ausgesprochen wird z. B. ein Sprüchlein dieser Leute:

> „Schwina schwanmochn,
> Schweri Kouch äißn";

das heißt: Spinnen, Späne klieben, ungute Breie essen. Die
meisten Sitten, Lieder und Sprichwörter haben die Bewohner
des Raab- und Feistritzthales und der Gelände am Wechsel,
„das Jouglland", mit den Obersteiermärkern gemein. In der
Gegend wird viel Mais gebaut und die Abende des Kukuruz-
schälens sind reizende Familienzirkel (auch die Dienstboten
werden stets zur Familie gerechnet) mit Liedern, Scherz und
Märchen. Diese Abende sind annähernd das, was in Schwaben die Spinnstuben, in Tirol der Heimgarten. Von Hartberg nordwärts wird viel Flachsbau getrieben und sind im
Spätherbste die an anderer Stelle (im „Volksleben in Steiermark") beschriebenen Brechelfeste.

In den Bereichen des Rabenwald und weiter nördlich,
wo die Tannen und Fichten schon wieder heimisch sind, und
leider auch in vielen anderen Gegenden der östlichen Alpen,
herrscht eine Gepflogenheit, die ich, so lustig es auch manchmal dabei zugeht, nur mit Widerwillen erwähne; das Graßschnatten. Alle acht oder zehn Jahre passirt es dort dem
Tannenbaum einmal, daß ein Mensch mit scharfen Steig-

eisen an seinem Stamm emporklettert und ihm alle längeren Aeste abhackt, bis empor zum Wipfel. Wird auch dieser abgeschlagen, wohlan, so kann der Baum rasch und ein- für allemal sterben; er verdorrt und kommt auf den Herd oder auf den Kohlenmeiler. Wird ihm aber der Wipfel belassen, so hat er die Pflicht, noch weiter fortzuleben, zu wachsen, frisches Geäste zu treiben und sich nach zehn Jahren wieder „schnatten" zu lassen. In den Waldungen der Großgrundbesitzer passirt das freilich nicht; die Großgrundbesitzer sind die Schutzherren des schönen Waldes. Die kleineren Bauern aber, und das sind die Mehrzahl, verderben ihre Bäume in oben angedeuteter Art, um für ihren Viehstand Stallstreu zu gewinnen. Und sie machen aus diesem traurigen Geschäfte noch eine Lustbarkeit. (Siehe „das Graßschnatten" im „Volksleben".)

Nach diesem kurzen Ausblick bis hin über das Jouglland (Jackelland, Hauptort St. Jakob) gegen den Wechsel und gegen das Mürzthal, eilen wir rasch durch das freundliche Raabthal, an Kirchberg, Gleisdorf, St. Ruprecht vorüber, in's Weizthal einbiegend. Die zweithürmige Kirche Weizberg leuchtet uns entgegen; an deren Fuß liegt der gastliche Markt Weiz mit Schloß und Eisenhammer. Die alte Taborkirche in Weiz trägt die Jahreszahl 644. Ich vermuthe, daß bei der letzten Renovirung an dieser Ziffer ein Tausender vertuscht worden ist. Dieser Zahl glaubt kein Mensch. Weiz betreibt einen ganz besonderen Industriezweig — es hat eine Rosenkranzfabrik. Alle Wallfahrtskirchen des Landes werden von hier aus mit Betschnüren versorgt und selbst in's ferne Rußland hinein wandern dieselben.

Bei Weiz bricht sich das Hügelland, und die Vorberge der Alpen beginnen. Mit ihnen aber auch die wildschönen

Partien. Da ist hinter Weiz die stundenlange Raabklamm, mit ihrem kleinen, aber ungezogenen Wasser, das keinen Steg und Weg dulden will. Tief unter der bräuenden Gösserwand, an die empor die Straße sich flüchten muß, ist die schauer- liche Schlucht gerissen, durch die das übermüthige Alpenkind, die Raab, in's Hügelland hinausspringt. In dieser Gegend ist auch die Weizklamm mit Tropfsteinhöhlen, das eulen- bewohnte Katerloch, in dessen Tiefen die Wände mit steten Eisrinden bedeckt sind, und die großartige Graßelhöhle mit ihren vielgestaltigen Gebilden. Die vielen Löcher und Spalten dieser Grotten führen in unergründliche Tiefen. Vor mehreren Jahren ließ sich ein lustiger Kauz mittelst eines Seiles in einen dieser Abgründe niedergleiten. Er blieb lange in der Tiefe, und als man ihn emporzog, war er blaß und verstört. Auf die Fragen der Leute antwortete er, daß er da unten allerdings etwas gesehen habe, doch was, das könne er nie und nimmermehr sagen Manches Glas Wein ist ihm in den Wirthshäusern vorgesetzt worden, das sein Schweigen hätte lösen sollen Er trank den Wein und schmunzelte und — schwieg.

Wir wollen nicht in die freundlichen Hochthäler von Passail und Fladnitz, nicht auf den Osser und in die wald- reichen Berggräben von Birkfeld und Pöllau wandern, so schön es dort auch wäre, sondern wenden uns dem Schöckel zu, der mit seinen scharfen Abhängen die an seinem Fuße hochgelegene Kaltwasseranstalt Radegund bewartet.

Diese herrlich und klimatisch so vortheilhaft gelegene Badeanstalt blüht von Jahr zu Jahr mehr auf, und von Jahr zu Jahr zahlreicher schimmern die prächtigen Villen von der Höhe in's Hügelland und in die Ebenen Ungarns hinab. Die Lage dieses Ortes an der scharfen Grenze zwischen

Hügel- und Bergland hat etwas Originelles und befriedigt nach beiden Seiten hin den Geschmack der Badegäste. In Radegund werden nur kranke Badegäste aufgenommen und dieselben haben sich den strengen Anordnungen des Bade-directors unbedingt zu fügen. Sie thun es mit Brummen und Spötteln, aber sie gedeihen dabei.

Auf schlecht angelegten Straßen wandern wir weiter niederwärts, gegen Südwesten hin, durch Thäler und Wälder. Schon etwas mißmuthig gegen den Führer, der uns oft ab-sichtlich gerade die schlechtesten Pfade zu leiten scheint, folgen wir ihm, einem lichten Thale mit Fabriken ausweichend, noch schräg durch einen Waldweg. Der Weg ist diesmal gut getreten, allein die Föhrenbäume sind finster und lassen uns kaum mehr den Himmel sehen. Fast urwaldartig wandelt sich das Bild.

Plötzlich ist eine Wendung; durch die Stämme leuchtet der helle Tag, wir treten auf eine freie Höhung; da liegt zu unseren Füßen weit in die Ebene hingegossen das Häusermeer der Hauptstadt.

Graz.

Als Gott mit der Erschaffung der Welt fertig war, tupfte er mit dem Finger auf diesen Fleck und sagte: „Hier-her kommt eine große Stadt!"

Und der Fleck war ganz darnach. Eine schöne, glatte, große und fruchtbare Ebene — gegen Morgen und Mittag eingerahmt von einem sonnigen, früchtereichen Hügellande; gegen Abend und Mitternacht von höheren Waldbergen, in welchen Laub- und Nadelholz in anmuthsreichen üppigen Schattirungen wechseln, reiche Schatten spenden, klare Quellen

geben. Und hinter diesen schönen, wildreichen, vielgestaltigen
Waldbergen, durchzogen von thaufrischen, idyllischen Thälern,
heben sich die hohen Massen des Urgebirges, ein mächtiger
Wall gegen die Stürme des Westens, gegen die rauhen
Winde des Nordens. Und von diesen Gebirgen heran durch
finstere Schluchten und heitere Thäler schlängelt sich ein
großer, aber klarer und lebendiger Fluß, der sich endlich
herauswindet und seinen Spiegel zieht über die weite Ebene hin
bis zu jener Enge, wo Berg und Hügelland wieder ineinander-
greifen und den Kreis beschließen. Und dort, wo in großem
Ring zahlreiche Thäler herauskommen vom Hügelgelände und
von den Bergen, und jedes sein helles Wässerlein mitbringt
zum stattlichen Alpenfluß, ragt hart an dem Ufer dieses
Flusses, steil und grau, und reichdurchwebt mit grünen Büschen,
ein Felskegel auf, der sozusagen die ganze Ebene beherrscht
und weit in's Land hinaus und in die Alpen hineinblickt.
Auf diesem Felsberglein, das nach allen Seiten in's Thal
fällt, mit keiner andern Höhung zusammenhängt, wie wenn
es ganz absichtlich als Herr der Ebene und Hüter des Flusses
hierhergesetzt worden wäre, dunkelt die nordische Tanne, reist
der südliche Weinstock. Und hier ist es, wo der ernste, kräftige
Recke Nord und die milde, fröhliche, rosenbekränzte Jungfrau
Süd sich die Hände reichen, und ein Paar bilden, von welchem
auch die Lästerzungen sagen müssen: es paßt zusammen.

Hierher kommt eine große Stadt! So stand es vom
Anfange her geschrieben über diesem herrlichen Thale. Aber
jene ferne Vorzeit können wir nicht mehr sehen, in der zum
erstenmal das Geschlecht der Menschen in diese Himmelsstriche
kam und das wilde Gethier, sofern es nicht zu seinem Ge-
brauche sein konnte, vertilgte oder davon trieb. Vielleicht
waren es Wasserthiere, die das Thal beherrschten; die Ge-

lehrten sagen, es wäre einst ein See gewesen auf dieser Ebene; und da mag das Inselchen des Felskegels darüber aufgeragt und entweder den Thieren oder schon den Menschen als Naturfestung gedient haben. Das Aelteste, was wir aus unserer Geschichte wissen, ist, daß etwa sechshundert Jahre vor Christus ein asiatischer Stamm herangekommen war, sich in den Gegenden der heutigen Steiermark niedergelassen und Jagd, Viehzucht und Ackerbau getrieben hatte. Das waren die Kelten oder Taurisker, nach welchen unser Alpenzug zwischen der Enns und der Mur noch heute Tauern heißen soll. Trotz ihrer keltischen Waffen, die sie aus norischem (heute steierischem) Stahle zu erzeugen mußten, scheinen sich diese Asiaten doch nicht viel länger als sechshundert Jahre hier behauptet zu haben. Zum Beginne der christlichen Zeitrechnung ist die römische Sprache, sind die römischen Gesetze im Land. Aber vierhundert Jahre später, als die wilden Völker flutheten vom Anfang bis zum Niedergange, wurden die Römer verdrängt; die Westgothen kamen, die zerstörungslustigen Vandalen, die furchtbaren Hunnen, die so schreckhaft anzusehen waren, daß man sie für Kinder der Hölle hielt. Ein Volksstamm um den andern kam und wurde verdrängt, bis endlich die Slaven — die Wenden — erschienen und sich der Gebiete der heutigen Steiermark bemächtigten. Aber im achten Jahrhundert war im Westen ein fränkischer König, geheißen Karl der Große, der drängte die Slaven hier etwas zurück und es wanderten Germanen ein. Nicht lange hernach — in stets unruhvollen Zeiten — gelangten die Traungauer zur Herrschaft des Landes; sie hatten die Burg Steier an der Enns erbaut und ihr Gebiet erhielt den Namen Steiermark.

Nun, und jene schöne Ebene, auf welcher Gott die große Stadt haben wollte? — — Ich denke, mein lieber Wander-

genosse, bevor wir Weiteres darüber reden, nehmen wir einen
Lohnwagen, fahren in die Stadt, kehren in eines der vielen
guten Hotels ein und lassen uns ein hübsches gartenseitiges
Zimmer geben, auf acht Tage. Dann begeben wir uns in
eine feine Badeanstalt und schwemmen den Reisestaub von
den Gliedern. Und dann hüllen wir uns in ein weiches,
leichtes Kleid und gehen zur Mahlzeit. Im Saale funkeln
die Kronleuchter, schimmert das silberne Besteck auf unserem
Tische — und Alles — du lieber, wackerer Gefährte durch
mein Heimatland — Alles, was den Leib erfrischt und das
Herz erfreut, soll nun unser sein. —

Und haben wir unter fröhlichen Gesprächen uns gesättigt
und den Abend genossen, wie ihn die Großstadt bietet, dann
mögen wir eine gute, gesegnete Ruhe finden.

Und des nächsten Morgens, ehe noch die Sonne durch
die thaufrischen Gartenplatanen schimmert, ist es, als wecke
uns das Wort „Graz" aus dem Schlummer. — Graz! Seit
tausend Jahren wird dieses Wort gesprochen. Im neunten
Jahrhundert kamen Leute in diese Ebene, welchen der Fluß
gefiel und der Felsenkegel daneben. — „Hier wollen wir eine
Burg und eine Stadt anlegen," sagten sie, „grath's (geräth
es), so grath's; grath's nicht, nu, so grath's eben nicht."
Das Unternehmen gerieth, und daher der Name „Graths"
oder Graz. — So wird's vom Spaßvogel erzählt. Aber die
Gelehrten wollen Alles besser wissen. Einige derselben sagen,
Stadt und Burg sei nach dem Bächlein Graz benannt,
welches hier in die Mur fließt, und Manche sprechen
um jeden Preis Grätz. Andere behaupten, das Wort Grez
stamme von dem slavischen „gradec", Festung, Burg, welche
ja auf dem Berge erbaut worden war. -- Genug davon. Im
neunten Jahrhundert ist das erstemal von Graz die Rede.

Später ist der Ort die Residenz der traungauischen Grafen
von Steier geworden. Den Traungauern folgten die Baben-
berger, von welchen noch die Kirche am Leech, die älteste von
Graz, herrührt. Seit 1232 gehört Graz und Steiermark zum
Hause Habsburg. Um jene Zeit schon wurde in Graz eine
„Freischule" gegründet, aus welcher sich später die jetzige
Karl-Franzens-Universität entwickelte. — Im Laufe der Zeiten
hatte Graz die mannigfaltigsten Schicksale. Ungarn und Türken,
Pest und Feuer, Heuschrecken, Erdbeben, gewaltige Ueberschwemmungen suchten die Stadt schrecklich oft heim. Aber
der Feind ist immer wieder heldenmüthig vertrieben worden
und Graz wuchs langsam, aber stetig.

Im fünfzehnten Jahrhundert unter Albrecht III., Wilhelm
dem Freundlichen, Ernest dem Eisernen, wurden die Burgen auf
dem Schloßberge und am Fuße desselben vergrößert, der Dom
gebaut, die Stadtmauern, Gräben, Thürme und Wälle vollendet. Zu jener Zeit hat sich die allen Steiermärkern bekannte Geschichte Baumkircher's zugetragen. Andreas Baumkircher war ein steierischer Ritter (einige Ruinen seines Hauses
sind in der Nähe von Judenburg noch zu sehen), der in einer
Schlacht bei Wiener-Neustadt Kaiser Friedrich III. das Leben
rettete und selbst dreizehn Wunden dabei davon trug. Nebst-
bei war der Kaiser ein Schuldner Baumkircher's an Geld und
Gut. Da war es, daß Baumkircher das Seine vom Kaiser
zurückforderte. Der Kaiser zahlte nicht; so zog Baumkircher
mit seinen Mannen und seinem Freunde Greisenecker gegen
den eigenen Herrn, um die Auszahlung zu erzwingen. Er
eroberte mehrere steierische Orte, wurde aber endlich unter
Versprechen eines sicheren Geleites in die Burg nach Graz
zu einem Ausgleiche beschieden. Der Georgitag 1471 bis
Abends zur Vesperglocke war der Tag des vom Kaiser zu-

gesicherten freien Geleites. Baumkircher und sein Freund Greisenecker erschienen, nichts Böses ahnend, in der Burg; aber der schlaue kaiserliche Kanzler wußte die Verhandlungen derart zu hintertreiben und in die Länge zu ziehen, daß die beiden Freunde die Zeit der Vesperglocke versäumten. Bevor sie noch durch das letzte Thor gegen die Murbrücke hinaus waren, klang das Abendglöcklein. Vor und hinter ihnen fielen die Thorflügel zu, Priester und Scharfrichter erschienen — es war zum Sterben. Vergebens bot Baumkircher all' seine Güter für sein und seines Freundes Leben; an Ort und Stelle fiel ihr Haupt durch das Beil des Henkers.

So die Baumkircher-Sage, die der steierische Dichter Johann Kalchberg in einem Drama verewigt hat, welches in Graz von Zeit zu Zeit unter großem Beifall der Menge aufgeführt wird. Der Dichter hat Baumkircher verherrlicht und den kaiserlichen Kanzler als Schurken hingestellt, der schließlich in einen Sack gesteckt und in die Mur geworfen wird. — Aber viele Geschichtsforscher, wie solche mit den Poeten ja in stetem Hader liegen, halten Baumkircher für einen gemeinen Hochverräther.

Im Jahre 1496 war in Graz die große Judenverbannung und die Vertreibung derselben aus Steiermark. Noch heute findet man in dieser Stadt verhältnißmäßig wenig Israeliten. Im Jahre 1515—1516 zogen aufrührerische Bauernhaufen aus der Drau- und Savegegend gegen Graz, von welchen, um die Empörung zu dämpfen, hunderteinund- sechzig Mann hingerichtet wurden. — Zur Reformations- zeit war Graz dermaßen protestantisch geworden, daß die Frohnleichnamsprocession zwanzig Jahre lang nicht abgehalten wurde, bis Ferdinand I. 1570 die Jesuiten schickte, die Graz bald wieder katholisch machten. Alle Andersgläubigen wurden

1598 ausgewiesen; in der Stadt wurde ein Kloster nach dem andern gegründet, so daß trotz der Aufräumung unter Kaiser Josef noch bis heute eine gute Anzahl davon übrig blieb. Doch verfolgen fast alle diese Ordenshäuser humanitäre Zwecke. Seit dem Türkeneinfall 1664 wird auf dem Glockenthurme dreimal des Tages die „große Liesel" zum Gebete geläutet. 1680 war die furchtbare Pestzeit. Als Denkmale an diese Drangsal stehen die Mariensäulen auf dem Gries-, dem Lendplatze, in der Vorstadt Münzgraben und die Dreifaltig-keitssäule auf dem Karmeliterplatz. Unter Maria Theresia wurde Graz der Sitz der Landesregierung in Steiermark. 1797 und 1805 wurde Graz von den Franzosen besetzt. Im Jahre 1809 kamen sie wieder, zwölftausend Mann stark, und beschossen sieben Tage und Nächte hindurch die Burg auf dem Schloßberg, mußten aber unverrichteter Sache abziehen. In der Umgebung von Graz fanden hitzige Gefechte statt, aber die tapferen Oesterreicher vertheidigten siegreich die Stadt. Anderorts ging's nicht so gut, zu Wien wurde ein Friede geschlossen, der auch Graz den Franzosen überantwortete. Diese hatten nichts Eiligeres zu thun, als die ihnen so verhaßte Festung auf dem Schloßberge bis auf den Grund zu zer-stören. Den Uhr- und den Glockenthurm kaufte die Grazer Bürgerschaft den Franzosen ab — um die Zeit wahrzunehmen, wann dereinst den Welschen die Stunde schlage. Sie hat schon geschlagen. Der Grazer Schloßberg mit seinen wenigen aber malerischen Resten der alten Burg, mit seinem herrlichen Wildparke ist nun einer der allerschönsten Punkte des Reiches. — Im Jahre 1814 ergriffen die Oesterreicher wieder Besitz von der ruinirten Festung, um nun aber der vielgeprüften Stadt eine schöne Zukunft vorzubereiten. 1811 wurde durch Erzherzog Johann, den treuen Freund Steiermarks, die

Hochschule des Joanneums gegründet; 1825 wurde die erste Steiermärkische Sparcasse errichtet, ein großartiges Institut, dem Stadt und Land einen guten Theil seiner Blüthe verdankt. Und nun folgten neue Institute eines nach dem andern: Schulen, Spitäler, Armenhäuser, Anstalten für Kunst, Landwirthschaft und Industrie aller Art. Heute besitzt Graz zweiundzwanzig öffentliche Schulen, darunter die Universität, das Joanneum, die Akademie für Handel und Industrie, das Knabenseminar, die Lehrer- und Lehrerinnen-Bildungsanstalten, zwei Staatsgymnasien, Real- und Gewerbeschulen, Mädchenlyceum u. s. w. Ferner über zwanzig Humanitäts-, Kranken- und Siechenanstalten, darunter das neue großartige Irrenhaus Feldhof. Ferner hat Graz, die Capellen nicht mit eingerechnet, achtzehn Kirchen, zwei Theater, eine Gemäldegalerie und zahlreiche Kunst-, Naturalien- und Antikensammlungen, besonders jener des Joanneums zu gedenken.

Seitdem 1859 die Stadtmauern demolirt wurden, dehnt sich Graz mit amerikanischem Städtewachsthum nach allen Seiten aus und umfaßt nun mit seinen fünf Bezirken (Stadt, Jakomini, Geidorf, Lend, Gries) einen Flächenraum von 2,156.538 Hektaren. Und um diesen weiten Ring ragen zahllose Schlote von Fabriken aller Art. Und an den Hügeln und auf den Höhen zwischen Busch und Wald prangen liebliche Landhäuser. — Graz zählt über viertausend Häuser und gegen achtundneunzigtausend Bewohner. —

Diese trockenen Angaben eingeprägt, läuten wir im mittlerweile sonnig gewordenen Zimmer des Hotels das Frühstück herbei. Ein freundliches Stubenmädchen erscheint mit Kaffee, Rahm, süßer Butter und steierischem Käse. Wir genießen mit Behagen, bestellen uns für Mittag ein Mahl, wobei die oberländische Forelle, der steierische Kapaun, der Grazer

Zwieback, das Steinfelder Bier und der Kleinoschegger Schaumwein nicht fehlen darf — dann treten wir den Spaziergang
durch die Stadt an.

„Die Stadt Graz am Murflusse," wollte jener Franzose
den Seinen nach Hause schreiben und schrieb: „C'est la ville
des grâces sur la rivière de l'amour!" was daheim übersetzt wurde: „Die Stadt der Grazien am Liebesflusse". —
Die Mur rinnt mitten durch die Stadt und zwei Ketten-
brücken und zwei Holzbrücken vermitteln uns beide Theile.
Durch die düstere, aber sehr belebte Murgasse gelangen wir
zum fast dreieckigen, gutgepflasterten Hauptplatze, wo vor dem
stattlichen Rathhause das schönste Denkmal der Stadt aufgerichtet ist — das Erzherzog Johann-Monument. Auf einem
hohen Sockel steht die erzene Statue des Gönners der Steiermark; an den vier Ecken des Monumentes prangen die Alle-
gorien der vier größten Flüsse Steiermarks, Drau, Mur,
Enns und Save. Ein vierfacher Brunnen ist mit diesem
Monumente verbunden. — Wir könnten nun von der
Murgasse geradeaus die steile, von Menschen wogende Sporgasse hinaufbiegen, um die Stadt kurz zu durchschneiden, oder
wir könnten links zwischen Mur und Schloßberg die lange,
malerische Sackstraße hinangehen, um rasch den Schloßberg, der
hier mit steilen Wänden niederstarrt, zu umringen; aber wir
schlendern rechts die Herrengasse hinab, den Corso der Grazer,
stets wimmelnd von Menschen und Wagen, an den Spiegel-
wänden der Auslagen vorüber. Die meisten Häuser sind hier,
wie in der ganzen inneren Stadt, zwei, drei und vier Stock
hoch und mit steilen Giebeldächern, was der Stadt den alter-
thümlichen Charakter giebt. Die Gassen sind in der inneren
Stadt eng, aber mit gutem Würfelpflaster versehen; die
neuen Gassen der Vorstädte sind breit und theils vor den

Häusern mit Gärten eingerahmt. — All' die Großen des Landes, an deren Schlössern und Landgütern wir auf unserer Wanderung vorübergekommen sind, besitzen in der Hauptstadt ihre Häuser und Palais, meist wohl mit anspruchslosem Aeußern, bisweilen aber auch voll schwerer architektonischer Pracht, wie z. B. das Palais Attems, vielleicht der imposanteste Bau der Stadt, auffallend durch seinen monumentalen, ernsten Charakter. Bald gelangen wir in der Herrengasse zu einem großen, altersgrauen Gebäude, dem Landhause, Versammlungsort der Stände, wo die steierischen Landtage abgehalten werden. Architektonisch schön ist der erste Hof mit seinen dorischen Bogengängen und mit seiner ehernen Brunnenlaube, das einzige öffentliche Kunstwerk aus älterer Zeit, welches die Stadt aufzuweisen hat. In demselben Hofe befindet sich auch eine Marmortafel, welche erzählt, daß Johannes Keppler von 1594 bis 1600 in Graz gewesen ist. — Weiter die Gasse hinab grüßt uns der Thurm der Stadtpfarrkirche entgegen, an der vorüber wir bald auf den schönen Eisenthorplatz mit dem Auerspergbrunnen gelangen. In Form eines ungeheueren Champagnerglases springen die perlenden Wasser auf und funkeln, Freude kredenzend, in der Sonne. Hier wenden wir uns links, und dort, wo einst die grimmigsten Stadtmauern gestanden waren, und weiter hin, ragen moderne Bauten, worunter das Palais des Baron Seßler von Herzinger und das Stadttheater auffallen. Vom Stadttheater an wölbt sich eine schöne Kastanienallee über die Ringstraße, welche die innere Stadt von den südöstlichen Vierteln trennt, an der edelgearbeiteten Schillerbüste vorüber und endlich in den noch jugendlichen, aber doch bereits üppigen Stadtpark einmündet. Als prachtvolles Prunkstück dieser Anlagen ragt zwischen Buschwerk und Blumenbeeten der berühmte eherne

Brunnen, welcher bei der Wiener Weltausstellung mitten in der Rotunde seine Wasser spie und von aller Welt bewundert wurde. Durch Privatspenden ist dieses Meisterwerk französischer Erzgießerei und Brunnenkunst um fünfunddreißigtausend Gulden angekauft und der Stadt zum Geschenke gemacht worden. Seine Wasser spielen in den verschiedenartigsten Formen, sein mächtiger, gegen Himmel springender Strahl überragt die drei Stock hohen Häuser der gegenüberliegenden Fronte. Dieser herrliche Garten ist an schönen Sommerabenden der Tummel- platz der eleganten Welt. Bei Musikklang, Eis- und Kaffee- labung ergötzt sich männiglich, der flotte Student, wie der weißbärtige Pensionist. Studenten, besonders viele aus Dal- matien und Italien, beleben die Bier- und Kaffeehäuser, die Gassen und Straßen und des Nachts die lauschigen Plätzchen vor den Fenstern der Schönen — der lieblichen Grazien von Graz. Aber auch Pensionopolis heißt diese gesegnete Stadt, und alte Herren aus den Beamten- und Militärkreisen haben sich aus allen Theilen des Reiches hergezogen, um an den schönen Ufern der Mur zum Feierabende der still-heiteren Ruhe zu pflegen, oder vom Leben noch zu erhaschen, was sich erhaschen läßt. — Der Stadtpark existirt erst seit wenigen Jahren; früher dehnte sich über diese Flächen das Glacis, auf welchem zweimal des Jahres der berühmte Fetzenmarkt abgehalten wurde. Dieser Trödelmarkt im ausgedehntesten Maßstabe ist eine Eigenthümlichkeit von Graz, er wird jetzt auf dem Lendplatze abgehalten und ist Tummelfest der Armen und der Landleute, welche herbeikommen, um alte Waaren aller Art, oft bis zu elenden „Fetzen" degradirt, um billiges Geld anzukaufen*).

---

*) Siehe „Volksleben in Steiermark".

Den mannigfaltigen Park durchschritten, biegen wir durch
das alte Paulusthor wieder in die innere Stadt ein. An
den weitläufigen Gebäuden des allgemeinen Krankenhauses
schleichen wir still, aber rasch vorbei, Gott dankend für
freie Luft und Sonnenschein. Ueber den großen, aber etwas
öden Karmeliterplatz gelangen wir in der Sporgasse zu einem
vierstöckigen Hause, unter dessen Gesimse der Oberkörper eines
mit dem Schwerte dräuenden Türken herausschaut. Das ist
ein Wahrzeichen von Graz. In diesem Palaste des Grafen
Saurau hat bei der Türkenbelagerung von 1532 der türkische
Heerführer Ibrahim Pascha gewohnt. Da soll ihm eines
Tages bei der Mahlzeit eine von den Grazer Bürgern auf
dem Schloßberge abgeschossene Kanonenkugel durch die Zimmer-
decke mitten in die Schüssel geflogen sein. Aus Rache habe
der Heerführer die Stadt anzünden lassen und war hernach
abgezogen. Die Türkengestalt ist ein Andenken an diese Be-
gebenheit. — Wir biegen nun auf den Franzensplatz ein und
eilen an dem erzenen Standbilde des Kaisers Franz I., an
dem landschaftlichen Theater und der Universität vorbei der
Domkirche zu. Ein altehrwürdiges Gebäude in gothischem
Style, aber mit einem kleinen, kupfernen Thürmchen, das
zu den massigen Quadermauern nicht passen will. Die
Außenseite des Baues ziert ein interessantes Gemälde aus
alter Zeit, welches Ereignisse aus der Geschichte der Stadt
darstellt. Hier der verheerende Heuschreckenzug, der die
Stadt 1430 heimgesucht hatte, hier Gräuel aus der Türkenzeit, hier die Schrecknisse der Pest; und darüber in schöner
Ausführung die Bildnisse der Dreieinigkeit und der Heiligen
Gottes. Die dabei befindliche Inschrift lautet: „1480 umb
uns fraun tag der schidung sind hie zu Grätz gotts plag
dry gewesn, haberschreckh, Türke vnd pestilenz vnd yede so

groß daß dem Menschen unerhörlich ist. got sey uns gnädi."
Unter den Mauern dieses Gotteshauses ruhen die Ueberreste
vieler Großen des Landes.

Nur wenige Schritte von der Domkirche entfernt, auf
derselben Terrasse, die den Dom trägt, und zu welcher sechsundzwanzig Steinstufen emporführten, steht das interessanteste
Prunkgebäude von Graz. Es ist das Mausoleum Kaiser
Ferdinand's II. Die Fronte mit jonischen Halbsäulen und den
doppelt übereinander gestellten Giebeln ist mit Zieraten
überreich beladen. Ueber den Giebeln stehen die massigen
Figuren der heiligen Katharina und zweier Engel. Kolossale,
starkvergoldete Reichsinsignien dienen den beiden Kuppeln und
dem schlanken runden Thurme zum Aufsatze. Der übrige
Theil des Gebäudes zeichnet sich durch schönes Maß und
edle Einfachheit aus, so daß die Leute von dieser Kirche
sagen, sie wäre hinten schöner, wie vorn. Das Innere ist in
lateinischer Kreuzform, und ernste Einfachheit erinnert an das
Haus des Todes. Das Mausoleum ist jährlich nur einmal,
und zwar zu Ostern geöffnet, wo die pomphafte Auferstehungs-
feierlichkeit darin abgehalten wird.

Das Burgthor gleich daneben, über welchem sich die
unscheinlichen Gebäude der aus dem elften Jahrhundert
stammenden k. k. Burg erheben, führt uns wieder in's
Grüne hinaus. Und in demselben liegen die weitgedehnten
Theile von Neu-Graz mit schönen, aber nicht sehr belebten
Straßen, mit stolzen Gebäuden. Die Elisabethstraße mit
dem Palais Auersperg, wo der Dichter Anastasius Grün
wohnte und starb; mit dem großartigen Zinshauspalaste des
Grafen Meran und mit ihren prachtvollen Villenreihen bis
hinaus zur Kirche von St. Leonhard, deren weißer Thurm
durch die lange Gasse hereinschimmert in die Stadt — ist

wohl einer der anmuthigsten Theile von Graz. Ferner die anderen Kreuz- und Quergassen mit ihren lieblichen Gärten, die Annehmlichkeiten der Stadt und des Landes in sich vereinigend; dann die Theile der neuen Universität, die in wenigen Jahren in ihrer Vollendung die schönste Gegend von Graz einnehmen soll, die Stadttheile am Fuße des Ruckerl- und des Rosenberges, das geschmackvolle Palais des Grafen Meran, der in moderner Pracht gebaute Johannenhof mit seinen Fresken auf Goldgrund, die hoch von den Zinnen hinleuchten über die Giebel der Häuser, und um wieder zur Stadt zurückzukehren, das Joanneum mit seinen Sammlungen, seinem schönen botanischen Garten mit der Büste des Mineralogen Mohs, und so fort — bieten uns des Anmuthigen, Abwechslungsvollen genug.

Jenseits der Mur breitet sich's hin, weit über die Bahnhöfe hinaus bis zum schönen Schlosse Eggenberg, das am Fuße des Waldberges Plawutsch liegt — Häuser, Paläste, Villen, Fabriken, und inzwischen Grün, überall Gärten und Büsche. Auf den Straßen Arbeitervolk, schwere Lastwagen, aber auch rasch dahinrollende Herrschaftskaleschen darunter. Das Straßenvolk in Graz hält sich verhältnißmäßig ruhig, nur daß etwa hier ein „Gefrorner"-Mann Kühlung ausschreit und dort der Steinkohlenverkäufer, seinem schwarzen Wagen voranlaufend, sein Wärmemittel mit einer gellenden Glocke ausschellt. Mitunter schwankt unter Posaunengetön ein Leichenzug durch die Straßen; nicht selten, daß draußen vor der Linie zur Begräbnißfeier eines alten Generals Kanonen krachen. An Soldaten leidet Graz keinen Mangel und auf dem Grazfelde tönt Tag für Tag Trommelgewirbel und Trompete.

Die ärmlichsten Stadttheile sind jene gegen Süden, dort wohnt viel Proletariat. Und doch nimmt die prachtvollste

Gasse von Graz gerade dort hinab ihren Lauf: die mit
palastähnlichen Gebäuden besetzte verlängerte Klosterwiesgasse
mit ihren kleinen Vorgärten zu beiden Seiten. Die Bauten sind
alle neu, Musterwerke in decorativer Beziehung, die meisten architektonisch schön. — Graz ist vielfältig an Schönheiten; und wenn
einst auch der Mur-Quai an beiden Seiten vollendet sein wird,
dann wird Graz nicht mehr blos seiner landschaftlichen, sondern
auch seiner Schönheit als Stadt wegen gesucht und berühmt
werden. Der seit Jahren mit unglaublichen Erfolgen thätige
Stadtverschönerungsverein scheut keine Anstrengungen, diesem
Ziele zuzustreben.

Allerdings läßt sich nicht verschweigen, daß mit der Ver-
größerung und Modernisirung der Stadt (sie zählt ja bald
100.000 Einwohner) in der Gesellschaft allmählich jene Gemüthlichkeit schwindet, die einst Graz so sehr charakterisirt hat.
Ein Spaßvogel, wie der alte Nusterhuber — der Grazer Eulen-
spiegel — könnte heute kaum mehr existiren, oder er würde
von den Altklugen zum Misanthropen gemacht. Indeß ist's
in Sachen edler Gemüthlichkeit noch nicht so schlimm; in vielen
Bürger- und Beamtenkreisen erquickt uns noch liebenswürdige
Anspruchslosigkeit, häusliches Glück und treue Aufopferungs-
fähigkeit. Sittlicher Anstand durchweht das Haus. In
anderen Kreisen ist vor Allem die Klage über leichtfertige
Dienstboten arg, woraus wohl zu schließen ist, daß böse
Beispiele vorliegen. Schier der größte Theil der Grazer
Köchinnen, Kindswärterinnen und Dienerinnen ist aus dem
Wendenlande heraufgekommen; aber hier werden sie deutsch,
sprechen deutsch, kochen deutsch, lieben und heiraten deutsch —
nur in der Kirche bedienen sie sich ihres wendischen Gebet-
büchleins, weil sie doch nicht ganz überzeugt sind, ob der
liebe Herrgott auch deutsch verstehe. — Des Weiteren —

wenn man noch die italienischen Studenten ausnimmt, die übrigens auch nur da sind, um deutsche Wissenschaft und deutsches Bier einzusaugen — ist Graz urdeutsch. Gern treibt man Politik und in manchen Kreisen gehört es zur Mode, mit den inneren Zuständen möglichst unzufrieden zu sein. — Der Luxus ist im Wachsen — eine Erscheinung, die der Industrielle, vielleicht vorläufig auch der National-ökonom mit Freuden begrüßt, der Pädagoge aber bedauert. In guter Blüthe ist das Wirthshausleben; Circusbuden sind stets voll von Zuschauern, während in den Theatern mitunter Oede herrscht. Und andererseits doch wieder ideales Streben, das zeigen die vielen Vereine für Geselligkeit, Wohlthätigkeit und Kunst. Daß sich die Grazer und Steierer für Literatur interessiren, zeigen die zwölf Buchhandlungen, an denen die Thürangeln nicht rosten, die fünfzehn verschiedenen Journale politischen, wirthschaftlichen, belletristischen und religiösen In-haltes, beweisen endlich auch die Dichter und vielen Schrift-steller, die hier leben und sich wohlbefinden. — Graz ist stolz auf seine bedeutenden Männer, die es hatte und hat. Da waren unter vielen Anderen die Geschichtschreiber Sigmund Freiherr von Herberstein (auch Kriegsheld, der unter fünf Kaisern gedient hatte), Jul. A. Cäsar und A. v. Muchar; die berühmten Gelehrten Hammer-Purgstall, Prokesch-Osten, G. F. Schreiner, Keppler, Ungar; da sind die Politiker Rechbauer und Kaiserfeld, die Künstler Kauperz, Schiffer, Stark, Tunner, Brockmann. Unter den Dichtern nenne ich Johann v. Kalchberg, G. v. Leitner, Anastasius Grün, Robert Hamerling, Fritz Pichler und F. Marx. Ferner ist Graz die Geburts- und Pflegestätte vieler bedeutender Schauspieler und Schauspielerinnen. Und noch mehr würde der ideal angelegte Theil des Grazer Publicums der Kunst leben, wenn nicht die

Natur in der Umgebung der Hauptstadt so sehr verlockend wäre. An heiteren Frühlings-, Sommer- und Herbsttagen ist es in Graz unmöglich, ein Buch zu lesen oder in einer Akademie zu sitzen. Die Spaziergänge und Ausflüge sind zu verlockend. Da ist der Stadtpark, der nahe Hilmteich mit seinen lieblichen Waldpartien, der sonnig-heitere Ruckerlberg, der villenreiche Rosenberg mit seinem schattigen Frauenkirchlein Maria-Grün — ein Plätzchen voll des Friedens und der Poesie. Da ist auf freier Höhung die schöne zweithürmige Wallfahrtskirche mit dem schönen Namen „Maria-Trost". Da ist der Rainerkogel mit seiner überraschenden Aussicht auf Graz, mit seiner düster-öden, aber stimmungsreichen Ulrichscapelle in der Waldschlucht. Da ist der interessante Andritz-Ursprung mit seinem wunderbar schönen tiefen Wasser, in welchem ein wahrer Garten von bunten Wasserpflanzen wuchert. Da ist der Felsichober des Calvarienberges mit den drei Kreuzen und lebensgroßen Statuen aus der Leidensgeschichte des Erlösers. Da ist die mächtige Ruine Gösting mit ihren Weinberglehnen und dem romantischen Jungfernsprung, einem Felsen, von welchem sich einst die schöne Anna von Gösting, da man ihren Geliebten im Zweikampf erschlug, in die Tiefe stürzte. Da ist der Plawutsch mit seiner Fürstenwarte, von der aus man eine herrliche Aussicht vom Donatiberg bis zum Hochschwab, vom Rabenwald im Osten bis zur Koralpe im Westen genießt. Ferner schöne Spaziergänge nach dem fürstlichen Schlosse Eggenberg mit seinem Grabmale der Gräfin Herberstein von Canova und mit der freundlichen Kaltwasserheilanstalt für Leblustige, Spaziergänge nach dem gartenähnlichen Thalkessel Thal und nach dem altdeutsch gebauten Schlosse Hardt, an dessen Eingang uns folgende Worte begrüßen·

„Willkommen, Fremdling oder Freund,
Sollst sorglos bei uns weilen,
Und all', was Herz und Haus Dir beut,
Recht fröhlich mit uns theilen."

Selbstverständlich kehren wir ein und finden einen bie-
deren deutschen Mann, der aus den Rheinlanden gekommen
ist, sich in Graz ein glückliches Haus echtdeutscher Art gegründet
und einen hochgeachteten Namen erworben hat — der Großindustrielle Peter Reininghaus. Dieser Name ist so sehr ver-
wachsen mit der steierischen Landwirthschaft, Industrie, selbst
mit dem politischen Leben des Landes und der Kunstwelt
der Hauptstadt, daß er hier nicht unerwähnt bleiben darf.

Weitere Ausflüge sind nach dem lauschigen Tobelbad,
nach dem hohen Bergkirchlein Johann und Paul, nach dem
Bründl in der Waldeinsamkeit; auf den Florianiberg, wo
St. Florian mit Stainzer Schilcher den heißen Durst seiner
Wallfahrer löscht — und so fort in reichster Mannigfaltigkeit,
die uns nimmer sättigt. sondern zu immer neuen Genüssen
anregt.

Ich merke wohl, meine lieben Wandergenossen, Ihr zupft
mich schon ungeduldig am Rockzipfel und meint, wie denn
das käme, daß ich gerade auf das Wichtigste vergesse, auf
das eigentliche Wahrzeichen von Graz, von dem Jeder schon
gehört habe, und wäre ihm die Stadt selbst auch ganz un-
bekannt geblieben.

Wohlan, wir gehen auf den Schloßberg.

Dem Grazer Schloßberg geht's, wie manchen großen Männern: die Ferne ist erfüllt von ihrem Ruhm, in der Heimat
werden sie nicht beachtet. — Der Schloßberg steht mitten in der
Stadt, in der inneren Stadt; zwei breite Fahrstraßen und zwei
schöne Fußwege führen in anmuthigen Windungen an ihm

hinan, ein herrlicher Naturpark mit vielen Bänken, Aus-
sichtsplätzen bedeckt den ganzen 388 Fuß hoch über die Mur
ragenden Bergkegel, und doch wird derselbe vorwiegend nur
von Menschen besucht, welche die Einsamkeit lieben. Die
Fremden nur beleben bisweilen die Wege; und an den Sonn-
und Feiertagen das Arbeitervolk von Graz freut sich des
herrlichen Spazierganges, gleichwohl der Sage gedenkend,
daß dieser Berg mitten im breiten Thale eigentlich ein Werk
des Teufels sei. Dem Höllenfürsten war nämlich der Schöckel
(der höchste Berg bei Graz) nicht hoch genug; er wollte ihm
einen steinernen Kopf aufsetzen; und der erste Mensch, welcher
diesen Kopf bestiege, sollte ihm gehören. Zu diesem Zwecke
trug er aus Afrika einen großen Felsen durch die Lüfte, von
welchem ihm aber unterwegs — da er von einer Wallfahrerschaar alterirt wurde — zwei Stücke zu Boden fielen, wovon
das größere der Schloßberg, das kleinere der Calvarienberg
geworden ist. So fromm wie der Calvarienberg ist der Schloßberg nun allerdings nicht; ein paar Wirthshäuser giebt es
auf ihm, wo es mitunter gar weltlich zugeht, und Fels-
höhlen und dichte Lauben hat er, in deren Schatten schon
manchesmal jenes Blümlein Wundersüß erblüht sein mag.

Nachdem der Schloßberg aus der Franzosenherrschaft wieder
zurückerworben war (er kostete zehntausend Gulden W. W.)
wurde er durch Baron Welden zu einem Parke umgeschaffen.
Ein erzenes Standbild Welden's vor dem Schweizerhause
ehrt noch heute das Andenken dieses wackeren Mannes.

Das Erste, was uns, vom Aufgange am Karmeliterplatz kommend, auffällt, ist ein großes Crucifix, das unter
Bäumen am Wege steht. Ein dem Castelle entsprungener
Gefangener, dem es hier gelang, seine Fesseln abzustreifen,
soll dieses Kreuz nachmals errichtet haben. Bis zu diesem

Christusbilde durften die Angehörigen einen Verurtheilten begleiten, der emporgeführt wurde zur Richtstätte. Weiter oben sehen wir auf einer Mauerzinne einen schwarzen, steinernen Hund sitzen. Denkmal eines braven Hundes, der den Grazern das war, was den Römern die Gänse des Capitols. In einer finsteren Nacht des Jahres 1479 wollten die Ungarn das Schloß überrumpeln, zwei Dienstleute der Burg waren schon bestochen, sie sollten den Magyaren die schöne Prinzessin Kunigunde, Tochter Kaiser Friedrich's III. überliefern. Schon lagerten zweitausend Mann Feinde ganz nahe der Stadt in einem Walde und Alles war zum Ueberfall bereitet, als der wachhabende Schloßhauptmann durch Hundegebell auf die Gefahr aufmerksam gemacht wurde. Sogleich ließ er die Besatzung ausrücken und die Verräther in das Burgverließ werfen; sie wurden gehangen und geviertheilt.

Nach wenigen Schritten stehen wir vor dem Uhrthurm, auffallend durch seine bizarre Gestalt. Ein Festungsthurm, vielleicht der älteste Bau in Graz, der alle Stürme der Zeiten glücklich überstand. Die Thurmuhr ist sehr sinnreich, die Zeiger springen von Minute zu Minute durch einen Zug der astronomischen Normaluhr. Nach dieser Uhr, deren riesige vier Zifferblätter in der ganzen weiten Runde von Graz gelesen werden können, richten sich alle andern der Stadt. In diesem viereckigen Thurme war früher ein Orgelwerk, genannt das „steierische Horn", welches mit seinen vielen Pfeifen täglich des Morgens und Abends und bei großen Feierlichkeiten gespielt wurde, daß es in erhebenden Tönen hinklang über die Giebel und Thürme der Stadt. Während der französischen Besetzung ist dieses originelle Werk verloren gegangen. Im Uhrthurme befindet sich auch die Feuerglocke, das „Armenfünderglöcklein", das einen gar kläglichen Ton hat und früher bei Hinrichtungen geläutet worden ist. Das ist dieselbe Glocke, die an jenem Abende, als Baumkircher und sein Freund Greisenecker unter freiem Geleite die Stadt verlassen wollten, zu früh die Vesper kündete. Noch lange diente diese Glocke zum „Gottesfriedenläuten", zur Warnung vor gewaltsamen Ueberfällen. Später kam eine Zeit, wo sie des Abends den Gast- und Kaffeehäusern die Sperrstunde anschlug und sonach die „Lumpenglocke" hieß. — In diesem Thurme ist am 30. September 1715 der berühmte Schauspieler Johann Franz Brockmann, dessen Vater hier Wächter war, geboren worden.

Vom Uhrthurme wendet sich die Straße und geht durch eine dichte Kastanienallee sachte hinauf zum massiven, achteckigen Glockenthurm, mit der größten, hundertsechzig Centner schweren Glocke des Landes, die „alte Liesel", zu den Ruinenresten der Festung und zum Plateau. — Kühle Luft strömt uns entgegen und es entrollt sich eine entzückende Aussicht. Wir wissen kaum, wohin den ersten Blick zu wenden. Da unten die weite, vielthürmige Stadt, aus welcher das Gebrause der Wagen wie das Rauschen eines Wildwassers heraufbringt. Still und hell zieht sich der Murfluß, bisweilen eine schwimmende Holzbrücke oberländischer Flößer mit sich tragend, durch das Häusermeer, welches nach beiden Seiten hin bis an das Gebirge oder Hügelland schlägt, um sich besonders gegen Norden und Osten in zahllosen Villen, Winzerhäusern, Schlössern und Höfen, die über die Höhen hingesäet sind, aufzulösen. Hart am Fuße des Schloßberges stehen die altersgrauen Häusermassen am dichtesten, dann unterbrechen der Strom, die dunkeln Alleen der Ringstraße, das grüne Eiland des Stadtparks, hinter welchen der große, breite schimmernde Kranz der Vorstädte anhebt. Auch die übrigen Theile des Schloßbergs, an denen wir emporgestiegen sind, scheinen in die Stadt hinabgesunken zu sein und wir blicken hoch über die Kronen ihrer Bäume hin. Gegen Westen aber, dort, wo die dunkeln Waldungen des Plawutsch uns gegenüberstehen, fällt der Schloßberg in steilen Felsen gegen die ängstlich sich duckende Häuserreihe der Sackstraße und die Mur ab. An diesen schroffen Hängen, die wie ein Heim des Edelweiß aussehen, reift die Rebe. — Und wenn das Auge gegen Norden und Westen weiterfliegt: zwischen bewaldeten Bergen, die sich coulissenartig ineinander verschieben, tritt der Murfluß hervor, und in weiter Ferne schimmern die schneebedeckten Berggipfel seiner Heimat ihm den letzten Gruß nach. Die kärntnerischen Alpen bis zum Bachergebirge hin ziehen einen unabsehbaren Wall um das „steierische Paradies" von der Kainach bis zur Sulm, aus dessen Gefilden der Rosenkogel und das Sausaler Gebirge ragen. Der vorgeschobene Rücken des Wildonerberges schneidet den Blick in's Leibnitzer Feld ab, aber über dem südöstlichen Hügelzug her lugt noch einer oder der andere unserer Bekannten im Unterlande. Weit hinter jenem lieblichen Bilde, „wo zwei Thürme aus den Bergen ragen, umgeben von der Wälder dunklem Grün", hinter Maria-Trost herein blauen die Herren der Feistritz, die Pyramide des Kulm und der Rücken des Rabenwald, hinter welchen das schöne St. Johann mit dem romantisch an der Feistritz gelegenen Schlosse Herberstein liegt. — Gegen Nordosten ragen die schwellenden Berge von Weiz und der Grazer Schöckel, als der steierische Rigi von den Grazern gern besucht. Eine großartige Fernsicht, eine herrliche Flora, ein Alpenhaus mit Schwaigerei vermitteln den Städtern hier die schönsten alpinen Genüsse, welche durch die

Sagen von den Schöckelhexen und den Wetterlöchern, die mit dem Plattensee in Ungarn in Verbindung stehen sollen, nicht getrübt werden.

Hier in groben Strichen das großartige Bild vom Grazer Schloßberge aus, welches in allen seinen Theilen durch vaterländische und fremde Dichter schon besungen worden ist. Wir mögen uns kaum sättigen an diesem Anblicke und nehmen uns vor, wiederholt heraufzusteigen, um denselben bei allen Beleuchtungen des Tages, und endlich auch des Abends, wenn oben die Sterne, unten das Meer der Gasflammen funkeln, zu genießen. — An der Nordseite zwischen Tannengruppen, die an manchen Stellen förmliche Wälder bilden, zwischen Felsen und üppigem Laubgehölze steigen wir nieder, überall begrüßt von dem Gesange der Vögel, die ganz traulich zu uns heranfliegen. Sie haben hier den Menschen gar lieb; ein Vogelvater, Baron W. von Kalchberg, hat ihnen auf Pfählen zahlreiche Tischchen aufrichten lassen, auf welchen sie zur Zeit der Wintersnoth gefüttert werden. — Aber unter den Vöglein allen ist eins, das uns zumal gemahnt, der Mensch hätte keine bleibende Stätte hienieden, und sein Leben wäre nichts, als eine kurze Wanderschaft durch diese schöne Schöpfung Gottes.

So schnüren wir denn unser Bündel und sagen dem schönen Graz Lebewohl. — Wir nehmen auf dem neuen monumentalen Südbahnhof eine Karte mit Unterbrechungen, denn wir haben noch mehrere der schönsten und interessantesten Gegenden der Steiermark kennen zu lernen. — Der Zug rollt rasch zwischen den zahlreichen Fabriken und pustenden Eisenwerken, Gärten und Landhäusern hin, bis er uns bei Gösting, wo das Grazfeld abschließt, und die engen waldreichen Bergthäler beginnen, an der malerischen Weinzettelbrücke noch einen Blick auf den Schloßberg gönnt, der bereits in die Ferne gerückt und eingehüllt ist in den bläulichen Hauch der Stadt.

Von Graz bis Bruck.

Neben der Bahn, uns entgegen zieht die Mur, deren breite Sandbänke hier uns verrathen, daß der Fluß doch nicht immer so ruhig und freundlich ist als er dem Fremden scheinen mag. Die Mur kann wild und rasend sein, sie hat schon manchen Todten herabgeschwemmt, schon manches Stück von Graz mit sich gerissen. Erst vor ein paar Jahren an einem sonnigen Frühlingstage hat sie sich hier eines hundertfachen Mordes schuldig gemacht.

Dort bei der Station Judendorf auf dem Waldberglein steht die Wallfahrtskirche Straßengel, deren schöner gothischer Bau mit dem schlanken, durchbrochenen Thurm selbst Kinder der Welt zu sich hinanzieht; wie vielmehr erst fromme Land- leute, die von manchem Mirakel zu erzählen wissen, welches die heilige Maria von Straßengel gewirkt hat.

Im Jahre 1875, am Pfingstdienstag war's, als zur Morgenstunde von dem in diesem Thale jenseits der Mur gelegenen Dorfe St. Stefan eine große Wallfahrerschaar sich gegen den Fluß heran bewegte, um durch die Kahnüberfahrt daselbst an's diesseitige Ufer und nach Straßengel zu ge- langen. — Die Mur war trüb und groß und die Frühlings- wässer der Alpen schossen rasch daher. — Eine Stunde ober- halb ist eine Brücke, aber die Wallfahrer wollen geradewegs auf der Plätte, die an einem Seile hängt, das Wasser übersetzen, um ja den Ablaß nicht zu versäumen in Straß- engel. Zwei Plätten voll sind glücklich drüben; bei der

dritten Fahrt drängt sich Alles auf's Fahrzeug; 's ist ein
Stoßen und Drücken und weit über hundert Menschen haben
sich auf das Schiff gedrängt. Toll schaukelt die Plätte, hell
kreischen die Weiber; 's ist ja Wasser zu den Füßen. Die
Ankerkette wird abgelöst, das Schiff rennt drein — —

Um Gotteswillen, was ist dann geschehen?

„Untergegangen!" erzählte mir ein Mann, der dabei
war. — „Ist jetzt der Pfeiler gebrochen, das Seil reißt
auch — wie ein Kreisel hat's die Plätte gedreht auf dem
Wasser; da sind jählings lauter Trümmer gewesen; die Leut'
hat's abgeschüttelt, gerade wie man die Maikäfer abschüttelt
von den Bäumen. — Eine schreckliche Stund' ist's gewesen,
das mögt Ihr baß glauben! 'leicht wären Viele durch das
Schwimmen davongekommen, aber Einer hat sich an den
Andern festgehalten, ich glaub', vier Rösser hätten den Menschen-
knäuel im Wasser nicht auseinandergebracht. Die Menschen
an den Ufern laufen neben her und schreien: Ihr lieben Leut'!
Ihr lieben Leut'! — Sie können nicht helfen. Und das Wasser
reißt uns fort, gießt uns die Gurgel voll, wirft uns dann
wieder in die Höhe — ade, Welt! — Was ist das für ein
Geheul zu der Maria von Straßengel! — Verlassen hat uns
die himmlische Frau, verlassen auf dem Kirchfahrtsweg zu
ihr! — Ein Hausirjud' hat mich aus dem Wasser gezogen.
Andere hat's auf die Sandbänke und an die Weinzettelbrücke
geworfen; die Meisten sind durch Graz hinabgeronnen und
zwei Stunden unterhalb der Stadt, bei Feldkirchen, sind sie
an's Land geschwemmt worden. — Wie viele zugrunde gegangen sind? Gerade Einer mehr als hundert."

Jetzt haben wir für Straßengel keinen fromm begeisterten
Blick mehr. Hingegen finden wir eine Stunde davon hinter
Gratwein in einem überaus freundlichen Seitenthale eine

andere Glaubensstätte, das uralte Cistercienserstift Rein.
Mitten in den Gebäuden steht die herrliche Kirche mit schönen
Fresken und Bildern. Die Gruft umschließt die Gebeine des
Stifters, des Markgrafen Leopold und seiner Gemalin. In
einer Seitencapelle ruhen mehrere steierische Fürsten, darunter
der letzte Traungauer, dann die Reste des Herzogs Ernst,
der Eiserne genannt, in einem Sarkophage von rothem Marmor
mit herrlichen Sculpturen.

Weiter oben, an der Mur, ragt das schönste Schloß
zwischen Wien und Triest, das in der modernen Gothik
erbaute Stübing, welches sich eng an einen dichten Nadelwald schmiegend mit seinen lichten Wänden und gezackten
Zinnen überaus malerisch ausnimmt. — Nun sehen wir
schon die Felswände von Peggau — das erste Thor in die
ungeheure Burg der Alpen, in welche wir nun noch einmal
eintreten. Peggau ist ein gar schöner Punkt. Von der
Terrasse des Graf Wimpffen'schen Landhauses aus einen
Sommermorgen zu schauen, hin über das thauschim-
mernde Thal mit dem stattlichen Flusse; dort die grünen
Waldberge, hinter welchen die Hochkuppen des Urgebirges
herüberschimmern; dort das weiße Kirchlein auf buschigem
Hügel und die leuchtenden Felsmassen der Murschlucht, wo
die Felsen so nahe aneinandergehen, daß sie beim Baue der
Eisenbahn mit einem Kostenaufwande von mehreren Millionen
Gulden mußten gesprengt werden. Eine großartige Stein-
galerie wurde erbaut, die Badelgalerie mit ihren sechs-
unddreißig Pfeilern, unter welcher die Eisenbahn durch-, und
über welche die Hauptstraße hinwegführt. Hinter der Ruine
Peggau stürzt über hohe Terrassen nieder ein Wasserfall.

Ein noch viel größerer Fall ist der zwei Stunden gegen
Osten entfernte Kesselfall bei Semeriach. Derselbe rauscht in

der Engschlucht des Kesselgrabens. Wir steigen über Steinblöcke und zwischen Gesträuppe in eine wild zerklüftete Felsen-
spalte hinan. Das Wasser schäumt uns schneeweiß entgegen.
Ueber zwei Leitern und einen hohen Steg müssen wir klettern
— aber nur etliche fünfzig Schritte bedarf es noch, wir
treten durch ein Thor von Felsen und Bäumen und stehen
vor dem Wasserfalle. Derselbe ist beiläufig so hoch, wie ein
ausgewachsener Baum und stürzt in zwei Absätzen nieder in
eine kesselförmige Vertiefung, welche der Schlucht den Namen
Kesselgraben giebt. Das Wasser, von den nördlichen Abhängen
des Schöckels kommend, ist wohl nicht eben groß, aber mächtig
genug, um hier sehr effectvoll zu wirken. Dazu die gewaltigen
Felsen an beiden Seiten, die das Bild zu einem der schönsten
vollenden, welche diese Berge aufweisen. Unweit dieses Wasser-
falles ist der Markt Semeriach, in einem von dem Kolosse
des Schöckels beherrschten Hochthale. Daselbst befinden sich
die interessante Badelhöhle, das Luegloch und die Schmelz-
grotte. Der Semeriachbach stürzt hier in die Erde, um zwei
Stunden westlicher bei Peggau unter der Felswand wieder
hervorzubrausen.

Auf dem Wege zum Bahnhof an der Reichsstraße sehen
wir noch das schlichte Denkmal des vaterländischen Dichters
Fellinger — dann entführt uns der Zug durch die hallende
Badelgalerie zur nächsten Station Frohnleiten, dem malerisch
an dem Ufer der Mur gelagerten Flecken mit seiner Kaltwasserheilanstalt.

Was da grau und finster herabschaut vom Waldberg-
kegel auf den schmucken, von den Grazern gern besuchten
Ort, ist eine alte Frohnburg. Aber heute starren nur mehr
die Trümmer auf über das lebendige, klangreiche Gewipfel
des Waldes, und Frohnleiten heiße Frohleiten.

Die Ruine heißt Pfanberg. Der östliche Theil derselben
ist bereits eingestürzt oder dem Einsturze nahe. Der sieben-
eckige Thurm steht noch fest, doch knickt seine Dachkuppel zusammen. Er will noch ein Jahrhundert stehen und dem Ver-
laufe der Generationen zuschauen, die das Dampfroß erschaffen, dem elektrischen Funken das Sprechen und der
Sonne das Porträtmalen gelehrt haben.

An den Wänden mit ihren zahlreichen Sälen und Zellen
rankt üppiges Laubwerke, und im Hofe steht ein stolzer, knor-
riger Tannenbaum, vielleicht der älteste Bewohner der Ruine.
Auf dem Stamme junge Blüthenkätzchen, Eichhörnchen, lustige
Vögel — ein rechter Baum des Lebens. Daß nur kein schönes
Burgfräulein unter seinem Schatten sitzt! — Nicht weit vom
lebensstrotzenden Baum steht eine junge aber schwindsüchtige
Birke im weißen Kleid. Der hat irgend ein Mensch, welcher
sich sonstwie kein Denkmal zu setzen weiß, mit verwegenem
Messerschnitte die Anfangsbuchstaben seines Namens tief in
den Splint gegraben. Jetzt muß der arme Baum versiechen
und stellt ihm der Forstwart den Todtenschein aus: gestorben
an dem Namen eines Eitlen.

Am besten erhalten ist die Capelle; einige Wandgemälde
sind noch ziemlich frisch, aber die einst berühmten Gnaden-
bilder sind davongetragen. Wer jetzt hier beten wollte — er
müßte es zum unsichtbaren Gott thun. Das thut man nicht,
und so ist das Gemäuer verlassen. Nur manchmal ein Schatz-
gräber wühlt in dem alten Mauerwerk, findet aber nichts,
als verkittetes — Gestein und gut gebrannte Ziegel. Auch ein
Schatz, wer ihn zu heben wüßte. Vor sechshundert Jahren
haben die Herren von Pfanberg dieses Bergschloß erbaut. Ich
möchte von heute in sechshundert Jahren nicht gern anfragen, was mit den großen Bauten des neunzehnten Jahr-

hunderts geworden ist. Die Ruinen unserer Kirchen, Klöster und Kasernen werden noch am weitesten in die künftigen Zeiten hineinragen. Und ich hätte die Festigkeit dem Hause gewünscht.

Es ist uns poetisch zu Muthe, wenn wir niedersteigen von der Ruine. Allein an einem Baumstrunk lehnt ein abgehärmter Bauersmann. Er trägt ein zermartertes Leben, blickt starr hinauf zur Ruine und murmelt: „Sind auch Lumpen gewesen, diese alten Ritter!" — Dieses „auch" im Satze, es erschreckt mich arg. — Glückselig vergessend auf alle Herren- und Knechtschaft von einst und jetzt, ruhen wir im Schatten und blicken auf das heitere Treiben in der Kaltwasseranstalt Frohnleiten. Unweit des Ortes fällt jedem Reisenden auch die auf einen senkrechten Felsenvorsprung trotzende Burg Rabenstein auf, deren Geschlecht bis in das fünfzehnte Jahrhundert in Steiermark blühte. Die Burg ist noch ziemlich wohl erhalten und birgt hübsche Deckengemälde aus der Mythologie. Aus den Fenstern überschaut man die die schöne Gegend, in welcher viele Waldungen das Auge erquicken.

Oberhalb Frohnleiten wird das Thal ziemlich enge. Wir überschreiten hier die Grenze zwischen dem mittleren und dem oberen Lande — sind wieder mitten in den deutschen Alpen. Bald sieht man die hohen kahlen Felsen bei Mixnitz — den Röthelstein mit seinem rothen Marmor und seiner berüchtigten Drachenhöhle. Ein beschwerlicher Weg führt hoch zu derselben hinan. Die Höhle ist eine Stunde lang passirbar; ein Theil derselben ist ein See. Vermittelst Leitern gelangt man in die oberen Räume, die voll der sonderbarsten Tropssteingebilde sind. Der Boden ist mit schwarzer Erde bedeckt, in welcher sich

foffile Knochen finden, denen der Aberglaube nachstrebt
und sie unter dem Namen Drachenbeine oder „Dan-
horn" als Mittel bei vielen Krankheiten anwendet. Auch
vergrabene Schätze werden hier gesucht. An einem Felsen
im Herzen der Höhle sieht man einige Wappen mit
den Jahreszahlen 1439 und 1582. Zu Kriegszeiten mögen
sich die Menschen in diese uneinnehmbare Burg geflüchtet
haben.

Von der Station Mixnitz aus machen wir eine schöne
Bergpartie, besteigen den 5480 Fuß hohen Lantsch. In
vier Stunden ist er zu erklimmen. Wir gehen durch ein
kleines, aber herrliches Alpenthal, die Bärenschütz. Im
Thale einige verlassene Eisenhämmer, an beiden Seiten
wüstes Gewände. Hoch zur Rechten ragt die rothe Wand,
von welcher gewaltige Klötze und Tafeln niedergebrochen
sind, die nun von wilden Rosensträuchen anmuthig umkränzt
werden. Hie und da ragt aus dem Walde ein grauer Felskegel, ein Zahn, ein Horn empor. — Hoch oben sprudelt
ein mächtiger Quell, der von Hang zu Hang niedergießt
und das Gestein durchwühlt, durchhöhlt und mit Hilfe des
Eises zerklüftet und zersprengt. — Freilich verlieren solche
Berge an Poesie, wenn man an ihnen hinanklettern muß, aber
nach zwei Stunden sind wir auf der Höhe des Kammes,
wo die Almen anheben und wir am Fuße des Lantsch stehen.

Als riesige Kuppe ragt er empor, hat eine grüne Pelz-
joppe aus Fichtenwald umgehangen und eine Kappe von
Zirmgesträuchen auf. Die Joppe ziehen ihr allgemach die
Holzhauer vom Leibe und es quellen die weißen Kalksteine
hervor, die oft so durchwühlt und durchlöchert sind, daß
man meint, es wären versteinerte Badschwämme. In mannig-
faltigster Weise haben in diesem Gebirge die Wasser gewüthet,

man begegnet bei schönem Wetter aber nur ihrer trockenen
Spur. Labende Quellen findest du nicht. Nur die bleichen
Steine starren hervor, die Wassertropfen versinken in den
porösen, ausgehöhlten Gebirgsstock, bis du sie unten in
den Wasserfällen der Bärenschütz wiederfindest. Selbst das
Wunderbrünnlein am Schüsselbrunn, der Capelle hoch im
Gewände des Lantsch, ist im Versiegen. Das ist sonst der
Brunnen zum beliebten Augenwaschen für kurzsichtige Wallfahrer.

Auf den Höhen des Lantsch findet man den Bluts-
tropfen unserer Alpen, das liebholde, wundersüß duftende
Kohlröschen. — Mit diesem geschmückt stehen wir endlich
auf dem zackigen Felsendiadem, das von unten gesehen über
den duftbläulichen Filzen der Legföhren emporragt. Wir
starren in den Abgrund der nördlich senkrecht niederfahrenden
Felswand. Der Wald, der unten liegt, blaut wie ein See;
das Thal von Breitenau grünt im Sonnenschein; hinter dem
behäbig dallegenden Rennfelde ruht in ätherischen Farben,
halb mit dem Dufte des Himmels verschmolzen das Hochgebirge. Gegen Sonnenaufgang breiten sich die thalartigen
Hochmatten der Teichalpe, wo voreinstmal nach der Sage
des Volkes eine Stadt gestanden ist. Aber weil sie's arg
getrieben, so sind über den Lantsch her wüste Stürme gekommen, es haben Erdbeben getobt und die Stadt ist versunken. Das Bächlein fließt noch heute durch das Thal und
ein Wirthshaus steht an seinem Ufer.

Hinter der Teichalpe, dem Plankogel und dem Osser
liegt das Engthal der Gaisen und der Kessel von Fladnitz,
der jenseits vom Schöckel begrenzt wird. Hinter dem Schöckel
zieht es blau und glatt wie das Meer — die gesegneten
Striche der mittleren und unteren Steiermark. Gegen Sonnenuntergang stehen Haupt an Haupt hohe Berge mit grünen

Almen bis hin an den blauen Gürtel der kärntnerischen Alpen.

Aber vielleicht noch ehe sich unsere Seele satt getrunken hat an dem Bilde und dem Kusse des Himmels, kommt ein Wolkenwagen herangezogen. Rasch eilen wir bergab und suchen im Gewände das Wallfahrtskirchlein Schüsserlbrunn. Dort und da auf der Hochmatte steht ein zerzauster Baum mit einer hölzernen Hand, die gegen Norden weist, wo des Berges furchtbarstes Felsgesenke ist. Wer dieser Hand vertraut, der wird bald am Abgrunde stehen, an demselben nieder jedoch eine schmale, steile Treppe entdecken. Diese führt zu dem wunderlichsten Wallfahrtsorte der Steiermark. In einer Art Nische, über sich die Felsmassen, unter sich den Abgrund, klebt das Kirchlein Maria-Schüsserlbrunn. Daneben schmiegt sich an die Wand das Häuschen des Meßners, oder die Einsiedlerhütte, die vor Jahren, während der Einsiedler nach Breitenau ging, um sich eine Einsiedlerin zu holen, mit einer Lawine in die Tiefe gefahren ist. Heute ist Alles wieder in gutem Stande. Der Einsiedler verkauft Betschnüre, sein Weib Schnaps. Sie haben sich lieb, sind in Allem eins und einig und führen somit die gottgefälligste Einsiedelei.

Kein Klang des Thales dringt empor zu unserer Felswand, die ihr wüstes Haupt vorbeugt über das Kirchlein, als wollte sie lebensüberdrüssig sich in den Abgrund stürzen. Das Gestein bekommt von Jahr zu Jahr größere Sprünge und Spalten. „Fürchtet Ihr Euch nicht,“ fragen wir die Einsiedlerin, „daß Ihr eines Tages niederbrechen könntet?“

„Daselb' fürchten wir uns auch just nicht gar recht viel,“ ist die Antwort. „Wohl wahr, wir sehen's im Frühjahr oder bei einem Donnerwetter oft wo abrutschen, daß nur

Alles sauft. Aber uns thut die lieb' Frau von Schüsserlbrunn schon beschützen." — Da kriegt man Respect vor dem alten, hölzernen Marienbilde im Kirchlein. Wallfahrer steigen in die Alpenwildniß herauf und trinken Wasser an dem nur mehr sickernden Weihebrunnen. Und auf dem kleinen Thurme klingt das Glöcklein wehmuthsvoll, und die Steinwüste antwortet nicht. — Erschöpft steigen wir nieder zum Thale der Mur. Die hohen Berge fordern Zoll von unserer Kraft und die gewaltige Herrlichkeit ruht oft ehern auf unserer Seele.

An der Wallfahrtskirche Pernegg und an Kirchdorf vorbei fahren wir in die schattige, tiefe Waldschlucht, in welcher die Mur das Urgebirge durchbrochen hat. Hinter der Capelle, die auf einem Bergvorsprung steht, weitet sich's wieder. Bisher ging's nördlich, hier kommt die Mur durch den breiten Boden herab von Westen, während die Südbahn rechts in's Thal der Mürz einbiegt. Dort, wo die Mürz — wir kennen sie aus ihrer Jugend her, da wir bei Neuberg, Mürzsteg und dem todten Weib mit ihr gewandert sind — als ein recht stattliches Wasser in die Mur fließt, liegt die Stadt Bruck. Sie zählt mit ihren vier Vorstädten bei dreitausend Einwohner. Die Straßen sind geräumig und gerade, doch ohne ansehnliche Gebäude. Den großen Platz ziert ein schöner Brunnen. Merkwürdig für den Kunstfreund ist der alte Fürstenhof mit seinen Bogengängen, reichlich mit Arabesken in bestem byzantinischen Geschmacke geziert. Mehrere Kirchen und ein Theater vertreten die ideale Richtung der Brucker. Auf dem Schloßberge, an welchem schöne Spaziergänge angelegt worden sind, steht die Ruine Landskron. Die Schicksale der Stadt Bruck ketteten sich in vieler Beziehung an jene von Graz: Türkeneinfälle, Seuchen, Ueberschwemmungen, Franzosenrummel u. s. w. Den 4. und 5. September 1792 zählt Bruck zu seinen furchtbarsten Tagen. Eine Feuersbrunst äscherte die ganze Stadt und die Feste Landskron ein.

Die Lage von Bruck zwischen herrlichen, bewaldeten Bergen an den beiden schönen Flüssen und an der Aus-zweigung der Südbahn nach Leoben, wo dieselbe zur Rudolfs-bahn stößt — ist sehr günstig für die Weiterentwicklung dieser Stadt. Mögen das die Brucker wahrnehmen.

Von Bruck aus ist das 5132 Fuß hohe Rennfeld zu besteigen.

„Gesegne Gott den Sterz! Und ich thät' bitten um einen Trunk Wasser!" So grüßen wir oben die Schwaigerin in der Almhütte.

„Bedanken uns, und wenn der Herr essen will, der Löffel wär' sauber." So von ihrer Seite die freundliche Einladung zum Mahle. Die Schwaigerin sitzt auf einem Holzblock und ihr Schoß ist der Tisch, auf welchem ein Milchtopf und eine Schüssel mit Sterz steht. Den Sterz über-lassen wir dem ältlichen Mann, der vor der Schwaigerin hockt und mit Bedacht und Ausdauer die Himmelsgab' genießt. Wir setzen uns vor der Hütte auf einen Stein und laben uns an der Milch, wie Gott auf der Alm sie fließen läßt. Dabei bewundern wir den Speisesaal. Fünf Thäler ziehen sich da unten in der Tiefe: die waldschattige Schlucht gegen Pernegg hin; der lichte, ätherübergossene Murboden gegen Leoben und Knittelfeld; das freundliche Wiesenthal der Laming gegen die Bergriesen von Tragöß; das enge Waldthal des Thörlbaches gegen Aflenz und das liebliche, grüne Gelände der Mürz bis hinan gegen den Felskoloß der Rax. Das Städtchen Bruck streckt sich auf der sonnigen Au, sein Haupt an den Schloßberg gelehnt, seine Füße badend in der Mur — hält es sein Mittagsschläfchen. Die Bänder der Landstraßen liegen locker und unbenützt; die Eisenbahnen ziehen ja strammer an. In der Mur und der Mürz liegt der Schimmer des Himmels.

Ueber dem Gleinalpenzug steht eine milchweiße Wolke mit strotzenden Rändern. Ueber der fernen Koralpe ist das Bleigrau eines Gewitters. Hinter dem kecken Horn des Reiting und den Schneetafeln des Zinken krausen zarte Wölklein, durchwoben von Sonnenschein. Auf den Tragößergebirgen liegt der Schatten einer röthlichen Nebelmasse. Und über der Alpenwildniß des Hochschwab bis zur hohen Veitsch und den Neuberger Alpen baut sich finsteres Gewölke. Auch über dem Gipfel des nahen Lantsch braut eine blitzeschmiedende Wolke, welche ihre Waare bereits mit einem erklecklichen Donnerschlag ankündigt. Unser Rennfeld allein ist auserwählt, und die Sonne lächelt zwischen Wolken in die Sterzschüssel, die mittlerweile leer geworden ist. Der alte Mann macht Anstalten zu einer Pfeife Tabak. Eine wilde Biene umsummt ihn, ein verfehlt Beginnen! Willst du, kleines Thier, schon nicht süßen Saft aus den Alpenkräutern saugen, so fliege zur jungen Schwaigerin. Bei der kommt sie aber auch zu spät. Der grüne, dichte Fichtenwald, der vom Thale fast bis zur Almhütte herauswächst, ist noch jünger als sie. Unter seinem Schatten ist sie gesessen, hat einen Gesang vom Herzliebsten gesungen. 's ist überall dasselbe Lied, auf der Höhe wie in der Tiefe, und die Leute werden alt, ehe sie's glauben, und seitdem das „Bergkraxeln" Mode geworden, werden ältere Sennerinnen nicht mehr ausgetauscht gegen jüngere.

Endlich brennt die Pfeife; der Halter hält seine Rast ein Stündchen; er hat keine Uhr, er mißt die Zeit nach

Pfeifen Tabak. — Und zu plaudern muß man auch was dabei haben.

„Nau," sagt er zu uns, „geht Ihr vielleicht Schwert suchen?"

Wie reich ist Steiermarks Vorzeit! Von Hang zu Hang, von Schanz zu Schanz rankt sich der Sagenkranz. — „Weil das Schwert des Stubenbergers noch begraben liegt auf diesem Berg," setzt der Halter bei.

Schon zuckt bisweilen ein grünlich weißer Streifen nieder dort über die schwarze Wolkenmasse, wie wenn man ein Zündhölzchen über die dunkle Wand streicht. Das Gewitter bricht los; wir ziehen uns in die Hütte und fragen: „Nun, was ist's mit dem Schwerte des Stubenbergers?"

„Jaah!" zieht der Alte seine Stimme selbstgefällig in die Länge, „das ist curios. Auf diesem Berg da ist's ge-schehen. — Vor alter Zeit, da sind unten an der Mürz im Kapfenberger G'schloß und an der Mur in der Pernegger Burg die Ritter gewesen. Der Wulf und der Kuenring — junge Kreuzteufel und von Stahl und Eisen über und über. Der Wulf, der hat die schöne Agnes vom Pernegger G'schloß gern gesehen, und der Kuenring der hätt' sie gern g'habt. Angehalten hat der Wulf um die Jungfrau, hätt' sie auch kriegt und — helf' uns Gott, der himmlische Herr!" — Der Alte bekreuzt sich, denn ein Blitz ist niedergefahren vor unseren Augen und ein wilder Krach zerreißt die Luft. — Die Schwaigerin nimmt ein hölzernes Crucifix von der Wand, um das Gewitter zu bekreuzen und zu beschwören, denn der Mensch glaubt es gar nicht, wie viele Wetter ge-hext sind.

„Hätt' sie kriegt, der Wulf," fährt der Erzähler fort, „da muß er mit dem Kreuzzug in's Land Jerusalem."

„In's heilige Land," verbeffern wir, allein er bleibt
bei feinem Land Jerufalem. „Auch der Kuenring ift mit-
gereift. Und jetzt fchaut einmal: ift Euch nach Jahr und
Tag der Kuenring wieder heim gekommen und hat gefagt:
den Stubenberger Wulf, den hätten fie derfchlagen und nachher wollt' er die Jungfrau Agnes haben."

Die Schwaigerin fchießt zur Thür herein: „Bitt' Euch.
liebe Leut', laßt die fündhaften Gefchichten jetzt fein. Thut's
lieber beten, 's kommt ftraflig."

Wir blicken hinaus. Die Thäler find verfchwunden,
dichte Nebel und Regenmaffen brechen in diefelben nieder.
Die Bäume des nahen Waldes fchlagen mit ihren Aeften
auf einander los, die Wipfel machen hohe Rücken. Ein paar
Dachbretter fliegen in der Luft, von der Wandbank kollern
die Melkzuber, das kleine Haus auf der Bergeshöh' ftöhnt
in Todesangft. Blitz, Donner, Wafferftürze und Hagel um-
braufen die Hütte.

„Wie bin ich froh, daß Leut' da find," fagt die
Schwaigerin, „zu Tod' fürchten müßt' fich Eins allein!"

„Zwei Wetter find zufammen gekommen," meint der
Alte, „und jetzt raufen fie miteinander. — Die zwei Ritter
haben es auch fo gemacht. — Jetzt, wie der Kuenring die
Jungfrau fchier gehabt, wie fchon die vornehme Hochzeit ift
gewefen im Pernegger G'fchloß — ift auf einmal auch der
Wulf da. Du, Kuenring! fagt er, Du bift ein Wicht und
wir Zwei find für Eine um halben Theil zu viel, Einer
von uns muß fterben. Kuenring, wo willft mit mir den
Zweikampf halten? — In meinem Hochzeitshaus nicht.
Lieber da oben auf dem hohen Berg. — Ja, weil er eine
Hexe hat gewußt, die hier oben in einer Felfenhöhle hat
gewohnt und auf die er hat vertraut. — Und der Stuben-

berger nimmt sein Schwert, das bei Christi Grab das Heiden-
blut hat vergossen, und da oben auf hohem Fels, wo der
Berg jäh abgeht nach allen Seiten, thäten sie gegen einander-
rennen. — Das Herz mitten durchstochen, ist der Kuenring
hingefallen zur Erden. Der Stubenberger hat sein Schwert
genommen und gesagt: Du meines Vaters Schwert hast für
den Heiland gestritten und den ehrvergessenen Mann besiegt,
du hast einen schönen Lauf gethan, du sollst ruhen in der
Erden auf diesem hohen Berg. Du wirst nimmer verrosten
und dermaleinst, wenn die wilden Zeiten kommen, wird dich
ein Edelmann finden und mit dir den Feind vertreiben. —
So hat der Stubenberger gesagt, hat sein Schwert vergraben. Alte Leute aber haben erzählt, er hätte nicht gesagt
ein „Edelmann", sondern ein „Bettelmann" sollt' das
Schwert finden. — Jetzt, Bettelleut' sind schon viel da
heroben gewesen — Keiner hat's getroffen. — 'leicht, daß
ich dazukomm'."

Wie aus der Pfeife hat der Alte die Geschichte gesogen,
und als jene verloschen, ist diese verstummt. — Das Gewitter hat sich auf das stete Bemühen der Schwaigerin mit
dem Kreuz vertobt und die Wolkenfetzen sind zerrissen wie
der Vorhang des Tempels von unten bis oben.

In wundersamer Plastik steht die Schwabengruppe da,
aber auf mehreren Höhen des Murthales liegt die weiße
Hülle des Hagels.

„Wie ich mein Kreuz nicht zur Hand hab," meint die
Schwaigerin mit wichtiger Miene, „so fährt das grob Wetter
auf uns los!"

„Dirn!" sagt der alte Halter, „das Kreuz mag gut
sein, aber dem Stubenberger sein Schwert wär' mir noch
lieber."

Wir rüsten uns zum Aufbruch; da ruft der Halter: „Ihr geht gleich so davon und fragt nicht wie's ausgangen ist? Geheiratet hat er sie nachher, der Wulf die Agnes."

Mit dieser schönen Befriedigung kehren wir nach Bruck zurück.

Im Herzen des oberen Landes.
(Von Leoben bis Thörl.)

Noch drei Stunden der Mur entlang geht unser Weg, bis uns die Thürme von Leoben grüßen.

Leoben ist die bedeutendste, schönste und freundlichste Stadt in Obersteiermark. Es liegt zwar schier nicht so hübsch wie Bruck, ist aber um Vieles anziehender. Es war der Hauptort der einstigen Grafschaft Liuben und war schon im zwölften Jahrhundert eine Stadt. Die Gassen regelmäßig, mit hübschen Häusern besetzt, sind gut gepflastert und beleuchtet. Den großen Platz zieren drei Brunnen und ansehnliche Gebäude. Viele Häuser haben an der Außenseite Frescobilder. Unter den vier großen Kirchen ist jene der Vorstadt Wasen am bemerkenswerthesten, welche aus dem vierzehnten Jahrhundert stammt, schöne Glasmalereien und einen mit vielen interessanten Grabmälern besetzten Kirchhof besitzt. Die Bevölkerung wird, die Vorstädte Wasen und Mühlthal inbegriffen, auf 3800 Seelen veranschlagt. Leoben ist vor Allem eine Knappenstadt. In der Nähe sind reiche Steinkohlengruben und die Stadt besitzt eine ausgezeichnete montanistische Lehranstalt, daher auch ein reges Studentenleben, welches aber mit den Bürger- und Beamtenkreisen (Bezirks- und Kreisgericht) nicht immer harmoniren will. Im großen, eggenwaldischen Garten mitten in der Stadt erinnert ein Marmor-

denkmal an den hier 1797 geschlossenen vorläufigen Frieden
mit den Franzosen. Auf einer Höhe über der Stadt steht
das alte Schloß. Die Stadt selbst liegt am rechten Ufer der
Mur und zwar so, daß der Fluß sie in einem Halbkreise
umschlingt.

Etwas oberhalb der Stadt, nahe der Mur, liegt Göß,
ein ehemaliges Benedictiner-Kloster, Steiermarks ältestes
Stift, gegründet zu Anfang dieses Jahrtausends. Später war
es die Residenz der Bischöfe von Leoben, jetzt gehört es
prosaischerweise der Vordernberger Gewerkschaft. Die Kirche
ist schön und der Ort bietet mit seinen vielen Thürmen einen
malerischen Anblick. In Göß wohnte 1797 Napoleon und
man bezeichnet noch heute im Klostergebäude ein Fenster,
durch welches auf ihn geschossen worden sein soll.*) — Mir
der liebste Platz bei Leoben ist die Capelle und das Wirthshaus in der Waldschlucht zum „kalten Brunn". Das Plätzchen
ist schattendüster und das Rauschen der Göß betäubt das
Ohr. Aber das Tosen und Brausen der Waldbäche ist die
rechte Orgel für den Tempel der Natur; nur kein Weltkind
darf man sein und glauben muß man an Gott oder wenigstens
an sich selbst. Denn so oft Du das Auge aufthust, einen
Gott — oder Dich — siehst Du in den Herrlichkeiten dieser
Erde gewiß. —

Nun, liebes Murgestade, lebe wohl! Wir hätten dich
zwar noch gern bis St. Michel begleitet, um von dort auf
der Rudolfs-Bahn durch das Lising- und Paltenthal die Tauern
zu durchbrechen und noch einmal in's Ennsthal zu gelangen;
aber wir gehen gegen das Gewände des Reiting und der
Vordernberger Mauern, gehen den südlichen Hängen des

---

*) Siehe „Der Napoleonschütz" in den „Sonderlingen".

Schwaben zu, um dann in's grüne Mürzthal zu gelangen. Der Weg wird neu und nicht minder herrlich sein.

Die großen Eisenwerke zu Donawitz bei Leoben haben wir bald hinter uns. Vom Felsen blinkt Freienstein, eine kleine Kirchenveste, mit den Felsgruppen des Hintergrundes gar effectvoll. Bis hierher pflegte Napoleon seinen täglichen Spazierritt zu machen, und sich den freundlichen, fruchtbaren Vordergrund und die kolossalen Felsgebirge des Reiting, Reichenstein und der Vorderberger Mauern im Hintergrunde zu beschauen. Auch er, der eine Welt in Trümmer schlug, mußte den Herrlichkeiten der Alpennatur mit Ehrfurcht in's Auge blicken.

Die Leoben-Vorderberger Eisenbahn führt uns langsam aber gewiß nun in's schöne breite Thal von Trofaiach. Hier noch Alles grün und waldig ringsum; aber dort fängt ein Anderes an: das Hochgebirge steht vor uns. Finster starrend, oder in seinen Wänden und Schneefeldern leuchtend, der dreikuppige Reiting, welcher drüben bei Kammern und Mautern im Lisingthale allmählich aufsteigt zu seiner höchsten Spitze, dem Gößeck, von diesem aber jäh niederstürzt in's Engthal der Göß. Auf der halben Höhe des Reiting steht eine hölzerne Halterhütte, in welcher mich vor Jahren ein böser Zufall verbrennen lassen wollte, ein guter aber dagegen Protest eingelegt hat. Ich war spät Abends nach einer anstrengenden Partie über Berg und Thal in die Hütte gekommen. Der Halter räumte mir willig sein Bett ein, er müsse für die Nacht ohnehin in's Thal — ich vermuthe, daß sein Herz ihn zu einem Fensterlein des Dorfes getrieben. Er zerstörte das Herdfeuer mitten in der Hütte, warf die überflüssigen Holzbrände in's Freie, verschloß sorglich die Thür und ging davon. Ich legte mich angekleidet auf das Lager, schlief bald

ein. Sehr ermüdet war ich, aber ein heftiges Zahnweh weckte
mich bald wieder auf. Tags zuvor erhitzt, verkühlt, das giebt
Rheumatismus. — Draußen brauste der Wind und rüttelte
am Dache. Ich konnte nicht mehr einschlafen. Da sah ich
plötzlich, wie ich so an's Fenster hinblickte, vor demselben
Johanniswürmchen vorbeifliegen. Sie glühten lebhaft, wurden
immer mehr und immer größer und — was mich erschreckte
— sie kamen alle aus einer Richtung. Ich sprang auf und
sah die Feuerfunken von einem der hinausgeworfenen Brände
durch den Sturmwind gegen die Hütte fahren. Ich wollte
zur Thür hinaus, sie war von außen verschlossen. Die Angst
lieh mir Kraft; mit einem Rucke war das hölzerne Schloß
zersprengt. Die Wand hatte bereits Feuer gefangen und war
schon im Momente des Aufloderns, als ich mit des Halters
vollem Milchtopf das Unglück im Keime erstickte. — Den
Zahn, der mich in derselbigen Nacht geweckt, trage ich noch
heute im Mund und verehre ihn als meinen Lebensretter. —

Andere Nächte habe ich auf den Höhen dieser Alpen
verlebt, deren poetische Reize in meiner Erinnerung leben.
Wie muthete es an, wenn wir Burschen unser nächtliches
Gasseln und Fensterln bis zu den Schwaighütten ausdehnten,
wenn wir mit Fackeln emporstiegen zu den Höhen, und
sangen und jobelten, bis die Mädchen oben uns gewahr
wurden und auch mit Fackeln und Singen uns entgegen-
kamen! Dann gab's wohl gar einen Tanz im Freien bei
Fackelschein, oder es fanden sich für einzelne Pärchen stille
Winkel zum Plaudern. — Schön war's; des Weiteren er-
laßt mir die Worte.

Unsere Bahn geht zwischen waldigen Vorbergen über
Wiesengründe hin. Bald sind wir am Friedauwerk mit seinem
architektonisch schön gebauten Hochofen, die Poesie der Gothik

wunderlich mit der Prosa des Praktischen vereinend. Unter
uns haben wir stets den Vordernberger Bach, kein klares
Alpenwasser, seitdem die Schlacken und der Staub der neun
Vordernberger Hochöfen in dasselbe gefallen sind. — Nun
sind wir am Ende der Bahn, die freilich am liebsten gerade
durch den Berg nach Eisenerz möchte. Es waren Pläne
dazu gemacht worden. Aber die Banken stürzen und die
Berge stehen fest. Gottlob noch, daß es nicht umgekehrt ist!
— Vordernberg — südlich vom Erzberge, die Werkstätte
der sogenannten Radmeistercommunität, eines Vereines von
Gewerken — liegt ganz unbehaglich eingeklemmt zwischen
steilen Bergen, hat oft kaum Raum für die Straße und
den Bach und die Häuser; Hochöfen und Werksgebäude
klammern sich an die Berglehnen. Alle Mauern sind roth-
braun von dem ewigen Erzstaub, zum Glücke kommt von
den Wänden nieder oft der segende Wind, welcher Straße
und Gebäude abbläst. Der Markt hat vom Bahnhofe bis
zum oberen Ende eine Länge von drei Viertelstunden. Dann
steigt die Straße den Berg hinan und geht über den Prebühel
nach Eisenerz. Wir trachten rechts über das Gewände des
Hochthurm dem Tragößer Thale zu.

Das Tragößer Thal, eines der schönsten in den Alpen,
ist von drei mächtigen Bergriesen umschlossen. Der mit Legföhren reich bewachsene Felskegel des Hochthurm; die wüste,
in senkrechter Wand abstürzende Pribitz, die ihre Schuttfelder
weit in's Thal hinabgießt; die gewaltige Kuppe der Meßnerin.
Zwischen diesen drei Bergen gähnen zwei wilde Schluchten
nieder in's idyllische Hirtenthal. In einer derselben, aus
welcher die Lamming kommt, liegt in einem verkümmerten
Fichtenwäldchen der grüne See. Das Wasser ist krystallklar,
der Grund des Sees besteht aus weißen Steinen — aber

das Ganze spielt seltsamerweise in's tiefe Grün. An beiden
Seiten des Sees sind mächtige Schutthalden von den Fels-
spalten niedergegangen und im Engthale liegen ungeheure
Wuchten von Stein- und Erdlawinen. Im Hintergrund ragen
die Heuwieswand und die Griesmauer auf, zwei trotzige Felsblöcke, die an den Wänden keine röthlichen Bruchflächen haben,
wie etwa die ewig abrutschende, niederbrechende Pribitzwand,
die grau und ehern den Jahrhunderten zu spotten scheinen.
Noch weiter hinten ragen der Hochthurm und die kronen-
zackige Frauenmauer. Hoch oben durch die Frauenmauer
öffnet sich die merkwürdigste Höhle Steiermarks, die Frauen-
mauergrotte. Sie führt von Osten nach Westen durch den Berg
hindurch, ein großartiger Naturtunnel von 430 Klafter Länge.
Die östliche Oeffnung der Höhle gegen das Tragößthal
liegt 4936 Fuß, die westliche gegen Eisenerz 4539 Fuß
hoch. Nahe dem westlichen Eingange liegt die 40 Klafter lange
Eiskammer aus Eiskrystallen, Eissäulen gebildet, die ge-
frornen Wasserfällen gleichen. Den Mittelpunkt bildet der
30 Klafter hohe Dom. Weitere interessante Punkte sind die
Kirche, die Kreuzhalle, die Klamm. Ein Labyrinth von
Nebenhöhlen sucht aber den Wanderer zu verführen; und
Keiner dürfte ohne die Fackel des kundigen Führers die gefährliche Partie durch den Berg unternehmen. Gar über-
raschend und verschiedenartig ist die Aussicht an den beiden
Mündungen: gegen Osten die Waldberge des Mürzthales,
gegen Westen das Geselse von Eisenerz und des Ennsthales.
— Zur Zeit der Türkeneinfälle sollen sich die Klosterjung-
frauen eines Stiftes bei Eisenerz mit ihren Schätzen in diese
Höhle hinaufgeflüchtet haben; davon sei der Name Frauenmauer und Frauenhöhle entstanden. Die Schätze, sagen die
Aelpler, lägen noch verborgen in der Höhle, aber ein böser

Drache säße dabei, der das Capital nicht wolle verzinsen lassen. Nur wer das Gelöbniß mache, bei Eisenerz das Frauenstift wieder aufzubauen, könne die Schätze heben. Aber jetzt fürchten die Holzer und Halter, wenn das Stift wieder stünde in seiner Pracht und Schönheit, so könnten leicht ihre Schwaigerinnen sammt und sonders in's Kloster gehen — und so hat Keiner bis heute das Gelöbniß gethan.

Die Felsschlucht rechts von Tragöß hinein heißt die Klause. In welchem Bergwinkel hätte seiner Tage nicht ein Klausner gehaust? Ich sehe sie noch knien in der Höhle vor dem bemoosten Kreuz und zur unbelauschten Stunde wildern im Wald und auf der Felswand. Manch' solch' ein frommer Einsiedler mochte ein Wehrpflichtiger, Faullenzer oder genau besehen gar ein Wegelagerer gewesen sein; oft auch ein Grübler und Fanatiker oder ein ehrlicher Wurzel- gräber. Indeß lasse ich gern gelten, daß es wirklich Menschen giebt, die in der großartigen Wald= und Felseneinsamkeit ihre Seele weiten, ihr Herz für die Menschheit bewahren und größer, vergeistigter und prophetischer werden, als andere Kinder der Erde.

Von der Klause aus geht ein dürftiger Fußsteig die schrundigen Hänge des Schwaben hinan. Besser besteigt man in mehr als siebzig Schlangenwindungen die vom Thale aus uneinnehmbar scheinende Pribitz mit ihren weiten Alm- fluren. Möge oben der Tourist aber nicht zu übermüthig vorwärts hüpfen, plötzlich bricht sich das Plateau in einen mehrere tausend Fuß tiefen Abgrund. Man ist auf der höchsten Kante der senkrechten Wand, die, vom Thale gesehen, so schauerlich wüst aufragt. Aber man sieht hier oben die ungeheuren, fast überhängenden Tafeln nicht, sieht den Tod nicht, der einen Schritt vor uns steht. Wie, wenn plötzlich der Rasen sich löste und Einer von uns hinabführe in die Tiefe — von den sausenden Lüften schon erschlagen, ehe er zur ersten Felskante kommt! Dann zermalmt, von losen Steinchen umtanzt, die Glieder abwärts fallen von Zahn zu Zahn, von Hang zu Hang, und endlich unten in den Sandfeldern versickern — ein vergangenes Wesen, das vor zehn Secunden noch ein jauchzendes Menschenkind war auf der Höhe! —

Der Blick mag ja hinabtauchen in's Thal, das tief unten seine frischgrünen Matten, weißen Straßen und Wege, blitzenden Teiche und Bäche dehnt — wie ein bunter Kartenplan auf den Tisch gebreitet. Die Aussicht von diesem Vorberge des Schwaben beschreibe ich nicht, wir haben sie auf dem Schwaben selbst ähnlich, aber noch großartiger gehabt. An der gegenüber aufragenden Meßnerin bleibt unser Auge hängen. Dieser Berg hat hoch oben ein viereckiges Loch, durch welches man das Firmament schimmern sieht. —

„Ja," sagte mir einmal ein Halter, „es ist kein Spaß, dieses Loch hat der Teufel mit seinen Hörnern gestoßen, wie er mit der Schwaigerin abgefahren ist."

„Ei, was Ihr sagt! So hat er doch einmal eine geholt?"

„Und ob er Eine geholt hat! — Weil sie sich ihm verschrieben gehabt hat, da oben auf dem Pribitzboden. Warum? Weil ihr der Böse beim Käsen und Buttern hat helfen müssen und sie es den Schwaigerinnen auf der Sonnschinalm hat anthun mögen, daß deren Kühe lauter Blut und Wasser haben gemolken."

„Und hat sie das zuweg gebracht?"

„Wird sie doch leicht zuweg gebracht haben, wenn sie eine Hexe ist gewesen! Desweg hat sie sich ja dem Teufel verschrieben, daß sie eine Hexe hat sein können. Nu, wie

die Zeit aus ist und sie der Schwarze hätt' holen sollen,
hat sich die Schwaigerin, daß er sie nicht finden und erkennen möcht', in eine Schneck verzaubert und ist oben in
der hohen Pribitzwand herumgekrochen. Aber dem Teufel
wird Eins nicht zu gescheit; wie sie eine Schneck ist, wird
er ein Geier und fliegt an die Felswand. Just will er
seinen langen Schnabel aushacken nach der Schnecke, da
kollert diese schnurstracks hinab in den See und verzaubert
sich in eine Forelle. Der Teufel nicht faul, wird eine
Seeschlange, jagt die Forelle an's Ufer. Auf grünem Gras
hat sie wieder müssen die Schwaigerin sein. Da hat er sie
gepackt um die Mitten, ist mit ihr durch die Lüfte gefahren
grad der Meßnerinwand zu und mit einem Sauser durch
den Berg. So ist das Loch heutigentags noch zu sehen." —

Diese Hochalpenwelt ist des Halles und Schalles voll.
Hier, im Angesichte des ungeheuren Bergrundes steht ein
Hirtenknabe mit seinem Stab. Kaum kommt die Herrlichkeit
dessen, was er sieht, zu seinem Bewußtsein, aber er schaut
und fühlt und jauchzt. In diesem Jauchzen liegt der Ausdruck seines Menschenthums; das Jauchzen und Jodeln ist
die Lyrik des Aelplers. —

Dort oben gellt ein gebrochener Knall; bald darauf
sehen wir einen grauen Punkt niederfahren an der hohen
Wand — es ist die in den Abgrund stürzende Gemse. —

In der Kirche von Tragöß hinter dem Hochaltar
ist ein gespaltener Todtenkopf aufbewahrt. Vor vierhundert
Jahren war's, da haben die Tragößer ihren Pfarrer am
Hochaltar erschlagen. Der Priester hatte sich durch ein zu
strammes Regiment und durch zu rücksichtslose Kanzelreden
mißliebig gemacht; hatte vom Gute seiner Pfarrkinder schweren
Zehent genommen, hatte den verwilderten Waldmenschen das

gewohnte Lasterleben scharf untersagt, und soweit kam's, daß eine Rotte sich gegen ihn verschwor und eines Morgens den Priester, als er zur Messe gehen wollte, mit einem Beile den Kopf spaltete. Zwölf der Rädelsführer wurden ob dieser That vor der Kirche enthauptet, die Gemeinde aber wurde in den Bann gelegt, in welchem sie lange Jahre schmachtete.

Von Tragöß gehen wir über einen schönen Waldberg in das Thal von St. Ilgen. Hier wieder, und zwar das letztemal, haben wir die Alpenwildniß. Sie schaut drohend nieder, die tiefgerissenen Furchen und Schründe zeigen den Jähzorn an, mit dem der Hochschwab behaftet ist. Heute hat der Alte sein Haupt in Nebel gehüllt. Das Thal liegt hilflos da — wird alljährlich mit Wasserfluthen und Lawinen geschlagen von dem Tyrannen. In der kleinen Kirche zu St. Gilgen sind zwei Waldpatrone, der heilige Jäger Eustachius und der heilige Einsiedler Aegidius mit der Hirschkuh. Drei Kronleuchter, die vom Kirchengewölbe niederhängen, sind aus Hirschgeweihen geflochten, die, wenn sie in stiller Christnacht brennen, dem verlornen Bergkirchlein eine seltsame Stimmung verleihen mögen.

Wir wenden uns abwärts dem Bache entlang, kommen an geschäftigen Eisenhämmern vorüber bald zu einem interessanten Punkte — dem Thörl bei Aflenz. Zwei Thäler gehen hier zusammen in eine enge, felsige Waldschlucht, an deren Eingang auf einem Felsblock die malerische Ruine Schachenstein ragt, die einst zum Schutze für Mariazell erbaut wurde. Von Kapfenberg im Mürzthal führt nämlich durch das Thörl, über Aflenz, das wildromantische Seewiesen, den schön und hochgelegenen Brandhof (Jagdschloß des Erzherzogs Johann) und Wegscheid die Straße nach Mariazell. Am

Fuße der Ruine, den Paß noch mehr einengend, stehen Hüttenwerke und Eisenhämmer. In dem nahen Markte Aflenz ist die tausendjährige gothische Kirche merkwürdig. Dieselbe ziert ein altes schönes Hochaltarbild: Christus mit den zwölf Aposteln. Selten hat ein Bau wie dieser, solche Merkmale des hohen Alters. Er stammt von der uralten Zelle St. Peter, welche in der letzten Hälfte des vorigen Jahrtausends im Aflenz-Thale gestanden sein soll.

In Thörl treten wir aus dem Gebiete des Hochgebirges. Noch schimmert, wenn wir am Thörlbache wandernd zurück-blicken, zweimal der Fölzstein von der Schwabengruppe durch die Tannenwipfel, dann kommt der Wald, schöner, aber mehrmals durch Wiesen und Bauerngründe durchbrochener Nadelwald. — Nach einem Marsche von zwei Stunden treten die düsteren Berge zurück und ein breites, lichtes, aber wieder von Waldhöhen begrenztes Thal thut sich auf, durch welches vom Aufgang bis zum Niedergang ein klarer, stattlicher Fluß zieht, reich umflochten und umfriedet von Erlen und Weiden — durch welches schneeweiß und glatt die alte Reichsstraße geht, einst so reich belebt, so vielbedeutend für Land und Reich, und durch welches Thal heute eine der am lebhaftest pulsirenden Verkehrsadern Oesterreichs läuft — die Südbahn. Im Thalgrunde blühende Flecken, wohlhabende Dörfer, brausende Eisenhämmer, lachende Kirchthürme und stattliche Schlösser. Und auf den Höhen graue Burgdenkmäler reich an Vergangenheit und Sagen.

Es ist das Thal der Mürz.

———

Im Thale der Mürz.

Schean bist, däis muas ma da lossn, dir,
Und onschaust Dan ah sou valiapp and vanort (verliebt und vernarrt)
Wanst läidi nou (ledig noch) warst, na i miassad bi hobn!
Mi deicht, wan i dir ins Aeugerl schau,
Ins Wasserl, wias hel van Bergl rint,
Und i gsiach (ich sehe) mi drein — du host mi gern!
Und wan i deini greau Wisan (grüne Wiesen) gsiach
Dein Fiater (Fürtuch, Schürze) und d'Waldlar ols Joupn (Joppe) dazua,
Und hinta dein Bugl in Felsn Loanstuhl
Aus Silba gousse, und z Nochts wul gor
Gluatguldani Zuaggn (Zacken) iberol dron!
Wia noubl, a sapperalout nou amol!
Jo, Weiberl, host da däis olls selwa kast?
U mei Tog na! wos gsiach i dan nou?
In da Tholn, wia weissi Orler (Eier) in Näist
Dukt si 's Deaserl inta die Aeipfelbam
Und afn Kougl (Kuppe) kloani Heiserla,
Glonzn in da Sun, wia Korfunklstoan.
Host dan scha Kinder und schaust nou so jung aus?
O scheni Frau, hiaz ken i bi ersicht;
Hiaz woas i, zwegn wos d' mi sou ongschaut host;
Griaß di, griaß di, bist jo mei Muada gor!
No, und wos mocht dan da Boder ollweil?
„Mei Kind, da Boda wird nit gor weit sein;
Du woaßt es jo sou, er valoßt uns nit;
Mir geit (giebt) er mein Suntagwandl und Olls,
Und dir, mei Kind, hot er a Menschnherz gebn.
Und die gonz Welt ols Fuaterol dozua!“
's Fuaterol is ma z' groß, sou groß brauch i 's nit,
Mei Herzerl, des hot in sein Mürzthol Plotz.

So besingt ein Dichter das Mürzthal in der Mundart
desselben.

Das Mürzthal ist nicht eines jener Alpenthäler, welchem
die hohen Berge nur einen schmalen Streifen Himmel gönnen,

es hat nicht großartige Naturscenerien; lieblich, sonnig, mit gesundem Klima und anmuthsreich ist es — eine heitere Heimstätte für Menschen.

Es erstreckt sich zwischen Bruck und Mürzzuschlag in einer Länge von zehn Stunden. Wenn wir bei Kapfenberg nächst Bruck aus dem Thörlgraben heraustreten, erblicken wir schon die blauenden Berge hinter Mürzzuschlag und am Semmering.

Das Bad Steinerhof grüßt uns zuerst; über dem Markte Kapfenberg, der sich traulich an den Waldhang des Schloß-berges schmiegt, ragt die Ruine Oberkapfenberg. Leider hat man einst einen Theil des Quadernbaues abgebrochen, um daraus das Theater in Bruck zu bauen; aber der Burghof mit seinen prachtvollen Säulengängen, der Prunksaal mit den Wappen steht noch da, um sich von den Besuchern bewundern zu lassen. Noch höher ragen die Ruinen der ältesten Burg und darüber auf dem Gipfel des Berges das alte Loretto-kirchlein, wo Wülfling von Stubenberg's Fahne und Turnier-sattel aufbewahrt werden, desselben Wülfling, von dem uns der Mann auf dem Rennfelde erzählt hat, daß er seinen Nebenbuhler Kuenring im Zweikampf erschlagen habe.

Von Kapfenberg thalaufwärts macht uns ein Kreuz, das an der Straße steht, aufmerksam auf die Wallfahrtskirche Maria-Rehkogel, die hoch am Bergstocke des Rennfeldes steht. Das Muttergottesbild, welches in der großen, prachtvollen Kirche verehrt wird, soll ein Reh im Walde gefunden haben, welches Hirten vor demselben knieend angetroffen hätten. Di. Landleute opfern dem Frauenbilde häufig eiserne Rinder, Schweine und Schafe, um sich dadurch einen gesegneten Vieh-stand zu erflehen. Die eisernen Figuren verkauft die Kirche nachher an die Marktbuden, die vor derselben stehen, und so

14 *

kommen die gleichen Opfergaben von den nächsten Wallfahrern wieder zur Verwendung. — Dafür ist aber auch der
Rinderschlag des Mürzthales ein ausgezeichneter und weit
und breit berühmt.

Der forellenreichen Mürz entlang kommen wir an dem
alten Marein und Mürzhofen, dem anmuthigen St. Lorenzen
und Allerheiligen vorüber nach dem stattlichen Kindberg mit
seinem weithinleuchtenden Schlosse und seinem malerischen
Calvarienberge.

Der Felskegel des letzteren ist vom Fuße bis hinan zum
Scheitel besetzt mit Statuen. Christus, Maria, Magdalena,
Johannes, die übrigen Apostel, die Juden, die Schächer —
Alle sind da, den Andächtigen zur Erbauung.

Von der alten Bergkirche St. Georg jenseits des Thales
klingt ein Glöcklein zu uns herüber; es läutet den Mittags-
gruß hinaus in's Thal. Und die fröhlichen Mäher und die
Schnitter ziehen heim; aber die Eisenhämmer rollen und
pochen fort in ewiger Geschäftigkeit, heute schmieden sie Pflüge,
morgen Schwerter. Und ewig bleibt die Welt ein Calvarienberg.

Noch blicken wir zur Waldhöhe hinan, wo die letzten
Reste der Ruine Kindberg morschen; die alte Feste ist im
13. Jahrhundert durch ein Erdbeben zugrunde gegangen. —
Und nun wandern wir dem Wartberge zu, der das Thal einengt und es in das untere und das obere Mürzthal scheidet.
Wenn das untere Thal sonnige Lehnen mit zahlreichen Bauern-
höfen, Holzschläge, Felder und Matten aufwies, so hat das
obere Thal eine etwas ernstere Schattirung. An den rechts-
seitigen Höhen, die hier wieder zu bedeutenden Bergen auf-
steigen, stehen große Waldungen; an den linksseitigen sind
zwischen Waldgebieten überall behäbige Bauernhöfe zu sehen;
und hinter diesem grünen nördlichen Bergwall baut sich der

schroffe Felsstock der hohen Veitsch auf. Nach beiden Seiten
hat das Mürzthal lange Engthäler mit Ortschaften und Ueber-
gangsstraßen zur Schwabengruppe links und in's Feistritz-
gebiet rechts. Auf den Bergrücken, welche die Gebiete der
Mürz und der Feistritz trennen, ist ein stundenlanger, weiter
Graben gezogen, welcher die Türkenschanze heißt und als
Schutz gegen die wilden morgenländischen Horden gegraben
worden sein soll.

Bald hinter der Enge bei Wartberg steht auf dem Berge
die schöne Ruine Lichteneck, an deren Fuße in neuester Zeit
mehrere Villen und ein stattliches Eisenwerk entstanden ist.
Nicht weit davon, in Mitterdorf, wo das Wasser aus dem
Veitschgraben kommt, steht das Schloß Bühel, die Geburts-
stätte des steierischen Dichters J. Kalchberg.

Und eine Stunde später ruhen wir auf einer grünen
Höhe und betrachten des Mürzthales schönstes Bild.

Zur rechten Hand liegt der lebendige Blumenteppich einer
Wiese; nebenhin stehen Kornhäuschen, welche gestern die
Schnitter gebaut und die das kostbarste Dach haben von allen
Gebäuden der Erde; ein Dach aus goldenen Aehren. Unten
in der Niederung liegt der ansehnliche Ort Krieglach mit
seinem altersgrauen Kirchthurmkeil. Krieglach, dieser unschein-
bare Ort, ist eine jener uralten Menschenstätten, die auf
uns herübergekommen sind, wie eine Sage in Stein gehauen.
Die Schloßherren und Pfarrer haben über die ihnen unter-
gebenen Orte keine Chronik geführt, außer was Robot und
Zehent betraf, und so ist es der Phantasie des Volkes anheimgestellt geblieben, von dem Ursprunge und der Geschichte
seiner Heimat zu erzählen. Und vom Krieglacher Thale erzählt die Phantasie des Volkes so: Da ist einst ein großer
See gewesen, der hat sich vom Gansstein bei Mürzzuschlag

bis an den Wartberg hinab erstreckt. Auf dem, von Urwäldern umschlossenen See ist allweg ein weißes Krüglein
geschwommen und in diesem Krüglein ist das Bildniß des
Apostels Jacobus gewesen. Darüber sind unzählige Jahre
hingegangen, bis eines Tages der See am Wartberge die
Schlucht hat gerissen. Das Wasser lief ab, aber das krug-
artige Schifflein des heiligen Apostels ist stehen geblieben
auf dem Sandgrunde, wo das Thal am breitesten ist. Dort
hat es ein frommer Einsiedler, der Fische abhob, gefunden,
hat zu Ehren desselben am Flusse, den der See zurückgelassen, eine Capelle gebaut und sie geheißen: Krügel am
Bach oder Krüglach. Um diese Capelle haben sich arme Wald-
leute Hütten errichtet. Und als hierauf die Römer ihre Pfade
anlegten durch das Land, und als Völker wanderten von
Ost nach West, und als Grafen und Herren im Thale
der Mürz auf Hügeln ihre Wohnsitze bauten — da hat
sich der Ort Krieglach vergrößert und es ist ihm von dem
Landesfürsten und durch sein eigenes Bestreben eine schöne
gothische Kirche gegeben worden, die, dem heiligen Apostel
Jacobus geweiht, heute noch steht, wenngleich mehrfach um-
gestaltet und theilweise verunstaltet durch die Geschmacklosigkeit des vorigen Jahrhunderts. — Schwere Noth und Drangsal
ist über den Ort ergangen, davon erzählen mehrere Inschriften
in der Kirche unter dem eigenartig gebauten Thurm:

„In dem 1529 Jahr ist der Türgkh hie gewösen und
hat 800 vnd etlich Perschaunen wegkh gefiehrt.

A: 1541 seintt in die 1600 Perschaunen von St. Jacobi
bis hin auff Martini gestorben. Gott wolle Jhnen gnedig seyn.

A: 1544 am Pfingsttag von Pärtholomei seintt die
Heuschröcken mit haiffen hie gewöst, daß sie die Sonnen
haben verdökht.

Anno 1693 den 23. Juli hat der Donner bei hellen Sonnenschein in Kornschibern ohne Verletzung eines andern Hälmlein stro alda zugleich Mann ond Weib erschlagen.

Anno 1693 den 18 nach ond den 19 Augusti Vormittag sein wieder die Heuschröken in unbeschreiblicher menge durchgeflogen, allda schier kheinen anderwertig aber in Traith großen Schaden gethan. Was folgen werdt ist Gott bekannt, oder dessen Abwendnng von Jhme zu erbetten."

Ferner folgt noch die Aufzählung mehrerer großer Feuersbrünste neuerer Zeit.

Unter den vielen Türkensagen des Mürzthales berichtet eine, die Türken hätten die gefangenen Bewohner der Gegend in die Kirche von Krieglach zusammengesperrt, um sie mitsammt derselben zu verbrennen. Da seien aber aus den Waldgegenden des Teufelsstein wilde Männer in Rotten hervorgebrochen, hätten die Feinde mit gewaltigen Aexten erschlagen und die Gefangenen befreit. (Siehe „Der Höllbart", in „Buch der Novellen", II. Band.)

Vor der Eisenbahn war Krieglach einer jener lauten, wohlhabenden Orte, denen jedes Rad der allbelebten Landstraße einen harten Thaler zuführte, die aber jetzt behende das Gras sammeln, so auf der Landstraße wächst. Hingegen führt die Eisenbahn zur Sommerszeit Gäste aus den Hauptstädten herbei, die monatelang verbleiben, um sich der schönen, ländlichen Natur zu erfreuen.

Die dämmernden Bergrücken des Göll, des Kaiser= und Königskogels ragen im Süden und Osten; sie haben Kanten, so schroff wie die Risse der Ennsthaler Alpen, aber der Wald läßt sich's nicht nehmen, er zieht sich hier hinauf bis zu den schärfsten Spitzen und jede Felswand hüllt er ein. Wohl nagen tausend Beile und Sägen an ihm, dem lieben Wald,

aber er wuchert in reicher Kraft überall jung wieder nach —
will nicht lassen von diesem Bergthal, das er gehütet und
gesäugt wie eine Mutter ihr Kind, bis es schön und fruchtbar
geworden.

Wir blicken noch auf das weiße Kirchlein am Wald-
hange des Gölk, dem Frauencultus geweiht; wir hören von
seinem Thurme ein Glöcklein klingen, weil eine drohende
Wetterwolke am Himmel steht. Hier wie in vielen anderen
Gegenden der Steiermark ist das Wetterläuten noch gebräuchlich.
Das zwischen schützenden Vorbergen der Alpen gelegene Thal
bleibt thatsächlich vor grobem Wetter meist verschont; der
Mann aber, welcher den Sommer über das Wetterläuten
besorgt, bekommt im Herbst von der Bevölkerung seinen
Tribut an Brot und Geld. — Das Brausen der Eisenbahn-
züge, deren auf dieser Strecke täglich über dreißig verkehren,
das Pochen der Eisenwerke zu Krieglach will zu dem mittelalterlichen Geläute des Waldkirchleins nicht recht stimmen,
und doch giebt all' das zusammen der Gegend, in welcher
Vergangenheit und Gegenwart Raum haben, einen eigenthümlichen Reiz. — Von Osten schimmert der Kirchthurm
zu Langenwang, das Schloß Neuhohenwang und im Hintergrunde der Felsen des Gansstein, die Almen bei Spital und
die spitzen Bergkegel am Semmering. Die nahen Neuberger
Alpen werden durch den nördlichen Höhenzug verdeckt.

Bei Krieglach ist das Thal am breitesten und also
das Auge am herrschendsten, und — kein Wunder denn —
die Gegend gar belebt — besonders zur Sommerszeit. So
sind die schönen Landsitze, wie der idyllisch unter großen
Linden ruhende Rainhof, der auf jungbepflanztem Hügel über
dem Orte Krieglach ragende Hönighof und andere Sommerhäuser dieser Gegend gesucht und alljährlich von Städtern

bewohnt, die hier aufleben, aufjubeln über die liebliche, wohlige Gotteswelt, die ihnen zwischen den sturm- und leidenschaftbewegten Mauerwüsten der Großstadt so ganz abhanden gekommen war. Und das schöne, von klarem, lebendigem Berggewässer umrauschte Schloß Feistritz an der Mürz mit seinem aus alten Bäumen bestehenden Wildparke und seinem großen, in diesem Wildparke wie ein See gelegenen Teich — über dessen Uferbüschen und Wipfeln die großen Waldungen der Berge hereinblauen und zur Vollendung des Bildes dort im Waldesblau eine der schönsten der steierischen Burgen, die Krone des Thales, die Ruine Hohenwang, ragt. Das ist einer der lieblichsten Wohnsitze des Mürzthales, und wer einen thauigen Sommermorgen und einen krystallklaren Abend daselbst zugebracht hat, der wird ermessen, wie der Reisende vom Coupé des Eisenbahnwaggons aus, so sehr er das Mürzthal auch beloben mag, doch nur den allergeringsten Theil inne wird von den Naturschönheiten mannigfachster Art, mit welchen dieses Gebäude an den Ufern der Mürz so reich gesegnet ist.

Zum Schlusse unserer Wanderung gelangt, wollen wir, meine lieben Genossen, noch emporsteigen zur poesiereichen Ruine Hohenwang.

Von unseren Vorfahren wurden die Bergschlösser verflucht, von uns werden sie verehrt. Einst waren diese Schlösser Zwingburgen, heute sind sie — Ruinen. Der Kampf ist aus, der Feind liegt hingestreckt, den Erschlagenen hassen wir nicht mehr. Und die alten Burgen sind unserer Thäler Zierden, unserer Berge Kronen, sind Urkunden halbverschollener Zeiten, sind Sagenwarten und Propheten, der übermüthigen Gegenwart in dem Bilde der Vergangenheit ihre Zukunft vor Augen haltend. Ein Uebelthäter, der seine

Hand zerstörend an Burgruinen legt, aber auch fast ein
Uebelthäter, der durch „Ausbesserungen" mit Ziegel und
Mörtel die Ruinen, ich möchte sagen, mit gewaltsamen Mitteln
vor dem Verfalle zu wahren sucht. Beide vergreifen sich an
Heiligthümern eines Volkes, und eine reparirte Ruine ist
wie eine uralte Frau, die sich — geschminkt hat. Die alten
Reste verfallen trotzdem, die neuen Einsätze gehören nicht zu
dem ursprünglichen Baue und machen an den Wahrzeichen
irre. — Ruinen, seien sie die Reste eines Todten, seien sie
die stillragenden Mauern eines vergangenen Geschlechtes,
mögen von profanen Händen nicht berührt werden. So
lange eine Bergfeste uns eben belassen ist, wollen wir uns
daran belehren und erbauen; ihr allmählicher Verfall und
endlich ihr letzter, moosbewachsener Stein ist beredter, als
die von uns künstlich geschützten und gestützten Mauern.
Wohl wird eine Zeit sein, wo von unseren gegenwärtigen
Ruinen keine Spur mehr zu finden; aber es ist vorgesorgt
und niemals wird kommen ein ruinenloses Jahrhundert.

Im Menschenleben giebt es zwei Perioden der „Ruinen=
sucht". Der Jüngling entflieht an holdsamen Sommerabenden
der Studirstube und klettert durch Gebüsch und über Gefelse
alten Schlössern zu. Er späht, forscht und lauert im Gemäuer
herum, und weiß nicht, was er sucht. Sein Leben knospet
ihm so frisch und voll, unbewußt regt sich in ihm der Drang
zu Thaten. Er fühlt, sein Theil müsse ihm erst werden, sein
großes, schönes Theil an dieser licht= und lustvollen Welt.
Fast instinctmäßig sucht er in der Vergangenheit der Menschen
seine Zukunft zu erfassen. Er durchwandert Ruinen, schwärmt
und träumt, bis der Mond auftaucht über dem Gemäuer,
sieht Ritter und Burgfräulein, ist selbst ein Edelknabe im
Minnedienst. — Aber unbefriedigt steigt er nieder zu seinen

heutigen Tagen, und das Räthsel ist nicht gelöst. — Die Jahre fliehen, der Mann muß Thaten vollbringen, um sein vermeintliches Glück zu erwerben. In dieser Ganzheit seines Ich hat er der Ruinen vergessen. Doch der Mann überlebt sein Heil. Nun wieder steigt er langsam empor zu den Resten, die auf waldigen Hügeln und Bergen ragen. Gelassen und leidenschaftslos durchwandert er das bröckelnde Gemäuer. Er schwärmt und träumt nicht mehr — braucht keinen Mondenschein. Er versteht nun die Ruine, und an den traurigen Denkstätten aus alter Zeit holt er sich Resignation.

Ruinen haben in der Regel drei Zeitabschnitte. Erster Abschnitt: Das Haus wird verlassen; der Witterung ist freier Spielraum gegeben. Insecten kommen, bohren, schaben, lockern, unterminiren. Die Fenster zersplittern, die Thore modern, das Dach bricht ein. — Zweiter Abschnitt: Die Nässe dringt durch das Gemäuer, durch Balken und Dielen, sie löst und sie fördert die Fäulniß. Das Eis sprengt Risse und Klüfte, Stürme rütteln, lockere Steinchen rieseln. — Dritter Abschnitt: Der Wald kommt, allerhand Pflanzen, Moose, Schlinggewächse wuchern, kriechen in die Ritzen und klettern das Gemäuer empor. Junger Tann sproßt aus den Klüften und Sprüngen, wächst auf den Zinnen. Das gräbt und stemmt und hebt. Und die Insecten sind fleißig fort und fort, und die Witterung nagt fort und fort und der Auerhahn und der Rabe vermögen den lockeren Stein mit dem Flügelschlag vom Gemäuer zu lösen, und endlich wanken die Wände selbst und stürzen. Und auf den Schutthaufen wuchern Kräuter, Sträuche, Bäume; und der kleine Steinhügel sinkt ein, und schließlich breitet sich über Alles der grüne, lebendige Wald.

So wird ein Menschenwerk durch den Zahn der Zeit langsam zernagt, aber — neues Leben sproßt aus den Ruinen.

Die Ruine Hohenwang, eine der größten und interessantesten Bergfesten des steierischen Oberlandes, die von ihrem steilen, waldigen Berge aus wie ein Diadem im ganzen oberen Thale der Mürz sichtbar ist — befindet sich heute im Uebergange vom zweiten in den dritten Abschnitt. Der Wald, der die Feste umgiebt, ist mannbar, aber die Massen der oft anderthalb Klafter dicken Mauern ragen noch hoch über den Wipfeln empor. Die Länge der Ruine von Ost nach West beträgt 160 Schritte. Die Abgründe dreier Zugbrücken müssen übersetzt werden, ehe man durch den Thorbogen schreitet, der in das Herz der Feste führt. Ein junger Tann wuchert im Innern des Gemäuers, seine Wurzeln in den Tiefen der unterirdischen Gewölbe windend, hebt er seine Kronen bis zu den Zacken und Zinnen der Thürme. Außerordentlich kräftige Nahrung muß er haben, dieser Wald, nur weiß man nicht, saugen seine Wurzeln aus den Kellern den in Schwelgerei vergossenen Wein oder aus den Verließen die vergossenen Thränen.

Im östlichen Theile weist sich die Bauart der Wohnungen noch am deutlichsten, weist sich sogar manch' ziemlich erhaltene Freske. An einer der Wände ist die Stelle der Schloßcapelle zu erkennen; des Weiteren ist Alles der Vernichtung anheimgefallen. — Lange Zeit und vor wenigen Jahren noch prangte in der Wandnische ein uraltes Frauenbildniß, aus dem eilften Jahrhundert stammend. Maria besucht ihre Schwester Elisabeth. Hoch wurde das Bild in dem Gemäuer verehrt, und mancher Pilgersmann lag auf dem grünen Rasen der Capelle. Da sollen eines Tages sieben Kinder daselbst um die Genesung ihrer kranken Mutter gebetet haben. kamen aber plötzlich Ameisen in Schaaren aus dem Mauerwerk gekrochen, so daß sich die kleinen Beter davor entsetzten

und davonliefen. Kaum hatten die Kinder den Ort verlassen,
so stürzte die Capelle ein. Das Bild lag unversehrt im
Schutte. Am Fuße der Ruine, auf sanft ansteigendem Waldanger, steht heute ein neues Kirchlein', in welchem das Bildniß aufgestellt ist. Junge Frauen tragen, wenn sie sich die
besondere Gunst des Herrn erflehen wollen, ihre Braut-
kränze in diese Kirche, um das liebliche Sinnbild der ewigen
Jungfrau und Mutter zu opfern. Solche Kränze sind ein
gar freundlicher Schmuck der einsamen kleinen Bergkirche
und legen ein seltsam Gefühl in's Herz des Beters. Vor
dem Kirchlein zur Rechten und zur Linken stehen zwei
buschige Fichtenstämme. Auf einem dieser Stämme hing
monatelang ein Kränzlein aus Rosmarin. Man wußte nicht,
wer es, anstatt in die Kirche auf den Baum gehangen hatte.
Einer demüthigen Magd fromme Meinung war es. Vor
dem Altare hatte man sie nicht trauen wollen mit dem Er-
wählten, denn sie waren blutarm — aber auch blutwarm!
So haben sie in des lieben Gottes Namen das Maidkränz-
lein auf den grünen Baum gehangen.

Von solch' idyllischer Gegenwart zurück in die Vergangenheit. Wann und wer das Bergschloß Hohenwang erbaut, das weiß man nicht. Das Volk erzählt sich, der Juden-
könig Herodes habe es gethan, habe den Mörtel zum Baue
nicht mit Wasser, sondern mit Wein, der damals im Ueber-
flusse hier gewachsen, zubereitet, und so daure das Mauerwerk bis auf den heutigen Tag und werde fortan dauern.
Ein einziger Greis lebt in der Gegend, der behauptet, nicht
aus Wein, sondern aus Blut sei der Mörtel zu dem Schlosse
bereitet worden. Der Mann mag wohl das Richtige getroffen
haben: voreinst haben alle Großen ihre Burgen aus dem
blutigen Schweiße der Leibeigenen aufgebaut. Im fünfzehnten

Jahrhundert taucht uns die erste Urkunde Hohenwang's auf. Herren von Gallenberg und später die Grafen von Schärfenberg besaßen die Burg, welche gegenwärtig der Hut des Ritters von Wachtler anheimgestellt ist. Große geschichtliche Erinnerungen sind an Hohenwang nicht geknüpft; wohl aber gemahnt das gewaltige, trotzige Wesen des ganzen Baues gar sehr an die wilden Culturzustände des Mittelalters. Einer Sage nach soll die Burg schon im Jahre 1529 von den Türken verbrannt worden sein; indeß ist sie ja zu Anfang dieses Jahrhunderts noch anständig erhalten gewesen. Da waren jedoch eines Tages schlimme Gäste gekommen — die Franzosen. Diese Herren hatten auf der Bergfeste arg gewirthschaftet. Die Rüstkammern hatten sie geplündert und mit den Lanzen und Harnischen aus altehrwürdiger Zeit im weiten Schloßhofe Turniere abgehalten. Den prächtigen Rittersaal mit den üppigen Gemälden aus dem Fabelreiche der alten Römer hatten sie zu einer Reitschule gemacht. Durch das große Redehorn des Thurmes hatten sie Hohn und Spott hinabgerufen in das Thal, wo der kummervolle Landmann seine kleine Habe zu wahren suchte. Und als sie endlich an Allem ihren Muthwillen ausgelassen hatten, wollten sie auch noch frevelnd in die Burgcapelle dringen. Hier aber stand vor dem alten Bildnisse Mariens der Castellan, der hatte vor sich ein Pulverfaß stehen und schwang in der Hand eine brennende Fackel. „Ehe ich der lieben Frauen was anthun laß'," rief er, „eher sprenge ich Hohenwang in die Luft." Erbleichend wich die welsche Rotte zurück. So ist das Bild der „Heimsuchung" bewacht und verschonet worden.

Nach der Franzosenzeit sank die Burg rasch dem Verfalle zu. Nur der alte Castellan blieb in seiner öden Kammer, hütete das Bild und läutete das auf dem Thurme befindliche

Glöcklein zu den Gebetstunden, dreimal des Tages. Auch
wenn im Sommer die Hochgewitter drohten, läutete der Alte.
Die gute Absicht des betagten, schwachsinnigen, müh- und
drangsäligen Greises hat den lieben Gott gerührt. In sturm-
voller Gewitternacht einen Flammenwink hat er gegeben —
und der Greis war erlöst.

Den letzten Bewohner von Hohenwang, den Castellan,
hatte der Blitz erschlagen.

Aber die eine liebliche Blume des Mittelalters sproßt
und blüht noch heute auf dem Schutte: die Marienminne.
Ihre süßen Farben leuchten durch den schattigen Wald. Und
wie im Thale auch die Fabriken poltern und das Dampfroß pfustert — auf grüner Bergeshöhe weht des Glöckleins
zitternder Schall und ewig jung bleibt in der Menschheit
die Sehnsucht nach dem Göttlichen, nach der Idylle Edens
— das Heimweh des Herzens nach dem Herzen. — —

Und nun nehmen wir, noch einen letzten Blick auf die
Leute werfend, Abschied von diesem Lande. Die Bewohner
des Mürzthales, meist kräftige Gestalten, gleichen an Charakter
und Lebensweise den Mur- und Ennsthalern. Die Kleidung
ist hier nicht durchgehends steierisch, so wie diese malerische —
aber freilich mitunter unpraktische Tracht — leider auch in
den oberen, westlichen Theilen des Landes allmählich schwindet.
Der Mürzthaler ist redlich und gemüthvoll, aber sein Wesen
verleugnet auch eine gewisse Schneidigkeit und Barschheit
nicht. Er sieht die Zuzüge der Sommerfrischler, die von
Jahr zu Jahr zunehmen, nicht ungern, und man merkt
doch in Allem den Einfluß, den Stadt und Welt auf ihn
üben. Die alten Sitten und Traditionen verschwinden, und
endlich lebt man im Mürzthale nicht mehr anders, als etwa
ni der Umgebung Wiens. Drei und vier Stunden weit drin

in den hohen, entlegenen Waldthälern wohnen auch noch
Menschen, die ihr Taufwasser und ihren Hochzeitswein in
der Pfarrkirche heraußen holen müssen, und die nach voll-
brachtem Tagwerk auf dem Friedhofe der Pfarrkirche ruhen
wollen. Die alten Gebräuche der Hochzeiten werden zumeist
zu Hause bei der Werbung, beim Frühmahle und bei der Rückkehr vom Hochzeitstage geübt, es sind deren so viele, daß ich
den, der sich dafür interessiren mag, auf mein „Volksleben
in Steiermark" verweisen muß. Allmählich werden auch diese,
meist dem germanischen Alterthum entstammenden Sitten verlöschen; jüngere Leute schämen sich heute schon der alten Weise.
Nur der steierische Tanz, der deutschen Tanzkunst edle Blüthe,
wird gehegt und von der jungen Generation wieder neu zur
Geltung gebracht. Im Allgemeinen ist der Steierer ja stolz
auf sein Steiererthum. Aber dessen sich ureigentlich bewußt
wird er erst, wenn er in der Fremde ist und das Heimweh
wach wird in seinem Herzen. Kehrt er aus den Weiten aber
glücklich zurück und sieht er sie wieder, seine grüne Heimat,
da quillt ihm wohl aus tiefster Brust des Liedes Jauchzen:

> „Dieses schöne Land ist mein Steierland,
> Ist mein liebes, theures Heimatsland!"

In der weiten Welt.

(Erlebnisse und Eindrücke von meinen Reisen durch Deutschland, Holland, die Schweiz und Italien.)

—

Es war an einem heitern Märzmorgen, im Jahre 1870. Ich brütete über der Karte von Europa.

— Du bist frisch und frei, Junge, und die große, schöne Welt steht dir offen. Willst du nach Süden, in das sonnige Land der Rosen, oder nach Osten, in die stillen märchenträumenden Ebenen, oder nach dem schattigen, sagenreichen Norden, oder nach dem stolzen, kräftig schaffenden Westen, dem Schoßkinde der heutigen Zeit? Wähle die Wege und wandere!

Der schattige, sagenreiche Norden. Wohlan, den heiligen Boden der Germanen, den will ich betreten.

Am 8. Mai, als eben die Schwalben angekommen waren, zog ich fort. Ein bepacktes Handkofferchen am Arm, einen Plaid über der Achsel, und viel Wanderlust im Herzen, so enteilte ich der Stadt Graz.

Ich machte noch einen kleinen Abstecher in mein Heimatsthal. „Sei brav und vergiß unterwegs nicht auf den lieben Herrgott!" sagte mein Vater. „Und geh' nicht gar zu weit fort, Bub!" versetzte die Mutter, „wirst doch nicht wieder gar in's Wienerisch' hinauslaufen!"

Ich mochte es den guten Eltern gar nicht sagen, wie weit es gehen sollte — über Länder und Meer! — Die

15 *

Reise ging durch Mähren und Böhmen, durch Sachsen und Preußen zur Insel Rügen, dann über Hamburg zur See nach Holland und rheinaufwärts in's Schwabenland, in die Schweiz und über Tirol zurück.

Beunruhigt durch den plötzlich ausgebrochenen deutsch-französischen Krieg beschleunigte ich die Reise; außerdem war mein Auge für fremde Länder und Menschen nicht geübt und meine Weltanschauung gar simpel. Daher die sprung-hafte, raschhineilende Weise, die diesen Schilderungen anhaftet.

Zwei Jahre später unternahm ich, nebst meinen in jenen Jahren wiederholt gemachten Fahrten in Oesterreich-Ungarn und den Fußwanderungen in den Alpen, eine Reise durch Italien. Wenn ich auch von dieser Reise etliche Eindrücke und Erlebnisse hier mittheile, so geschieht es der Ergänzung wegen.

Daß ich nicht Alles, was ich vor Jahren schrieb, heute verantworten möchte, ist erklärlich, eben so erklärlich aber ist es auch, daß ich die Spuren von jenen für mich so wichtigen Zeiten des Auflebens nicht ganz verkommen lassen mag.

Mögen denn diese harmlosen Reiseskizzen jenem Wohl-wollen begegnen, das sie bei ihrem ersten Erscheinen gefunden haben und ohne welches sie nicht bestehen könnten.

Der Verfasser

Die sächsische Schweiz.

Wenn es einmal Riesen gegeben hat, — und daran zweifle ich nicht, denn meine Großmutter hat es oft gesagt — und wenn diese Riesen auch geschmackvolle Künstler gewesen sind, dann kann ich mir die sächsische Schweiz erklären.

Da werden sie einmal zu einander gesagt haben: Was doch dieses Land an der Elbe so öde und leer ist! Wie nimmt sich dagegen da oben das Salzburger Land und die Steiermark und die Schweiz so prächtig aus, da stehen neben den grünen Wiesen und den blauen Flüssen und Seen die großen Berge mit dunkeln Hochwäldern und grauen herrlichen Felswänden! — Wäret ihr Alle dabei, wenn wir hergingen und uns auch so etwas bauten? Und wahrhaftig, sie gingen her, brachen Felsmassen von den südlichen Alpen und vom näheren Riesengebirge und schleppten sie hinab an die Elbe und legten sie an beiden Ufern derselben übereinander und bauten Wände und Thürme und nebenhin an den kleineren Bächen bildeten sie Schluchten mit Zacken und Hörnern und Höhlen und allerhand sonderbaren Gestalten. Dazwischen ließen sie aber tiefe dunkelgrüne Thäler frei und neben und an und über den Felsen pflanzten sie dichte Laub- und Nadelwälder, und

hinter denselben, in finsteren Schluchten, errichteten sie Wasserfälle und gruben Untiefen in die Unterwelt.

Und nun hatten die Riesen an der Elbe eine Gebirgswelt voll Schönheit und Romantik, wie sie kaum die viel-
gerühmte Schweiz hat, da oben hinter dem Rhein. Die Schweiz
ist zwar schön in ihrer Großartigkeit, aber ihre Großartigkeit
ist gar nicht mehr bequem für den Menschen; die Natur
scheint dieses Land auch gar nicht für den Menschen gemacht
zu haben, sondern für sich selbst. Das Bergland an der
Elbe aber hatte die Schönheiten der Natur mit der Symmetrie
der Kunst vereinigt; es war eigentlich eine ungeheuere Bild-
hauerarbeit. Und dazu war das Bergland ganz für den
Menschen zurechtgelegt; es war ein Hochgebirge, aber deshalb
nicht unfruchtbar, es war eine wildromantische Felsenwelt,
aber deshalb nicht unzugänglich und gefährlich. — Und eben
aus diesen letzten Umständen ist zu schließen, daß die Schweiz
an der Elbe von kunstfertiger Menschenhand der Riesen gebaut
worden ist; die Natur baut nicht so niedlich und großartig, so
bequem und wüst zugleich, sie müßte denn gerade in guter
Laune gewesen sein.

Dergleichen Dinge dachte ich mir, als ich durch die
Schluchten des Meißener Hochlandes schritt. Mein Gott,
man denkt denn einmal allerhand kindisches Zeug, wenn man
so allein und in sich gekehrt dahinschlendert. Als mich endlich
die gut angelegten Wege auf Anhöhen führten, fast ohne daß
ich's merkte, und ich plötzlich keine Wildbäche und Felswände
mehr sah, sondern zwischen grünenden, blühenden, sich weithin
ziehenden Kornfeldern stand, da wurde mein Denken ein anderes — nüchterner und vernünftiger.

Dieses Gebirge der sächsischen Schweiz konnte eigentlich
nur durch Vertiefungen entstanden sein, das heißt, die Gegend

mußte einst eine Hochebene oder ein einfaches Hügelland gewesen sein. Da kamen wüste Wässer, schwemmten sich Betten,
rissen Gräben in das Erdreich, nagten an dem Gesteine und
höhlten all' die Schluchten. Und als das Wasser schon längst
unten in den Tiefen dahinbrauste, begannen an dem ent-
blößten Felsen andere Bildhauer zu arbeiten, nämlich die
atmosphärische Luft, der Frost und die Sonne, und so sind
die eigenthümlichen Felsbildungen zu Stande gekommen. Zu
all' dem senkte sich von oben fruchtbares Erdreich zwischen
das Gestein und in seine Risse und Klüfte, und so wuchs in
und aus denselben überall der frische, kräftige Wald.

Vom Elbethal aus meint man sich in weiß was für
einem Hochgebirge zu befinden, besteigt man aber eine der
nahen, castellartigen Felswände, so steht man erst in gleicher
Höhe mit dem übrigen Boden des Meißner Hochlandes.
Nur wenige Berge, wie z. B. der große und kleine Winter-
berg, der Lilienstein, der Königstein, erheben sich thatsächlich
bedeutend über die normale Höhe.

Diese hier so überaus seltsame Natur haben die Menschen früh aufgefunden, haben auf die Höhen idyllische Häuser
und in die Thäler freundliche Städte gebaut, haben die Flüsse
geregelt, überbrückt, Wege und breite Straßen angelegt und
dieselben gepflastert und gewahrt; zu den Felsenzinnen hinan
haben sie Treppen gebaut und oben sichere Geländer und hohe
Thürme hingestellt, und auch bequeme Gasthäuser dazu. Und
der Elbe entlang haben sie Segel und Dampfschiffe flott gemacht und feste Straßen und Eisenbahnen angelegt, damit
nun von Süden und Norden die Menschen kommen sollten
zu sehen, was da auf diesem Fleck Erde für ein herrliches
Land und Leben.

Und sie kommen.

Schon im Frühlingsmonate strömen sie heran aus allen
Gegenden, Reiche und Arme, Gesunde und Kranke, Herren
und Diener; — und Solche, die schon gehadert mit dem
Leben, weil es ihnen für ihre Millionen keine Lust und Zerstreuung mehr bieten wollte, werden in diesem Eldorado
wieder für einige Tage munter. Da entfaltet sich denn in
den ungeheueren Prachtanlagen ein lautes, klingendes Leben,
und der Sachse lächelt schlau dazu und schlägt reiche Zinsen
aus den Felsen seines Berglandes.

Der Sachse ist aber auch ein Mensch, der sich sehen
lassen darf vor den Fremden aus dem Süd- und aus dem
Nordlande. In diesem Meißener Hochlande wohnt ein ge-
schlachtes Völklein: gleich auf den ersten Blick merkt der
Fremde die Cultur; diese drückt sich aus in den freundlichen,
reinlichen Wohnungen, in der bequemen einfachen Kleidung
und in der zutraulichen, entschiedenen Ausdrucksweise. Kein
Einziger ist mir auf meinen Wanderungen in der sächsischen
Schweiz begegnet, der mir nicht zuvorkommend einen „guten
Tach" geboten hätte. Und wenn ich um den Weg fragte, so
wußte man mir denselben stets so einfach und bestimmt zu
erklären, daß es eine Freude war. Es mochte vielleicht
Zufall sein, aber auffallend war, daß mir auf dem ganzen
Wege kein Bettler begegnete, da sonst in dergleichen Gegenden der Fremde von solchen Wesen stets verfolgt und
gequält wird. Selbst Kinder, die sich als Führer anbieten,
wissen das ohne alle Zudringlichkeit und doch entschieden zu
thun. „Herr," sagen sie nach der Begrüßung, „wollen Sie,
daß ich Ihnen den Weg und die schönen Punkte zeige und
etwas trage, ich habe jetzt Zeit und möchte mir gern ein
wenig verdienen!" Und wenn man den gebotenen Dienst ab-
lehnt, so lüften sie wieder das Käppchen und ziehen ihrer Wege.

Die Dorfkirchen find einfach und meiftens evangelifch; die Friedhöfe gefchmackvoll, ftets mit fchönen, finnigen Infchriften, meiftens aus deutfchen Claffikern.

Mir hat's wohlgethan alldort, aber lieber find mir doch noch die Aelpler, und die Schönheiten der fächfifchen Schweiz können fich troh der „Riefenarbeit" nicht meffen mit den Herrlichkeiten der Gebirgswelt an der Traun und der Enns.

Aus der heiligen Stadt.

In einem Thalkessel der Ilm, von hohen Laubwäldern durchzogen, von fruchtbaren Kornfeldern und dunkeln Waldbergen umgeben, angesichts des sich in Südwesten bläulich hinziehenden Thüringer Waldes liegt Deutschlands heilige Todtenstadt. Hier haben sie gelebt, die Dichterkönige, die Propheten, und hier liegen sie begraben. Weimar ist ein deutsches Jerusalem, ein deutsches Mekka geworden.

Gleich wenn man über die Höhen von Apolda hinüber kommt, sieht man südlich der Stadt aus einem dunkelgrünen Laubwäldchen eine goldigfunkelnde Kuppel emporragen. Das ist die Fürstengruft und dort ruhen Schiller und Goethe.

Es war mir gar feierlich zu Muthe, als ich hinabstieg gegen das ruhige Städtchen. Dieses ist durchaus nicht reich an Pracht, aber die Häuser stehen schier weihevoll da, auf dem Pflaster hört man kaum einen Wagen rasseln, und durch die Gassen wandeln nur wenige Menschen. Es ist, als ob die Stadt von seiner Glanzperiode zur Zeit Karl August's träumte.

Und so lange Weimar steht, wird es träumen von jener Zeit und von den großen Männern, die seine Bürger waren.

Heute zeigt es nur mehr die Wohnstätten der Sänger und der Deutsche betritt sie mit Ehrfurcht als heilige Tempel seiner Propheten.

Es war hoher Nachmittag, als ich im Städtchen ankam; ich eilte an dem Goethe- und Schiller-Monument am Theaterplatz vorüber, direct Schiller's Wohnhaus zu. Bald darauf stand ich*) im Zimmerchen, wo Schiller gearbeitet hatte und gestorben war. Da steht noch der Schreibtisch und auf demselben das Tintenfaß; da liegt noch das Buch offen, in dem er zuletzt las, und da liegt noch der Brief, den er zuletzt schrieb. Der Sessel steht auch noch am Tisch — man meint, der Professor müsse den Augenblick kommen und sich hinsetzen und seinen „Demetrius" fertig schreiben.

Aber die Schließerin zeigt auf das leere, nur mit grünen und welken Kränzen belegte ärmliche Bett im Winkel und sagt leise: „Hier ist er gestorben."

Am Bette steht das Nachttischchen mit der Schale, aus der er seinen Thee trank, und mit dem Medicinfläschchen.

Am Ofen steht ein Saitenkasten, auf welchem eine Guitarre liegt; ich hatte es schier nicht unterlassen mögen, eine Saite zu berühren. Doch, diese Saiten mögen ruhen und trauern; Schiller's Lyra klingt ja durch die ganze Welt für ewige Zeiten!

Goethe's Wohnung ist nicht zugänglich. Seinerzeit ist der Eintritt gestattet gewesen; da war einmal, so erzählt man, ein Engländer gekommen und der hatte Goethe's Feder mitgenommen; seitdem läßt der Eigenthümer des Hauses keinen Fremden mehr ein.

---

*) Durch die Vermittlung des Dichters Julius Grosse, der im Schillerhause als Präsident des Schillervereines wohnte.

Herder wohnte im Pfarrhofe, unmittelbar an der Stadt-
kirche; Wieland's Haus ist unweit des Theaters. Jedes dieser
Häuser ist mit dem Namen des betreffenden Dichters bezeichnet.

Ich bin lange vor den Erzbildern der vier Sänger
stehen geblieben.

Zur Nachmittagszeit wanderte ich dem Friedhofe zu, obwohl mir gesagt worden war, es würde mir kaum möglich
sein, in die Gruft zu gelangen.

Der Friedhof zu Weimar ist ein dichter, dunkler Wald
von Espen, Linden, Eichen und Cypressen, unter welchen die
geschmackvollsten Denkmäler stehen. In diesem Waldesdunkel
birgt Deutschland so manches theuere Grab; ich nenne nur den
berühmten Schauspieler Wolff, den Tonsetzer Hummel u. s. w.
Zu beachten ist die Grabschrift des Menschenfreundes Johannes
Falk, welche, von ihm selbst verfaßt, folgendermaßen lautet:

„Unter diesen grünen Linden
Ist durch Christus frei von Sünden
Herr Johannes Falk zu finden.
Kinder, die aus deutschen Städten
Diesen stillen Ort betreten,
Sollen fleißig für mich beten:
Ewiger Vater, Dir befehle
Ich des Vaters arme Seele
Hier in dunkler Grabeshöhle!
Weil er Kinder angenommen,
Laß ihn einst zu allen Frommen
Als Dein Kind auch zu Dir kommen!“

Mitten im Friedhofe nun steht ein tempelartiges Gebäude mit der goldschimmernden Kuppel, und hier ist die
Grabstätte des Großherzogs Karl August von Weimar und
seiner Freunde.

Es ist recht so, denn:

> „Könige und Dichter steh'n
> Auf der Menschheit lichten Höh'n,
> Darum sollen Dichter stets
> Heiter mit dem König geh'n;
> Darum sargt die Dichter ein
> Neben einem Königsschrein,
> Damit sie beim Aufersteh'n
> Wieder mit dem König geh'n!"

Ich stand eine Zeit lang im Tempel und las die Inschriften der unten Ruhenden. Da kam ein Mann, der wohl der Thorwart sein mochte und den ich fragte, ob er mich nicht in die Gruft führen könne.

„Ist nicht gestattet," antwortete er kurz.

Da war ich betrübt und sagte leise: „Ich hätte ihre Särge gern gesehen, aber ich werde wohl in meinem Leben nicht mehr hierher kommen."

„Sind wohl aus fernen Landen?" fragte der Mann.

„Aus der Steiermark."

Auf dieses Wort schlug er mir heiter auf die Achsel: „Da sind wir ja schier Landsleute; meine Heimat ist in Ungarn, nahe an der steierischen Grenze; bin mehreremale in Steiermark gewesen. Ei schau, aus der Steiermark! Sapperlot, das freut mich. Kommen Sie, lieber Herr!"

Mit diesen Worten zog der Mann einen Schlüssel aus der Tasche und führte mich in die Gruft.

Links in der düsteren Nische stehen zwei Särge aus dunklem Eichenholz, mit Lorbeerkränzen geschmückt — hier ruhen Schiller und Goethe.

Am göttlich verehrten Grabe des Propheten Jesus Christus hätte ich kaum gerührter und ehrfurchtsvoller stehen können, als an dieser Stätte unseres erhabenen Sänger-paares.

All' die andern fürstlichen Särge, die im Hauptschiff des Gewölbes der Reihe nach stehen, waren mir ziemlich gleichgiltig, obwohl mein Landsmann von der ungarischen Grenze viele Worte aufbot, mein Interesse dafür zu erregen. Nur am Sarkophag Karl August's war mir, als müßte ich dem schlummernden Fürsten meinen Dank sagen, daß er der edle Freund unserer Dichter gewesen ist.

So war mein Wunsch erfüllt und als ich dem Thor-wart zu Lohn noch erzählt hatte, wie es in der Steiermark und an der ungarischen Grenze zugehe, verließ ich den Fried-hof und wandelte langsam gegen die Stadt.

Am Abend — dieser war so mild und heiter, und die Thürme von Weimar funkelten so prächtig in der unter-gehenden Sonne — machte ich einen Spaziergang durch das „Hölzchen" und zwar in Begleitung der beiden Dichter, denn ich las Schiller's „Spaziergang" und Goethe's „Elegien".

In Berlin.

ie lieben Berge waren weit zurückgeblieben.

Der Eisenbahnzug ging über Sumpfland und Moorgründe. Ueber der ganzen Gegend lag feuchter Nebel. Da kam mitunter ein scharfer Luftzug und riß den Nebel auseinander und da sah man hie und da eine träge Windmühle.

Endlich rollten die Waggons über den grauen, langsam heranwogenden Elbefluß und links an der Bahn lag eine Stadt, aus welcher unter Anderem zwei runde Thürme emporragten. Das waren die Thürme der Schloßkirche zu Wittenberg, an deren Thore Luther den 31. October 1517 die 95 Sätze anschlug.

In der Schloßkirche zu Wittenberg liegt der große Reformator begraben.

Wieder senkte sich der Nebel über die historische Stadt, der Zug aber rollte weiter.

Das war einförmig; der Zug ging über den öden Fläming und durch die endlose Ebene der Mittelmark.

Von der Kirche zu Jüterbog, deren hohe Thürme auf einen Moment zu sehen waren, erzählte mir ein Reisegenosse, daß in derselben einer der Ablaßkästen aufbewahrt sei, mit denen Tetzel damals die „Peterspfennige" gegen Promessen auf das Himmelsreich gesammelt hatte. — Nein, was man doch mit dem lieben Herrgott Alles trieb, setzte er dazu, jetzt stellte man gar falsche Papiere auf seinen Namen aus!

Ueber dem Stadtthore von Jüterbog soll nach den Angaben meines Reisegefährten eine Keule hängen, welche die eigenthümliche Inschrift trägt:

> „Giebst du deinen Kindern Brot
> Und leidest nachmals selber Noth,
> Schlag' ich dich mit dieser Keule todt!"

Es soll sich eine finstere Sage an dieses Wahrzeichen knüpfen.

Mein Reisegefährte wollte mir dieselbe eben erzählen, da kam ein Schaffner und überreichte uns einen Plan von Berlin nebst einem Anzeigeblatt der Gasthöfe, Unterhaltungen u. s. w.

Wir nahten der preußischen Hauptstadt. Ich konnte kaum den Plan studiren, ich mußte immer durch das Fenster sehen, ob die Thürme der stolzen Residenz nicht schon auftauchten. Aber es war immer das öde Heideland mit Sumpf und Moorgründen, über dem der trübe Himmel lag.

Endlich gegen Abend fuhren wir an dem Kreuzberg (eine sehr mäßige Anhöhe, — das einzige „Jebirge" der Berliner), vorüber; die Königsstadt lag vor uns.

Bald darauf ging ich mit meinem Kofferchen der unabsehbaren Friedrichsstraße entlang dem Hotel Bristol zu.

Im Hotel war meines Weilens nicht lange. Noch an demselben Abend traf ich mit einem Grazer zusammen, der sich in Berlin ansässig gemacht hatte. Dieser lud mich mit der Artigkeit des Norddeutschen und der Herzlichkeit des Oesterreichers in sein Haus ein und führte mich seiner jungen

Frau auf, welche ebenfalls eine Steirerin war, was sie auch dadurch zeigte, daß sie den Tisch mit steierischen Gerichten bedeckte. So saß ich, mitten in der Stadt Berlin, in einer traulichen Stube echt steierischer Gemüthlichkeit und ich konnte wieder von meiner Heimat sprechen und ihre Schinken essen und ihren Wein trinken und einem jungen Ehepaar in's Auge sehen, das sich steierisch liebte. Da war ich denn sehr vergnügt und ich blieb tagelang in der Familie. —

Unter den Linden! Das ist eine sehr breite Straße mit einigen sehr bestaubten Baumreihen und mit stolzen Häusern an beiden Seiten. Hier gehen und fahren und reiten sie, tragen die Köpfe hübsch vertical und denken stets: Wir sind Berliner!

Ich armer Oesterreicher schlich an Allem nur so vorüber und sah auf das schöne glatte Pflaster. Ja, die Wunden haben sie uns geschlagen, das Pflaster aber haben sie für sich behalten.

Dort im Palais, auf dem die rothe Fahne mit dem schwarzen Kreuze weht, wohnt der „olle Willem". Er sieht gern zum Fenster heraus, wo Friedrich der Große in Erz gegossen auf dem Pferde sitzt.

Was doch so ein alter König denken mag, wenn er zum Fenster hinaussieht? An das Glück seiner Völker doch wohl? Ei gewiß! — Ne, doch nich allemal! So ein Mann, der Krone und Purpur trägt und vor dem ein Volk im Sande liegt, denkt, wenn er zum Fenster hinaussieht, in der Regel nichts als: Ich bin der König!

Aber es giebt wenige Menschen in der Welt, die mit Recht sagen können: Ich bin der König!

„Ei, wie jefällt Jhnen Berlin?" fragte mich ein alter Herr, der sich mit besonderer Artigkeit an mich anschloß, da

er, wie er selbst sagte, ein Vergnügen daran finde, Fremde
auf die Vorzüge seiner Vaterstadt aufmerksam zu machen.

„Berlin ist eine stolze, herrliche Stadt," sagte ich.

„Nich wahr!" entgegnete der Mann und sein Angesicht
leuchtete. „Aber dat ist unglooblich, hören Sie mal. War
ich vor acht Jahren in Thüringen jewesen, Jott, das Thüringen ist jar nich so besonders, als man sacht; Berche und
Berche, ach, du mein jütiger Himmel, was ist ooch en Berch?
Da sehen Sie mal unseren Kreuzberch an, dat ist en Berch!
Aber lassen sich mal sachen; ist so ene Jans von ener Dam
jekom un meint, die Umjebung von Berlin sei en trostloses
Sandmeer! Jut, sach ich, aber sind man ooch mal in Berlin
jewesen? Dat nich, sacht die Jans. Dann jehen Sie erst
hin und daruf reden Sie! sach ich und ken Wort hat die
Jans mehr jesprochen! Und jetzt frach ich Sie, mein Herr,
ist die Umjebung von Berlin en Sandmeer?"

„Gott bewahre!" entgegnete ich, aus Furcht nach dem
Schicksale der Dame aus Thüringen der Thierwelt zu verfallen.

„Dat freut mir! Ach Jott, wenn alle Oesterreicher so
einsichtsvoll wären, wie Sie, 's wäre janz anders. Nich wahr,
jebildete Leute sind wir Berliner und es kann ooch jar nich
anders sind; sehen sich nur mal unser Aquarium, unser
Museum, unser Rathhaus an und jehen Sie doch mal in's
Arsenal! Den Thierjarten werden Sie doch um Jotteswillen
ooch besuchen; sind Sie man schon in Potsdam jewesen?
Ach, ich mach mich ene Ehr und begleite Sie; unter ener
Woche werden Sie mit Berlin jar nich fertich, dat glooben
Sie mich!"

Der Mann ging mit mir und je schöner ich Alles fand,
desto seliger war er. Ich brachte die Erinnerung an mein

schönes Heimatland zum Schweigen und freute mich an den
kärglichen Naturschönheiten und an den modernen Menschen-
werken und an dem kindischen Gemüthe meines Berliners.

In Berlin sieht man überall Spuren von Friedrich II.,
doch trägt Alles, was aus dieser Zeit stammt, den französischen Charakter. Potsdam mit Zugehör, das einzige Stück
wahrhaft lieblicher Landschaft, das man in der Umgebung
von Berlin findet, hat von dem tiefsten Grundstein seiner
Schlösser bis zu dem höchsten Strahle seiner Springbrunnen
durchwegs französische Formen. Nur die Menschen sind deutsch
und zum Glücke viel deutscher als jener König, dem der Ort
seinen Glanz verdankt. Ich weiß, daß er groß war, aber
ich habe keine Sympathie für Friedrich den Franzosen.

Einigemale wurde meine Freude im Betrachten der Herrlichkeiten Berlins etwas getrübt. Im Museum sah ich österreichische Gewehre, im Arsenal österreichische Kanonen, in den
Kirchen österreichische Fahnen — Alles von Königgrätz her
und ich ging durch eine Königgrätzer Straße und ich ging
an Siegesdenkmälern vorüber, die auf Oesterreichs Unkosten
entstanden sind.

Man sagt, sie hätten damals Recht gehabt und für
Deutschlands Einheit sei ein 1866 nothwendig gewesen. Mag
sein, ich bin nicht der Richter, ich bin nur der, welcher das
größte Weh empfand, als sie mitten durch Deutschland den
blutigen Grenzstrom leiteten.

Eine nächtliche Fahrt auf Usedom.

———

ie Glocke auf dem Dampfboot „Victoria" hatte bereits das zweitemal geläutet, als ich in Stettin mit meinem kleinen Reisegepäck dem Hafen zueilte. Ich begab mich sofort auf das Deck, denn ich wollte noch am Abend des laufenden Tages auf Rügen sein. Aber ich war am Abend nicht auf Rügen. Erst als der Dampfer, auf dem ich mich befand, schon draußen auf dem breiten Oberstrom dahinglitt, erfuhr ich vom Capitän, daß die „Victoria" nicht nach Rügen, sondern blos nach Swinemünde gehe. Und ärgerlich war es zu hören, als mich der Capitän belehrte, daß um diese Jahreszeit von Swinemünde bis nach der Insel Rügen gar keine Verbindung sei, und daß mir, wenn ich nach Rügen wolle, nichts übrig bleibe, als am nächsten Tag wieder nach Stettin zurückzufahren oder mit der Post durch die ganze Insel Usedom nach Anclam und von dort über Stralsund hin zu reisen.

Als ich von daheim fortging, hatte ich mir vorgenommen, mich auf meiner Reise über nichts, und käme da, was nur wolle, zu ärgern, sondern Alles ruhig hinzunehmen. Das mit Swinemünde nun war für meinen Entschluß die erste kleine Probe, die ich indeß bestand. Bald hatte ich bestimmt, daß ich

mit dem Postwagen nach Anclam fahren würde. Nach einer
sechsstündigen Seefahrt durch das große Haff, auf welchem
dem Reisenden die Mutter Erde einmal auf einige Zeit abhanden kommt, ankerten wir bei der kleinen Stadt Swinemünde. Hier ist der Hafenplatz der Kaufmannsstadt Stettin,
an welchem alle größeren Schiffe, welche nicht mehr durch die
seichte Mündung in das Haff und in die Oder hineinzusteuern
vermögen, landen.

Swinemünde liegt auf der Insel Usedom, auf welcher
man jetzt nichts mehr findet, als das nette Städtchen, einige
Fischerdörfer, Buchenwaldungen und einen Badeort. Einst
war mehr auf der Insel Usedom. Da hat vor undenklichen
Zeiten eine große Stadt gestanden, die war Wineta geheißen,
war von Wenden bewohnt und hatte alle erdenkliche Pracht
und Herrlichkeit, welche man in jenen Zeiten nur finden
konnte auf der Erde.

Aber die Götter, die in den stillen Hainen der einsamen Insel Rügen wohnten, blickten neidisch herüber auf das
gewaltig rauschende Leben und üppige Treiben der Bewohner
von Wineta, und in einer Sturmnacht sank die stolze Stadt
hinab in den tiefen Meeresgrund.

Wenn Du heute an stillen Abenden von felsigen Ufern
hinabblickst in die blaue Fluth, so kannst Du sie noch sehen,
die Thürme und Paläste, und ein leises Glockenklingen hören;
das ist das ewige Sterbeläuten der geheimnißvollen Stadt,
die in den Tiefen der Ostsee begraben liegt.

Der Wirth in Swinemünde, bei dem ich mich an jenem
Tage behaglich niedergelassen hatte, machte mich darauf
aufmerksam, und ich ging richtig am Abend hinaus an
die felsigen Ufer und blickte hinab in die blaue Fluth, sah
aber nichts als dunkelbraune Steinblöcke, über welchen ein

paar Hechte hin- und herschwammen und nach kleineren
Fischen Jagd machten. Auch das Glockenklingen konnte
ich nicht hören, weil die Wellen, die an das Ufer schlugen,
zu sehr rauschten.

Um neun Uhr Abends ist es in diesen Gegenden im
Frühsommer noch heller Tag; da aber ein empfindlich kalter
Wind zog und ich noch vor Mitternacht mit der Post
weiterreisen wollte, beschloß ich, in mein Gasthaus zurückzukehren, um wenigstens ein paar Stunden der Ruhe zu
pflegen.

Aber in einem seltsamen Lande, unter einem ganz fremden
Himmelsstriche, so viele wunderbare, lebendige Bilder in der
Seele, und neuer stets gewärtig, harrt der Müde oft gar
lange und vergebens auf den ruhigen Schlummer. Dieser
stellt sich nicht ein, und die Eindrücke des Tages spielen und
klingen noch fort, nur daß sie sich für Momente mit den
Trugbildern des Traumes vermählen.

So ging es auch mir, und noch bevor ich einschlafen
konnte, klopfte der Wirth schon an die Zimmerthür, mit dem
Bemerken, daß der Postwagen in zehn Minuten abgehe.

Sofort machte ich mich eiligst reisefertig, kaufte den
Fahrschein und der Postillon schob mich in den Wagen.

Beim matten Schein einer halb verdeckten Oellampe
sah ich, daß ich zwei Reisegefährten hatte, die mir gegenüber
in den beiden Ecken lehnten und schlummerten; es waren ein
Mann und eine Frau, nach dem Aeußeren zu schließen aus
der ärmeren Bevölkerung.

Der Wagen rollte dahin, anfangs über Wiesengründe,
dann durch Buchenwälder. Ich sah zum Fenster hinaus und
betrachtete die schwermüthige Einsamkeit der Natur. Der
Himmel war mit Wolken bedeckt, man hörte keine Grille und

keinen Nachtvogel, aber hie und da rauschte es in den Zweigen und in den Kronen der Bäume.

Der Mann mir gegenüber fuhr sich mehrmals mit der Hand über das Gesicht und blickte in das Freie hinaus. Die Bäume standen zeitweise sehr dicht und es war fast ganz finster.

„Ein wahrer Urwald," bemerkte ich, um mit meinem Nachbar womöglich ein Gespräch anzuknüpfen, allein dieser machte eine kurze Entgegnung, die ich nicht verstand, dann lehnte er sich wieder in den Winkel, um einzuschlafen.

Der Wind draußen wurde immer heftiger, das Laub rauschte wie ein Wasserfall und die Aeste schlugen wüst ineinander. Unser Wagen rollte eilig dahin. Meine Gefährten schliefen und ich sah stets zum Fenster hinaus und hörte dem Winde zu, der heftiger und heftiger und endlich zum Sturme ward.

Als wir nach einer Zeit auf eine Heide kamen, da sah ich Wunderbares. Da lagen und standen und flogen weiße Riesengestalten umher, die Glieder dehnten sich, die Gewänder flatterten, rissen sich los vom großen Körper und bildeten selbstständige Gestalten. So hauste der Sturm in dem Nebel, der auf der Heide lag. Aus den zerrissenen Wolken sausten schwere Regentropfen an unser Wagenfenster. Ich zog meine Reisedecke enger um mich.

Bald wurde es indeß ruhiger und über der Heide und über dem Wald wurde es klar; man sah die Sterne und im Nordosten ging ein heller Schein auf. Es sah aus, wie der anbrechende Morgen, aber ich hielt es für ein Nordlicht, weil es erst ein Uhr in der Nacht war. Es war aber kein Nordlicht, sondern wirklich der anbrechende Morgen, wie mir der Mann in der Ecke zu verstehen gab, der unruhig an seinem Fenster saß.

Er schien jetzt vollständig wach. Er blickte einigemale sorgsam nach der Frau in der andern Ecke, die wohl
seine Gattin sein mochte. Diese schlief noch immer. Er
berührte sanft ihren Arm, der über den Sitz hinabhing, ließ
ihn aber, wie mir schien, aus Furcht sie zu wecken, in seiner
Stellung.

Ich betrachtete mit gesteigertem Interesse das sonderbare
Bild draußen. Der Tag war aufgegangen — aufgegangen
gleich nach Mitternacht, um die wüsten Geister, die auf der
Insel herrschten, zu zerstreuen. Was ist dieser Norden da
oben doch für ein wunderbarer Himmelsstrich!

Plötzlich stand der Wagen still. Der Postillon öffnete
den Schlag, der Mann mir gegenüber hob die schlafende
starrgestreckte Frau ruhig auf die Achsel, stieg aus und trug
sie von der Straße abseits im Morgenroth über die Heide.
— Das war ein neues Räthsel für mich. Ich wollte den
Postillon fragen, was es denn mit diesen Menschen für ein
Bewandtniß habe; allein dieser saß schon längst wieder auf
dem Bock, ließ flink weitertraben und blies auf seinem Horn
ein heiteres Lied. Erst auf der Station, an der ich ausstieg,
dem Postknecht ein paar Groschen für ein Glas Bier in die
Hand drückte und mich dabei um meine geheimnißvollen
Reisegefährten erkundigte, erfuhr ich deren Geschichte.

Es ist ein trübes, seltsames Geschick aus einem Menschenleben, kaum zu begreifen und zu erfassen für mich und
den Leser, aber gewiß noch schwerer zu tragen für den, dem
es zugefallen.

In Swinemünde ist das Grab eines jungen Seemannes,
der, in seinem Berufe verunglückt, ein trostloses Elternpaar,
dessen einziges Kind er war, auf Erden zurückließ. Als die
Eltern, arme Fischerleute aus dem Westen der Insel, den

Tod des Sohnes erfahren hatten, machten sie sich auf den Weg und wanderten nach Swinemünde zum Grabe des Kindes.

Und als sie am Hügel standen und beteten, und als der Vater seinen Wanderstab in die Erde bohrte, zum Gedenkzeichen der Stätte, wo der geliebte Sohn lag, da traf den guten alten Fischer ein zweites Unglück. Sein Weib sank neben ihm zusammen, rief ihn und den begrabenen Sohn noch einmal beim Namen und war todt. Der Schlag hatte sie getroffen. —

Nun sollst Du, alter Mann, auch Dein Weib hier begraben und allein heimkehren in die Hütte und allein leben und sterben und allein ruhen unter dem Rasen im heimatlichen Pfarrdorfe. —

Aber das wollte der Mann nicht, er wollte sein Weib daheim begraben; doch, arm, wie er war, konnte er ja nicht die Ueberführungskosten der Leiche bezahlen.

Wer weiß, welche Pläne der Arme gemacht haben mochte, bis er endlich zum Postknecht in den Stall kam und diesen bat, er möge ihn und sein todtes Weib mitnehmen bis hin in seine Gegend, er zahle das Fahrgeld wie für zwei lebendige Menschen, aber mehr könne er nicht, und wenn der Postknecht „ein Stein sei", so müsse er (der Fischer) sein Weib in der Fremde begraben, und dann sei es wohl das Beste, daß er sich gleich auch selbst dazu lege zum Sohn und zum Weib, denn allein heimkehren, das könne er nicht.

Ob das recht war vom Postillon oder nicht, er war kein Stein und nahm die beiden Eheleute mit bis gegen das Dorf, wo der Mann seine Hütte hatte und das Weib den Kirchhof. —

Der Postillon hatte es mir nun erzählt, schwang sich dann wieder auf den Bock und blies das Posthorn.

Als ich später allein am Gestade bei Stralsund saß, dachte ich nach über die nächtliche Fahrt auf Usedom, über den Sturm im Walde, über die Nebelgebilde auf der Heide, über den schweigsamen Mann an meiner Seite und über das gebrochene Mutterherz.

Auf dem Churme der Marienkirche zu Stralsund.

— —

Einen der eigenthümlichsten Eindrücke auf meiner Reise durch Deutschland hat Stralsund auf mich gemacht. Ein stillernstes Denkmal aus lebens- und drangvollen Tagen steht sie da, rings von Wasser umgürtet — die zehnthorige Stadt Jaromar's.

Jaromar, ein Fürst von Rügen, hat Stralsund im Jahre 1209 gegründet. Da kamen die Dänen und Lübecker mit Feuer und Schwert, auf daß die kaum dem Meere entstiegene Jungfrau wieder untertauche in den finsteren Urgrund. Aber bald erhob sie sich wieder, und schöner und lieblicher als je und sie vermälte sich mit der deutschen Hansa.

So ging eine lange Zeit hin und Stralsund blühte als Handelsstadt. Da kam im Jahre 1628 ein mächtiger Feldherr, der Herzog von Friedland. Dieser schwur, die Stadt zu erobern, und wäre sie mit Ketten an den Himmel gebunden. Aber nicht an den Himmel war sie gebunden mit Ketten, sondern an die Herzen ihrer Bürger. Diese erschlugen dem gewaltigen Wallenstein zwölftausend seiner besten Streiter vor den Wällen der Stadt, und der Belagerer zog ab.

Im westfälischen Frieden wurde Stralsund den Schweden abgetreten, aber der große Kurfürst eroberte es wieder für Deutschland zurück.

Von nun ab wurde Stralsund, das seine der Hansa-zeit entstammende Kraft und Macht längst aufgezehrt hatte, ein Spielball zwischen Preußen, Dänen, Schweden und Franzosen, bis es heute unter dem Schutze des mächtigen Preußen ausruht von seiner großen, blutigen Geschichte.

Stralsund mit seinen schmalen, hohen Häusern, zahlreichen Erkern und stattlich zugespitzten Giebeln, hat ganz den Cha-rakter einer mittelalterlichen Stadt. Die engen, größtentheils parallel laufenden Gassen sind meistens nur von den Factoren des Kleingewerbes belebt, nur gegen den Hafen hin, in welchem jährlich ungefähr 600 Seeschiffe mit Getreide, Mast-vieh, Wolle u. s. w. ein= und auslaufen, entfaltet sich das rege Leben und Streben des Schiffsvolkes.

Im Sommer ist in Stralsund der Fremdenverkehr ziem-lich bedeutend, während für den Winter der Adel und die reichen Bürger der Stadt, welche auf der gegenüberliegenden Insel Rügen ihre Sommerwohnungen haben, in die Stadt zurückkehren.

Unter den Gebäuden Stralsunds ist nur das eigenthüm-lich geformte, vielthürmige Rathhaus mit seinem großen Keller, die Nikolauskirche und die Marienkirche hervorzuheben.

Von dem hohen Thurme der Marienkirche aus, welchen man (über 368 Stufen) fast bis zur Spitze besteigen kann, hat man die entzückendste Aussicht über das befestigte Viereck der Stadt, über einen Theil von Mecklenburg, der Insel Rügen und den blauen Strela=Sund mit seinen zahlreichen Schiffen. Südöstlich schweift der Blick über den Greifswalder Bodden und nördlich fernhin über die Fläche des Meeres.

Als ich auf dem Thurme war, ging nach einem Gewitter gerade die Sonne unter. Die Luft war ungewöhnlich
rein, der Himmel zum größten Theile klar geworden, nur
über Greifswald und die Insel Usedom zogen sich noch
Regenstreifen, von einem wunderbar reinen Regenbogen
durchwoben. Auf dem Meere, gegen Schweden hin, standen
am Horizont weiße Punkte — einsam wallende Segelschiffe,
und über den Sund streiften Seemöven.

Von Rügen schimmerte das drei Meilen weit entfernte,
hochliegende Bergen herüber.

Ich konnte mich von diesem Bilde nicht trennen. —
„Rügen!" — rief ich aus von Begeisterung hingerissen —
„du meer- und lichtumflossenes Eiland, du sagenreiche Stätte
altdeutscher Cultur, du Wiege deutscher Befreier aus römischer
Herrschaft; du einst von den Segeln der Hansa umkreister
Eichenhain; du ersehntes Ziel der Naturforscher, du Waldes-
ruh der Poeten — ehrwürdige Warte im Norden: sei mir
gegrüßt!"

„Ik wet nich, jez stahn mer schon twe Stunden da!"
mahnte der Küster, der mich auf den Thurm begleitet hatte.

„Steigen Sie in Gottesnamen hinab, ich werd' schon
nachkommen," sagte ich.

Darauf meinte er, ich würde allein nicht hinabfinden,
eine Zumuthung, über welche ich lachte.

Der Mann bedeutete mir noch, daß ich mich immer an
den Handstrick rechts halten müsse; den Schlüssel, den er
unten stecken lassen wolle, möge ich ihm, wenn ich nachkomme,
in seine Stube bringen, dann ging er. Ich sah noch, wie die
Sonnenstrahlen im Meere erloschen, wie Rügens Hauptstadt
noch einmal aufgeglühte und wie dann stille Dämmerung
lag über Land und Meer.

Tief unter mir tönte schon die dumpfe Abendglocke der Marienkirche, als ich endlich an das Hinabsteigen dachte.

Im Thurme war es ganz dunkel; ich hielt mich immer an die Handhabe rechts. Ich stieg langsam und vorsichtig abwärts. Auf den steinernen Stufen fühlte ich hie und da Schutt, den ich beim Hinansteigen nicht bemerkt hatte. Ich hatte stets den Strick in der Hand. Dann und wann rauschte es, ich mußte wahrscheinlich Familien von Fledermäusen behelligen. Mir wurde fast unheimlich; ich suchte in meinen Taschen nach einem Streichhölzchen, fand aber keines und plötzlich hatte ich auch den Strick verloren. Ich tastete an der rauhen, unübertünchten Mauer umher, aber ich fand keinen Strick. Wird sich doch wohl auch ohne einen solchen hinabhelfen lassen, dachte ich und kroch über Stufen und Stufen. Die Treppe wand sich und ich kam immer mehr in Schutt, und endlich hatte ich Mauer und Schutt neben und vor mir und ich konnte nicht mehr weiter. Viel Staub hatte ich aufgewirbelt, der legte sich mir jetzt in die Augen und an die Lippen. Dann und wann flatterte etwas vorüber, aus welchem meine erregte Phantasie machen konnte, was sie wollte. — Ich war schier rathlos, doch entschloß ich mich, wieder emporzusteigen, die rechte Treppe zu suchen oder im schlimmsten Falle von der Höhe des Thurmes um Hilfe zu rufen.

Aber es sollte noch einen schlimmeren Fall geben, den nämlich, daß ich auch den Aufgang nicht mehr fand; ich kletterte über Stufen und Schutt und Gerölle empor, da stand ich an einer feuchten Wand, konnte nicht weiter und mußte wieder umkehren. So kletterte ich eine Zeit lang erregt und ruhelos auf und nieder und mir schien, als käme ich immer in andere Räume. Hie und da sah ich hoch über mir eine schmale Wandscharte, durch welche einige matte

Strahlen des Abends hereinfielen, sonst war überall undurch-
dringliche Finsterniß.

Ich verwünschte meinen Eigensinn, nicht dem Küster
gefolgt zu sein — aber das Bild war ja so herrlich gewesen!

Ich ergab mich in das Unvermeidliche; am nächsten
Morgen würde sich das Weitere ja doch wohl finden.

Ich setzte mich auf einen Stein, schlug meine Wollendecke,
die ich immer mit mir trug, eng um Achseln und Brust und
versuchte einzuschlafen. Aber ich war zu erregt. — So hilflos und verlassen hier, hoch über den Menschen! Wenn unten
die Uhr schlug, hörte ich kaum die Töne. —

Indeß, nach und nach wurde es in mir ruhiger und
noch einmal begann sich in dieser camera obscura das
abendliche Bild der Aussicht von oben zu klären. Ich sah das
meer- und lichtumstrahlte Eiland — ich sah stolze Schiffe
gleiten mit lustig wehenden Wimpeln über den dunkeln
Wassern; — ich sah endlich, wie aus den Fluthen Felsen
und Triften und Wälder und Auen sich erhoben und ich sah
Hütten und Heerden und heiter- Hirten. Ich sah lustig jodelnde
Sennerinnen und rüstige Gemsjäger. Und unten in den stillen
Thälern sah ich Dörfer mit Schindeldächern und weißen
Wänden, und ich sah, wie aus den Schornsteinen blauer
Rauch aufstieg — ich sah mein geliebtes Alpenland. — Ich
hörte auch das Glöcklein klingen im Thale. — Mit einem
lieben Freunde wandelte ich den duftigen Waldweg, wir
gingen Arm in Arm. Zwei Mädchen, die der letzte Lenz
aus Kindern zu Jungfrauen gemacht hatte, gingen den Berg
heran und als sie zu uns kamen, pflückten wir Veilchen . . .
Da schwand plötzlich das liebe Traumbild und ich war wach.

Unweit von mir hörte ich Gepolter und Männerstimmen,
Lichtschein fiel mir in die Augen.

Das waren der Küster und sein Sohn, die, als ich am späten Abend und fast gegen Mitternacht noch immer nicht mit dem Schlüssel von dem Thurme zurückgekommen, sich mit einer Laterne aufgemacht hatten, um zu sehen, ob mir in den zahllosen Räumen und Winkeln des alten Thurmes doch nicht etwa was zugestoßen sei. Ich war bei den vielen durch abgelöstes Mauerwerk halbverschütteten Treppen weit abgeirrt von der Haupttreppe, und war wirklich schon einem Abgrund nahe gewesen, der mich zwar mit einemmale um ein Bedeutendes tiefer, aber zuletzt wohl gar um sechs Schuh zu tief gebracht hätte.

Wir mußten viele Treppen hinabsteigen und als wir an der Glocke vorüberkamen, schlug diese die eilfte Stunde.

Den andern Tag im Morgensonnenschein fuhr ich über den Sund und wanderte durch die Insel Rügen bis hinan zum Rugard.

Dort stand ich still und blickte rings um mich.

Da sah ich die Hügel von Putbus, die Buchenwälder bei Granitz und Stubbenkammer, die Kreidefelsen bei Arkona, die zahlreichen blauen Buchten, das Meer ringsum und in blauer Ferne gegen Westen den Thurm der Marienkirche zu Stralsund.

Im Lande der Hünen.

D ieses Rügen — wer es vor tausend Jahren besucht hätte! Da würde er in den dunkeln Urwäldern der Insel ein halbwildes Kriegervolk gefunden haben. Das waren Slaven, stark und kräftig gebaute Männer mit großen, blonden Bärten, Riesen im Vergleich mit dem heutigen Geschlecht. Nicht hinter den Heerden zu wandeln mit bekränzten Häuptern und die Schalmei zu blasen wie das alte Hirtenvolk Arkadiens; nicht den Pflug zu führen mit heiterem, hoffendem Gemüthe wie der Kelte, war der Sinn dieses Volkes — mit dem Bogen und mit dem Schwerte zog der Mann aus; von der Jagd brachte er seine Beute heim, oder vom Feindesland. Nur das Weib trieb Feldbau, besorgte alle häuslichen Verrichtungen, und überwachte die Kinder. Der Knabe, sobald sein Arm den Speer tragen konnte, zog mit dem Vater auf die Jagd oder in den Krieg.

Die Obotriten, die Wilzen, die Lutizier, die Redavier, das waren slavische Stämme, theils auf der Insel Rügen, theils in dem benachbarten Pommern lebend, die enge Bündnisse unter einander schlossen, um den deutschen Königen zu trotzen. Die fränkischen Fürsten rückten wiederholt an, um diesem nordischen Volke ihre Sitten und ihre Religion zu geben und ihm dafür das Land zu nehmen.

Aber lange, lange Zeit haben die Bewohner Rügens ihre ureigenen Zustände gewahrt.

Da stand an der nördlichsten Spitze der Insel, auf den wüsten Felsenufern Arkonas von festen Erdwällen umgeben der Tempel des obersten Gottes.

Dieser Gott hieß Swantewit. Sein Bild war von übermenschlicher Größe und hatte vier Köpfe. In der rechten Hand hielt er ein metallenes Horn, an seiner Seite war Sattel, Zaum und Schwert. Der dritte Theil von all dem, was auf der Jagd erbeutet oder im Krieg erobert wurde, war diesem Gotte geweiht. Es gab noch andere Götter, aber diese waren dem Swantewit unterthan und wurden nicht so verehrt, als der vierköpfige Riese.

An diesem Tempel und an diesen Gott nun knüpfte sich alles religiöse und politische Leben der Rügianer. Hier war, gestützt auf Weissagungen und Wunder schlauer Priester, der Mittelpunkt eines mächtigen hierarchischen Bundes, welcher über das Volk die Oberherrschaft führte und über Krieg und Frieden entschied.

Der Cultus war im Allgemeinen einfach. Nur im Herbste, zur Zeit der Ernte, wurde dem Swantewit ein pomphaftes Fest gefeiert.

Große Sorge widmete man der Bestattung der Todten. Die Leichen wurden verbrannt, die Asche in Urnen aufbewahrt und die Urnen nebst Schmuck und Waffen des Verstorbenen in tiefe Steingräber versenkt, über welche man ganze Erdhügel schichtete und große Granitblöcke als Wahrzeichen aufstellte. Die Begräbnisse wurden mit vielen Wehklagen und Schmausereien gefeiert.

Seht Ihr sie wallen dort, die Priester, von der Begräbnißstätte durch den nächtlichen Hain gegen Arkona? In weißem Opfergewande schweben sie, den goldenen Gürtel um den Leib. Auf dem Kreidefelsen von Littow lodern die Opferflammen und unten rauschen die schwarzen Fluthen der See. — Und dort oben über den Saum der Kreidefelsen hin reitet Swantewit auf weißem Rosse, er zieht gegen die Feinde des Landes und des Glaubens, um sie zu schlagen mit Blindheit und Pest.

Und zur mitternächtigen Stunde schwebt Hertha mit der goldenen Krone, die Göttin und Mutter der Erde, auf einem silbernen, von zwei weißen Kühen gezogenen Wagen durch den Eichenwald. Es geht der Halbmond auf und die Göttin steigt hinab zum See, um sich darin zu baden.

Und dort in den Urwäldern von Charenza wandelt der siebenköpfige Gott des Krieges: Rugivit, und es wandelt Borevit, der Gott der Wälder, und Porenut, der Gott des Donners, wilde schreckliche Gestalten, anzusehen wie wandelnde tausendjährige Eichbäume ohne Blatt und Blüthe.

Und es zogen im Mondenglanze durch den Hain die Schatten erschlagener Jünglinge und verwunschener Prinzessinnen. Und wieder schwebten geheimnißvolle Götterschaaren durch den Eichenwald, und die Rügianer brachten um Mitternacht Schlachtopfer — Menschenopfer — und tanzten unter Lobgesängen um die blutrauchenden Opfersteine!

So das Rügen vor tausend Jahren. Und wer es heute besucht, das sonderbar zerrissene Inselland!

Seit den tausend Jahren ist es deutsch geworden, und die Menschen und die Städte und die Sitten sind dort, wie überall in den deutschen Landen. Zwar noch heute werden uns Urwälder gezeigt, doch diese sind kaum einige hundert Jahre alt; die Wälder der Wenden sind längst, längst zusammengebrochen.

17*

Wohl finden wir Denkmale von jenem merkwürdigen Volke. Auf Arkona sind noch Ueberreste jener slavischen Burg und des Tempels, in welchem der vierköpfige Swantewit verehrt wurde. Wir finden in den Buchenwäldern von Jasmund noch graue verwitterte Opfersteine und wir finden Hünengräber, so fest und kolossal, daß man meint, die Erbauer derselben müßten wirklich Riesen gewesen sein. Wir erkennen sogar noch, wo die Hertha=Burg gestanden und wer in der Mitternachtsstunde den unweit Stubbenitz gelegenen kleinen Waldsee besucht, der kann die weiße Göttin noch baden sehen in den dunkeln Wellen.

Das Alles und noch vieles Andere giebt Zeugniß von dem Volke jener dunkeln Zeit, und darum wandeln träumerische Touristen aus allen Ländern heute so gern über die Insel und meinen im Blätterrauschen des Eichenwaldes und an den alten Opferstätten noch den Lebenshauch jener längst untergegangenen Stämme zu vernehmen.

Aber es mußten große Ereignisse gewesen sein, welche die Insel Rügen von jenem Zustande vor tausend Jahren zu jenem brachten, in dem sie heute ist. Wer diese Ereignisse erfahren will: in der Geschichte der Deutschen und der Schweden findet er sie aufgezeichnet.

Jetzt braust der Strom des modernen Lebens über die Insel. —

Nicht blos der Geschichtsforscher und der Sagenfreund, auch der Naturkundige findet in der sonderbaren Gestaltung, in den merkwürdig geformten Kreidefelsen, in den seltenen Mineralien und Muscheln der Insel Rügen seine Rechnung. Für den Mann der Völkerkunde liefert die abgeschlossene Insel Hiddensö im Nordwesten und die entlegene Halbinsel Mönchsgut im Südosten interessanten Stoff, denn die Einwohner dieser Landstriche sind von allen deutschen Inselbewohnern der Ostsee die einzigen, welche, abgeschlossen von dem Culturstrome, ihre ursprüngliche Originalität bewahrt haben. Sie machen gewissermaßen einen eigenen Volksstamm aus; sie haben eigene Sitten und Gebräuche, eigene Kleidung, einen eigenen Dialekt, noch sehr erinnernd an frühere Jahrhunderte. Eine Eigenthümlichkeit der Mönchsguter ist es, daß sie bei Leichenbegängnissen in weißer, und bei Hochzeiten in schwarzer Farbe gekleidet gehen. Die Mönchsguter sind sehr religiös, friedfertig, mäßig und arbeitsam. Sie leben größtentheils von Fischerei, von Lootsendienst und von Ackerbau.

Auch der Lebemann, der blos genießen will, zieht zur schönen Sommerszeit nach Rügen. Die Bäder von Putbus und Saßnitz wissen ihm alle Bequemlichkeiten zu bieten; das Jagdschloß der Granitz erschließt ihm seine Kunstschätze und gönnt ihm wohl auch manche Stunde Waidmannslust.

Mitten auf der Insel liegt Bergen, die Hauptstadt. Hinter derselben erhebt sich der Rügard, der höchste Punkt auf Rügen, von dem aus man die ganze Insel mit ihren Buchten und Seen, und Bergen und Wäldern, und Städten und Landzungen übersehen kann. Gegen Westen hin sieht man über der Meerenge in duftblauer Ferne die Thürme von Stralsund, nördlich Hiddensö und Wittow mit dem Leuchtthurm von Arkona, südlich Greifswald und die Insel Usedom, und östlich Stubbenkammer mit seiner vielzackigen Kreidewand.

Um all' das schlingt sich — breitet sich aus die blaue Fläche der Ostsee.

Auf diesem Punkte, dem schönsten auf Rügen, dem schönsten in ganz Norddeutschland, hat man dem deutschen Sänger Arndt ein Denkmal gesetzt.

Ich stand lange davor, meines lieben Vaterlandes gedenkend und seines Sängers. Endlich — damit ich mir von dieser, allen Deutschen heiligen Stätte auch ein Andenken mitnähme — schnitt ich aus dem Gehäge einen knorrigen Stock und durchwanderte damit die Insel. —

So das Rügen von heute.

Und wer es nach tausend Jahren wieder besuchen wird?

Der findet vielleicht nur mehr ein kleines Eiland. Das Meer nagt, und nagt unablässig an dem kleinen Lande. Es reißt immer weitere Buchten, es beißt und drängt sich immer mehr hinein; ein Stück Erde um das andere zieht es in seinen Abgrund, als wollte es dem neuen Geschlechte die Spuren des alten, geheimnißreichen Volkes vollends entreißen. Der hohe Rügard wird das letzte sein von Rügen.

Einer, der nach Amerika geht.

— —

Als ich von Rügen gegen Hamburg reiste, stieg auf dem Bahnhofe zu Schwerin ein Bauernknabe zu mir in den Waggon. Er hatte große, dunkle Augen, sehr angenehme Gesichtszüge und blonde, gekrauste Haare, welche sich nach Bauernart über die Stirne ringelten. Sein Anzug war von schwarzem, grobem Tuche, der Hut war ebenfalls schwarz und breitkrämpig. In einem blauen Tüchlein hatte er ein Bündel Wäsche und in der Hand hielt er einen kleinen Stock aus Weißbirkenholz, viel niedlicher als der meine war, den ich von der Insel Rügen mitgebracht hatte, und den ich mir als Reliquie aus dem Norden bis an das Ende meines Lebens aufbewahren will.

Als der Zug sich in Bewegung setzte, blickte der Knabe noch einmal auf das Städtchen und auf die Seen, zwischen welchen es liegt, und auf die Buchenwälder, und sagte halblaut: „Adieu, Du mecklenburgisches Land, halte Dich gut und sink' mir nicht in's Wasser!"

„Willst Du denn so weit fort, Kleiner?" fragte ich den Jungen.

„Ja, nach Amerika!" antwortete er kurz und bestimmt, fast trotzig. Dann sah er zu Boden und trommelte mit dem Stocke.

Ich schwieg erstaunt. „Nach Amerika,“ sagte ich endlich, „und mit wem denn?“

Der Knabe trommelte und gab mir keine Antwort.

„Es thut Dir wohl der Abschied weh? Bist da daheim?“

Der Knabe sah zu Boden und trommelte.

Nach einer Zeit that ich eine weitere Frage, denn der Kleine interessirte mich: „Und wie alt bist Du?“

„Nu, meinetwegen, so machen wir Bruderschaft!“ stieß er jetzt plötzlich heraus und warf mir einen fast zornigen Blick zu.

Nun hatte ich ihn verstanden. „Wohl,“ sagte ich, „wer so kühn und muthig in die fremde Welt hinauszieht, der ist ein Mann und kein Kind mehr; Sie fahren heute nach Hamburg?“

„Ja, mein Herr.“

Das Gespräch war wieder abgebrochen, der junge Reisende trommelte und ich lehnte mich in die Ecke des Coupé's und sah ihn an.

Endlich brach er das Trommeln ab, blickte zu mir auf, aber mit freundlichen Augen, und sagte:

„Neun Jahre bin ich alt.“

„Und bleiben Sie in Hamburg?“

„Wollen Sie wissen, wo ich geboren bin, so sehen Sie dort das kleine Haus am Walde an,“ sagte er, meine neue Frage nicht berücksichtigend, um die alte zu beantworten.

„Das kleine Bauernhaus dort mit dem Strohdach?“

„Ich seh’ sonst kein’s.“

„Also, das ist Ihre Heimat?“ bemerkte ich, indem mein Interesse für den Bauernjungen, der indeß hübsch hochdeutsch sprach, noch reger geworden war.

„Ich sagte nur, daß ich dort geboren bin, von einer Heimat weiß ich nichts. Meine Mutter ist seit acht Jahren todt, mein Vater seit vier Monaten; die Leute hier wollen mich nichts lernen lassen und ich bin ein armer Junge und kann mir noch nicht helfen, und jetzt gehe ich zu meinem Onkel."

„Wo lebt Ihr Onkel?"

„In Chicago."

„Und wirklich nach Amerika? Aber Sie werden doch nicht allein?"

„Nein, es werden auch Andere reisen."

„Aber, lieber Freund, haben Sie denn eine Idee, was das heißt, nach Amerika gehen?" sagte ich; ich meinte beinahe, der Junge sei so ungeheuer leichtsinnig, daß er daheim durchgegangen wäre, und sich jetzt einbilde, mir nichts, Dir nichts in die neue Welt übersiedeln zu können.

„Sie werden in die große Stadt Hamburg kommen und da werden tausend und tausend Menschen herumrennen, aber nicht Einer wird sich um Sie kümmern, oder man wird Sie nach Geld fragen und immer nur nach Geld. Und wenn endlich ein Schiff nach Amerika abgeht, auf dem Sie fort wollen, so müssen Sie gar viel Geld haben und Reisebriefe und eine gute Gesundheit dazu."

Der Kleine hörte mich gleichgiltig an. als wollte er sagen: Alles das habe ich.

„Das wird viele Wochen lang schweben und schwanken auf den endlosen Wassern," fuhr ich fort, „das Schiff wird einsam sein auf dem Meere und stürmische Wellen werden es hin- und herwerfen und die Wände und die Masten werden krachen, und Sie werden in Ihrem Winkel krank und verlassen sein, Niemand wird sich nach Ihnen umsehen

oder die Matrosen werden Ihnen rohe Witze zuschleudern.
Dann werden Sie denken an Ihre stille, gesegnete Heimat
und an Ihr treues, deutsches Vaterland, das Sie so kalt
verlassen konnten. Und endlich, wenn es gut geht, werden
Sie in jenes Land voll Stolz und Eigennutz kommen und
am Hafen einer großen Stadt —"

„Wird mich mein Onkel erwarten", unterbrach mich der
Junge mit ruhigem, aber bestimmtem Tone, und sein dunkles
Auge blickte mich wieder trotzig an.

„Was ist Ihr Onkel?"

„Ein Fabriksbesitzer. Vor sechsundzwanzig Jahren ist
er als Matrose nach Amerika gegangen, und jetzt nimmt er
mich zu sich, weil meine Eltern todt sind. Ich werde ein
Maschinenbauer."

Das nenne ich Entschiedenheit im Lebensplane. Ich
bekam Respect vor dem Jungen.

„Lieber Freund, ich möchte Sie um den Namen fragen,"
sagte ich.

„Ich heiße Simonis."

„Vielleicht wird Ihr Name in der Welt noch ruhmvoll
genannt!"

Der Knabe trommelte.

Dieses junge, selbstbewußte Leben hatte auch für mich
etwas Aufweckendes; ich fühlte, daß ich den Jungen sehr lieb
haben könnte.

„Sehen Sie, lieber Freund," bemerkte ich, „so ist es
in der Welt, wir sehen uns heute das erstemal und wahrscheinlich auch das letztemal. Ihren Namen schreibe ich mir
in's Taschenbuch und hier auf der Karte gebe ich Ihnen den
meinen mit. Wie wäre es, wenn wir wirklich auch noch
Bruderschaft machten?"

„Das werde ich mit Freuden thun, wenn ich weiß, wer Sie sind und was Sie wollen," sagte er, und blickte mich an und spielte in einemfort mit dem Stocke.

Ich hatte den Altklugen spielen wollen und jetzt war ich der Bevormundete.

„Simonis," versetzte ich, „ich bin das Kind eines Bauers wie Sie, und ich habe mich an's Lernen gemacht und ich will es in der Welt auch zu was bringen."

„Und wollen Sie auch Geld verdienen?"

„An das habe ich noch nicht gedacht."

So ging es fort, aber dazu kam es nicht, daß er sagte: „Gut, wir wollen Bruderschaft machen."

Als wir in die Bahnhofhalle zu Hamburg einfuhren, band der Junge sein Bündel fester, knöpfte den Rock zu und faßte den Stock.

„Also Mister Simonis, leben Sie wohl!" sagte ich, als wir ausstiegen.

„Tragen gefällig, junger Herr?" rief ein schielendes Individuum und langte zudringlich nach dem Bündel des Knaben.

„Danke!" sagte dieser und klopfte mit seinem Stocke dem Anmaßenden derb auf die Finger.

Dann warf er mir noch einen kurzen, kalten Blick zu und verlor sich im Gedränge.

Das Zeug für Amerika hat er in sich, dachte ich mir, und suchte mich mit meinem Handkoffer durch die Menschenmenge dem Ausgange zuzudrängen.

Es war bereits dunkel geworden; das Flimmern und Funkeln der hundert Lichter, das Rasseln und Schreien und Johlen und das Drängen und Stoßen war ganz dazu geeignet, einen Fremden, der das erstemal in die große Handels- und Seestadt kommt, für die ersten Augenblicke zu verwirren.

Ich hielt mich an die Häuserreihen und wanderte durch Gassen und Gassen, mein Hotel suchend.

Ich kam an ungeheueren Fleisch- und Gebäckauslagen, an belebten Theeschänken und Destillationen vorüber; dann hatte ich wieder rechts und links hohe Glaswände voll Gold und Silber und Edelgestein, Natur- und Kunstschätze aller Gattungen und aller Länder, dann stand ich plötzlich vor dunkeln Gründen, in welchen sich die Sterne und Strahlen der Lichter spiegelten — das waren die Seen und Teiche und Canäle der Alster. Und welch' bunte Welt, welches Leben, welche Eleganz überall!

Ich eilte weiter, ich blickte zu den stolzen Palästen auf, ich sah die malerischen Formen der altdeutschen Häuser, ich weidete mich an der Pracht der Noblesse und ich war grob gegen zudringliches Gesindel, aber ich vergaß auf mein Hotel.

Ich schleppte meinen Handkoffer weiter und weiter; ich kam ja nicht des Hotels wegen nach Hamburg, ich wollte den ersten Eindruck recht empfinden. Ich kam in dunklere, einsamere Gassen, da war viel unanständiger Staub und Geruch, und schmutziges Schiffer- und Fischervolk schrie und fluchte und lachte.

Plötzlich hatten die Häuser ein Ende und vor mir stand, weit in die Nacht hineinragend, der Mastenwald. Das Gesindel wurde noch zudringlicher. „Fründ, ick bedel nich! Dat nich, awers tragen! Ick will ok keu Geld! Nu wet ick nich, wo will Er vun Nacht slapen? Wat is dat för'n Ding? — Du hest Di den Düwel verswarn! Will er sin Or verkopen?" rief es mir von allen Seiten zu und drängte sich an mich.

Hast Dich zu weit vorgewagt, dachte ich und nahm eilig den Rückweg und floh durch mehrere Gassen.

Bald darauf hatte ich mein Hotel gefunden, in welchem ich mich auf einige Tage einmiethete.

Oft noch denke ich seither nach über den lebendigen, unendlich mannigfaltigen Hafen, an dem ich stundenlang spazieren ging, über die kleinen und großen und ungeheuren Schiffe, zwischen welchen ich mich durch Jollenführer herumschaukeln ließ; über den Thiergarten, den ich besuchte, den Michaelsthurm, den ich bestieg, über den Jungfernstieg und die Börse, über den Bazar und die Anlagen, und darüber, wie ich das Riesenschiff „Harmonia Hamburg" bestieg.

Es lag seit Tagen im Hafen und rüstete sich zur Abfahrt nach New-York. Ich staunte über die bequeme und zweckmäßige Einrichtung, über die Unzahl von Räumlichkeiten, vom eleganten Salon bis in die Theerkammer hinab; da fehlte nicht das Billard, nicht der Toilettekasten, nicht der vergoldete Lustre und nicht der kostbare Teppich. Tischler und Schlosser und Tapezierer hämmerten überall, um die schadhaft gewordenen Gegenstände auszubessern; Maschinen arbeiteten, mittelst welcher man die Vorrathskammern und die Waarenräume füllte. Ueberall reges Rüsten und Sichern auf die Tage, in welchen man dem Weltmeere preisgegeben sein wird.

In die Heizkammer der Dampfmaschinen rollten Steinkohlenladungen, an den äußeren schwarzen Schiffswänden hingen Männer, welche dieselben mit Theer bestrichen, und auf den Masten kletterten Seiler und Zimmerleute.

Ganz oben an der Spitze des mittleren Mastes, wo die deutsche und die nordamerikanische Flagge wehten, saß auf einem Querbrettchen ein Junge und machte eine dritte Fahne mit den Farben New-Yorks flott, welche sich zwischen den Strickleitern verwickelt hatte.

„Dat is de ni Schepjunge!" sagte der Mann, der auf
dem Schiffe mein Führer war, „hett de Schlingel ken Geld
un ken Voder un Moder und will nach Amerika gahn."

Jetzt erst sah ich den Knaben auf dem Maste näher an
— bei Gott, es war mein junger Bekannter, der kleine Aus-
wanderer.

„Simonis!" rief ich hinauf.

„Grüßen Sie das mecklenburgische Land!" rief er herab
und lustig flatterte die Fahne New-Yorks.

Am nächsten Tage ging die „Harmonia Hamburg" vom
Stapel. Am Hafen stand eine große Menschenmenge und
Viele schwenkten die Hüte und die Taschentücher: Gruß den
Seefahrern und dem Lande jenseits des Meeres.

Auch ich ließ mein weißes Tüchlein wehen, denn in der
höchsten Krone des mittleren Mastes, zwischen den drei
flatternden Fahnen, stand Simonis und schwenkte sein Hüt-
lein. — So glitt das stolze Schiff still stromabwärts.

Nach Amerika.

Amerika ist das gewaltige Dampfroß, mit sich fortreißend
England, Deutschland, Frankreich und all' die anderen
Waggons mit und ohne Räder. Und unaufhaltsam rollt und
schleift der Zug durch die Zeit . . . .

Glück auf!

Ein Spaziergang in Hamburg.

Jenes Hamburg, welches der furchtbare Brand von 1842 verschont hatte, steht heute noch da, wie ein vergessenes Stück siebzehnten Jahrhunderts. Die Häuser sind röthlichgrau, aus bemalten Ziegelwänden, zwischen welche sich in Kreuz und Quer Holzbalken ziehen. Die zahlreichen Erker, die steilen, rinnenförmigen Ziegeldächer nehmen sich malerisch aus. Viele Gebäude haben, weil der erste oder zweite Stock hervorsteht, scheinbar eine schiefe Stellung und man meint, sie wollten in die Gasse hereinfallen. Die Gassen dieses Stadttheiles sind sehr schmutzig und es verirrt sich selten ein zierlicher Spaziergänger oder eine elegante Carrosse in dieselben, denn hier lebt die Armuth und das Elend. Hier darbt manches Weib, dem die Meereswellen den Gatten oder den Sohn genommen, manches Kind, das vater- und mutterlos hier dem Laster erzogen wird, und auch so mancher Mann, der troß seiner Arbeitskraft und seiner ehrlichen Abstammung dem Gesetze nicht in's Auge schauen mag. Man kann ihnen ja begegnen, diesen schleichenden, bleichen, hohläugigen Gestalten, aber es ist besser bei Tag als bei Nacht.

Ei freilich feiert man in mancher Stube auch ein liebes heiteres Fest. Der Mann, der Vater ist zurückgekehrt aus

Amerika, aus Ostindien; ein paar Wochen sind dem alten
Matrosen unter den Seinen gegönnt; sein Schiff im Hafen
wird wieder flott und zuletzt brennt ihm gar selbst der
Boden unter den Füßen. Man sieht ihn wenig am Jungfernstieg, er fühlt sich allzufremd in der modernen Welt, die auf
Trottoirs und Teppichen wandelt; er mag aber auch nicht
hinaus in den Hammwald, und in den Thier- und Blumen-
garten, es schwindelt ihm fast auf der grünen Landschaft
und es wird ihm schwül zum Ersticken. Am liebsten ist er
am Hafen bei dem Wasser und bei dem Theergeruch, dort
verzehrt er seinen Morgenbranntwein und sein Stück Speck
und klettert auf Schiffen und Masten umher und brummt
Seemannslieder, und endlich geht's doch wieder hinaus in
die hohen, ewigen Wasser, in seine wogende, leuchtende
Welt, würdig in ihrer Schönheit des Mannesgemüthes,
würdig in ihren Gefahren des Mannesmuthes!

Freilich, der Kummer bleibt zurück in den engen, dumpfen
Stuben zu Hamburg und endlich kommt die Botschaft von
dem verunglückten Gatten und Vater. Das ist Seemannslos
und im Binnenhafen zu Hamburg steht ein Opferkasten für
die Witwen und Waisen.

Die Mannigfaltigkeiten des Hamburger Hafens würden
ein großes Buch füllen. Ich sehe sie noch auf dem grauen
Wasserspiegel der Elbe, die unzähligen Masten und Segeln,
die mächtigen Boote, die kleinen Kähne und die schmutzigen
Gesellen, die sich auf all' dem herumtreiben mit einer bewun-
dernswerthen Sicherheit. Ich sehe noch die Docks am Ufer
und die braunen Pfähle, an welche mit Ketten und Seilen
die Schiffe gebunden sind. Ich höre es noch, das rohe
Gepolter und Gelächter der Lootsen und ihrer Weiber. Fischermädchen tragen auf den Achseln an wageförmigen Balken

Körbe mit Fischen, Gemüse und Brot und schreien: „Kopt Karpen, kopt Hechte; kopt Wuttel, kopt Rok!" So gehen sie dem Hafen entlang vom Morgen bis in die späte Nacht.

Ein halberwachsenes Mädchen in Lumpen gehüllt drängt sich an uns und zerrt uns am Aermel: „Ick bi en Strackeldern!" Das heißt, es ist ein bemitleidenswerthes Kind, von dem wir uns durch einen Schilling loskaufen müssen.

„Dat is 'n Mann vun Ehr un Reputatschon!" schmeichelt uns ein alter Bettler, der ebenfalls eine Gabe will. Dann hören wir wieder das Hämmern auf den Fahrzeugen, das monotone Johlen der Lootsen und die Fischermädchen mit ihrem ewigen: „Kopt Karpen, kopt Hechte; kopt Wuttel, kopt Rok!"

Eines Morgens schritt ich dem Hafen entlang flußab- wärts. Ich wollte doch einmal sehen, wie lange das so fortginge mit dem Mastenwald und mit dem Seemannstreiben. Und das ging so fort, bis gegen Altona hinaus. Indeß, als es ruhiger wurde und sich der Wald gelichtet und ich eine freie Aussicht hatte auf den schönen breiten Strom, auf welchem zahllose Segelschiffe auf- und abglitten, ging ich noch eine Weile fort. Es lag zwar ein zerrissener Wolken- himmel über dem lebendigen Seebild und es fielen gar einzelne Tropfen, doch die Stille und die Einsamkeit that mir wohl, es war mir, als sei ich aus diesem Wogen und Stürmen des hochbewegten Lebens endlich wieder an das Gestade des Gemüthes gelangt.

Ich kam an Altona vorüber und meinte, ich sei noch immer in Hamburg. Ich schlenderte weiter, ich war ja schon tagelang nicht mehr so allein gewesen, als nun; — ich bin einmal so, ich kann das Träumen nicht lassen.

Es begann zu regnen, doch ich zog den Mantel enger und ging weiter. Rechts hatte ich eine lange Gartenmauer, links standen junge Laubbäume, zwischen welchen ich auf den Strom sah. Die Regentropfen, die in den Strom fielen! — gab das nicht ein poetisches Denken? Und die Tropfen, die auf mich fielen? Das gab auch ein Denken. denn sie fielen zahlreich

Endlich kam ich zu Häusern; dort stand auch eine Kirche und vor der Kirche eine riesige Linde — die ist wohl so gut und giebt mir Dach, bis der Regen vorüber ist!

So stand ich unter dem alten Baum und hörte dem Rascheln zu und sah wie die Tropfen in den Sand schlugen. Ich war eigentlich in einem Friedhof, denn an der Kirche hin waren Kreuze und Denksteine. Selbst an der Linde, unter der ich stand, war in einem Eisengitter ein grauer, hoher Stein. Will sehen, auf wessen Grab ich stehe.

Ei freilich sah ich's und ich erschrak beinahe. Auf dem grauen Stein stand Folgendes eingegraben:

„Saat von Gott gesäet.

Bei seiner Meta und bei seinem Kinde ruhet Friedrich Gottlieb Klopstock.

Er war geboren 2. Juli 1724,

er starb 14. März 1803.

Deutsche, nähert euch mit Ehrfurcht und mit Liebe der Hülle eures größten Dichters. Nahet, ihr Christen, mit Demuth und mit Wonne der Ruhestätte des heiligen Sängers, dessen Gesang Leben und Tod Jesum Christum pries. Er sang den Menschen menschlich den Ewigen, den Mittler Gottes. Unten am Throne liege sein großer Lohn ihm, eine goldene heilige Schale voll Christenthränen.

Seine zweite liebende und geliebte Gattin Johanna Elisabeth setzte diesen Stein, anbetend den, der für uns lebte, starb, begraben ward und auferstand."

Also auf dem Grabe des heiligen Sängers stand ich; der Regen hatte mich unter die Linde geführt.

Ich bin einer von Denen, die den „Messias" vollständig gelesen haben. Bis zum Sterben habe ich den Heiland stets mit tiefster Theilnahme begleitet; was weiter hinaus mit ihm geschah, das ist für uns sündige Menschen nicht zu fassen — halten wir dafür. daß Christus der edelsten Menschen einer war und daß er begraben wurde unter den Palmen. —

Auch der Grabstein von Klopstock's erster Gemalin Margarethe steht im Gärtlein unter der Linde, derselbe trägt die Aufschrift:

„Margarethe erwartet da, wo der Tod nicht ist, ihren Freund, ihren Geliebten, ihren Mann, den sie so sehr liebte und von dem sie so sehr geliebt ward. Aber hier aus diesem Grabe wollen wir mit einander auferstehen, du, mein Klopstock, und ich und unser Sohn, den ich dir nicht gebären konnte."

––– ––– ––– ––– ––– ––– ––– ––– –––

Oben säuselte es noch in den Blättern, aber die Sonne brach aus den Wolken und die Regentropfen funkelten.

Diesen Spaziergang nach Ottensen habe ich aufgeschrieben zur Erinnerung an den „heiligen Sänger".

Auf dem Meere.

Es war am Pfingstsamstag und in Hamburg.

Ich ging an den Hafen und ließ mich von einem „Jollen" durch hundert und hundert Fahrzeuge von allen Größen und aus allen Meeren der Welt hinausrudern zum Dampfer „Amsterdam", der fast mitten auf der Elbe lag.

Vor vielen tausend Jahren, man weiß nicht recht wann, haben sich die Menschen zum erstenmal auf eine riesige Nußschale gesetzt und sind vom sicheren Ufer mit den Palmenschatten in das indische Meer hinausgerudert. Weil die Ruderschläge der zwei Schiffer — mehr hatten auf den Schiffen kaum Platz — oft schwächer waren, als die Wellen der See, so haben sie über dem Fahrzeug eine Wand aus Baumblättern aufgerichtet, in welche der Wind blies und so das Schiff weiter schob. Freilich haben sie diese Segel gewendet, bevor es Abend wurde, damit sie noch vor Einbruch der Nacht das sichere Ufer, wo die Palmen standen, erreichten.

Und heute haben sich die Menschen Schlösser gebaut, Paläste mit stolzen Prunkgemächern, mit geräumigen Speisesälen und prächtigen Vergnügungshallen. Und auf den Zinnen der Schlösser liegen blühende Gärten und durch dieselben

führen reizende Spaziergänge in Lauben und Luftzelte; da
ergehen sich Herren und Frauen in Freude und Vergnügen
und sind sorglos, wie sonst. Und unten im Geschosse hobelt
der Tischler, hämmert der Schmied, preßt und dreht der
Sattler und der Seiler und schafft die ganze Handwerkerwelt.

Und mitten in dem herrlichen Bau wirkt eine wunderbare Kraft mit eisernen Gliedern und Armen, und diese
Kraft ist stärker, als hundert gesunde Männer zusammen, und
sie wird hervorgebracht durch ein wenig Feuer und Wasser.
Und hoch oben über den Zinnen blähen sich mächtige Fahnen,
als ob der Sieg errungen wäre über alle Elemente.

Dieses Schloß nun, mit Allem, was darin und daran
ist, stößt ab vom Lande und läuft hinaus in die hohe See
und läuft tagelang und wochenlang. Und mitten auf dem
Weltmeer, und hundert Meilen weit nichts um sich, als die
tosenden, hochschlagenden Wellen, sind die Menschen im
Palaste so sorglos und guter Dinge, wie daheim im frisch
grünenden, waldreichen Thalkessel.

Das ist ein Schiff heutzutage. Aber so erstaunlich
anders und großartig es geworden ist, bei der Form der
Nußschale sind sie geblieben; — die Grundfeste des schwim-
menden Palastes ist eine Nußschale.

Meiner Tage hatte ich noch keinen solchen Segler gesehen,
wie sie zwischen den Welttheilen verkehren, aber im Hafen
zu Hamburg sah ich, wie so ein Ding ist, das die Civili-
sation hinübergetragen hat in die neue Welt und jetzt die
Zinsen derselben wieder zurückbringt in die alte.

Auch ein paar Gäste aus Ostindien lagen im Hafen,
die hatten gewiß Thee und Gewürze mitgebracht und wollten
nun dafür Leinwand, Metallwaaren, Käse und Backwerk und
wohl gar irgend einen deutschen Trunk noch dazu.

Ich sah mir die großen Schiffe recht und so lange an, bis mich die Glocke an den Bord des „Amsterdam" rief. Ich schiffte mich ein nach Holland.

Die untergehende Sonne, die wie eine rothe Scheibe in das Nebelmeer zu versinken schien, vergoldete noch die hohe Thurmspitze der Michaelskirche, als der Dampfer flott wurde. Die Dampfmaschine dröhnte unter dem Deck, die Räder rauschten in den grauen Wellen und die Stadt Hamburg mit ihren Palästen und Thürmen, mit ihrem Mastenwalde, der im Hafen steht, schob sich immer mehr und mehr zurück. Noch sah ich Altona und den Kirchthurm von Ottensen, wo der Dichter ruht, dessen „unsterbliche Seele den sündigen Menschen Erlösung" sang, und die Nacht sank nieder über Land und Wasser. Ich sah nichts mehr, als die seltsamen Gestalten auf dem Decke beim Scheine der an den Masten schaukelnden Laternen, und einzelnes Leuchten und Glitzern in den plätschernden Wellen.

Auch sah ich noch auf hohem Gestelle den Capitän stehen und dessen Cigarre glimmen. Matrosen zogen kreuz und quer durch das Deck, ordneten die Fässer und Ballen, die mit nach Holland gingen, lockerten Taue, zogen andere stramm, disputirten plattdeutsch oder holländisch und sangen wohl auch eintönige Seemannsweisen. Ich habe noch nichts Melancholischeres gehört, als diese Schifferlieder, sie kamen mir vor, wie ein klagendes, entsagendes Gebet. Und doch findet man nicht bald so kecke und lebenslustige Menschen, als ein Seemann ist. Ei, warum auch nicht! Ist seine Welt und Courage nicht dreimal so groß und weit und herrlich als die anderer Menschen; ist er nicht in allen Weltmeeren daheim und in allen Welttheilen obendrein? Er möge nur lustig johlen und jauchzen, der Seemann, er lebe!

Ich stand ziemlich einsam am hintern Mast; ich war der einzige Passagier auf dem großen Frachtschiffe. Gewöhnlich seien wohl zehn bis zwanzig Mitreisende, sagte mir ein Lootse, doch jetzt über die Pfingstfeiertage seien die Leute nicht gern auf der See.

Ich konnte nicht begreifen, warum man an einem sonnigen Pfingsttag nicht gern auf dem Meere sein sollte, freilich wohl ist das Festmahl der Schiffsküche spärlicher, als das des heimischen Herdes, aber für die festliche Geisteserhebung findet man wohl keinen erhabeneren Dom, als die endlose hohe See mit dem unermeßlichen Himmelsgewölbe.

Heute, am späten Abend, hatte ich weder Bedürfniß nach leiblicher, noch geistiger Nahrung, ich begab mich sofort in die Cajüte und legte mich auf meine Matratze.

Was man beim Scheine der Nachtlampe in einer Cajüte zweiter Classe sieht, das ist nicht viel. Außer einigen ärmlichen Lagerstätten an der Wand, einem Tisch mit beleisteten Rändern und irgend ein paar Tauen oder Eimern, findet man kaum mehr, als in einem Eisenbahnwaggon dritter Classe. Ich schloß also die Augen, die mir ohnehin schon schwer waren. Noch hörte ich eine Zeit das Gepolter und Geschrei der Matrosen auf dem Deck und das Plätschern des Wassers, von dem ich kaum mehr als einen Fuß entfernt war, dann schlief ich ein.

Nach mehreren Stunden, als ich wieder erwachte, war es in der Cajüte finster und auf dem Decke still geworden. Auch das gleichmäßige Plätschern des Wassers hörte ich nicht mehr, dafür aber ein eigenthümliches Krachen an der Wand, ungefähr, als ob große Seile an dieselbe geschlagen würden. Dann war es für Augenblicke ganz still, dann toste Wasser, und dann war es, als ob Sandberge an die Wand prellten. Die Wand ächzte. Ich kam mir vor wie ein Quecksilbertropfen,

der nicht ruhig bleiben mag, der nach rechts und links fährt
ohne allen Zweck.

Durch eine kleine Oeffnung an der Decke fiel ein Tag-
strahl in den dunkeln Raum. Ich stand auf — ach Gott,
jetzt konnte ich nicht mehr auf den Füßen stehen! — wie ein
Rausch war das; kaum daß ich die Treppenhabe ertappte
und mich aufwärts, durch die Fallthür gegen den oberen
Raum behelfen konnte.

Es war schon heller Morgen, als ich auf das Deck kam,
und was noch war und was ich nun sah — auf das war
ich nicht gefaßt. — Das nun war es, das hohe, gewaltige,
eherne Meer! Ja, das war wieder ein Alpenland, braun
und grün mit Schluchten und Hängen, Kämmen und Gletschern. Aber dieses Alpenland war alllebendig, die Berge und
Felsen stürzten ein und erhoben sich wieder; die weißen
Kämme zersprißten in Schaum und aus den Mulden tauchten
sie wieder hervor. Und Alles wogte und rang und begrub
sich und stand wieder auf; und Alles war so furchtbar groß
und lebendig. Ach, Du kühnes, kleines Menschlein, wie schau-
kelst Du so lustig dahin über dem unermeßlichen Kirchhof!
Was Dich trägt und schaukelt, sind hunderttausend lebendige
Gräber, und wenn Du hinabgleitest — Dein Heimatland ge-
denkt Deiner mit Lieben und Treuen; Dein Mägdlein wacht
in der Kammer und betet für Dich; es schlummert und träumt
von Dir. Dein Mütterlein, Dein blindes, weint und tastet
nach des Sohnes Hand, es durstet nach des Kindes Lippen,
es ruft hinaus nach dem Verlorenen, aber es ist weit von
Dir und die Wellen schlagen über Dir zusammen und rauschen
und wogen wieder dahin . . . .

Es ist unaussprechlich schön, aber ohn' Lieb' und Erbarmen, das hohe, gewaltige, eherne Meer! Ich hielt mich an

einem Tau und sah hinaus auf die Höhen der See. Auf dem braunen Horizont stand ein Schiff, so klein wie eine Fliege. Im Osten lagen Wolken und durch dieselben schimmerte die große Scheibe der aufgehenden Sonne.

Und ich war allein in dieser unbeschreiblichen Größe und meinte, meine Seele könne das gar nicht ertragen.

In der frühen Morgenstunde war Niemand auf dem Deck als ich, nur auf dem mittleren Maste im Tauwerk verstrickt, saß ein Lootse und rauchte seine Cigarre.

Ich wendete mein Auge wieder auf das Wellenspiel; da bildeten sich draußen Gebirge und diese vereinigten sich zu einer langen, mannigfaltigen Kette, und diese Kette wälzte sich langsam heran, schlug gewaltig an das Schiff und zerschellte.

Da bekam ich wohl auch manch' salzige Portion in's Gesicht, denn das Meer will auf das Deck und will anbinden mit Menschen — es ist herausfordernd.

Ja, und zwar herausfordernd in verschiedener Bedeutung. Ich fühlte es wohl. Die Begeisterung ließ nach, ich wurde immer gleichgiltiger gegen die Schönheit des Meeres, und es ging Manches mit mir vor, bevor ich wieder auf meiner Matratze lag unten in der Cajüte. Da lag ich nun in Noth und Drang und hielt Pfingstfeier.

Als ich noch ein kleines Kind war, hatte mich doch meine Mutter auch gewiegt und ich befand mich sehr wohl dabei; und jetzt wiegt mich das Meer und ich befinde mich nicht wohl dabei. So dachte ich bei mir und war recht ungehalten auf meinen Magen, daß er mir die Freuden der Seefahrt so ganz und gar verdarb.

Für den Seekranken wäre es am besten, sich immer auf dem Deck, möglichst am Mittelpunkte des Schiffes aufzuhalten, doch der empfindliche Wind, der gewöhnlich schneidet,

und das stets auftretende Fieber läßt den Kranken gern die
Cajüte wählen.

Endlich, nach zwei Tagen und zwei Nächten, als das
Tosen und Krachen an der Wand wieder dem ruhigen Plätschern gewichen, war Fieber und Unwohlsein verschwunden.
Frischer Eindrücke fähig, eilte ich nun auf das Verdeck und
betrachtete wieder das Gewässer. Aber das war jetzt ein ganz
anderes, es war bläulich und ruhig. Eine große Anzahl
Schiffe lag in Sicht und am Horizont sah man hie und da
ein Streischen Land.

Wir waren im Zuidersee.

Die Flossenräder des Dampfers gingen sehr langsam,
weil theilweise im Sand, denn das Wasser im Zuidersee ist
sehr seicht und läßt nur die leichteren Schiffe in die Bucht.
Alle Segel wurden aufgehißt, die Brise war eine günstige,
und endlich sahen wir die Thürme von Amsterdam.

Fahnen mit den hamburgischen und holländischen Farben
wurden aufgezogen, die Matrosen bereiteten vor zum Ankern,
johlten wieder und sangen Seemannslieder.

Und als ich im Hafen von Amsterdam stand, vor den
braunen, hochgiebeligen Häusern mit den weißen Balken und
Gesimsen und Fensterrahmen, da blickte ich noch einmal
zurück, hinaus über den Zuidersee und dachte an das hohe,
gewaltige, eherne Meer und an die Menschen, die auf demselben ziehen.

Glückliche Fahrt Allen nach Süden und Westen und
Norden und glückliche Heimkehr!

In Holland.

Was man sich doch so kindisch ängstlich an die Bruft der Urgroßmutter Erde klammert! Ist man nur ein paar Dutzend Klafter über derselben auf einem Baum, auf einem Thurm oder gar auf einem niedlichen Ballönchen, gleich wird Einem verzweifelt unbehaglich. Und erst gar, wenn man auf der See ist; die Wellen sind gewiß nicht unartig, sie wiegen Einen mit weichen Armen. Aber so eine Landmaus mag nicht ruhig werden, bis sie nicht wieder über die Halme laufen und im Boden wühlen kann. Als ob Einem die Erde durchginge, als ob man der alten Urgroßmutter gestohlen würde! Gott sei Dank, sie nimmt jedes ihrer Kinder noch früh genug in den Schoß.

Als ich nach der achtundvierzigstündigen Seefahrt in Amsterdam endlich wieder festen Boden unter mir fühlte, war ich glückselig, und doch war es immer noch nicht fester Boden; ich stand eigentlich auf Bäumen, sowie alle Amsterdamer auf Baumstämmen herumklettern, wie die Eichhörnchen, denn die holländische Hauptstadt ruht sammt und sonders auf Pfählen. Zwischen den Pfählen ist nichts als Schlamm und Sand, dem Meere entstiegen. Die Holländer haben überhaupt ihr halbes Ländchen der See abgerungen. Wollt

sie nur einmal ansehen, die mächtigen Wälle, Dämme
Canäle, Deiche, wodurch das Meer immer mehr und mehr
zurückgedrängt und das so gewonnene Land geregelt wird,
und Ihr werdet sagen, die Holländer haben sich nicht allein
ihre Städte, sie haben sich auch ihr Land gebaut; und wie
die Städte kunstreich sind, so ist das Land fruchtbar.

Und so wie sich dieses fleißige Volk in ökonomischer, so
hat es sich auch in politischer Beziehung eine würdige
Existenz geschaffen. Ein holländisches Volkslied sagt:

> Wij leven vrij, wij leben blij
> Op Neêrlands dierbren grond,
> Ontwortsteld aan de slavernij,
> Zijn wij door eendragt groot en vrij;
> Hier duldt de grond geen dwinglandij
> Waar vrijheid eeuven stond!*)

Sofort haben es die Holländer so eingerichtet, daß sie
auf den Basteien ihrer Städte statt Kanonen Windmühlen
aufstellen konnten. Sehen allerdings für den Fremden ein
wenig langweilig aus, diese hölzernen, eckigen Gesellen, aber
sie sind fleißige Arbeiter, sie mahlen den Bäckern das Korn,
sägen den Tischlern die Balken, klopfen den Webern den
Hanf, formen den Gelehrten das Papier, zerreiben den
Rauchern die Tabaksblätter und schlagen den berühmten
holländischen Malern das Oel.

---

*) Wir leben frei, wir leben froh,
Auf Niederlands theurem Grund,
Entrissen jeder Sklaverei,
Sind wir durch Eintracht groß und frei,
Hier duldet der Boden kein Zwingherrnband,
Wo Jahrhunderte lang die Freiheit bestand!

Vor Allem sind diese beflügelten Riesen geschickt in Teichgräberarbeiten; sie verstehen es, die Befeuchtung des Landes zu regeln und pumpen das überflüssige Wasser in's Meer hinaus. Und warum wäre denn auch die strömende Luft nicht ebenso zu benützen wie das strömende Wasser? Wenn der Mensch nur will, Alles wird sein Knecht, darum braucht er nicht erst den Bruder zu knechten. Thut, wie die Holländer, knechtet die Elemente und Euch selbst macht frei!

Ich sagte früher, wie ich froh war, als ich festen Boden unter mir fühlte. So eilte ich denn auf diesem den dunkelgrünen Grachten (Canäle) entlang, der Stadt zu.

Der Hafen in Amsterdam hat beiweitem nicht das Leben wie jener in Hamburg. Große Schiffe können wegen Versandung des Zuidersees gar nicht hereinfahren. Wohl wehen hier auch bunte Wimpel und Flaggen aus verschiedenen Ländern, wohl kreuzen Boote nach allen Richtungen, wohl lärmen die Matrosen, aber es machte auf mich nicht mehr denselben Eindruck wie in Hamburg. Zudem war heute auch Feiertag und den Docks und den Canälen entlang wandelten nur festlich gekleidete Fußgeher.

Die Stadt selbst hat ein außergewöhnlich malerisches Ansehen. Die sehr dünnen Wände der Häuser sind aus rothen Backsteinen, entweder nackt oder braun überstrichen. Die Fenster sind sehr groß und nehmen mehr als die Hälfte der Wand in Anspruch. Die Vertäfelung der Fenster und Thüren ist weiß. Zu den Thüren führen stets einige Treppen auf oder abwärts; selten ist ein ebener Eingang. Die Gassen führen fast überall Canälen entlang: das macht einen eigenthümlichen Eindruck — das nordische Venedig.

Ich eilte dem Hotel Pays-Bas zu. Ich fand es nicht so leicht, als es meinem Reisebuch nach zu vermuthen war.

Ich las an den Häusern wohl: „hier verkoopt men sterke
dranken", oder „water en vuur te koop" oder „dit huis
is te huur", aber nie den Namen meines Gasthofes. Endlich
bat ich einen alten Herrn, daß er mir darüber Auskunft
gebe. „Mijn genoegen!" antwortete dieser, „buiten sorg.
hier!" Und ich war zur Stelle.

Im Hotel Pays-Bas ist es gut wohnen und man
spricht dort auch deutsch. Mein Zimmerchen im vierten Stock
war sehr freundlich; es fiel die Abendsonne durch das
Fenster — die Abendsonne die über den Ebenen von Harlem
niederging.

Das war ein behagliches Ausruhen auf dem Sopha.
Ich ging an demselben Abend nicht mehr aus; ich sah in
der Dämmerung nur noch eine Weile durch das Fenster
über die Giebeldächer der großen Stadt; ich sah die zahlreichen Thürme und Kuppeln; ich hörte das melancholische,
alle Viertelstunden wiederkehrende Spiel der Glocken, ich sah
vom Hafen her einige Flaggen wehen, ich sah darüber hinaus
die dunkeln Gebüsche und lichten Landhäuser der dem Hafen
gegenüberliegenden Halbinsel — ich sah die Abendröthe, die
stille, die wunderliebliche — ich fühlte den milden Hauch des
leicht athmenden Westes und ich hörte unten das dumpfe
Geräusch der dem Golde und der Lust nachjagenden Menge.
Ist nicht das Abendroth auch goldig, fächelt nicht der Zephyr
auch wohlig um Wang' und Stirn — ja, wer sich damit
begnügen wollte! Nicht einmal die Poeten.

Ich hatte in derselben Nacht einen unruhigen Schlaf —
das war noch immer ein Tosen an den Wänden und ein
Schaukeln, und die Wellen gingen hoch und das Schiff war
verschlagen und schwankte auf verlorenen Wassern. Wie doch
so ein Eindruck lange nachzittert in den Nerven!

Den andern Morgen machte ich mich an die Besichtigung der Stadt. Die Kirchen sind schon zum Frühesten offen; vielleicht werden sie gar nicht geschlossen, es trägt so leicht Niemand etwas heraus. Es ist eben nicht viel darin. Nicht einmal ein Heiliger steht an den weißgetünchten Wänden; nur lehnt sich hie und da ein geschnitzter alter Seeheld oder irgend ein anderer großer Mann der alten Republik an die Mauer. Die Männer der Arbeit, die weisen Führer eines Volkes sind die rechten Heiligen und Vorbilder. Kommt, Leutchen, kommt in die Kirche.

In Amsterdam giebt es eine Unzahl von Confessionen; da ist protestantisch, wallonisch, englisch-presbyterianisch, remonstratistisch, evangelisch-lutherisch (sich mehr an den Geist als an den Buchstaben der Augsburger Confession haltend), katholisch, armenisch-griechisch, jüdisch u. s. w., u. s. w. — Und Alle leben zusammen wie Menschen mit Menschen und es hat nicht einmal einen Haken am Traualtar und auf dem Friedhofe.

Nun die Museen. Es wäre doch lächerlich, wollte auch ich besonders versichern, daß Holland gute Maler hat! Nicht viel weniger lächerlich wäre die Beschreibung der Bildergalerien und die Beurtheilung derselben, nachdem das schon so oft geschehen ist.

Ich sage nur, daß mir oft das Herz lachte, wenn ich sah, wie der Künstler die Natur verstand und die Wirklich= keit mit dem Ideale so wundersam zu vereinigen wußte.

Vor dem Erzbilde auf dem Botermarkt, dem großen Maler Rembrandt als „hulde van het nageslacht" im Jahre 1852 errichtet, stand ich auch eine Zeit. Warum hat Rembrandt so viel Nacht auf seine Bilder gelegt? — Hat er es wirklich gethan, um das Leben zu malen, wie es ist?

Von zoologischen Gärten bin ich kein besonderer Freund.
Da leben sie zwischen schweren Gittern und Eisennetzen, die
armen Geschöpfe, und sie suchen immer einen Ausweg und
sie betteln Einen an, daß man sie befreie; — da waren sie
geboren für die schöne freie Welt und nun müssen sie ihr
ganzes Leben im Gefängnisse zubringen, auf daß sich andere,
stärkere, befähigtere Geschöpfe an ihnen ergötzen. Zwar geht
es manchem Menschen auch nicht besser — kurz, ich hasse
alle zoologischen Gärten von Thieren und Menschen.

Ich sah in meinem Leben schon viele solche Thiergärten;
ich habe also den in Amsterdam nicht besucht, obwohl er in
seiner Art einer der interessantesten sein soll.

Den botanischen Garten hingegen durchwandelte ich mit
großem Vergnügen, da fand ich ja meinen alten Freund,
den Tannenbaum, und mein junges Liebchen, das Maßliebchen.

Als ich endlich mit diesem nordischen Venedig in meiner
Art fertig geworden war, zog ich hinaus in das Land.
Ueberall fruchtbare Wiesen und Felder, und Canäle dazwischen;
dann wieder sandige Hügel mit Windmühlen, dann wieder
kleine Wälder und nette Landhäuser — das ist Holland.
Die Leute, einfach, aber sehr reinlich gekleidet, haben einen
kühlen, ruhigen Charakter, sind gastfreundlich, im Allgemeinen
intelligent und vor Allem sehr arbeitsam — das sind die
Holländer.

§

Auf dem Rheine.

Ich hatte mich schon so sehr gefreut auf den Dom zu Köln — dieses große, schöne Werk ist mir aber vorenthalten worden. Zum Behufe der Restaurationsarbeiten war der Bau von außen und innen so sehr mit Gerüsten überdeckt, daß jeglicher Eindruck, den er sonst machen soll, für mich verloren ging. Ich war wahrlich recht unmuthig darüber; nun hatte Köln keinen Reiz mehr für mich. Ich hielt mich auch gar nicht lange dort auf, sondern zog weiter rheinaufwärts.

An dem Hafen zu Bonn am Rhein standen drei Reisende und warteten auf den Dampfer „Humboldt".

Einer der Drei, in grauer, bequemer Reisekleidung, hatte kurze Haare und einen langen Schnurr- und Knebelbart. Er trug einen zierlichen Stock, einen Plaid und ein rothgebundenes Buch bei sich. Das war ein Industrieller aus Baltimore in Amerika.

Der Zweite trug einen schwarzen modernen Anzug und einen Cylinder, war wohlbeleibt und hatte ein rothes, bartloses Gesicht. In der einen Hand hielt er einen Regenschirm, in der andern eine Hutschachtel. Der war ein Fleischhauer aus Sachsen.

Der Dritte hatte Kleider verschiedener Modeperioden am
Leib, war weder bärtig noch wohlbeleibt, trug eine Reisedecke
und einen Bergstock bei sich und Augengläser auf der Nase.
Der war ich.

So standen wir und warteten auf den Dampfer „Humboldt". Der kam denn aufwärts von Köln, hielt am Hafen
zu Bonn und wir Drei gingen an Bord. Wir hatten uns,
wie wir waren, in Bonn zusammengefunden und beschlossen,
die Rheinfahrt bis Mainz zusammen zu machen. Der Tag
und unsere Gemüther waren heiter, der Magen durch ein ent-
sprechendes Frühstück versorgt und der Fleischhauer lächelte
und war ungeheuer vergnügt. Wir reisten alle Drei aus
Plaisir, aber Jeder in einem andern Sinn.

Ich war da, um den Rhein zu sehen, mit Allem was
drum und dran ist; der Amerikaner interessirte sich blos für
das schöne Bergland am Rhein, während der Sinn des
Fleischhauers von Sachsen nur nach dem — Mäusethurm
bei Bingen stand.

Sein Schwager, der Soldat war, hatte ihm vom Mäusethurm erzählt. Da hatten einst einen Bischof, weiß Gott
warum, die Mäuse durch viele Länder verfolgt, bis er endlich
mitten auf dem Rhein den Thurm bauen ließ, in welchem
er sich dann einschloß, um sich gegen die grauen Verfolger
zu verwahren.

Als wir an Königswinter und dem schönen, bewaldeten
Siebengebirge vorüber kamen, brach der Amerikaner zum
erstenmale in Jubel aus. Der Fleischhauer glotzte ihn an,
er konnte nicht begreifen, wie man in Entzücken ausbrechen
könne, wenn man einen Berg sieht.

Als wir an dem schroffen Drachenfels, wo der hörnerne
Siegfried den Drachen erschlug, an Nonnenwerth, dem Insel-

kloster und an Rolandseck, wo der Ritter Toggenburg wohnte, der gar so jämmerlich verliebt war, vorüber glitten, da jubelte ich im Vereine mit dem Amerikaner. Am Fuße der Ruine Rolandseck haben die Leute eine Menge kleiner Schlösser gebaut; Toggenburg heißt keiner von den Bewohnern, aber jämmerlich verliebt sind gar viele von ihnen.

Von Rolandseck aufwärts ist man eine lange Strecke mitten in den Weinbergen.

Das Bild ist ein herrliches, in seiner Art einziges. Es giebt kein Dorf, das nicht sein Hotel und seine Villa hätte, auf jedem Hügel steht ein altes Schloß, oder ein neues, ein Lusthaus oder ein Kirchlein. Durch die Fichtenwälder schimmern Landhäuser oder halten wenigstens ihre bunten Fahnen empor zum heiteren Gruß und Willkomm den Vorüberwallenden. Und dazwischen kommen wieder graue Felsen mit ihren Kunstpfaden und Tunnels und wieder Dörfer und Städte und Kornfelder und Weinberge und Wälder. — So geht es fort bis Rüdesheim, wo die Gegend flach wird.

Das sind die gesegneten, hochgepriesenen, viel besagten und besungenen Ufer des Rheins.

Und der Strom selbst? O, er ist schöner als die graue Donau, als die trübe, träge Elbe. Der Rheinstrom ist grün wie — die Lorbeern des Sängers.

Wer würde nicht zum Poeten am Rheine!

Auch der Amerikaner wurde poetisch; „o, dieses herrliche Hochgebirge!" rief er zuweilen aus, und der Fleischhauer fragte von Zeit zu Zeit: „Jetzt muß ja schon bald der Mäusethurm kommen?"

Aber der Mäusethurm kam noch lange nicht. Eher kam die Burg Hammerstein, wo Kaiser Heinrich IV. weilte, als er von seinem Sohne, Heinrich V., verfolgt wurde; eher

kam das Teufelshaus, dessen Mörtel aus dem Schweiße der
Arbeiter gemacht, das aber bis heute noch nicht fertig geworden ist, sondern als Ruine dasteht; eher kam das herrliche Stolzenfels, das schönste Bergschloß am Rhein, von
Friedrich Wilhelm IV. erbaut; und eher kam die alte Kaiser-
stadt Koblenz mit der großen Festung Ehrenbreitstein —
aber den guten Mann wollte nichts interessiren, als der
Mäusethurm.

Als er nun sah, daß sein Los denn einmal Hoffen
und Harren sei, öffnete er seine Hutschachtel und zog eine
kolossale Salamiwurst heraus, zu Trost und Labe für sein
harrend Herz.

Der Amerikaner, der sonst unverhältnißmäßig viel in
seinem rothen Buche las und darüber manches Interessante
übersah, blickte doch nun wieder einmal in das Freie und
wunderte sich über die großen Fabriken, die er hier sah, er
hatte gemeint, Deutschland mache nur in Kleingewerbe und
die Fabriken seien blos das Privilegium Englands und Ame-
rikas. Noch mehr aber staunte er über den äußerst lebhaften
Verkehr am Rhein, und in diesem Stücke staunte auch ich
wieder mit ihm. Der Strom selbst ist ungemein befahren;
außer den Hunderten von Flößen und Seglern und Kähnen
befinden sich in den Sommermonaten des Tages hindurch
zwischen Köln und Mannheim immer 25 bis 30 Dampfer
auf den Wellen. Dazu kommen noch die Eisenbahnen und
Landstraßen an beiden Ufern des Rheins. Auf den Dampfern
fährt der Tourist, der Geschäftsmann auf der Eisenbahn und
für die Landstraßen finden sich immer noch genug lustige
Handwerksburschen, Arbeiterkarren und Komödiantenwagen.
Da passirte die Straße gerade eine herumziehende Gymnastiker-
Gesellschaft mit ein paar Tanzbären. Als dieses der Fleisch-

hauer bemerkte, sprang er so hoch entzückt von seinem Sitze
auf, daß ihm schier die Salami über Bord geflogen wäre.
Er blickte den Bärentreibern so lange nach, als sie in Sicht
waren und rief dann aus: „Ach, Herr Jeses, was man doch
am Rhein Alles sehen kann!"

Nun zogen wir vorüber an dem historischen Königs-
stuhl, wo die Kurfürsten 1400 Kaiser Wenzel's Thronent-
setzung aussprachen und den Pfalzgrafen Ruprecht zum
deutschen König ernannten. Und wir zogen vorüber an den
grauen Ruinen Sternberg und Liebenstein, einst die Burgen
zweier Brüder, welche sich einer Jungfrau wegen befehdeten,
bis Einer von ihnen im Kampfe blieb. Und wir zogen vorüber an den malerischen Ruinen der 1794 von den Franzosen zerstörten Burg Rheinfels und an der Veste Neu-
Katzenelnbogen, gewöhnlich die Katz' genannt. Und endlich
kamen wir zu dem berühmten Lurleyfelsen. Ich erzählte
meinen Gefährten die Sage von der Lurley, erzählte ihnen
vom Schatze der Nibelungen, der im Rheine begraben liegt,
und erzählte ihnen viele andere Sagen des deutschen Stromes.
Der Amerikaner sah diesmal gar nicht in sein rothes Buch,
sondern hörte zu wie ein Kind; auch der Sachse schien aufmerksam meinen Erzählungen zu horchen, nur fragte er endlich:
„Und wo ist denn nachher der Mäusethurm?"

Und siehe, als wir an Oberwesel und an der Veste
Schönburg, der Wiege des berühmten Geschlechtes, vorüber
gekommen waren, da stand gerade vor uns, mitten im
Rheine ein Thurm. Der Fleischhauer stellte sich fest an die
Lehne und murmelte freudig: „Der wird es wohl sein!"
Aber der war die kleine Inselburg, die sogenannte Pfalz,
von der man sagt, daß in derselben die Pfalzgräfinnen ihre
Niederkunft erwarten mußten. In Wahrheit mochte der Thurm

wohl zum Schutze des Rheinzolls erbaut worden sein. Nun
kamen wieder Tannen- und Buchenwälder, Obstgärten und
terrassenförmige Weinberge. Was sollte ich doch vom Rheinwein sagen? Der Dichter singt:

> „In ganz Europia, ihr Herren Zecher,
> Ist solch' ein Wein nicht mehr! —
> Am Rhein, am Rhein, da wachsen unsere Reben,
> Gesegnet sei der Rhein!
> Da wachsen sie am Ufer hin und geben
> Uns diesen Labewein.
> So trinkt ihn denn und lasset aller Wege
> Uns freu'n und fröhlich sein!
> Und wüßten wir, wo Jemand traurig läge,
> Wir gäben ihm den Wein!"   (Claudius.)

Während ich dem Amerikaner dieses Lied vorsagte, brütete der Sachse an einem Plan, der sehr vernünftig war. Er
hatte den Entschluß gefaßt, in wahrhaft kosmopolitischer
Weise den Amerikaner, den Oesterreicher und den Sachsen
bei einem guten Glase Rheinwein leben zu lassen. Schon
wollte er den Kellner rufen — da schlug in diesem Augenblick die Schiffsglocke an, wir waren in Bingen und —
beim Mäusethurm. Es ist ein sehr unbedeutender, runder,
thurmartiger Bau auf einer kleinen Insel, wahrscheinlich einst
für den Rheinzoll aufgeführt. Das war nun für den guten
Fleischhauer die größte Merkwürdigkeit am Rhein; lange
starrte er darauf hin, dann schüttelte er ein wenig den Kopf
und setzte sich zu seiner Hutschachtel. Er schien nicht ganz
befriedigt zu sein von dem Gesehenen, für das Kommende
war er vollständig interesselos und bemerkte er einmal, so
ein Wasser und solche Berge sehe man in Sachsen auch.

Der entzückte Amerikaner behauptete freilich, es gäbe keine schönere, romantischere Gegend in der ganzen Welt, als das Land am Rhein; aber ich bin überzeugt, nach einigen Tagen wird er diese Behauptung widerrufen haben, denn der Mann ging in die Schweiz.

Als unser Dampfer an Geisenheim mit seiner schönen, gothischen Kirche vorüberrauschte, ging bereits die Sonne unter. Den wahrhaft paradiesischen Garten des herrlichen Rheingaues bis gegen Wiesbaden hinauf sahen wir nur mehr in der Dämmerung. Endlich war es ganz dunkel geworden, nur der Halbmond stand über dem Mast und zog vom Ufer bis zum Schiffe einen strahlenden Streifen durch den breiten Strom.

Noch eine Wendung südlich und nun sahen wir die Lichter und die dunkeln Umrisse der Thürme von Mainz.

Wir drei Gefährten brachten die Nacht zusammen in einem Hotel zu; beim Rheinwein stießen wir an auf das Wiedersehen in — kurz, irgendwo auf der Erde. —

Den andern Tag trennten sich die drei Reisenden. Der Eine, mit dem langen Schnurr- und Knebelbart, fuhr mit dem Dampfer „Humboldt" weiter aufwärts nach Mannheim; der Andere mit dem schwarzen, modernen Anzug und der Hutschachtel zog gegen Frankfurt, und der Dritte mit dem Bergstock und den Augengläsern wanderte in das schöne Schwabenland.

Im Schwabenlande und zu Straßburg.

Im Zickzack, wie der Blitz fährt, fuhr ich durch das Schwabenland. Das ging von Darmstadt nach Karlsruhe und nach Heidelberg und nach Stuttgart und nach Kehl und endlich schlug ich gar im Münster zu Straßburg ein. Es war vielleicht ein zu tolles Rennen durch das schöne Land, aber es lag was Unstetes in mir. War's eine Ahnung? In wenigen Tagen nachher brach der deutsch-französische Krieg los.

Auf der Fahrt zwischen Ludwigsburg und Pforzheim flog eine Schwalbe durch das Fenster in den Waggon und setzte sich zitternd auf die Achsel eines kleinen, ärmlich gekleideten Mädchens, das neben einem alten, grämigen Weibe saß. Draußen kreiste ein Habicht, der hatte den kleinen Gabler wohl verfolgt und so hatte sich dieser zu den Menschen geflüchtet. Es war rührend, wie das arme Thierchen zitterte und ängstlich bittend umherblickte, daß man ihm doch nichts thun möge. Ein rothhaariger Junge schien aber das nicht zu verstehen; dieser grinste ganz mordlustig und streckte schon seine braunen Finger nach dem Vogel aus, aber das Mädchen rief laut und zornig drein: „Gescht! Der Dunder soll di in Erdsboden verschlage, i sag dersch, Du Lümmel!"

Da lachten Alle, die im Waggon waren, und als endlich die Schwalbe wieder durch das Fenster und fortgeflattert war, fragte ein ältlicher, heiterer Herr das grämige Weib, ob das kleine Mädchen ihre Tochter sei.

„Gott bewahr' mich," antwortete das Weib bitter; „ein Bettelkind ist's und da hab' ich's in's Haus genommen aus reiner Barmherzigkeit, und was mir das Wesen dafür Verdruß macht jetzt, das ist gar nicht zu sagen. Haben es ja gehört, das Maul hat's wie ein Scheermesser und die Hände hat's wie ein Wachsmändl; nicht einmal die Supp' verdient es, die's täglich haben will, geschweige die Kartoffeln dazu!"

„Nu, nu, das Mädchen ist noch zu jung, aber es wird Glück haben — ein Mensch, dem die Schwalben zufliegen, hat immer Glück," sagte der ältliche Mann, der neben einer gemüthlichen Frau saß, mit der er dann heimlich sprach, und die offenbar seine Gattin war.

Der Zug war schon an Karlsruhe vorüber und ging südlich gegen Rastatt, als der heitere Mann zum grämigen Weib sagte: „Gott hat uns mit Hab' und Gut, aber nicht mit Kindersegen bedacht; wollt Ihr uns das Mädchen überlassen?"

„Du lieber Himmel, da thäte mir der Herr ja die größte Wohlthat und dem armen Wurme da auch; bitt', Vefele, bitt' den Herrn und die Frau da, daß sie Dich mitnehmen!"

Das Kind bat nicht erst, es setzte sich gleich zwischen die Beiden und die Beiden sagten: „So, Vefele, und jetzt nenne uns Vater und Mutter!"

So weit war es mit meinen Reisegefährten gekommen, als ich in Appenweier ausstieg. Ich konnte es nicht unterlaſſen, dem Ehepaare, das Gott mit Hab' und Gut, aber nicht mit Kinderſegen bedacht hatte, die Hand zu drücken und zu ſeinem neuen Töchterlein ſagte ich: „Veſele, die Schwalben bringen immer Glück, merk' Dir's!"

Indeß, wer hatte eigentlich das Glück gebracht, die Schwalbe oder der Habicht, oder der rothhaarige Junge, oder das gute Herz des heiteren Mannes, oder die lieben und trotzigen Aeuglein des Mädchens? —

In einem Dorfe bei Appenweier, gegenüber von Straßburg, lebt ein Pfarrer, von dem ich eine Menge in mein Notizbuch ſchrieb.

Ich hatte eine Empfehlungskarte an ihn.

Wir begegneten uns zum erſtenmal, aber der Willkomm in ſeinem Hauſe war ſo herzlich und mit offenen Armen geboten.

Es war eine wahre Freude, wie die alte, rührige Wirthſchafterin auf gut badiſch das Tiſchlein deckte. Was mit gutem Willen geboten iſt, muß mit gutem Appetit verzehrt werden! Das hat meine Großmutter oft geſagt, und juſt im Pfarrhofe fiel mir's wieder ein.

Während ich aß, ſagte mir der Pfarrer, ein noch junger lebensluſtiger Mann, daß er von meiner Ankunft ſchon unterrichtet geweſen ſei, und daß er für die Zeit meines Aufenthaltes bei ihm Unterhaltungen, Ausflüge u. ſ. w. angeordnet habe. „Wir gehen," meinte er, „nach Baden, Allerheiligen, in die Kniebisbäder, zu den Tryberger Waſſerfällen, in das Kinzigthal und natürlich nach Straßburg."

Der gute Mann war faſt betrübt, als ich ſagte, daß ich mich, meinem Reiſeplan gemäß, nur einen Tag bei ihm aufhalten könne. Er machte ernſtliche, ja verzweifelte Verſuche, dieſen ungeſchickten Reiſeplan umzuſtoßen; ich ſelbſt half ihm hierin, denn ich hätte mir in dem traulichen Hause und in der lieblichen Gegend des Oberrheines einen längeren Aufenthalt nur zu sehr gewünscht; aber es wollte uns Beiden mit dem besten Willen nicht gelingen, da ich die Besteigung des Rigi in der Schweiz für einen der nächsten Tage bestimmt hatte.

Des Pfarrers Programm schmolz also zusammen bis auf den Ausflug nach Straßburg. Sofort fuhren wir noch an demselben Nachmittag auf der Kehler Zweigbahn von Appenweier nach Kehl und über die Rheinbrücke nach Frankreich.

Schon lange sahen wir den äthergrauen Thurm des Münsters über den Sträuchern und Bäumen der Ebene emporragen und endlich stand der Zug im Bahnhofe und ich und mein Pfarrer schritten langsam hinein in die „wunderschöne Stadt".

Schöner kann mir in der ganzen Bildnerkunst nichts sein, als ein reiner gothischer Bau, und reiner kann kaum ein gothischer Bau sein, als der Münster zu Straßburg.

Es ist ein erhabenes, ehrwürdiges Riesenwerk. Im dreizehnten Jahrhundert ist es aus der Erde emporgestiegen. Auf welche Zeiten und Menschen hat es seitdem niedergesehen! Mehreremale schlugen die Schwingen der Weltgeschichte selbst an den edlen Bau, aber er brach nicht zusammen wie die Geschlechter der Menschen an seinem Fuße.

Lange standen wir da; es war ein überwältigender Anblick für mich.

„'s ist doch was Wunderbares!" rief der Pfarrer aus, „die Deutschen haben ihn gebaut! 's ist nur schade, daß er den Franzosen gehört!"

Ueber unsern Häuptern rauschte ein Kastanienbaum, der sagte es uns: Noch bevor diese meine Blätter abfallen, wird auf des Münsters luftiger Krone die deutsche Fahne wehen!

Aber wir verstanden ihn nicht. Es war im Sommer 1870.

Unmittelbar vor dem Baue kann man betrachten, wie jedes von der Ferne gesehene Säulchen oder Thürmchen wieder in viele Einzelnheiten auseinander geht, und daß selbst das Kleinste mit bewunderungswürdiger Sorgfalt und Genauigkeit ausgeführt ist. Die Größe des Gebäudes aber kann man gerade in seiner unmittelbaren Nähe am wenigsten beurtheilen und es ist im Allgemeinen die Form der Vorderseite desselben derart, daß die Höhe des Thurmes weniger auffällt. Der Anblick des Stefansthurmes zu Wien vom Stefansplatz aus imponirt in dieser Beziehung mehr.

Wir eilten nun, um den Bau noch im Innern zu schauen. Als wir vor der astronomischen Uhr standen, guckte uns einem Häuschen just der Tod mit der Sense heraus; da rief mein Pfarrer lustig: „Scher' dich aber gleich in's Loch!"

Wir stiegen auf den Thurm. Auf der Plattform sahen wir die Rheinebene und den schönen Strom, und wir sahen die Vogesen und die blauen Berge des Schwarzwaldes.

Diese Höhe war ein Lieblingsplatz Goethe's während seines Aufenthaltes in Straßburg. Ein Stein auf der Plattform trägt seinen Namen.

Eine Wanderung in der Schweiz.

Wenn man sich von Graz über Stralsund und Amsterdam nach Luzern rädern läßt und endlich auf eigene Socken kommt, so sieht man sich nicht erst um, nach Hotel und Staubbürste, nicht erst nach dem Pfyffer'schen Relief, nicht nach Thorwaldsens Löwen, nein, man flieht, eilt fort, fort — auf eigenen Füßen!

Ich lief, kaum ich dem Bahnhofe entsprungen war, über die eingedeckte Holzbrücke, an der ich im Vorübereilen nur bemerkte, daß sie mit ihren alten Wandgemälden einer Bildergalerie ähnlich sieht, und ich lief dem Hafen und dem Ufer des Vierwaldstädtersees entlang gegen Küßnacht. Mir war unsäglich wohl und leicht, ich wollte nichts von Menschenwerk und Stadtluft, ich wollte die große Natur des Hochgebirges, die ich seit der Fahrt über den Semmering schon so lange entbehren mußte. Das endlich war wieder die freie frische Luft voll Harzduft, voll Waldesrauschen — mein Element. Ich kam mir vor wie getragen, ich berührte die Erde kaum. Wie ein Reh lief ich am See entlang; ich war außer mir vor Freude, daß ich wieder in den Bergen war. Doch was waren das für Berge, was war das für ein Alpenland! Jetzt, Du mein Gott, sah ich's erst, ich stand mitten in der gewaltigen Schweiz.

Da lag vor mir der vielarmige See, so ruhig, so dun-
kelblau, wie das stille, unermeßliche Himmelsauge an einem
heiteren Herbstabend. Ein einziges Segelschiffchen glitt über
den Spiegel und es war mir, als trage das einsame Segelschiffchen Poesie über den See — mehr konnte ich nicht
erkennen.

Diesseits liegt die grüne Wiese und ein kleines Landhaus
mit großen, grün eingerahmten Fenstern und grauen, schuppen-
artig verkleideten Wänden; vor dem Hause sind Lauben und
Rebenpflanzungen.

Jenseits des Sees aber, am bläulich schattigen Ufer
erhebt sich der dunkle Wald und die düstere Felswand, und
nun ist geschichtet Felswand auf Felswand — hoch empor
hat es sich gebaut und gethürmt in allen Lagen, in allen
Gestalten, und oben an den Hängen und höchsten Hörnern
kleben Nebelflocken wie weiße Blüten.

Aber siehe, jene Klamm dort, aus welcher der Wasser-
sturz wie ein milchweißes Band niedergeht, öffnet uns einen
Blick in den Hintergrund.

O, keine von allen Jungfrauen, die ich je gesehen, bewundert, angebetet, hat mich so eigen bewegt, als die Jungfrau*), die ich jetzt sah durch die Felsenklamm in dem Hintergrund. Da lag sie hingegossen auf der erhabenen Ruhe-
statt des Gebirges — still und ernst und lilienweiß und im
Abendsonnenkuß hold erglühend. — Aber was drängt sich
da für ein wilder, finsterer Geselle vor**), uns den Blick
auf das liebliche Bild abzuschneiden?

Wie ein Verzweifelter steht er da, wüst und zerrissen;
ewig starrt er nieder in den tiefen See, ob er wogt und

---

*) Name des Gletschers.

**) Der Pilatus, welcher sich westlich am Vierwaldstädtersee erhebt.

fluthet, ob er ruhig ist. — So stürze dich hinein! — Nicht doch, wer weiß, welch' Leid in deinem Herzen nagt; dir steht die Jungfrau nahe und ihr blickt täglich zusammen und jetzt — küßt sie die Sonne; vielleicht ist's das! — Man erzählt sich wohl auch noch Anderes von dir, du finsterer Riese. Da kam der römische Landpfleger Pilatus, und aus Reue, daß er den Nazarener zur Hinrichtung verdammt hatte, stürzte er sich von dir in den See und davon hättest du den Namen. Ist das wahr?

Wer hätte sie alle zählen mögen, die Spitzen und die Firnen und die Gletscher, die man von diesem einen Punkte aus, wo ich wie eingewurzelt stand, sah!

Links vor mir, unmittelbar über dem Seearm, erhebt sich ein grünlich-grauer, theilweise felsiger, theilweise bewaldeter Berg, in Form einer abgestumpften Pyramide. Dieser Berg ist der Rigi. Auf der höchsten Spitze desselben leuchtete ein weißer Punkt, das Hotel Rigi-Kulm. Und morgen, wenn die Sonne aufgeht, mußt du dort oben sein, und heute, da sie schon beinahe untergeht, bist du noch weit davon, und hast noch gar keine Herberge.

Einladende Höfe genug, einladende Menschen auch, denn die Ufer des unsäglich schönen Vierwaldstädtersees sind dicht besäet von lebenslustigen Armen und Reichen, die in niedlichen Häusern oder stattlichen Villen wohnen. Aber ich fühlte ja noch die Flügel an den Fersen, und es lag Küßnacht nicht mehr fern. Dieser kleine Ort mit den großen Häusern ist so einladend, wie sein Name, es war, als ich ihn erreichte, auch schon bedeutend dunkel geworden, aber trotzdem ging ich auch hier vorüber. Von Immensee (am Zuger See) aus, so hieß es in meinem Handbuche, ist der Rigi am kürzesten und bequemsten zu besteigen; mein Ziel für heute war Immensee.

So ging ich. Vor mir leuchteten Johanniswürmchen, über mir die Sterne. Und Grillen hörte ich singen; in Steiermark thun es an so herrlichen Abenden auch die Burschen. Kaum eine halbe Stunde hinter Küßnacht kam ich zu dem berühmten Hohlweg, wo Wilhelm Tell den Schuß nach Geßler gethan. Es war fast ganz finster, denn die Bäume hingen über mir zusammen. Ich blieb stehen, ich dachte an Schiller's Meisterwerk, an die Tradition, an das Reichs- vogtenthum der alten und neuen Zeit. Mit tiefem Pathos begann ich endlich zu deklamiren: „Durch diese hohle Gasse muß er kommen!"

„Er isch schon da!" rief es plötzlich hinter mir und zwei Arme legten sich um meinen Leib.

Ich war im ersten Moment so erschrocken, daß ein ganzes Planetensystem vor meinen Augen funkelte, aber im zweiten schwang ich meinen Stock. Da zogen sich die zwei fremden Arme zurück, und die Stimme hinter mir brach in ein lustiges Lachen aus.

Ich war wüthend. „Verflucht!" rief ich, „wer ist da?"

„Stell di nit so närrisch, Du Dingli; meinst, wo de gohsch und wo de stohsch, sin G'spenster! Luig me an, ob i nit der alt Friedli bi, der bsinnig!" Diese Worte sprach ein kleines, ältliches Männlein, und dann reichte es mir die Hand. Ich nahm sie an; die Worte waren so traulich ge- sprochen, und wußte ich auch noch nicht, woran ich war, so war doch der Gedanke an einen Ueberfall verschwunden.

„Wer sind Sie und was wollen Sie von mir?" fragte ich ruhiger.

„Gueten Obe, de Friedli isch's halt; wonn der wilsch und wonn de z'friede bisch, so weis' i Dir e Hus zum schlofe huit; de Nacht isch lang und chüel. Verstöhnt der mi?"

Wohl, ich verstand ihn. Also einer jener zahllosen Frem-
benführer, wie sie die ganze Schweiz durchschwärmen. Doch,
er kam mir ja recht, war es nicht spät Abends und suchte
ich nicht ein Quartier?

„Angenommen," sagte ich, „aber führen Sie mich in
das nächstbeste Gasthaus, je näher am Berg, desto besser,
ich will mir für morgen den Weg auf den Rigi so kurz als
möglich machen."

Sofort führte mich das Männchen unter fortwährendem
Geplauder in seinem Dialekt an den Resten der Geßlerburg
und an der Tellscapelle vorüber. Fast possirlich sah es aus,
das Männlein; es hatte, wie ich jetzt in der Sternenhelle
bemerken konnte, einen kleinen Höcker, und trippelte damit
geschäftig neben mir her und machte mich auf jedes Steinchen
und auf jede Wurzel, über die wir schritten, aufmerksam,
damit ich mir nicht den Fuß verstauche.

Ich war wortkarg, mich wurmte doch der plötzliche An-
fall im Hohlweg noch ein wenig. — Aber wart', kommen
wir nur erst in's Quartier, ich werde dich schon anstreichen!

Und bald kamen wir in's „Hus". Aber das war zu
meinem Erstaunen kein Gasthaus, sondern ein großer Bauernhof mit vielen Ställen und Scheunen, aus denen mehrere
Blechschellen, wie sie die Heerden haben, ertönten.

Als mich mein Begleiter in's Wohnhaus führte, sagte
ein Weib, das an der Thüre stand, und an dem ich in der
Dunkelheit nur bemerken konnte, daß es sehr beleibt war:
„Je, Friedli, wen bringst denn da?"

„E Büebli, das im Wald isch gsi und ke Hus g'funde
het," antwortete das Männlein und rieb sich die Hände.

Jetzt kamen auch noch andere Leute herbei, und sie
lachten und endlich führten sie mich in eine Stube, die sehr

geräumig und reinlich war, und in welcher eine Petroleum
lampe brannte.

„Entschuldigen Sie, man wird nicht hier bleiben können?“
sagte ich.

Da entgegnete mir ein großer, stämmiger Mann, der
in schmucker Alpentracht war und ein kleines Pfeifchen
schmauchte: „Gasthaus ist zwar keines bei uns, und wir
sollten auch Niemand behalten: aber wenn Sie nicht gern
mehr hinabgehen nach Immensee und weil Sie der Friedli
schon einmal gebracht hat, so bleiben Sie in Gottesnamen nur
da; wenn Sie zufrieden sein wollen, wir thun Ihnen gut,
wie wir's haben“

Nach diesen Worten zog er über den mächtigen Tisch,
der in einer Ecke der Stube stand, ein weißes Tuch, und
das wohlbeleibte Weib, welches früher an der Thür gestanden
war, brachte Brot und Butter und Honig und eine Schale
Milch, und dann luden sie mich ein, daß ich mich hinsetze
und esse.

Da setzte ich mich zum Tisch und aß.

Das Männlein, das mich gebracht hatte, kauerte in
einem Winkel der Stube und sah mir wohlgefällig zu, wie
ich mir erkleckliche Brotlappen herabschnitt, sie auf einer Seite
fürsorglich mit Butter, auf der anderen minniglich mit Honig
bestrich, und sofort meinen Appetit spielen ließ.

„Nun, wie ist denn das?“ fragte ich endlich, als der
Mund einmal einen Augenblick disponibel war, „der Mann
dort hat mich im Hohlweg aufgefangen; er überfiel mich
förmlich und er hätt's bald gebüßt; sehen Sie sich mal meinen
Stock an! Aber da kam er mir artig entgegen und bot mir
an, mich in eine Herberge zu führen und so ging ich mit
ihm. Nun sagen Sie mir, ist er denn kein Fremdenführer?“

„Bei Leibe nicht, bei Leibe nicht!" entgegnete der Mann, der den Tisch gedeckt hatte und der Hausherr sein mochte, dann setzte er sich zu mir und sagte leise: „Der Friedli ist ein Vetter von meinem Weib und da behalten wir ihn so im Hause, trotz der Albernheiten, die er thut." Und mit einem Finger auf die Stirne klopfend: „Hat nichts d'rin da, lauter Räder, sonst gar nichts! Ei ja, thun thut er Niemanden nichts, ist ein guter Tapp und er will allen Leuten, die ihm begegnen, eine Gefälligkeit erweisen. 's wär' schon recht das, aber einem Narren sieht man doch damit gleich. Sonst ist er lustig, der Friedli, und zu Zeiten redet er auch ganz gescheit, halt ja, halt ja!"

— Also ein Halbnarr hat dich heut' zu Milch und Honig geführt, dachte ich, aber deshalb bleibt es doch Milch und Honig!

„Gesegn' Gott, wenn's schmeckt!" sagte der Bauer, „sind sicher ein Studiosus? — Ni ja, hab' mir's gleich dacht. Mein Aelterer, der Medardi, ist auch Studiosus, ist unten in Zürich. Sie wollen gewiß morgen auf den Berg? Und vor Aufgang noch? Schau', das ist viel! Die Sonne, wissen Sie, geht da oben viel früher auf, als anderswo; in unsere Stub' hier kommt sie gerade um drei Stunden später. Ja, da mögen Sie heut' wohl gleich in's Bett gehen. — Sepheli!" rief er hernach in ein Nebenstübchen, „Lütig, isch das Bett für den Ma da neumis scho fertig? Tausigsappermost, 's isch hochi Zit!"

„Nun, da ich morgen mit dem Frühesten aufbrechen muß," sagte ich, „so wollen wir heute noch die Rechnung begleichen".

„Jetzt hören Sie mir aber gleich auf!" lachte der Mann, „so ein Studiosus da, wär' wohl ein' Schand', wenn ich

20 *

was nähm'! — Werd' Sie morgen schon wecken lassen,
und wenn Sie zurück herabkommen, so geben Sie uns noch
einmal die Ehr'!"

„'s isch fertig, do lit er, wie ne Grof!" hörte ich in
einer Kammer über uns sagen, und mein Gastherr sprach:
„Fertig wär's, weich wird's just nicht sein, aber frisch und
rein. Gut Plaisir für morgen und jetzt sag' ich Ihnen eine
ruhsame Nacht!"

„Gunn der 's Gott der Herr!" lächelte mir das alte
Männlein aus seinem Winkel zu und ich wurde in eine Ober-
stube zu Bett gebracht.

Das Bett war nicht mit allzufeiner Leinwand überzogen,
die Decke etwas steif; dennoch aber schlief ich auf meiner
ganzen Reise nicht so süß als in dieser Bauernstube.

„'s isch Zit, Büebli, 's hat eis gschlage!" rief es
plötzlich, und der Friedli stand mit einer Talgkerze vor dem
Bett und rüttelte an der Decke.

Wenn die Zeit des Schlummers des Menschen glücklichste
Zeit ist, wie Philosophen gesagt haben, warum läßt man sich
wecken eines Sonnaufganges wegen?

„Bisch völli müed und schlöfrig gsi? Freili jo, Suntig
isch, chumm, 's git e gueti Tag!"

Wohlan, wenn es einen guten Tag giebt, da muß man
dabei sein — Ich erhob mich und in wenigen Minuten
darauf gingen wir in der kühlen Nachtluft durch junges
Dickicht hinan. Friedli wies mir den Weg. Es war sehr
thaunaß, über den Zuger See und über das östliche Hügelland
gegen Zürich hin hatte sich Nebel gelagert. Der Sternenhimmel war rein. Da wir auf einem guten Fußweg waren,
der nicht leicht zu verfehlen sein konnte, sagte ich meinem
Begleiter, daß er nun umkehren möge, und ich wollte ihm

eine Münze in die Hand drücken; er kehrte weder um, noch
nahm er die Münze. Erst als der Morgenstern aufging,
meinte Friedli: „'s isch ein Anderer da, bin jetzt frei dervo,
bhüetis Gott!"

„Leb' wohl, Friedli!" sagte ich und das Wort kam
mir aus dem Herzen. „Wenn ich einen andern Rückweg ein-
schlagen sollte, so dank' ich Dir und den Deinen noch einmal,
und das vom Hohlweg ist Dir verziehen. Leb' wohl, Friedli!"

„Will's Gott, mer werde scho im Himmel wieder z'seme
cho!" sagte er und ging bergab.

Das war im ersten Schimmer des Morgensternes.

Ich ging aufwärts. Die Luft strich kühler und kühler;
über dem Hügelland lag ein lichter Streifen, einzelne Vogel-
stimmen wurden wach.

Der Weg führte durch Wald und Strauch, über Weiden
und an Sennhütten vorüber, oft über Gerölle und an Felswänden hin.

Nach einer zweistündigen Wanderung war ich am Hotel
„Rigistaffel". Ich blieb stehen und blickte abwärts und aus-
wärts. In den Thälern lag noch Dunkel, der Stern des
Vierwaldstädtersees in tiefer Dämmerung. Die Ufer waren
mit weißen Punkten von Dörfern und Villen bestreut; Luzern
lag da wie ein winziges Häuslein weißer Steinchen.

Eine Stunde später stand ich auf der höchsten Spitze
des Rigi am Hotel „Rigi=Kulm", das mir gestern als kleiner
Punkt entgegen geleuchtet.

Ich hörte einmal einen Mann, der den Rigi bestiegen
hatte, folgende Worte sprechen: „Ich weiß nicht, was die
Leute an diesem Rigi finden; das Hotel ist gar nicht so
außerordentlich, ja im Gegentheile, man lebt im Thale billiger
und besser. Und die Aussicht, Du mein Gott, nichts als

Berge, die dazu noch voll Eis und Schnee sind. Und da geht noch ein eiskalter Wind; die Sonne selbst, wenn sie aufgeht, hat vor lauter Frost ein rothes Gesicht. Was doch die Leut' an diesem Rigi finden!" —

Nach der anstrengenden Partie trank ich im Hotel, in welchem sich einige Engländer befanden, ein kleines Schälchen Milch für fünfundsiebzig Centimes, dann ging ich wieder in das Freie, wo ein eiskalter Wind zog und ich nichts sah als Berge.

Aber welche Berge!

Die imposante Gletscherwelt der Schweiz, wie sie süd- westlich des Rigi in einem ungeheueren Halbkreis daliegt, habe ich gesehen. Und dann tauchte im Osten langsam und langsam die glühende Riesenscheibe empor und dann ent- zündete sich das Meer der Gletscher und das war ein stilles Glühen und Leuchten hin über das ganze wunderbare Hoch- land!

Acht Tage früher hatte ich das Wogen und Fluthen der Meereswellen in der Nordsee gesehen und die Sonne ging auf. Und heute sah ich wieder Wogen und Wellen und Fluthen und Gischten, aber erstarrt und schlummernd — und über diese unendliche Ruhe ging die Sonne auf.

Das waren die zwei heiligsten Sonntage meines Lebens.

Als meine Augen getrunken hatten bis zur Berauschung, und als sich mein Herz gelabt hatte an der ewigen Schönheit, stieg ich wieder abwärts gegen den Seenkranz.

Meine liebenswürdigen Wirthsleute bei Immensee sollte ich nicht mehr sehen, ich wählte einen andern Weg. Ich ging südlich gegen das Klösterli Maria im Schnee, gar einsam und arm im Alpenthale gelegen. Da steht über 4000 Fuß hoch ein Wallfahrtskirchlein, rings von Bergen umschlossen, und da leben in einem dürftigen Hause drei Kapuziner. Sie betreiben eine kleine Milchwirthschaft, und ihr niedriges Dach dient armen Wallfahrern und vom Unwetter überraschten Touristen zum gastlichen Hospiz.

Von hier aus geht es an Hängen und durch Schluchten steil abwärts gegen Arth, ein kleines Dorf, das an der südlichsten Spitze des Zuger Sees liegt.

Als ich den See gegen Zug entlang ging, sah ich über dem jenseitigen Ufer noch einmal meine gastliche Herberge, den Bauernhof. Das Männlein sah ich nicht mehr; bald rollten mich die Räder wieder fort aus dem Lande des Friedli.

— Will's Gott, mer werde scho im Himmel wieder z'seme cho!

In der Adelsberger Grotte.

***

Nachdem mein Führer am sonnigen Nachmittag die Fackel angezündet hatte und den Schlüssel an das eiserne Gitterthor steckte, legte ich meine Hand an seinen Arm und sagte: „Freund, ich bitte Sie, daß Sie auf unserer ganzen Wanderung durch die Grotte kein Wort sprechen!"

Er sah mich verwundert an. „Aber es dürfte doch interessant sein —"

„Ich kenne die Eigenthümlichkeiten der Grotte bereits und auch ihre Geschichte. Sie gehen mit der Leuchte unmittelbar hinter mir, im Uebrigen bin ich allein; entschuldigen Sie daher, wenn ich meine Bitte nochmals wiederhole!"

Er nickte zu einem guten Anfang schweigend mit dem Kopfe.

Das Gitter rasselte, schloß sich wieder und wir gingen in einer Halle hin, auf deren Felswände noch das Tageslicht fiel. Der Weg ging etwas abwärts, eine Wendung und die Pechlunte hatte die Herrschaft; ihre dichten Rauchwolken, die früher schwarz aufqualmten, wirbelten jetzt in goldiger Leuchte. Die Umrisse wurden deutlicher. Vor mir wandelte in riesiger Ungeheuerlichkeit am Boden schleichend, an den Wänden schwebend, über Abgründe springend und sich unabsehbar dehnend, mein eigener Schatten.

Der Lufthauch einer Winternacht wehte uns entgegen. — Plötzlich weichen die Wände und das Gewölbe der Felsen oben zurück; die Strahlen der Lunte können sie nicht mehr erreichen, sie ertrinken in der Finsterniß. Unsere Schritte verhallten eintönig in den unbestimmten Räumen. Wir wandeln weiter, da treten uns Erscheinungen und Gestalten entgegen; von der Ferne funkelt ein Flämmlein roth und blau, bald lischt es aus und es fährt ein leichter Blitzstrahl hin. Dann stehen wir plötzlich vor einer lichten Säulenwand und über uns hängen Zacken nieder; Tropfen, die der Erde zustrebten, hat hier der Todeshauch erreicht, sie sind erstarrt.

Wieder treten die Gegenstände zurück; die Fackel flammt hoch empor, sendet ihre Funkensterne auf Entdeckungsreisen aus, allein diese vergehen in finsteren Weiten und die Flamme zeigt uns kein Bild, außer ihre eigene Rauchgestalt und unseren phantastischen Schatten.

So wandeln wir in den mächtigen Grüften. — Einsamer Pilger, jetzt ist deine lichte, bunte Welt dahin, jetzt bist du ein Bürger des Hades — eine wandelnde Seele durchziehst du der Ewigkeit geheimnißvolle Welten! — So dachte ich und die Nacht umgaukelte mich mit wunderlichen Träumen. — Vielleicht ist's nun aus mit Allem, was Erdenleben und Streben heißt.

> Und oben liegt mein Leichnam auf der Bahre,
> Starrt auf zum Mond, ihn bittend um ein Grab,
> Und ich, die abgeschied'ne Seele, fahre,
> In's bange Reich der Unterwelt hinab.
> Wie wohlig doch die milden Tropfen kühlen,
> Die mir die dunkle Höhe sendet zu;
> Sind's Thränen, die sich durch die Erde wühlen? —
> Es weint ein Herz an meiner Grabesruh'! —

Wie das einfältige Gemüth des Poeten doch immer
bereit ist, Alles für sich auszulegen. Die sickernden Tropfen,
die seit vielen Jahrtausenden, verhüllt in Schleier der Nacht,
an wunderbaren Monumenten bauen, an geheimnißvollen
Bildern meißeln, wissen nichts von dem Menschen; sie
waren vor ihm gewesen, sie werden nach ihm sein, sie sind
Körnchen in der immerdar rieselnden Sanduhr.

Und dennoch spiegelt sich in der schattigen Werkstatt der
Natur menschliches Sein und Schaffen. Hier am Felsen lehnt
ein Haus mit Pforten und Säulengängen, dort auf dem
Hügel steht ein Kirchlein — dann sind Stämme des Urwaldes
und Wild und Jäger. Und weiterhin ein großartiger, reich
mit Ornamenten verzierter Saal und weiterhin eine Orgel
mit zahllosen Pfeifen, und weiterhin ein Beichtstuhl, ein
Taufbecken und nicht weit davon eine Theaterloge. Ein
gothischer Altar mit dem Muttergottesbilde und vielen Kerzen-
reihen ist auch aufgerichtet — und weiterhin ein Fleischerladen
mit gewichtigen Schinken und Würsten. Ferner ein steinerner
Tisch mit Champagnerflaschen und Zuckerwerk, und nebenan
ein reizender Vorhang, Weiteres und Weiteres verhüllend.
Im Hintergrunde glauben wir eine Wiege zu entdecken, aber
gleich daneben gähnt eine Grabnische und ein Aschenkrug.
Wohl unzusammenhängend und räthselhaft sind viele Bilder,
wie die Gestalten im Gehirne eines Träumenden, aber man
wähnt doch: die Natur denke auch im Verborgenen an das
Geschlecht der Menschen.

Abwärts führt der Pfad tiefer und tiefer; laut und
vielfach wiederhallen unsere Schritte; Schauer weht und packt
uns an, fremder und phantastischer werden die Gestalten. Die
Fackel flackert unruhig, will sich ihrem Dochte entwinden und
strebt nach rückwärts. Du reine, gotterleuchtete Flamme, willst

du nicht mit, wenn wir hinabsteigen in den Tartarus? —
Welch' ein Rauschen und Tosen aus der Tiefe! Ein Gewässer
schäumt in felsigen Klüften und braust nieder in unerforschte
Gründe. — Ist das der Lethestrom? Wie sagt der Dichter?

> „Gesegnet sei, du treues Angedenken
> An Glück und Leid, das mir vorüberzog!
> Doch Eines möcht' ich hier im Strom versenken,
> Das Bild der schönen Maid, die mich betrog!"

Lange starrte ich in die Abgründe, warf ein Steinchen
hinab und horchte dem Hüpfen und Kollern zu, bis der
Schall nach und nach in der Tiefe erstarb. — Da platzte
plötzlich mein Begleiter in ein schallendes Gelächter aus,
dann hielt er vor mir die Hände zusammen und beschwor
mich, daß ich ihm verzeihe, er könne nicht anders. Er habe
lange genug zugehört, wie ich laut mit mir selbst sprach,
sonderbare Gedichte hersagte, wie man das sonst in der
Schule thäte; er hätte dann und wann ein Wort geredet,
um mich aus den Träumereien zu bringen, doch, weil ich's
ihm verboten, habe er geschwiegen. Aber bei diesem Schweigen
sei ihm das Kichern angekommen, und wie er das zurück-
halten wollte, habe ihn der Lachkrampf erfaßt. Er habe mit
Fleiß gedacht, es sei kein Spaß, in dieser Grotte hätten sich
schon Menschen verirrt, seien verhungert oder abgestürzt
und erst nach vielen Jahren habe das Wasser die Knochen
hinaus in die Thäler geschwemmt — aber es wäre umsonst
gewesen, er habe das Lachen nicht verhalten können und es
sei ausgebrochen, und nun bitte er mich tausendmal um Ver-
zeihung. — Dabei schüttelte ihn noch immer das Lachen und
es standen ihm schon die Thränen im Auge. Ich hatte anfangs
grollen wollen, daß er mich aus meinen Vorstellungen ge-

rissen; während seiner Worte noch bemühte ich mich, wenigstens ernsthaft zu sein, da kam's auch über mich — und nun schlugen wir Beide ein Gelächter an, und hundertfach lachte es in Nah' und Ferne, als seien alle Tropfsteingruppen lebendig und von unserem Lachkrampfe angesteckt worden. Erschüttert war ich von dem gewaltigen Gebrause der unten hinstürzenden Poik, und von dem wahnsinnigen Schallstrome, der unheimlich, wie ein höhnendes Höllengelächter, von den Felswänden zurückschlug. Aber es gab keinen Einhalt und wir mußten das gereizte Zwerchfell auszittern lassen.

Daß es nun aber mit allem Ernste und mit aller Schwärmerei zu Ende war, ist begreiflich. Ich gestattete meinem Führer das Sprechen und der gute Mann bemühte sich redlich, das Versäumte nachzuholen. Er erzählte mir, wie ein Theil der Grotte schon vor 500 Jahren entdeckt worden, wie die Eröffnung der großartigen Franz Josefs-Grotte, zu der wir eben hinanstiegen, aber erst vor wenigen Jahren stattfand, wie alljährlich am Pfingstmontage in der Grotte ein ' großes Volksfest gehalten werde, und wie die Ausdehnung und die Zahl der unterirdischen Räume hier gewiß zehnmal größer sei, als die bereits bekannte. Er sprach von unermeßlichen Schätzen und er schloß die Hoffnung nicht ganz aus, daß in dieser Grotte der verloren gegangene Stein der Weisen, der allein unsere Augen öffnen, unser Wünschen befriedigen kann, dereinst wieder gefunden werden dürfte.

Der Stein der Weisen, er wäre wohl schon gefunden und geholt aus der Tiefe. Die Geologen haben uns die Augen geöffnet über unseren Ursprung und über unser Ende. Was dazwischenliegt, ist freilich noch nicht ausgefüllt. Doch Geduld!

„Hoch die Leuchte gehalten, mein Freund, und rüstig vorwärts durch die Grotten!" rief ich dem Führer zu. Ich meinte, ich hätte damit eine allverstandene Losung gerufen, und siehe, wir stiegen empor — zum Calvarienberge. Ist's wahr, daß der Pfad nach vorwärts die Menschheit auf Golgatha führt?

Der Calvarienberg in der Franz Josefs-Grotte ist der großartigste Punkt dieser unterirdischen Welt. Da zwängt man sich durch Engen von gewaltigen Säulentrümmern, kriecht durch kleine Grotten, da klettert man über Schluchten und an Hängen hinan von einem Felsen zum andern, höher und höher, bis zur Spitze des Berges. Und von hier übersieht man bei entsprechender Beleuchtung ein kleine Gegend von Berg und Thal und Felspartien. — Die wunderlichsten Kolosse, fast zu schauen wie ein ungeheueres, aber halb zerstörtes Bildwerk aus Elfenbein und Krystall. Gar der versteinerte Wald des Märchens ist hier Wirklichkeit geworden. Und all' das werden niedliche Ornamente und Krippengestalten im Vergleiche zu dem ungeheueren Dome, der sich in schwindelnder Höhe darüber wölbt.

Dieser Anblick ist in seiner Art einzig in der Welt. Wer die brandenden Sturmgewalten des hohen Meeres gesehen, wer die ewig stillen Eisfelder des Monte Rosa überblickt, der lasse diese wunderbare Grottenhalle sein Drittes sein und er hat die Natur und den Geist Gottes geschaut von Angesicht zu Angesicht.

Von hier aus nahmen wir eine Wendung nach links. Der Führer brannte eine frische Fackel an, und bergauf und thalab, an zackigen und furchigen Riesengebilden, an alabasterglatten Figuren, an Seitengrotten vorüber, ging die Wanderung weiter. Dann kletterten wir über Leitern und an Wänden hin, nur durch wankende Geländer beschützt; dann schritten wir über Stege, dann wurden die Räume so niedrig, daß wir zwischen und unter tropfendem Gesteine kriechen mußten.

Bei einer solchen Durchzwängung losch dem Führer einmal die Fackel aus. Wir waren in vollständiger Finsterniß, nur die Kohlenspäne glimmten noch fort. Mein Begleiter blieb einige Augenblicke in der Nische lauern und sagte dann: „Jetzt hätten wir wieder Zeit zum Lachen."

Ich erschrak über dieses Wort, denn, was sollte es sonst bedeuten, als daß wir nicht fort konnten, sondern in den unerforschten Labyrinthen der Höhle vielleicht vergebens den Ausweg suchen und hier verderben sollen.

Aber mein Begleiter begann wirklich zu lachen; ein phosphorescirender Strich über sein Beinkleid und bald loderte die Fackel so lustig, als je.

Wir rangen uns weiter und konnten endlich aufrecht gehen. Nun hörten wir aus einem Abgrunde wieder die Fluthen der Poik, wir sahen sogar ihre gischtenden Tropfen funkeln in bunten Sternen und Kettchen, und als wir länger hinabschauten, sahen wir den Fluß selbst, der weder so groß noch so tief war, als er durch sein dumpfes Brausen vermuthen läßt.

Diese Poik ist ein merkwürdiger Fluß; im kahlen Gesteine des Karst entsprungen, verkriecht sie sich, nach einem drei Meilen langen Lauf im Angesichte der Sonne, bei Adelsberg wieder in die Erde, tritt im Thale von Planina ein zweitesmal zu Tage, um sich unter dem Loitsch ein zweitesmal zu verbergen und nicht mehr eher in die Welt zu treten, als bis sie sich bei Ober-Laibach als schiffbarer Fluß präsentiren kann, der die „Laibach" genannt wird. Ein stolzes Wasser, und es erzählt draußen seinen Schiffen nichts von dem wunderbaren Schattenreiche, das es hier durchwandert.

Ich freute mich innig auf das freie, goldige Tageslicht und trieb meinen Führer zur Eile an.

Der Boden ebnete und glättete sich. Die Wände wurden einförmiger, die Decke wölbte sich noch einmal zur riesigen Kuppel, dann senkte sie sich ab, und am Gesteine war nicht mehr die Schöpferhand der Natur, sondern die eiserne Haue des Steinbrechers zu erkennen. Ein milderer Lufthauch strömte, die Fackel flackerte, der Rauch wirbelte nach vorwärts. Eine Wendung, ein Eisengitter im Fackelglanze; noch einige Schritte, und wir standen unter dem freien, sternbesäeten Dome des Himmels.

Venedig in „Tausend und Eine Nacht".

Herr! Weit hinter dem märchenreichen Lande der Griechen, hinter dem sagendurchwirkten Gewässer der Jonier, auf den Seegebieten der Hadria steht eine große merkwürdige Stadt. Sie steht auf dem Meere, von dem Kranze der ewigen Wellen umwogt. Sie steht auf tausendjährigen Stämmen von Eichen und Lärchen. Marmorpalast an Marmorpalast reiht sich hier in den dunkelnden Spiegelstraßen, auf welchen das öffentliche Leben, Handel und Verkehr, Fleiß und Müßiggang, Spiel und Lust und Cultus im buntesten Gewirr wiegen und schaukeln. Zur Zeit, als das Reich der Römer im Untergehen war, ließ sich das Volk der Veneter nieder auf den kleinen Inseln des Hadriameeres, die gegen Sonnenuntergang liegen, und bauten sich daselbst aus den Stämmen nordischer Wälder den Grund zu einer Stadt, und endlich mit großer Kühnheit auf diesem die stolze Marmorstadt. Es entstand ein Freistaat, in welchem das Volk seine Führer wählte, die Dogen hießen und Macht und Ansehen genossen, wie außer dem Beherrscher der Gläubigen kein König auf Erden. Es entstanden Gesetze, anscheinend so leicht und locker, wie die funkelnden Wassertropfen, aber schwer und ehern, wie das Meer. Und es war eine Opferwilligkeit unter dem Volke, und — Herr! — ein Ge-

meinsinn unter den Großen; es erstarkten Handel und Wandel,
und nach einer langen Friedenszeit — die Meerstadt war ja
uneinnehmbar — war das Volk der Veneter fast die erste
Handelsmacht der Erde. Dennoch hat es auch mächtige Er-
oberungsheere ausgesendet, die sich gar bis an die Grenzen
des indischen Reiches heranwälzten. Daheim aber in der
meerumschlungenen Marmorstadt herrschte die Pracht. Nirgends
war ein glanzloser Punkt in der weiten Runde; was Gold und
Edelsteine nicht schmückte, das zierte die Kunst, das verklärte
das hier einzige Sonnengefunkel oder der abendliche, bunteste
Lichterglanz, oder der milde, traumhafte Mondschein, oder selbst
auch die Thräne der Unglücklichen, rechtlos Unterdrückten,
unschuldig in Kerkern Schmachtenden. Die Macht der Großen,
ihre Ränke untereinander, die in dem Glücke und Reichthum
Verweichlichten, machten zwar nicht die unterseeischen Eichen-
piloten morsch, wohl aber die Verfassung und die geistige
Kraft der Veneter. Der Schutzheilige mit dem Löwen, dem
sie auf dem Forum der Stadt einen herrlichen Tempel gebaut hatten, wollte oder konnte das verkommene Volk nicht
mehr fördern und schützen, und sein Löwe, einst kämpfend
und siegend in der Größe des Volkes, war jetzt versteinert
auf dem Forum und die Gassenjugend tritt auf seine Mähne.
Schon heute, Herr, enthüllt mir meine Sehergabe das zu-
künftige Schicksal der Meerstadt, wie es dereinst die Welt
sehen wird.

So war die Zeit des Aufganges, der Macht und des
Niederganges. Die Veneter waren in ihrem Stolze, in ihrer
Kraft und Klugheit eine tausendjährige Tugend und in ihrem
Uebermuthe eine tausendjährige Sünde. Nun sind sie Vasallen;
und ihre Stadt, herrschend, prunkend und genießend einst,
liegt heute in thränendurchzitterndem Trauerschleier hinge-

ſtreckt auf den Lagunen, wie eine Büßerin. In ihrem dunklen
Auge liegt der Schmerz des Gedankens an die goldene Zeit,
und ihre ſchwarzen Locken wallen hinaus in das Meer.

Und dennoch, Herr, iſt die alte Burg der Veneter dann
noch die wunderbarſte Stadt auf Erden. Ein funkelndes
Dreieck, liegt ſie da, und ihrer Einwohner ſind zweitauſend
fünfhundertmal ſo viel, als Herrinnen deines reichen Harems.
Die große Waſſerſtraße mit ihren zahlloſen Seitenarmen
windet ſich in anmuthigen Schlingungen durch die Stadt,
an beiden Seiten umragt von ſtolzen Paläſten in den edelſten
Bauſtylen.

Der Platz des Forums, der Marcusplatz, hat ſeinesgleichen
auf der Welt nicht. Alles übertrifft er an Größe, Schönheit
und Pracht. Da der blanke Marmorboden und die Arkaden,
und die Statuen, und die Spiegelwände; vorn die viel-
gezackte, kuppelreiche Marcuskirche, wie eine byzantiniſche
Kaiſerkrone, und der gewaltige Thurm, wie das Rieſenſcepter,
Stadt und Meer beherrſchend. Es iſt ein großer Anblick.

Der Bau der Marcuskirche, wie er ſich gegen das
Forum darſtellt, iſt großartig, bezaubernd. (Ich, der Reiſende,
möchte hier die weiſe Erzählerin unterbrechen und bemerken,
daß mir die Marcuskirche im Verhältniſſe zu den übrigen
Paläſten auf dieſem Platze etwas niedrig, gedrückt vorkam,
beiläufig wie ein märchenträumendes Großmütterchen, das
ſich neben ſeinen hochgewachſenen Söhnen auf dem Boden
niederkauert. Noch eigenthümlicher als das Aeußere iſt das
Innere. Dieſer orientaliſche Bau mit ſeinen gedrückten, wie
abgenützt ausſehenden Bogen, mit ſeinen goldgrundirten Wänden, ſeiner Moſaikzier oder düſteren Marmorbekleidung, ſeinem
unebenen, hügeligen Backſteinfußboden, der hie und da wie
Friedhofserde einſinkt, verurſacht ein faſt unheimliches Gefühl.)

Und der Palaſt der Dogen, Herr, gewaltig und düſter,
und wunderbar harmoniſch, in ſeinen ſchlanken, rothen und
weißen Marmorſäulen und kunſtvollen Ornamenten die Milde,
in ſeinen ſchillernden, feſtungsähnlichen Mauerkoloſſen und
niedrigen düſteren Gothikfenſtern die Strenge verſinnlichend,
und mit ſeinen kunſtprangenden, ehrfurchtgebietenden Räumen,
ſo unſäglich ſtolz — mein hoher Gebieter, du haſt keinen
Palaſt, mit dieſem vergleichbar. Der Marcusplatz mit ſeinen
hohen, finſteren Gebäuden wird ſinnberückend am Abende,
wenn das Leben erwacht, wenn die zahlloſen Lichter funkeln,
wenn die bunte Menge herbeiſtrömt mit Geſchrei, vielleicht
gar in Masken: Dominos, Pierrots, Harlekins, Bauern,
Pilger, Dogen der alten Republik, Gondoliers, Fiſcher,
Blumenmädchen, Chineſen, koſtbar bekleidete Bezire des
indiſchen Reiches, Amazonen, Zwerge mit rieſigen Köpfen,
Prieſter mit großen Hüten und noch größeren Bäuchen —
Caricaturen aller Stände mit allen möglichen Sprüngen und
Tänzen, und die rauſchenden Muſikbanden aller Gattungen
und endlich der Prinz Carneval. — Aber das iſt keine Wirklichkeit, dem heutigen Leben entquollen, ſondern ein närriſcher
Traum der Hingeſtreckten, von der alten, guten Zeit. Und,
wenn die Nacht vorbei und die Sonne wieder aufſteigt, ſo
iſt der phantaſtiſche Traum vorüber, leer iſt es auf den
Marmorplatten, nur bunte Lappen kreiſeln umher, von der
Morgenluſt gefächelt, und darüber hin flattern die Friedenstauben. (Ja, die Friedenstauben, und wenn's der Sultan
erlauben wollte, auch andere Thierchen! Venedig wäre ſchon
recht, aber ſeine Mückenſtiche ſind giftig. Kein nordiſcher
Wolf beißt ſo ſcharf, wie dieſe faſt körperloſen Thierchen des
Südens. Sehr gratulire ich dem Fräulein Scheheraſade,
wenn ſie von dieſen Mücken, aus denen wirklich Elephanten

21 *

zu machen wären, nichts zu erzählen weiß.) Dort, wo die
Marmorstufen niederführen zu den Wellen, steht ein Heer
von Gondeln mit seiner buntjackigen, lärmenden Führer=
schaar. Auf den einsamen, düsteren Canälen; unter den zahl=
losen Brücken hin auf schwarzem Wassergrunde gleiten mit
plätschernden Rudern stille Gondeln dahin, schwarz bedeckt
wie Todtenbahren. Von hohen Balconen und Fenstern mit
kostbarer Marmorbekleidung hängen Lappen nieder, sich still
sehnend nach der reinigenden Wasserfluth in der Tiefe. Dann
sind enge, gepflasterte Gassen, durch unzählige Brücken über
die Canäle führend.

Oede ist es in den Häusern, deren Fenster mit grauen,
verwaschenen Bretterbalken geschlossen sind. Die Leute wohnen
nicht gern in diesen märchenhaft schönen Palästen — es
schleicht das böse Gewissen der alten Veneter durch die finste=
ren Hallen. Auf den Märkten aber herrscht buntes Treiben,
in den Gasthöfen bewegtes Leben. Die Fremden sind die
Einheimischen und Herren dieser Stadt; die ständigen Be=
wohner selbst der Fremden Diener. Aus allen Ländern kommen
sie herbei, um die königlich prächtige Todtenstadt auf dem
Meere zu sehen. Todtenstadt? Wenn auch kein Pferdegewieher
und Wagengerassel zu vernehmen und nur todtenbahrähnliche
Gondeln die Canäle durchziehen, es ist doch ein lustiges
Völklein, das hier lebt. Aber es hat sich selbst kein Haus
hier gebaut, es bewohnt die Ruinen seiner Vorfahren, und
der Fremde kommt nicht, um das heutige Venedig zu sehen,
sondern jenes der großen Republik, das nun todt ist und
nur in der Versteinerung lebt.

Herr, ich wüßte dir keine seltsamere Spazierfahrt zu er=
zählen, als jene, entlang der breiten Wasserstraße, die man
den Canal grande nennt. Es ist Abend, die Prachtstraße

zauberhaft beleuchtet. Lieder schallen, Instrumente klingen,
zahllose Fahrzeuge mit bunten Laternen gleiten auf und ab
und feurige Schlangen zucken hin und her und züngeln den
Gondeln zu. (Die Erzählerin meint hier offenbar die Licht-
strahlen, die sich im Wasser spiegeln.) Und aufragen an
beiden Seiten die gewaltigen Paläste, welche, die wenigsten
beleuchtet, ein trotziges, finsteres Ansehen geben. Und erst bei
Mondenschein! Nicht die Sonne, der Mond ist in dieser
Stadt die wahre Labe und Leuchte, durch diesen Schleier
wird das Unschöne schön, das Schöne zauberhaft, und nur
im Monde sind auf den wundervoll durchbrochenen Marmor-
balconen noch die minnenden Liebespaare, die Entführungs-
scenen der alten Zeit zu sehen. Der Mond zeichnet die großen
Kauffahrteischiffe auf den Horizont, die heute längst ausgeblieben sind; man meint, der Mond mache die Löwen
Benedigs wieder lebendig. So geht überall die Vergangenheit
mit der Gegenwart Hand in Hand und webt ein bestricken-
des Bild, wie nirgends sonst auf der Welt.

(Die Sultanin scheint die heutige Geschäftswelt Benedigs
absichtlich übergehen zu wollen, so will ich einen Zweig derselben, das Betteln erwähnen. Von ganz Italien ist das Betteln
in Benedig in seiner höchsten, fast idealen Entwicklung. Der
Beneter bettelt bei jedem Anlaß und Alles ist ihm Anlaß,
aber er bettelt mit Würde und Grazie, und so hat Jeder,
der Talent besitzt, das Recht zu betteln. Wer keinen Hut hat,
der bettelt um einen, und hat er einen erbettelt, so hält er
ihn dem Spender höflich unter die Nase, auf daß dieser
einen Centesime hineinwerfe. Nicht die Hand streckt Benedig
dem Fremden entgegen, sondern den Hut. Eine beliebte
Bettelform ist folgende. Ein Mann, der den Deutschen gleich
herausfindet, kommt auf diesen zu: „Gut unterhalten, Herr?

Freut mich recht. Wissen Sie, ich bin ein deutscher Führer, steh' aber schon heut' seit dem frühesten Morgen da, aber Gott straf' mich als Vater von acht Kindern, wenn ich heut' schon einen Centesime verdient hab'! Betteln will man nicht — es ist schwer!" Und wischt sich verstohlen, aber so, daß es der Fremde noch merken kann, eine Thräne. Natürlich giebt man. wenn auch eine kleinere Münze, als wenn er ehrlich darum gebeten hätte. Mir erzählte eines Tages so ein Mann seine Lebensgeschichte; während dieser kam sein Söhnlein und bettelte auch, da that der Alte, als ob er sich schämte und sagte wie grollend: „Na, verzeihen's mein Herr schon, 's ist eine Grobheit, nu, wie halt die Kinderkens sind." Dabei vergaß sich der Kerl und hielt mir selbst wieder den Hut vor. — Nun, Scheherasade, fahre fort!)

Wie könnte ich dir, o Herr an diesem Abende noch von all' den öffentlichen Plätzen, den Märkten und Spielen, den Tempeln und Kunstsammlungen erzählen, die diese Meerstadt als ein Erbe der Alten aufweist? Habe nur noch die Geduld und begleite mich auf den Thurm am Marcusplatze. Hätten wir Maulthiere zur Hand, wir könnten bequem hinaufreiten, denn es sind keine Treppen, sondern es ist eine breite, sanft aufsteigende Straße, wie nach den alten jüdischen Büchern an dem babylonischen Thurme.

Wir sind am Ziele, hoch, wo sich der letzte Balcon um die Bedachung schlingt. Nun, sieh' die Stadt, sieh' das Meer. Hundert Thürme und Kuppeln da unten, und ein Gebirge von braunen Dächern, und ein Wald von schlanken, eigenartig gekrönten Schornsteinen, und dort der Bogen der Brücke Rialto, und zahllose Gassen und Spiegelstraßen, aber kein Rollen der Wagen. Gondeln, wie Heerden von Lämmern auf lichter Au. Tief zu unseren Füßen die gewaltigen Flaggen

stangen, winzige Gerten gegen den Thurm; die Kuppeln der
Marcuskirche wie graue Pilze, der Platz davor wie ein fürst-
licher Tanzsaal, die kunstvolle Uhr gegenüber wie ein liebliches Kinderspiel, und weiter und weiter hin die Stadt und
die Lagunen, und die kühne Bahn der eisernen Straße über
das Gewässer, und das Meer. Das Meer in seinem Lichte,
und einsame Schiffe ziehen — — aber du schläfst ja, mein
Herr und Gebieter?

Da richtete sich der Sultan auf: Ich habe heute deiner
Rede Sinn nicht ganz verstanden. Laß' die Schiffe ziehen,
ich will selbst hinreisen und die wunderbare Stadt beschauen.
Du aber, liebenswürdige Scheherasade, wirst mich begleiten
und führen und mir Alles zeigen, was du heute nur anzu-
deuten die Güte hattest, und ich schenke dir zu diesem Zwecke
das Leben.

Zu Mailand auf dem Dome.

Mailand! Wie sollen jene Ebenen anders bezeichnet werden, durch welche die Wässer der Etsch, des Tessin rieseln und die Fluthen des Po sich wälzen; ist doch ein ewiges Blühen und Werden in diesem Lande; grüßen uns doch noch die halbverwitterten Denkmale einer vergangenen, großen Zeit, wie dürre Blätter des letzten Sommers und auf dem blauenden, endlosen Zuge der nördlichen Berge liegt, wie im Frühlinge, noch der Schnee.

Den Namen, den das ganze Land verdient, trägt seine größte, schönste Stadt — das herrliche Mailand.

Hier reichen sich Nord und Süd die Hände.

Uns begegnet in Mailand zum erstenmale das laute, geschäftige, klingende Treiben des Südländers; der Italiener hingegen nennt Mailand die nordische Stadt. An den Süden erinnern uns in Mailand die flachen Dächer der Häuser, die Marmorbalcone mit den ausgehängten schmutzigen Lappen, die hohen offenen Portale, das schöne Pflaster der Straßen mit Fahrbahnen aus Stein, der Reichthum an Palästen und Statuen und das mächtig erwachende Leben nach dem Ave-Maria-Läuten. An den Süden erinnert uns der helle aber weiche Gesang, der auf den Gassen und aus allen Häusern quillt, das eintönige Geschrei der Ausrufer, das Besetztsein aller öffentlichen Plätze mit Verkäufern und Ciceroni, die reichen, großen Kirchen, der bräunliche Teint der Männer und das glänzend schwarze Haar und das dunkle, gefährliche Auge der Frauen, das zur Vorsicht wohl häufig verhüllt ist mit einem zarten, zierlichen Schleier.

Der aus Süden Kommende aber wird wegen des mäßigen Klimas, des frischen Wassers, des Fleißes der Bewohner u. s. w. in Mailand allerdings die Stadt des Nordens erblicken.

Und mitten in dieser stolzen prächtigen Stadt, mit dem Janusgesichte gegen Süd und Nord, steht eine Krone von Elfenbein, nein, eine Marmorkrone, wie keine Dichterphantasie noch eine wunderbarere geflochten hat.

Der Dom von Mailand!

Der Italiener nennt ihn ein Marmorgebirge aus dem Norden, und vielleicht mit mehr Recht, als es scheint; waren die Baumeister doch nachweislich Deutsche. (Der Bau der wunderbaren Kuppel soll von Johannes von Graz herrühren!) Ferner ist es die gothische Bauart, sind es die hundert und hundert weithin leuchtenden Zacken, die an die nordischen Gletscher gemahnen.

So haben die Menschen hier im Angesichte der Alpen einen Tempel gebaut, in welchem sich die Erhabenheit der Berge spiegeln soll — ein Gebirge aus Menschenhand und nach den Gesetzen der Kunst, wie es dem classischen Italien geziemt.

Eine Beschreibung des berühmten Baues will ich nicht liefern — er ist ja so sehr bekannt und in das Gemüth des Volkes aufgenommen worden, wie ein liebes Zaubermärchen von der Großmutter. Der Bauer in Steiermark sagt, daß in der Stadt Mailand eine Kirche sei, die so viele

Thürme habe, wie das Jahr Tage, auf jedem Thurme stehe der Heilige des Tages und so prange der ganze Heiligenkalender in Stein gehauen auf dem Dome zu Mailand.

Das ist ein großes, einheitliches Bild, aber es ist zu klein. Der Thürmchen sind im Ganzen weit mehr, als obige Zahl angiebt und die Statuen an denselben und an den Wänden zählen über zweitausend. Es ist des Märchens versteinerter Wald und der Beschauer erstarrt schier selbst zu Stein, wenn er vor dem Riesenbaue steht oder gar oben auf seinen lichten Zinnen. Weiß und leuchtend erhebt sich der Tempel über den düsteren Gebäuden der Stadt in die Himmelsbläue empor; hingegen gespensterhaft bleich, schier wie ein ätherisches Nebelgewebe, steht er des Nachts im Mondenscheine da, als hätte sich eine Riesengestalt im Leichentuch erhoben aus dem schlummernden Mailand.

Nein, ich will den Leser nicht nachtwandeln lassen um den Dom, ich will ihn nicht einmal des Tages einführen in seine düsteren, zauberhaft ergreifenden Hallen — dazu findet sich gelegentlich sicher ein besserer Führer — emporsteigen wollen wir nach jenen Höhen, nach der so viele hundert zackige Spitzen weisen.

Den 26. August 1872 zur Morgenstunde war's, da ich den Dom bestieg. Zuerst geht es eine dunkle, aber sichere Stiege über hundert Stufen hinan, der dürstende Blick gefangen zwischen den Quadermauern. Endlich aber lichtet es sich, wie sich an hohen Bergen der Wald lichtet, wenn man über seine Region hinauskommt. Dem Besteiger des Mailänder Domes ist, auf der ersten Zinne angekommen, gerade so zumuthe, wie dem Alpenwanderer, der, aus dem Walde hervorgetreten, die mächtige Bergkuppe übersieht, die er noch zu besteigen hat. Aber er ist über die Giebel der Häuser

hinaus, er macht einen Rundgang um den Bau und sieht
auf die Hüte hinab, die tief unten auf dem Domplatze geschäftig herumgleiten.   Dann beginnt er auf freien, lichten
Marmortreppen wieder emporzusteigen zwischen dem Wald
der Thürme und den versteinerten Heiligen. Viele derselben
haben, einverstanden mit dem Geiste der neuen Zeit, Blitz-
ableiter in der Hand; selbst die Madonna auf der Spitze
des höchsten Thurmes hatte an meinem Tage die wehende
Tricolore aufgezogen, um trotz des recht unangenehmen
Conflictes zwischen der Regierung und dem Vatican, dem
König Victor Emanuel, der eben in Mailand war, ihre Hul-
digung darzubringen.

Auf der zweiten Zinne angelangt, machte ich wieder
einen Rundgang und sah nun, wie bedeutend die Stadt
niedergesunken war und wie sich die Ebene Lombardiens und
die fernen Berge zu heben begannen. Dann wieder empor
zwischen den Zacken und Klippen, ich glaubte schon Alpenluft zu fühlen und sah mich nach Gemsen um. Nein, die
giebt es wohl nicht auf dem Dome zu Mailand, statt dessen
aber sah ich auf den glatten Marmorplatten des Kirchen-
daches einen jungen Priester herumwandeln, der ein prächtig
schönes Mädchen am Arme führte. Ihr graziöses Dahin-
hüpfen erinnerte an Gemsen; endlich aber ließ sich das
Pärchen nieder auf der Plattform und nahm ungezwungen,
wie man nur auf der Alpenhöhe sein kann, zusammen ein
Frühstück ein. Ich belauschte die Leutchen so ein wenig
zwischen den gothischen Zacken hin; der Priester hatte ein
Gesicht, viel lebensglühender, strahlender, als das des heiligen
Aloisius; das Mädchen — es war in ländlicher Tracht —
mußte wohl eine nahe Verwandte gewesen sein; er schien es
so unsäglich lieb zu haben, er schob ihm die allerbesten Bissen

zu, er koste es, wie sich auf höheren Riffen zwei Täubchen kosten — und das Kirchendach brach darob nicht zusammen.

Nun aber steht auf dem gewaltigen gothischen Tempel noch ein zweiter gothischer Tempel, die ungeheure Kuppel des Domes in einem neuen, reichen Kranze von Marmor-gebilden, die sich mit ihrer höchsten Spitze 340 Fuß über den Erdboden erhebt. In einem Seitenbaue geht die Treppe hinan bis zu dem schlanken Thurme, dessen gewundene Stiege ja bis in den Himmel hinauf zu entführen scheint.

Da liegt die große, stolze Stadt — die höchsten Thürme sind tief unten — im Morgensonnenglanze. Hier, noch im Schatten, an den Fuß des Domes sich schmiegend, steht das königliche Schloß; dort zwischen den Ziegeldächern der kleine, bläulich glitzernde See ist das Glasdach des neuen, prächtigen Bazars, den Victor Emanuel den Mailändern im Jahre 1859 zum Angebinde gemacht hat; weiterhin die große schöne Kuppel der Kirche St. Maria della Grazie weist die Stätte des weltberühmten „Abendmahles" von Leonardo da Vinci und noch weiter hin ragt der imposante Siegesbogen, die Porta del Sempione. Unser Blick gleitet über die hundertthürmige Stadt hinweg und hinaus auf die mit zahllosen weißen Punkten besäete Ebene, die südlich von den blauen Apenninen, nördlich und westlich aber in einem ungeheuren Halbkreise von den Alpen begrenzt wird.

All' die berühmten Riesen, die erhabenen Hochwarten der deutschen Alpen, die höchsten Ideale der Touristen, sind gekommen, um sich den wunderbaren Bau von schneeweißem Marmor, das Spiegelbild ihrer Gletscher anzusehen. Dort im fernsten Westen der Monte Viso; man sieht durch die Duftbläue von ihm nichts sonst, als ein dreieckiges röthlich-weißes Täfelchen. Ein wenig nördlicher die sägige Schneide

des in Eisen gelegten Riesen Montcenis. Dann der leuchtende Zahn des Montblanc und die Zacken vom St. Bernhard und Matterhorn. Weiter im Vordergrunde aber ragt
die gewaltige Gletscherkuppe des Monte Rosa, hoch emporhaltend ihren Silberschild, durch den sie den fernen Meeren
die Wunder und Herrlichkeiten der Alpen verkündet. Und
nun geht's Kanten an Kanten bis nördlich zur Jungfrau,
alle gehüllt in ihre ewigen Eismäntel, nur ein klein wenig
geröthet vor stiller Freude über das schöne sonnige Italien,
das sich da unten ausbreitet. — Dann kommt das Finsteraarhorn, St. Gotthard, der Ortler u. s. w. bis hin gegen
das abriatische Meer, aus welchem die Sonne emporgestiegen
ist, deren feuchte Lichtschleier niederwallen und die östliche
Aussicht verdecken.

Und über dieses Bild wölbt sich ein Himmel, nicht
mehr lichtblau, wie das Auge der Germanen, sondern scharf
und dunkel, wie der glühendste Blick der Italienerin. Ich
sah auf diesem Azurgrunde ein Sternchen flimmern am heitern
Morgen und ich sah und ich empfand, was das heißt: ein
italienischer Himmel.

Und da unten in der Tiefe liegt die blendend weiße
Plattform mit ihren märchenhaft schönen Marmorgeflechten,
mit den unvergänglichen Denkmalen großer Männer, mit
ihrem versteinerten Heiligen-Kalender und mit ihrem seligen
Pfäfflein, das eine so liebe Verwandte hat.

Aus den lepontischen Alpen.

D er geborne Alpenländer weiß mit den italienischen Gebirgslandschaften nicht viel anzufangen; er sieht im Wildbache, im Alpensee, im Gletscher, der in die Himmelsbläue ragt und im Gewässer sich spiegelt, nichts Neues. Aber dem Wanderer in den lepontischen Alpen und am Lago Maggiore kommt doch der italienische Himmel zugute — sollte man meinen. Allein bei trübem Wetter ist auch der italienische Himmel grau und wenn's regnet, wird Einer auch in den südlichen Strichen naß. Doch man empfindet es anders, und wenn im Nord und Süd dasselbe Wetter ist, so ist es doch nicht dasselbe.

Früher Morgen. Ich stand auf dem Dome zu Mailand — heute als Meteorolog. Die aufgehende Sonne schien wie durch einen dünnen, rosigen Vorhang auf die lombardische Ebene. Die Alpenkette, die mich sonst, von diesem Wunderbaue aus gesehen, so erfreute, war heute nicht mehr da: der kühle Ostwind schien sie weit über den Horizont hinausgeschoben zu haben. Trotzdem stieg ich den Marmortempel eilig nieder und machte mich auf den Weg nach Arona am See.

Es war eine kühne Fahrt. Der Zug ging über ein Schlachtfeld, ging durch das Mordgemetzel zweier feindlichen Heere.

Es war in der Ebene von Somma. Der Himmel war
trübe geworden und Nebelstreifen lagen über der Heide, Nebelstreifen, die durch wüsten Kanonendonner zerrissen und durch
Pulverrauch wieder ergänzt wurden. Leer, nur von einigen
Wachtposten umstrichen, standen die unzähligen Zelte des
Lagers. Sanitätswagen waren bereit, hie und da stand ein
gesatteltes Pferd und der Reiter lag im Grase. Weiterhin
aber hatte sich die gewaltige Schlacht entfaltet. Aus tausend
Läufen knatterte das Kleinfeuer, aus hundert Schlünden
donnerte das große Geschütz. Schrille Trompetenstöße gellten
durch die Luft und Bajonnete funkelten matt in der Trübe
des Tages. Nicht mehr das Rollen des Zuges war zu
hören; der Kriegslärm übertönte es. Mitten durch die er-
stickenden Rauchwolken brauste unsere tapfere Maschine. Ein
Trupp Piemontesen zielte auf unsere blauen Fenstervorhänge
und eine wuchtige Kanonenkugel, glaube ich, ging uns zu einem
Waggonfenster hinein, zum anderen hinaus. Ohne Kopf
komme ich heute wahrscheinlich zu Dir, Du schöner Lago
Maggiore! seufzte ich, da fuhren wir in den Bahnhof zu
Somma ein.

Auf die Frage, was jetzt, mitten in der Friedenszeit,
dieses Höllenspectakel bedeute, sagte man, es sei nicht Ernst;
der König sei da und halte Manöver. Der König ist da
und erprobt seine braven Soldaten. — Der König ist da und
lehrt seine vielgetreuen Unterthanen das Menschenschlachten.
Er raucht seine Cigarre dabei und denkt: das wird trefflich
gehen das nächstemal; ich hebe eine kleine Unordnung an.
Unterhaltend wird's sein — aber Leute wird's kosten!

Der gute König wischt sich mit seinem Schnurrbart die
Thränen. Er hat ein so weichfühlendes Herz, der König,
er hat einen so großen Schnurrbart, der König.

Ja, der König ist da, darum Pulverdampf und das Schlachtgetümmel.

Aber unser wackeres Dampfroß braust vorwärts und läßt König und Soldaten zurück . . .

In Arona ging ich auf das bereits harrende Dampfschiff und glitt hin über den schönen, blauen, meilenlangen See. Da that sich die Herrlichkeit auf. Rechts das liebliche, grüne Hügelland mit Städten, Villen, Höfen und Lorbeerhainen; links milde Höhen mit Eichen- und Cypressenwäldern, und im Hintergrunde das silberig schimmernde Felsengebirge. — Dort auf der Waldeshöhe steht, in Eisen gegossen, der heilige Borromeo, der vor dreihundert Jahren in dieser Gegend geboren wurde, edle Thaten vollzog und starb. Die Riesenstatue streckt eine Hand segnend über Arona aus.

Einmal noch zieht das Gewölke dort oben auseinander, und die Zacken des Simplon und der Eisschild des Monte Rosa funkeln nieder auf die gesegneten Gefilde, wo Trauben und Orangen reifen.

Das Schiff hielt an den borromeischen Inseln — an den weltberühmten Perlen, die hervorgewachsen sind aus dem Grunde des Sees.

Isola Bella! Gott hat seinen ewigen Hochzeitskranz gelegt über diese kleine Insel; große Dichter haben sie verherrlicht, aber der Menschen Geschmacklosigkeit hat sie entstellt. Die ganze Isola Bella prangt in französischer Rococomaske. Das Schloß und die Bildergalerie und der Garten und der Felshügel, Alles hat Gamaschen und weißseidene Strümpfe, und einen goldverbrämten Frack und eine gepuderte Perrücke mit Zopf. Die Myrten- und Orangen- und Citronenbäume dürfen hier nicht Myrten- und Orangen- und Citronenbäume sein, sondern gestutzte, geschniegelte Wachtposten, französische Aufwärter aus dem vorigen Jahrhundert. Den Fußpfaden sind die Sandkörner, den Springbrunnen und Wasserfällen die Tropfen vorgezählt, und wenn von Isola Madre Tauben herüberkommen und sich auf eine dieser Eichen setzen, so müssen sie beim Gärtner anfragen, ob sie schnäbeln dürfen.

Ich suchte mir das einsamste, möglichst unentweihte Plätzchen am nördlichen Gestade und blickte sehnsüchtig hinaus über den See auf das Gebirge, das ewig unentweihbar seine Eispanzer trägt. Nebel brauten nieder an den Hängen, Blitz und Donner durchwogten die Luft. Aus den Schluchten des Simplon zog ein kalter Winterhauch und es fielen schwere Tropfen. Da sah ich die Schönheit des Regens auf dem Wasser. Man merkte nicht, wie die Tropfen niederfielen, man sah nur, wie sie über der spiegelglatten Fläche aufspritzten in zahllosen Zäckchen und Silberspitzchen und Kügelchen, und wie der See seine Millionen und Millionen Aeuglein aufthat und zum rieselnden Himmel emporblickte, wie das Hühnlein, das für jeden Schluck Wasser einen dankenden Blick zur Höhe thut.

Als das Gewitter vorbei und die Wolken zerflossen waren, da verwandelte sich der Natur nordischer Ernst in südliches Lächeln. Zwei Regenbogen wölbten sich über das Land, und es war doch keine Sündfluth gewesen, sondern milder, labender Regen. Bergriesen streiften nun ihre Mäntel ab und zeigten die Eiskronen ihrer Häupter. Aber sie lächelten dabei und in der Spiegelfläche des See's strahlte das milde, goldige Lächeln wieder.

Ein alter Mann mit einem langen, weißen Barte stand an der Steinbrüstung und sah hinaus in das herrliche Bild. Lange sah er hinaus, wie verzückt — dann hub er an zu

lachen. Er lallte englische Worte und lachte, und hob die
Hände hoch in die Luft, als wollte er dieses Bild und diese
Stunde festhalten, daß sie der Zeitenstrom nimmermehr fort-
zureißen vermöge. Nicht Regentropfen waren es, die nun
niederrieselten über die Wangen des Alten. Meiner Tage
hätte ich es nicht geglaubt, daß ein Engländer weinen könnte
über ein mütterliches Lächeln der Natur — aber er lachte ja
nur. War es, wie immer, die feurigen Zungen der Begeisterung waren niedergesunken über unsere Häupter und wir
beteten und verkündeten den einen Gott: Natur.

Das war nun italisches Land und Licht; — unter
träufelnden Palmen und Cypressen saß ich und zählte die
Schlünde der Gletscher, auf welchen so wunderbar rein und
mild die Sonne lag.

Losgelöst war alle Wolkentrübniß von den Bergen: nur
im fernen Südosten, vielleicht über den Lagunen Venedigs,
lag der dunkle Grund des Gewitters, über welchen zuweilen
grünlich-weiße Blitzfäden zuckten.

Und die Wasser rieselten nieder von den Hängen in
den stillen, tiefblauen See, und die Palmen grünten und in
den Lorbeerbüschen funkelten die Tropfen, und in jedem
Tropfen war das unendlich kleine, goldige Bild der Alpen,
die oben glühten in der abendlichen Sonne, glühten in einer
stillen weiten Reihe, so magisch und heilig — da unten
schon die Dämmerung war.

Draußen aber, auf der funkelnden Ebene Lombardiens
lag ein schneeweißer Punkt, ein funkelndes Krönlein — der
Dom zu Mailand.

Von Piemont nach Savoyen.

———

Kennt Ihr das italische Graz, Turin?

Das schöne, ruhsame Turin im Hügelgelände, im Angesichte der Alpen, seine schäumenden Weine von Asti schlürfend und dazu die würzige Luft der Berge athmend. Die in den heißeren südlichen Gegenden und unerquicklichen staatlichen Verhältnissen abgehetzten italienischen Pensionisten gehen nach Turin, um in ihren alten Tagen noch ein Sträußchen Lebensfreuden zu erlisten. Die sehr regelmäßige Stadt mit ihren schnurgeraden, sich rechtwinkelig kreuzenden Straßen, mit ihren langen Säulengängen an den Häusern hin, mit ihren reichen, geschmackvollen Auslagen, mit ihren schönen, sinnig vertheilten Denkmälern, macht den Eindruck eines planmäßig ausgeführten, nun abgeschlossenen Ganzen. Für vornehme Spiel- und Kaffeehäuser, für ein glänzendes Ballet scheint das italische Pensionopolis besonders viel Sinn zu haben, aber auch für Kunst und Literatur. Meiner Tage habe ich sonst nirgends so viel Kunst-, Buch- und besonders Antiquarbuchhandlungen gesehen, als in Turin. Aber die Literatur und das Volk und die Sitten desselben französeln schon sehr stark und leiten sie das Franzosenthum durch den unterirdischen Canal des Mont-Cenis herein.

Die Mont-Cenis-Bahn zu sehen verlohnt sich doch einer
Fahrt von ein paar Stunden? — In Wahrheit aber war es
auch noch ein anderer Grund, der mich bewog, die Fahrt zu
machen — ich hatte Heimweh nach den Alpen.

Am Morgen des nächsten Tages verließ ich Turin. Fort
ging's nach Savoyen hinein. Ich fuhr in der dritten Wagen-
classe, die in Italien außerordentlich einfach ist. Meine Reise-
gesellschaft in derselben war einer näheren Beachtung werth.
Da saßen und lehnten schmutzige, wüste Gesellen, die in eine
dichte Alkoholatmosphäre gehüllt waren. In einer Ecke duckte
sich ein Pfäfflein, das war so: die Unterärmel der braunen
groben Kutte glitzerten wie Spiegel; das Colare trug erheb-
liche Schweißspuren von den Arbeiten im Weinberge des
Herrn, das Gesicht war mumienhaft eingedorrt und stoppel-
bärtig. Die wirren Haarlocken waren herabgewischt bis zu
den ein wenig lebhaften, hervorquellenden Augen; die Nasen-
löcher schnupperten zuweilen ungeduldig, wenn die Finger zu
lange mit Transport von Schnupftabak ausgeblieben. So
sah das Pfäfflein aus. Es ist nicht das einzige in Italien,
das so aussieht. Hingegen wird gewiß der innere Mensch
sehr rein und vollkommen sein.

Auf einer anderen Bank saß ein Weib, welches — nein,
hier kein boshaft Wort — es war eine Mutter mit ihrem Kinde.

So war die Gesellschaft. Die wüsten Burschen, es waren
sicher auch ganz ehrsame Arbeiter, unterhielten sich lebhaft
miteinander und brüllten das Volkslied: Il domo di Milano!
Das Pfäfflein war versunken in sich und seine Genüsse. Die
Mutter sah betrübt drein und wahrte ihr schlummerndes
Kind vor den Fliegen.

Ich — vielleicht bin ich von einem Anderen bespöttelt
worden, Stoff dazu war wahrscheinlich auch an mir — ich

blickte zum Fenster hinaus in den sonnigen südlichen Tag.
Dort über dem buschigen Hügelgelände grüßten die Alpen.
Ihr Glänzen und Leuchten hat sich wiedergespiegelt in meinen
Augen. Bald aber sanken die lichten Riesen hinter kahlen Vorbergen nieder. Ach, diese kahlen, fahlen und mönchskopf-
glatzenähnlichen Berge sind mir in Italien so schrecklich vorgekommen.

Die Ebene von Turin war zu Ende. Am Fuße der
sonnverbrannten Hügel lag hie und da ein Dorf, an ihren
Höhen zuweilen ein Castell, ein Kirchlein, ein Kloster. Im
Thale brauste das Bergwasser der Dora.

Und weiter hinein rollt's in's Gebirge. Wieder tauchen
die Zacken und Gletscher auf. Die Bahn setzt mehrmals über
gewaltige Schuttströme und macht sich endlich links an die
Berglehnen hinan. Da liegt unten im Felsenthale das malerische Susa mit seinem nadelschlanken Kirchthurme und seinen
grauen, flachen Schieferdächern, kaum zu unterscheiden von
den grauen Klötzen der Felsen.

Hier verlieren sich die Laubhölzer; es kommt die kühlende
und die saftig grünende Lärche. Das Gebirge wird unwirthlicher, die Wildbäche häufiger, reißender; die Schluchten werden
unumgänglicher, die Felsen unbesiegbarer. Die Gebirgsstraße
windet und schlängelt sich, weiß sich kaum einen Ausweg;
rechts biegt sie endlich ein in das Thal Cenisia, gegen die
Gletscher des Mont-Cenis. Die Eisenbahn aber, dem Col de
Frejus zustrebend, setzt kühn über alle Schluchten und Schründe,
durchbricht alle Felsen, durchsticht alle Bergnasen, die ihr in
dem Weg stehen. Sie tost lieber und sicherer unter dem
Berge, als an den lockeren Hängen desselben dahin. Ich
habe meinen Vorsatz, die Tunnels zu zählen, nicht zu halten
vermocht. Die Eisenstraße steigt gewaltig bergan. Wie die

Maschine vorn keucht und sich abringt! Völlig Mitleid hat
man mit ihr, und an den Stationen, wo sie hält und sich
ausschnauft, möchte man hintreten und sie streicheln, wie ein
gutes, vielgeplagtes Pferd.

In Oulx stiegen die lärmenden Arbeiter aus, in Bardonneche das stille Pfäfflein. Dieses hat uns noch gesegnet,
ehe es ging; dann torkelte es über den Sand. Es war ganz
schwindelig geworden da drin in diesem surrenden Zeug der
neuen aufgeklärten Zeit.

Nun war ich im Waggon allein bei der Mutter mit dem
Kinde. Sie sprach wenig und nur französisch und fuhr nach
Frankreich hinein. Das Kind, ein liebliches Mädchen mit
frischrothen Wangen, schlief noch immer auf der harten Bank.
Ich bot der Frau meine Reisedecke an zur Unterlage für das
Kind; sie wußte nicht, wie oft sie mir dafür dankbar die Hand
drücken sollte.

In Bardonneche hielt der Zug eine lange Zeit. Zwei
frische Maschinen wurden an die Reihe der Waggons ange-
spannt, die eine zum Ziehen, die andere zum Schieben. Die
Räder und Achsen und Kuppelhaken wurden untersucht, die
Lichter wurden geputzt und neu nachgefüllt. Das war das
Rüsten zum großen Tunnel.

Ein Zug aus Frankreich kam auf dem zweiten Geleise
an uns vorüber; die Reisenden reckten ihre Köpfe hell zu
den Fenstern heraus; ihr Auge haschte nach Sonnenlicht, ihre
Lunge nach frischer Luft.

Endlich schrillte unsere Locomotive. Die Räder huben
ächzend an sich zu bewegen. Wir schoben uns an der riesigen
Schutzmauer vorüber, die sich links erhebt — und nun gings
hinein in die Tiefe des Berges. Rechts blitzte uns zwischen
Pfeilern noch das Tageslicht zu. Bald aber nicht mehr.

Die Wände des Waggons waren durch eine Lampe matt beleuchtet; eine frostige Luft strich; draußen schoß röthlicher Rauch vorüber. Wir schlossen die Fenster. Es war ein dumpfes gleichmäßiges Rollen. Der Zug mußte rasch gehen, denn die Laternen, welche von Strecke zu Strecke mit transparenten Nummern aufgestellt sind, zuckten wie Irrlichter vorüber, daß kaum die Ziffern zu lesen waren.

Die Luft wurde lauer und schwül, je tiefer wir in den Berg hineinkamen. Welch' unermeßliche Lasten thürmten sich über uns zu gewaltiger Höhe, auf deren Scheitel die Gletscher lagen. In die Urgeheimnisse, wo Friede herrschte seit unendlichen Zeiten, wo kein Tonhall und kein Lichtfunke war, wo es wie ein todtes, vergessenes Chaos lag, seit die Alpen stehen — da hinein ist der Mensch gedrungen mit seinem Stahl — hat den Bann gelöst und ein Stück Welt erschaffen. O, Hannibal, dir ist des Ruhmes kein Ende, daß du über diese Alpen zogest; ei, das kann jeder Wicht; ich lobe mir das Geschlecht, das durch die Grundfesten der Alpen seine Straße baut.

Das Lampenlicht war matt, glanzlos, wollte schier ersterben in der dumpfen, schweren Luft. Selbst das kleine Mädchen holte tief Athem, dann aber schlief es wieder ruhsam weiter; so mild und süß, so ahnungslos glitt das junge blühende Leben hin durch die grauenvolle Nacht. —

Die Locomotive schrillte lange und bedeutungsvoll, da zog es plötzlich meinen Körper ein wenig nach vorn und es ging merklich thalab. Wir waren über den Mittelpunkt hinaus und in Frankreich.

Draußen flog eine Laterne nach der anderen vorbei; die Luft wurde kühler und kühler, endlich aber wieder lauer; da traten nach und nach die bleichen Wände der Wölbung her-

vor und hinaus gings in das Licht des Tages. Wir waren
durch den 2½ Stunden langen Tunnel 27 Minuten lang
gefahren.

Welch' eine Gegend! Wir zogen hoch am steilen Hange
eines riesigen Berges. Ein wüstes, zerrissenes Felsgebirge
mit schauerlichten Schluchten, Schründen und wüsten Schuttriesen lag da. Oben glänzten die Schneefelder, funkelten die
Schründe des Eises, in den Tiefen zogen sich enge schattige
Thäler, und aus mäßigen Niederungen empor dämmerte der
liebe nordische Wald und von fernsten Spitzen her schimmerten
die Gletscher.

„La France, France, ma patrie!" rief das Weib bewegt und hob das Kind empor, daß es erwache, daß es sehe —
das Vaterland! —

Von Nordosten her über weite Höhen ging die alte
Straße; einen einzigen Eseltreiber sah ich ziehen auf Hannibal's
Bahn. Tief unter uns in der Thalschlucht lag Modane; nach
vielen Windungen kamen wir zu diesem Orte nieder. Beim
Aussteigen zur Gepäcksrevision (auch durch die Tunnels der
Gebirge zieht man die alten Zöpfe) bedankte sich meine Reise-
genossin nochmals mit vielen Höflichkeiten für die ihrem
Kinde geborgte Decke, und da sie wußte, daß ich nun wieder
nach Turin zurückkehren wolle, bat sie mich, diese Stadt von
ihr zu grüßen. Sie habe gestern auf dem heiligen Felde zu
Turin ihren Mann, der auf der Reise gestorben, unter die
Erde gelegt und kehre nun wieder heim den weiten Weg in
die Bretagne.

Das sagte sie und dann schloß sie sich ein in ihren
Waggon. Ich blickte dem weiterrollenden Zug nach, bis er
im Gewände verschwand. Ich konnte die Worte der Frau
nicht verwinden. Daheim in der fernen Bretagne und ein

Gattengrab in Turin! — Da dachte ich mir: was sind hundert und hundert Klafter unter der Erde im Mont-Cenis gegen sechs Schuh Tiefe auf dem heiligen Feld?

Ein Glas französischen Weines habe ich auf mein sentimentales Herz geschüttet, da ist ein freudiges daraus geworden. Und das freudige hat auf der Bahnstation zu Modane hell den hohen Bergen zugejauchzt, bei deren Anblick ich die Berge der fernen Heimat grüßte.

Von der Kirche des heiligen Petrus.

Von der Peterskirche zu Rom wird erzählt in der Stube. Da läßt die Magd ihr Spinnrad stehen, da lehnt der Knecht sein Spanscheit hin — da horchen sie Alle auf.

Ja, die Peterskirche! Schon der Platz davor ist so groß, daß zwei Kriegsheere nebeneinander Raum haben. Da sind zwei Springbrunnen, in welchen allweg' drei Regenbogen stehen, schier Tag und Nacht; wenn diese Regenbogen einmal verlöschen, dann kommt das jüngste Gericht. Einer, sagen sie, ist schon völlig verloschen. Und mitten auf dem Platz ist eine hochmächtige Säule, die giebt am Sonnwendtag zwölf Uhr Mittags nicht so viel Schatten, daß eins eine Stecknadel in denselben könnt' legen. Das ist, weil die Sonnen kerzeng'rad obenauf — weil die Säule just mitten auf der Welt steht. Nachher ist eine Marmelstiege hinauf zur Kirche, die neunundneunzig Stufen zählt, und deren Stufen so breit sind, daß Roß und Wagen darauf kann fahren, — und so lang, daß, steht an einem Ende der Jäger, am andern der Hirsch, beide von einander nichts wissen. — Und die Kirche selber ist aus weißem Marmelstein gebaut, und so groß, daß, wenn neun Priester gleichzeitig in ihr predigen, einer den andern nicht hört. Die Kuppel ist so hoch, daß Eins von ihr aus nach — Rom kann sehen? — nein, nach Jerusalem hinein kann schauen. Und der goldene Knopf auf der Kuppel ist so breit, daß darauf sieben Hochzeitspaare können tanzen!

So herrlich ist gewiß noch kein Bau erdacht worden auf Erden, als sich die im Dorfe, im Walde ihre Peterskirche haben erbaut. Es ist nur gut, daß in ihren Hecken kein Wanderstab wächst', der sie nach Rom thät' führen, und daß sie keine Stiefel haben, die oben auf der „Romstraße" verstünden zu wandern — sie würden ja so enttäuscht sein.

Bin ich's schier selbst ein wenig gewesen, obwohl sich mein obiges, ideales Phantasiegebilde aufgelöst, als ich aus dem Märchenleben heraus und zur ernüchternden Einsicht kam, wie viel — wie wenig die Menschen im Verhältnisse zur Größe der Natur und der Phantasie zu leisten vermögen.

Freilich habe ich die Peterskirche in den sechs Stunden, die ich ihr widmen konnte, gleichsam nur durch das Schlüsselloch von Alessio gesehen. Indeß, wenn nach der Berechnung eines weisen Mönchs neunundneunzigtausend Engel Platz auf einer Nadelspitze haben, so wird der goldene Knauf der Kuppel von Sanct Peter auch ein entsprechender Tanzboden sein für die sieben bäuerlichen Hochzeitspaare, ohne daß just wegen Raummangels gerauft werden müßte.

Es war am Morgen des 6. September 1872. Ich kam durch das dunkle, schmutzige Gassengewirre zur Engelsbrücke.

Ich schlich an der finsteren Engelsburg vorbei; eine Teufelsburg kann nicht wilder, finsterer aussehen, wie diese Engelsburg. Eine gewaltige Runde, einst eine Todtenstätte, dient sie jetzt zum Gefängnisse für Lebendige, „treu beschützt von den heiligen Engeln".

Ich ging durch die lange, staubige Borgo Nuovo; diese endet plötzlich und siehe, ich stehe auf dem berühmtesten Platz der Erde — auf der Piazza di San Pietra. Da ist ein Feld mit Quadern bepflastert, da sind zwei weißschäumende Springbrunnen, Silberpaletten, auf denen die Sonnenstrahlen just ihre Farben mengen zu einem schönen Regenbogen. Und mitten steht der hohe Obelisk mit heidnischen Hieroglyphen und dem eisernen Kreuze auf der Spitze. In diesem eisernen Kreuze soll ein Stück des wahrhaftigen Golgathakreuzes stecken. — Dann die prächtigen Colonnaden, die zwei ausgebreiteten Arme des Vaticans, mit denen er den Platz umschließt — die ganze Welt umschließen möchte.

Und im Hintergrunde, sanft erhöht über marmornen Stufen, steht breit und behäbig und stolz der röthlich schimmernde, herrliche Quadernbau — der größte Tempel der Welt, der Dom des heiligen Petrus. — Von der Kuppel sieht man nur die dunkle Dachrundung und die Laterne über den gewaltigen Vorderbau herüber ragen.

Eine Glocke dröhnte lang und schwer, dumpf erschütternd zur siebenten Stunde. Ich that einen Blick nach dem über den Säulengang aufragenden Vatican, einen Blick nach den riesigen Statuen der Apostel Petrus und Paulus, die an den beiden Seiten der Freitreppe stehen, und stieg hinan zu den gewaltigen Säulen der Façade — zur Pforte. Die Vorhalle ist so groß, daß ein paar Dorfkirchen mit Thurm und Sacristei leicht darin Platz haben; aber ich würdigte sie kaum eines Blickes, ich schritt durch das Portal, schob einen der schweren Ledervorhänge bei Seite und stand nun in dem weiten Raum der Kirche. Da war nicht die ernste Dämmerung eines gothischen Baues, da war die lichte, freundliche Heiterkeit des romanischen Styles — Alles, vom Fuß-

boden bis zu den Höhen der Kuppel prangend in reichster
Gold-, Marmor- und Mosaikverzierung — gar wunder-
herrlich zu schauen. Aber die Größe der Kirche überraschte
mich nicht. Die riesigen Säulen, Fenster, Statuen und
Bilder, dem Verhältnisse des Baues entsprechend, waren
mir täuschende Maßstäbe; ich mußte mir sagen, die Kirche
hat nicht mehr der Pfeiler, Fenster, Altäre, Capellen als
andere Kirchen, die ich bereits gesehen. Anders aber, als ich
meinen Blick niedergleiten ließ von den Höhen der Gesimse
auf die Menschlein, die herunten auf der Bodenfläche herum-
glitten!

Trotzdem belächle ich, was der Cicerone sagt: Das
königliche Schloß zu Berlin und die Stefanskirche sammt
dem Thurme zu Wien haben bequem nebeneinander in der
Peterskirche und Kuppel Platz.

Ich begann meinen Rundgang. Ich kam zu der uralten
Bronzestatue des heiligen Petrus, an deren rechtem Fuß die
Gläubigen die Zehen weggeküßt haben, bis auf ein paar
nichtige Stümpfchen. Ich kam zu den Nischen, wo die katholischen Schatzkästen stehen, darin der echte Kopf des heiligen
Andreas, das Schweißtuch der heiligen Veronika, ein Splitter
des Kreuzes Christi und die Lanze, welche Christum die
Seitenwunde stach. Diese Reliquien werden an Festtagen
von den hohen Loggien herab dem Volke gezeigt, näher besehen dürfen sie nur — Priester. — Ich kam zu der Säule,
an welche sich Jesus im Tempel Salomons gelehnt hatte.
Die Peitsche sah ich nicht, mit welcher er die Krämer
hinausgetrieben; — sollte sie etwa ein geldbedürftiger Papst
an einen reichen, Reliquien sammelnden Engländer verkauft
haben? — Ich kam zu der Cathedra, zum päpstlichen Thron,
den vier heilige Kirchenlehrer mit den Händen spielend schau-

keln. — Ich kam an herrliche Grabmäler der Päpste, an Statuen und Mosaikbilder, die mein Herz lachen machten, und ich kam endlich zum Hauptaltare in der Mitte der Kirche, zu dem Allerheiligsten der katholischen Christenheit — zu der Grabstätte des Apostels Petrus. Zwei Marmortreppen führen hinter dem Hochaltare hinab zu dem Grabe des großen Apostels. Ein Baldachin aus Erz schützt vor dem hellen Lichtstrome, der hoch oben durch die Kuppel hereinbricht, aber ein Kranz von zahllosen Lampen brennt um diese Stätte Tag und Nacht, die Nische und das Grab mit dem goldenen Gitter geheimnißvoll beleuchtend.

Hier stand ich sinnend still und sagte mir, daß ich zu spät gekommen.

Wie oft in meiner Kindheit, als ich in dem Dorf-kirchlein kniete oder im Walde saß, erfaßte mich die Sehnsucht nach der Hauptkirche der Christenheit, nach dem Dome meines Namenspatrons, des heiligen Petrus. Wenn in der Christ-nacht das Thurmglöcklein klang, weit in den Wald hinein, so war mein Gedanke in Rom bei dem hochfeierlich glanzvollen Weihnachtsfeste in der Peterskirche. Wenn am Ostersonntags-morgen die Pöller knallten und die Sonne aufging, so weckte mich meine Mutter aus dem Schlafe:

„Bub', jetzt steht der Papst auf der Peterskirchen und giebt seinen Segen der ganzen Welt; jetzt steh' aber geschwind auf, sonst frißt Deinen Theil die Katz'!"

Ich sprang auf und hüpfte noch im Hembchen hinaus unter den freien Himmel und meinte, ich müßte den Segen fliegen sehen in der klaren Luft. Aber so, wie ich Tags zuvor die Glocken nicht sah, als sie nach den Chartagen von Rom zurückkamen, so sah ich auch heute den Segen nicht. — Und am Pfingstfeste war ich im Geiste wieder in der Peterskirche

und zählte die feurigen Zungen, die vom heiligen Geist auf
die Cardinäle niederträufelten. Ich war ein guter Katholik,
und lange schon erwachsen, habe ich noch Peterspfennige gegeben vom Herzen gern. Doch die Geister des Vaticans lehnten
sich auf gegen Gott, wie einst im Himmel die hoffärtigen
Engel — und der Erzengel Michael blieb ruhig stehen auf
der Engelsburg und ließ sein feuriges Schwert nicht nieder-
sausen über den Vatican.

Da es so geschehen ist, kann ich heute an dieser Stätte
nicht beten . . . . .

Auf einer Marmortafel an der Wand prangen die
Namen der Bischöfe und Cardinäle, welche im Concil 1870
für die Infallibilität gestimmt hatten. Diese Tafel wird einem
künftigen Geschlechte ein merkwürdiges Denkmal sein.

Aus einer Seitencapelle erscholl der berückende Chor-
gesang einer Priesterschaar. Ich trat hin, um zu sehen; es
waren Domherren in Purpur; nur wenige, die Jüngeren,
blickten mit gefalteten Händen inbrünstig auf zu dem Bilde
der gekrönten Himmelskönigin mit dem Kinde; die anderen
ließen ihre Hände und Augen und wohl auch die Gedanken
herumschweifen, wo sie wollten — die Zungen und die Kehlen
kamen schon auch ohne all' dem zurecht mit dem längst bekannten Gesang. Andere, vielleicht fremde Priester, aus
weiten Landen kommend, durchschreiten bedächtig die Kirche
und knieen andächtig hin vor den Lichterkranz des Haupt-
altars und — weinen.

Und wieder Andere — Geistliche im Chorrock — huschen
geschäftig hin und her, lächelnd und grinsend, sich Jedem
unterthänig als Cicerone anbietend, gar zuweilen mit einer
Opferbüchse schellend, die sie unter dem Rocke verborgen
halten. Das sind die Hausfliegen der Peterskirche.

Ueber all' den Ceremonien und Gegenständen der Weihe,
der Kunst, über all' den Menschen, die gekommen sind aus
fernen Landen, um die hier bewahrten Schätze und Herrlichkeiten und Gnadenquellen zu schauen und zu genießen, waltet
in der Kirche ein ewiger Werktag. In Seitencapellen arbeiten Steinmetze, an Altären klettern abstaubende und de-
corirende Meßner herum, auf Gerüsten hämmern Maurer
und Zimmerleute, in Nischen und Winkeln klopft und scharrt
der Schlosser. Es wird ewig gebaut und ausgebessert, es
herrscht ein ewiger Stoffwechsel an dem Baue, sowie überall
in der Natur. Und der Stoffwechsel geht im Verhältnisse
rasch vor sich: die Kirche ist noch nicht 400 Jahre alt und
doch ist keine Dachtafel und keine Fußbodenplatte und kein
Glasscherbchen mehr von dem Alten, Ersten.

Die Gerüste für Reparaturen stehen auf Rädern, daß
sie bequem von einer Stelle zur andern geschoben werden
können. Auch zur Fortschaffung des Kehrichts sind eigene
Wägelchen; der Bauer wird ungläubig den Kopf schütteln,
wenn ich ihm sage: In der Peterskirche fahren die Mistkarren
herum, wie auf Deinem Rübenacker.

Und trotz all' diesen verschiedenen Dingen herrscht eine
gewisse Ruhe in den Räumen und fortan künden es die
riesigen Buchstaben oben rings der Kuppel: Tu es Petrus etc.

Wer die Größe des Baues noch nicht glaubt, der steige
auf das Dach und wandle zwischen den Tonnengewölben und
grauen Giebeldächern und den sechs Kuppeln und den Laternen, wie in einer Stadt von Kirchen und Plätzen
mit Springbrunnen sogar — und besteige den gewaltigen
Koloß der großen Kuppel und halte Aussicht von der
Laterne über Rom, in das Sabiner und Albaner Gebirge, in die Abruzzen und auf das mittelländische Meer.

Und mag er gar hinaufklettern bis zum „goldenen Knopf", so wird er sich sagen: „Tanzen? Sieben Hochzeitspaare? — Das Wort ist nicht ohne Grund!"

Dann aber, Freund, wenn Du herabsteigst, durchwandere nochmals die Kirche und labe Dich an der Schönheit, Erhabenheit, ehe Du von dannen ziehst. Du magst durch alle Länder der Erde reisen, alle großen Städte durchforschen, einen solchen Tempel wirst Du nimmer finden. Hier, in dem Dome und im Vatican hast Du der Baumeister und Bildner größte Werke gesehen; hier bist Du auf der Höhe und an der Grenze der menschlichen Kunst. Höher kann die Flamme des Genius nicht mehr lodern — der Athem Gottes bläst sie aus.

Sympathisirend mit den kunstliebenden Päpsten gehst Du von hinnen, auf St. Petri's Grabstätte nur noch den Wunsch niederlegend: Streue du, mächtige Beherrscherin der Herzen, streue Segen den Völkern der Erde, auf daß du bestehst in deiner Größe, ein Asyl der Kunst und des Gemüthes; oder daß künftige Jahrhunderte mit Verehrung deine Ruinen betrachten und dein Andenken Früchte trage unter den Menschen.

Verführt zu Rom.

Jch war auf meiner Reise durch Italien ganz allein und der Landessprache nicht mächtig.

Mit Schwierigkeiten hatte ich also sehr zu kämpfen. Ein gutes Reisehandbuch ist unentbehrlich, aber es genügt nicht. Zum Studiren der Sprache war keine Zeit, weil mich unterwegs und in Aufenthaltsorten die Umgebung ganz absorbirte. Wo es deutsche Hotels gab, da ging es mir stets recht gut; in italienischen genoß ich freilich immer nur formaggio und vino, weil ich in der Landessprache sonst nichts zu verlangen wußte. Bestellte ich arrosto oder vitello, so bekam ich die Dinge häufig in ganz anderer Gestalt, als ich sie mir gedacht hatte, und sie mundeten mir nicht immer. Vino, der rothe, würzige, italienische vino war mir allzeit recht. Da ich kein bestimmtes Maß verlangen konnte, sondern stets „vino" begehrte, so bekam ich häufig sehr große, stroh-umwundene Flaschen, die ich an Ort und Stelle nicht zu leeren im Stande war. Abends nahm ich den guten Rest häufig noch mit in's Schlafzimmer: Ist er schon einmal da, so soll er auch getrunken werden. Von solchem Geiste beseelt, ver-schlenderte ich zu Verona, Genua, Pisa, Bologna, Florenz, Rom und Neapel die halben Nächte in zufriedenster und heiterster Stimmung und durch der Schimmer des Weinglases war es

mir erst beschieden, die Poesie des südlichen Himmels, der
südlichen Menschen und der südlichen Nächte in ihrer ganzen
Ueppigkeit zu erfassen.

Es war eigentlich ein Glück, daß ich es erst gegen Ende
der Reise erfuhr, was es mit den großen, strohumwundenen
Weinflaschen für eine Bewandtniß hatte. In den älteren
Osterien Italiens ist es nämlich Sitte, daß man dem Gaste
stets eine große Flasche bestimmten Gewichtes vorsetzt, daß
der Gast daraus trinkt, so viel ihm verlangt, daß der Rest
vom Wirthe dann gewogen und vom Gaste nur das Fehlende
bezahlt wird. Die Wirthe mögen sich sehr gewundert haben
über den blassen Fremden, der nie einen Tropfen Wein übrig
ließ; aber mir bekam der Irrthum gut und diesem habe ich
es vielleicht zu danken, daß mir Italien zuweilen gar außerordentlich wohl gefiel.

Von den ziemlich zahlreichen ernsthaften wie zarten
Abenteuern, in welche mich einerseits meine Ungeschicklichkeit
im Reisen, andererseits die großen Strohumwundenen gestürzt
haben, ist mir noch eines lebhaft in Erinnerung, welches mir
in Rom auf dem Pincio passirte.

Ich machte eines Abends von der Piazza del Popolo
aus einen Spaziergang hinan gegen die herrliche Villa Borghese. Die eisernen Gitterpforten waren offen und ich erging
mich in den großen Parks, welche sich allmählich in weite, dichte
Pinien-, Cypressen- und Eichenwälder verlieren. Prächtige
Kunststraßen führen durch den Wildpark, welcher in den
Abendstunden außerordentlich belebt ist. Ich ging eine Stunde
und länger dahin, bis Niemand mehr in meiner Nähe war,
als hier eine verspätet vorüberrollende Carrosse, dort ein einsamer Nachtwandler, welcher mir ebenso auswich, als ich ihm.
Die Laternen wurden immer seltener und überließen schließlich die

Herrschaft ganz dem Halbmonde, der am Himmel stand und auf der marmorweißen Straße die scharfen Schatten der alten Baumkronen zeichnete.

Um ganz aufrichtig zu sein, war es eine Traubenver-käuferin, welche mich so weit in diese Einsamkeit gelockt hatte. Dieselbe kehrte aus der Stadt zurück und hatte noch einen ganz kleinen Vorrath der schwellenden Frucht in ihrem Korbe, den sie auf dem Haupte trug. Das ein wenig gebräunte, groß- und schwarzäugige Mädchen war so außerordentlich schön, daß ich daraus auf die ebenso außerordentliche Güte ihrer Trauben schloß. Ich war ihr, nachdem sie an mir mit einem hellen Gruße vorübergeschritten, lange nachgegangen und suchte sie einzuholen, um sie auf deutsch oder wälsch, oder in der kosmopolitischen Sprache des Silberklangs, des Händedrucks u. s. w. zu befragen, ob der Rest der Trauben noch verkäuflich wäre.

Aber je einsamer die Gegend, je dunkler der Abend wurde, desto rascher lief sie und plötzlich war sie verschwunden. Ich schlenderte die Kreuz- und Querstraßen noch eine Weile umher und wendete mich nach dem Rückweg. Ich war weiter gekommen, als ich es auf meiner Verfolgung der Schönen bemerkt hatte. Von der Nähe der Stadt war gar keine Spur mehr; auch die Laternen mußten ausgelöscht sein — ich sah keine. Ich schlug einen rascheren Schritt an, doch mehr und mehr dehnte sich der Rückweg und noch dichter wurde der Wald. Schon einmal glaubte ich die Zinnen der Villa Borghese über den Eichen schimmern gesehen zu haben, aber das Bild verzog sich wieder und ich war immer noch nicht in dem mir wohlbekannten Kunstpark. Einen Mann, der mir begegnete, wollte ich, so gut es angehen mochte, fragen, wie weit ich denn noch in die Stadt hätte; aber, als er be-

merkte, daß ich Miene machte, ihm zu nahen, nahm er Reißaus und floh zwischen den Baumstämmen davon.   Die Gegend muß wohl unsicher sein, wenn sich Einer vor dem Andern fürchtet.

Es war schon spät in der Nacht.   Das stundenlange
Wandern in der Schwüle des südlichen Klimas hatte mich
noch dazu erschöpft, meine Glieder zitterten vor Ermüdung
und Aufregung zugleich.   Wie froh war ich daher, als ich
mitten auf einem Kreuzwege einen mit zwei Pferden bespannten
Wagen stehen fand, dessen Kutscher auf dem Bocke zu schlum-
mern schien.   Der wartet entweder hier auf seine Herrschaft
oder auf einen Wagenmiether, oder Roß und Kutscher hat
auf der Heimfahrt das dolce far niente ergriffen.   So
dachte ich mir und auf jeden Fall war ich entschlossen, mich
dieses Gefährtes zur Rückkehr in die Stadt zu bedienen. In
Welschland, wo Alles keck ist, wird auch der Deutsche keck;
ich sprang in den Wagen, rief den Kutscher wach und ver-
langte in möglichst gebieterischem Tone nach der Stadt zu
fahren. Der Kutscher nickte sogleich bereitwillig — es war
also richtig ein Miethwagen — und ermunterte mit einigen
lauten Pfiffen seine Pferde.   Wie erstaunte, wie erschrak ich
aber, als sich das Gefährte rasch umwendete und nach derselben Gegend hinrollte, von welcher ich auf meinem Rückwege hergekommen war. Ich sprang auf, klopfte dem Kutscher
auf die Achsel und rief ihm zu, es wäre gefehlt, nach der
Stadt Rom wolle ich und nicht hinaus auf's Land. Er verstand mich nicht, oder wollte mich nicht verstehen und der
Wagen rollte mit mächtiger Schnelligkeit dahin.

Wohin? In wessen Hände bin ich gefallen? Man darf
dem Italiener nicht trauen. Ich bin verschwunden und Niemand als der Schurke weiß, wohin ich gerathen. — Ich war

aber so ermüdet, daß mich über all' das hinaus eine gewisse Gleichgiltigkeit ergriffen hatte. Indeß fand ich, daß sich's im gepolsterten Wagen nicht eben unbequem saß.

Nach einer Weile, als wir immer durch dichten, park= artigen Wald, stets auf guter Straße gefahren waren, merkte ich, daß wir einem Orte nahten. Dort und da begegnete uns ein Wagen, ein Mensch, ein Lastthier. An der Straße brannten Laternen, die immer häufiger wurden, das Leben mehrte sich, der Wagen rollte eine Niederung hinab, durch ein mächtiges Thor hinein — und stand still. Ein Halbkreis von Palästen zog sich hin, hier ragte ein kolossaler Obelisk. Es war die Piazza del Popolo — ich war in Rom.

In meiner Herzensfreude gab ich dem Lohnkutscher sechs Lire; selbstverständlich bat er höflich um den siebenten. Schon ging es gegen Mitternacht, als ich durch den noch immer lauten Corso schritt; ich erschrak vor dem bloßen Ge= danken, daß ich draußen in der Waldgegend auf meinem ver= meintlichen Rückweg in die Stadt gerade die entgegengesetzte Richtung eingeschlagen gehabt hatte und daß ich, hätte ich die Carrosse nicht gefunden, die ganze Nacht auf dem Monte Parioli oder Antemona herumgeirrt wäre. Ich selbst hatte mich verführt, den Wagen hatte ich beschuldigt. So ist der Mensch.

Neapel auf der Straße.

Neapel sehen und — erzählen. Ueber nichts kann man weniger schweigen, als über Neapel und wäre das Plaudern auch — Indiscretion.

Wie der Eisenbahnzug hinglitt durch die italische Nacht, wie die Mondessichel niedersank hinter den Cypressenwäldern, die auf dem geheiligten Boden der Historie stehen, da träumte ich, es ginge in die Vorzeit hinein. Aber siehe, da hub es an den Fenstern plötzlich an, Sternschnuppen vorbeizuweben und in der tiefen Ebene hin lag ein ganzer lebendiger Sternenhimmel. Und der Zug blieb stehen mitten in dem wogendsten, tollsten und verwegensten Strudel des italienischen Lebens.

Neapel!

Verloren — so heißt es — ist hier der Fremdling, der den Rock nicht zuknöpft von oben bis unten, und seinen Geldbeutel und sein Herz nicht festschnürt. Zahllose Augen funkeln ihm forschend entgegen, hundert Finger zucken nach seinem Gepäck und aus behendigen Lippen schallt der ganze Kalender der neapolitanischen Hotels, Pensionen, Restaurationen, Privatunterständen und Minnen. Keine Stadt bewillkommt den Fremden so laut und leidenschaftlich wie Neapel.

Ich rettete mich aus dem Gewirre des Bahnhofs auf den Omnibus meines schon in Rom gewählten Hotels.

Allein, das war ein träges Fahren durch die lauten, belebten Gassen, bis der Wagen plötzlich ganz still stand. Ein wild-lärmender Volkshaufen hemmte die Passage. Mein Lebtag habe ich's noch nicht gesehen, wie es hier die Kinder trieben. Es war doch schon spät in der Nacht — aber Knaben und Mädchen durcheinander, in den buntesten Anzügen, den aben-teuerlichsten Maskirungen, mitunter auch zu halb oder zwei Drittel nackt, liefen mit Pechlunten tanzend, lärmend umher, machten ein katzenhaftes Geschrei und mit Holzklappern und winselnden Fiedeln Musik dazu.

Es mußte wohl was Besonderes sein, denn der Zuschauer und der Wagen waren so viele, daß der Fuhrmann gar höflich um Entschuldigung bat, der Stockung wegen. Endlich schien sich der Zug etwas zu ordnen, doch immerfort schrieen, hüpften die Jungen, schwangen hoch ihre Fackeln, ihre flattern-den Papierfahnen, hielten behutsam ihre transparenten Kronen, die sie als Mützen auf dem Haupte trugen und in welchen Kerzchen brannten. In der Mitte des Rudels stolzirte ein baumlanger Bursche in wunderlichem, bauschigem Papier-ornate, von dem es mich heute noch wundert, daß er unter all' den Kerzen und Fackeln nicht zehnmal Feuer fing.

Um diesen Burschen tanzten mehrere Knaben herum und machten allerlei Gesten und andere klapperten mit Holzstäbchen, wirbelten mit Pauken und erzeugten mit allen möglichen Instrumenten einen unbeschreiblichen Lärm. So wogte der komische Zug vorwärts, Straße auf und ab, Gasse hin und her — und ich? Ich war aus dem Wagen gestiegen und ließ mich von dem hochgehenden Menschenstrome forttreiben, um zu erfahren, wohin mit dieser närrischen Welt.

Wir kamen in die Nähe des Meeres, und hier vor einer kleinen Kirche hielt der Zug. Sofort kamen auch aus

anderen Gaſſen, Straßen und Plätzen und auch durch die
nahe, merkwürdige Grotte, die Piedigrotta, ähnliche Aufzüge
zu Dutzenden herangewogt, bis der große Platz vor der
Kirche mit ſeiner tollen Menſchenmenge, mit ſeinen grellbunten
Lappen und rauchenden Lunten ein wahrer Hexenkeſſel war.

Erſt nachträglich habe ich's erfahren: ein Gottesdienſt
ſoll's geweſen ſein. Es war die Nacht auf den 8. September,
in welcher das Volk von Neapel alljährlich ein Dank- und
Jubelfeſt feiert zum Andenken an einen im Jahre 1744 erfoch-
tenen Sieg. Man wundert ſich, daß dieſer Sieg den Leuten
heute nach hundert Jahren noch ſo viel Pech und Wachs koſtet.

Mein Hotel („Roma") war hart am Strande. Als ich
ſchon im Bette lag und den vorbereiteten Schleier gegen
Mückenſchwärme über meinen Leib gezogen hatte, hörte ich
immer noch das wüſte Gaſſengejohle. Als dieſes endlich ver-
ſtummt war, da trat eine ſchwermüthige Stille ein, nur
bewegt von dem eintönigen Anprallen der Wellen an das
Ufer — dem Athemholen des Meeres.

Als ich am andern Morgen meinen Gang durch die
Stadt unternahm, war das Quadernpflaſter von der Sonne
ſchon ſo heiß, daß ich das ſchuhloſe Gaſſenvolk bedauerte. Bei
uns daheim bedarf man Stiefel, um nicht die Zehen zu er-
frieren, hier, um nicht die Pfötlein zu braten. Aber der Süd-
länder hat ſchon eine Art Hornhaut über ſeinen Füßen und wird
allmählich, wenn Darwin Recht hat, ſeine Klauen bekommen.

Der erſte Blick des Fremden in Neapel iſt — nach
dem Veſuv. Der dicke, blaue Stadtdunſt hatte mir aber heute
den berühmten Berg gar fern gerückt. Und ganz harmlos,
wie andere Berge auch, ſtand er da und — rauchte nicht,
gerade wie das Büblein, das eilig die Pfeife verſteckt, wenn
Papa kommt. Wenige Monate früher hatte er aber gar

unmäßig geraucht, so daß er zum Aerger und zur schweren Noth der ganzen Umgebung arg erbrechen mußte. Das unglückliche San Sebastiano weiß davon zu erzählen.

Ich suchte den Toledo auf, eine der belebtesten Straßen der Welt. Lasse es gelten, doch die Mehrzahl der Passanten machen die Fremden aller Nationen aus, den Lärm die Einheimischen. Der Toledo ist aber nicht Neapel, der ist ein Tummelplatz aller Welt; Neapel fängt erst in den Nebengassen an.

Hier sieht's für uns freilich seltsam aus. Vor Allem fallen die Lappen auf, die an den quer über die Gasse gespannten Stricken niederhängen. An diesem Tage waren unter den Lappen viele Fahnen mit Muttergottesbildern. In allen Winkeln und Ecken stehen Boutiquen der Verkäufer von Erfrischungen; diese Ständchen sehen aus, wie Tempelchen und goldglitzernde Altäre, so man auf Tische stellt. Das Geschrei der Verkäufer ist gewaltig; Landleute treiben schwarze Kühe und Ziegen durch die Stadt und klimpern mit den Blechschellen, welche den Thieren am Halse hängen. Auf dieses Zeichen kommen die Milchkäuferinnen aus den Häusern hervor und melken sich das Frühstück selbst in den Topf. Da kann die Milch freilich nicht, wie bei uns, säuberlich gewaschen werden, bevor sie an die Käufer kommt. Ein Türke war, dem gelüstete es auch nach frischer Milch, da ihm, dem Muselman, schon der frische Wein Italiens vergällt war; er machte nicht viel Umstände, kauerte sich auf einen Stein, nahm die Ziege auf seinen Schoß, sog ihr die Gottesgab' mit dem Munde aus. Dann zahlte er gelassen seine Zeche.

Es war kein erquickender Spaziergang hin durch die engen, finstern, schmutzigen, stinkenden, lärmenden Gassen, Plätzchen und Winkel in den Stadttheilen der Arbeit und Armuth, aber es war ein belehrender. Führer, Verkäufer

aller Art, Austernträger, Zeitungsausrufer, Schacher und
Gesindel füllen die Passagen, johlen und schreien in unglaublich
hellen, gellenden Stimmen. Der Straßenlärm in den deutschen
Städten ist ein zartes Gemurmel gegen den der italienischen.
— Die Locale in den Erdgeschossen sind wahre Höhlen,
welche nur durch die stets offene Thür ihr spärlich Tageslicht
erhalten. Sehr viele dieser Löcher sind Wein- und Obst-
handlungen, deren malerisch gruppirte Waaren aber das ganze
Bild interessant machen. Die Wohnungen sehen elend aus —
ein paar schmutzige Tische, ein glitzernder Hausaltar, ein zer-
zaustes Lager und oft auch ein wüst zugerichteter Feuerherd
grinsen uns entgegen. Indeß ist das nur der Schlupfwinkel;
die eigentliche Wohnung ist auf der Gasse. Da placiren sich,
unbekümmert um die Vorübergehenden, denen sie den Weg
verrammeln, braune, halbnackte Weiber auf wurmstichigen
Stühlen und sticken oder stricken, oder putzen ihren Obstmarkt
mit frischen Reisern auf oder betteln die Passanten an, oder
schreien ihre Waare aus, oder plaudern mit der Nachbarin,
keifen mit der Straßenjugend oder lieben das süße Nichtsthun.
Und die Straße ist ihr Speisesaal; wenn's gut zugeht, in
Hemdärmeln kauern sie um ihren Topf herum und verrichten
vor aller Welt Augen ihre häuslichen Geschäfte. Auf der
Gasse übt der Mann sein Handwerk, wiegt das Weib ihr
Kind, strählt die Jungfrau ihr langes schwarzes Haar.

Aus der Schönheit macht der Italiener kein Geheimniß. —
Und in dieser gemeinsamen Familienstube der freien Gasse
setzt er sorglos seine Habseligkeiten aus, läßt sie unbeaufsichtigt,
als ob in dem ganzen großen Hause Neapel kein ein-
ziger Langfinger wohne. Ja möglich, daß unter den Einheimischen ein stilles Uebereinkommen existirt, nicht zu
stehlen; dem Fremden gegenüber ist ein ähnlicher Contract

nicht geschlossen. Ich verlor in Neapel ein Sacktuch und ein
Taschenmesser und ein braunledernes Geldtäschchen mit drei
Soldi und schließlich auch — um was es mir am meisten
leid thut — das Vertrauen. Von den Kniffen und Gaunereien
der Ciceroni sollte man in einem eigenen Capitel reden, unter
der Ueberschrift: Von der Intelligenz des gemeinen Mannes
in Italien.

Ich schritt dem Hafen zu. Die Gassen werden noch
enger und bedenklicher, die ausgehangenen Hemden, Gattien,
Leibröcke noch bunter und fragmentarischer, das Getriebe wird
noch unheimlicher, das Geschrei noch gellender. Braune Eseltreiber und Lastträger, zerlumpte Weiber und wunderbar schön
gewachsene Kinder, die oft aber kein anderes Kleid auf dem
Leibe haben, als den Schmutz. Mächtige Obstpyramiden und
lebendige Mückenschleier darüber, sinnvoll geschichtete Massen
von Käse, Brot, Schinken, Salami und Verkäufergesichter
darunter, so abenteuerlich, daß es ein Schreck ist. In diesen
Winkeln sieht man kaum ein Pferd, lauter Esel, Maulthiere,
welche, zum Erbarmen schwer belastet, die Faulheit und die
Rohheit der Treiber, die Launen der Vorübergehenden und
aller Art Sünden der Welt zu tragen haben.

Ein langgezogenes, seufzendes „Aah!" ist der Ruf der
Eseltreiber, der von den armen Thieren aus Furcht vor der
Gerte nach Kräften berücksichtigt wird. Mancher mag an's
Gottesgericht denken, er stellt sich an die Weichen seines Esels
und hilft einen der an beiden Seiten niederhängenden schweren
Körbe tragen und schnalzt mit der Zunge und ruft das
aneifernde „Aah" auch für sich selbst.

Endlich treten die Gebäude zurück, der Golf thut sich
auf. Vor uns hellt das Meer. Und hier steht jener Wald,
der gewachsen ist in allen Welttheilen der Erde — der

Mastenwald — ein wenig ruhend nach fernen Fahrten, sich vorbereitend auf neues Wallen um den Planeten.

Lootsen und Fischer und allerhand Schiffervolk treiben sich herum und singen in melancholischen Melodien abgebrochene Strophen alter Seemannslieder. Andere halten an den Mauer-brüstungen verspätete Nachtruhe, die verwitterten Quadern sind ihre Kissen und ihre Decke ist gewoben aus heißen Sonnenstrahlen, ihre Träume sind — Himmel und Wasser. Manchem ist die Kleidung aus Morschheit vom Leibe ge-fallen — verdrossen reibt er sich jetzt die Augen. Der hatte nicht vom Himmel und Wasser geträumt; der Lieblingsjunge war er gewesen jenes vornehmen Herrn, der mit vier feurigen Rappen aus dem Toledo fährt — und nun ist er doch wieder der ärmste aller armen Teufel, voll Hunger, mit ver-brannter Haut und entzündeten Augen, verachtet, hab- und heimatslos, nichts sein nennend auf der weiten Erde Gottes, als das Elend vom Hafen zu Neapel. — Er reckt sich und gähnt, und legt sich auf die andere Achsel und versucht, wieder zu schlafen.

Dort auf dem Werft macht ein braunes Weib Toilette, das heißt, ordnet auf ihrem Körper möglichst symmetrisch die schmutzigen Fetzen; das Kind liegt daneben, mager zum Zer-fallen, umgaukelt von stechenden Mücken. — Weiterhin sitzt ein alter Mann, seine Haare sind so weiß, wie der Schaum des Meeres, und hart an den Grenzen seines Ich haben sich Bewohner angesiedelt, die ihm alle Rast und Ruh' vergällen. Dort steht eine Gruppe Matrosen um ein aufgestülptes Faß und spielt rauchend und fluchend Karten; daneben scherzen und balgen sich ein paar rothhaarige Rangen — ihre Augen leuchten italisch schwarz, aber ihre Haare scheinen aus dem Norden gekommen zu sein. Kinder spielen mit Papierdrachen.

welche schimmern hoch in blauer Luft, das Einzige, was in diesem Gewühle des Uferschlammes gegen Himmel strebt. Branntweinverkäufer lärmen ihren Höllenmeth aus und daneben koset ein Bursche kecklich mit einem braunen, gluthäugigen Mädchen, dessen junge Fülle das Kindesröcklein gesprengt hat, so daß die Stücke lose flattern und die Reize in der Sonne und in den begehrenden Blicken des Burschen vollends zeitigen mögen. — Nicht weit davon bieten alte Vetteln keifend halbverbrannte Pfannenkuchen aus und auf einem Wrack ist gar eine ganze Gastwirthschaft; auf schmutzigstem Grunde dampfen die fettesten Gerichte und um das Fahrzeug herum schwimmen Aeser.

Indiscret ist das Plaudern über diesen Theil Neapels; aber wenn man sieht, wie nicht allein Kinder, sondern auch erwachsene Leute bei hellem Tage und belebter Straße ganz ungenirt hinsitzen, wo kein Stuhl ist, so kriegt die Nase endlich doch Heimweh nach der reinen, nordischen Luft. Wenn der Vesuv zuweilen speit — mich wundert es nicht.

Der Golf von Neapel! Wer horcht nicht auf? Niemals empfindet man die kühle, frische Seeluft so wohlthätig, als wenn man aus Neapel kommt. Ich miethete mir ein Boot für die Stunde zu der vorgeschriebenen Taxe von $1\frac{1}{2}$ Lira. Der rothbärtige Gondelführer that aus Respect schier Fußfälle vor mir und versprach im Stillen der Madonna von Carmine sicherlich zwei Opferkerzen zum Dank für den guten Fang.

Stundenlang habe ich von der ewigen Schönheit dieses Golfs getrunken — getrunken bis zur Berauschung. Daheim im ernsten, rauhen Norden sehen wir die Natur in ihrer Mannheit; hier im Süden lächelt sie uns im süßen Bilde der milden, heiter träumenden Jugend. Jedes Lüftchen ein Kuß der Hebe, aus jeder schäumenden Meereswoge steigt eine

Venus. Aber auch aus jedem Krämer und Taglöhner wird ein listiger, gaunerischer Mercur.

Als wir draußen im offenen Meere waren, von wo aus sich Neapel ansieht, wie ein Perlengürtel der in das Wasser sinkenden Juno — da meinte der Führer plötzlich, ich müsse ihm für die Stunde fünf Franken geben, sonst könne er mich nicht mehr zurückrudern. Ich starrte ihn an und sagte „nein". Da ließ er das Ruder sinken und legte die Hände in den Schoß. Ich bat ihn, er möge keine Albernheiten machen. Er saß da, höhnisch und häßlich wie ein hottentottisches Götzenbild. — Um uns kräuselten die Wellen und der Kahn schaukelte an einer und derselben Stelle. Da stieg mir das Blut zu Kopfe. Das erstemal bedauerte ich, der italienischen Sprache nicht Meister zu sein! Ich hätte dem Kerl allzugern meine Wuth in's Gesicht geflucht. Französisch? Ach, in dieser Sprache läßt sich's nicht g'rad von der Leber weg reden. Da kam mir mein geliebtes Steierisch auf die Zunge und ich fuhr los: „Wanst nit bol weita forst, Du himmelkreuzvermaledeita Lump, so hau i dar a Por owa, daß da die roth Suppn siba die Papp'n rinnt!" — Verstanden hat er mich.

„Zuppa?" hauchte er, dann faßte er die Ruder und rasch ging's dem Hafen zu. — Ich gab ihm für drei Stunden sechs Lire; mit unzähligen Bücklingen hat er sich bedankt.

Spät in die Nacht hinein noch ging ich am Hafen spazieren und sah mit Schauern und Entzücken das mattrothe Band, das von der Spitze des Vesuv aufstieg gegen den Himmel — der Flammenkuß Italiens — das Wunder von Neapel.

In den Ruinen von Pompeji.

Eine große Vorwelt, ein gewaltiges Geschlecht ist versunken — hat nichts zurückgelassen, als hier ein
Marmorstück, dort ein Erzgebilde, anderswo ein
eingegrabenes Zeichen, das wir nicht verstehen können. Und
die Tradition, entstellt, durch die Phantasie verzerrt, lautet
weiß Gott, wie anders als die Wahrheit! — Wie's immer
sei, viel zu wenig Buchstaben für uns, als daß wir lesen
könnten. Wir kennen das öffentliche Leben der Römer, wir
kennen ihre Verfassung, ihre Gesetzgebung, ihre Kriege. Wir
fanden hie und da eine Spur ihrer Priester, ein Lied, ein
Buch ihrer Dichter. Das ist schier Alles. Es war eine Zeit,
die verständnißlos wie eine Stubenmagd mit dem Besen
Alles wegfegte und verwischte, was dargestellt war.

Zum Glück nahm sich die Mutter Erde an und verbarg
vor der Vernichterin ein gut Stück Alterthum in ihren
Schoß, um es uns, dem forschenden Enkelgeschlechte aufzu-
bewahren.

Pompeji und Herculanum — ich wüßte nicht, daß sie
die latinischen Sodom und Gomorrha waren — und doch kam
Feuer und Schwefel von oben.

Eine andere Absicht mußte es sein, als nach Christi
Geburt 79 (also beiläufig heute vor 1800 Jahren) die Ge-

walten des Vesuv zu wüthen begannen, die Lava wild qualmend
bei Tag und hell erglühend in den Nächten niederströmte
zu den Wohnungen der Menschen, und der Aschenregen und
der Bimssteinschauer die Städte begrub.

Damals lag Pompeji hart am Meere, das seitdem
zurückgewichen ist; es mag ein wesentlicher Stapelplatz für
die weiter einwärts gelegenen Ortschaften gewesen sein.
Sechzehn Jahre vor der Verschüttung ist die Stadt durch
ein Erdbeben halb zerstört worden. Die damaligen Christen
glaubten, diese Zerstörungen seien eine Strafe des Himmels
gewesen für die Christenverfolgungen, die unter den damaligen
römischen Kaisern stattgefunden hatten, und für den Martertod
der zu Rom hingerichteten Apostel Petrus und Paulus.

Authentische Aufzeichnungen des schrecklichen Vesuvaus-
bruches im Jahre 79 liegen nicht vor; Dichter haben diese
Katastrophe häufig zum Gegenstande ihrer Phantasie gewählt!
Hievon das bedeutenste Werk ist Bulwer's Roman: „Die letzten
Tage von Pompeji." Das Unheil war eben begraben in sich
selbst — und die Lavamassen lagen starr und verschwiegen
über der Todesstätte. Pompeji mochte an Ausdehnung die
Größe der Stadt Linz gehabt haben; Einwohner dürften
bedeutend weniger gewesen sein, da die Bauten bei weitem
nicht so groß waren, als das in den heutigen Städten der
Fall ist.

Vielleicht stand auf dem ungeheueren Grabe noch lange
Jahre hindurch da und dort ein Thurm, eine Zinne hervor,
wer kümmerte sich darum? Der Landmann baute seine Felder
und Weingärten darüber; Feigen und Maulbeerbäume und
Pinien und der ganze Wald des Südens wuchs darauf, und
Landhäuser und Dörfer wurden, und der Vesuv schlummerte,
und der kantige Gebirgswall von Sorento bis Palma hielt

Wache und schloß es ein, das schöne, stille, fruchtbare Thal, und der klare Sarno rieselte dahin und in's Meer, Jahrhunderte und Jahrhunderte lang — und Pompeji und Herculanum waren vergessen.

Siebzehnhundert Jahre zogen dahin, bis das forschende Geschlecht herankam aus dem Norden; da enthüllte die Mutter Erde ihren verwahrten Schatz und zeigte der neuen Zeit die alten Römer, nicht wie sie herrschten auf dem Tribunal, nicht wie sie rangen auf dem Felde oder in der Arena sondern, wie sie lebten in ihrem Hause, in der Familie. Das war ein ganz neues Blatt in der römischen Geschichte und vielleicht wichtiger, wie manch' anderes — blutbeflecktes.

Im Jahre 1748 ließ Karl III. von Neapel auf den ungeheuren Aschenhügeln Pompejis den ersten Spatenstich thun, doch erst in neuester Zeit haben die Ausgrabungen einen solchen Fortgang genommen, daß heute das reinste und klarste Bild der Stadt — getreu bis auf das Nachtlämplein und das Stückchen Mosaik — bis auf die Knochen der Bewohner — vor uns daliegt. Die begrabene Stadt starrt uns an, wie ein bleiches unerlöstes Gerippe, das nicht zerfallen darf, weil es Zeugniß geben muß.

Der Weg von Neapel, zwischen den sonnigen Fluthen des Meeres und den unterirdischen Gluthen des Vesuv hin, bereitet würdig auf Großes vor. Er führt über Lava und Ruinen: aber mitten in den Ruinen prangen Gärten. Und da stehen zwischen dem schwarzgrauen Gemäuer Brunnen, an denen Esel Wasser emportreiben, und Weinlauben, unter welchen Hüter und Eseltreiber und Ciceroni auf den Rücken liegen und auf die Feigen und Trauben warten, die ihnen ja, wenn heute nicht, so morgen in den Mund fallen müssen. Wir gehen über Herculanum, aber diese Stadt ist nicht aus-

gegraben, doch sind neue, blühende Ortschaften aus ihr
hervorgewachsen. Zwischen den Ruinen selbst prangt die in
Italien allgegenwärtige Gartencultur, und da stehen geschmack-
volle Villen; und manches Haus ist aus Lava gebaut, mit
Lava gedeckt, aber trotzig bleibt es stehen, bis etwa eines
Tages neues Baumaterial von den Höhen des unheimlichen
Berges niederschießt.

Der Weg verläßt das Meer, biegt links in das Thal
zwischen schönen Bergen, wohl ein wenig abseits von dem
ewig drohenden Vesuv. Man sieht es aber dem stillen, wie
träumenden Gesellen nicht an, daß er die Hölle im Herzen
trägt, daß er im Stande ist, das halbe tyrrhenische Meer zu
beleuchten und das ganze südliche Italien mit Asche zu
bestreuen. Aber die Menschlein sind zutraulich und streicheln
den schlummernden Löwen und krabbeln an ihm hinauf mit
ihren Häusern und Gärten, mit all' ihrer Habe. Und plötzlich wird er wach.

Da sehen wir vor uns einen Erdwall, durch den eine
gewölbte Pforte führt. Wie durch ein Friedhofsthor gehen wir
hinein und stehen in der zugrunde gegangenen Stadt.

Neapel und Pompeji. Dort das tolle, übermüthige
rasende Leben, die Alles bewegenden Leidenschaftskämpfe von
vierhunderttausend Menschen; hier — Alles vorüber. Die
Geschichte dieser Stätte ist erfüllt — tretet leise auf die
Steinplatten, störet den Frieden der Ewigkeit nicht!

An dem, was in Pompejis Ruinen am bedeutendsten
scheint, am Forum, an den Tempeln, an den Theatern, ging
ich nach kurzer Besichtigung vorüber. Ich wandelte durch die
geraden Gassen, deren mächtige, unregelmäßige Pflasterblöcke
aus Lava noch die Furchen der Räder zeigen, und ich ging
in die Häuser, die sich nicht auszeichneten, wo aber die

24*

Menschen gelebt, geliebt haben, gestorben sind. Auf Wand-
gemälden ließ ich meine Augen gern ruhen, die voreinstigen
Bewohner thaten's ja wohl auch — es waren hier schöne
Gestalten dargestellt auf dunkelrothem Grunde; und ich fragte
die Mosaikkörnchen auf den Fußböden, ob sie nicht Kunde
wüßten von Haus und Heim des alten Geschlechtes. Aber
Kunde hiervon geben nur Inschriften, Statuen, Hausgeräthe,
Schmuckgegenstände, Särge u. s. w. im Museum zu Neapel.
Diese Räume sind leer; all' das Wiedergefundene ist im
Museum aufbewahrt; schier ganz Pompeji ist uns wieder
geworden; den Sarg und die Vasen und den Todesschmuck
hat das Grab gegeben, nur den Menschen nicht. Was wir
hier sehen, ausgegrabene Buchstaben sind es nur eines ver-
sunkenen Buches der Weltgeschichte, aber sie sind nicht blut-
befleckt, wie die Ruinen der Kaiserpaläste in Rom — ein
elegisch Willkommen rufen sie uns zu und gastlich laden sie
uns ein in das Haus des römischen Bürgers.

Die Häuser sind niedrig und dachlos, aber die Mauern
sind noch gut erhalten oder ausgebessert. Hie und da führen
enge Steintreppen empor zu dem Dachraum. Spuren von
Feuerherden, Bettstätten, Hausaltären finden sich, noch mit
Götterbildern versehen, aber viel häufiger die Vertiefungen
der Bäder mit Säulengängen rings herum. Das Bad haben
sie ja zumeist gepflegt, das ist den Römern der Mittelpunkt
der Genüsse gewesen. Die engen, niedrigen Thüren haben
bequeme Antrittssteine und sind noch mit Holzpfosten eingelegt. Sehr spärlich sind die Fenster, die in den Hofraum
gehen, und es muß, wenn der Hausvater so bei den Seinen
saß (das scheint aber nicht gar oft geschehen zu sein), sicherlich die heilige Vestaflamme, das Herdfeuer, allein gewesen
sein, welches den Raum erhellt hat.

Wenn auch die malerische Ausschmückung der Wände,
der bunte Stucküberzug der Säulen, die Muschelmosaik der
Altäre, Bäder und Fußböden überall sehr mannigfaltig ist,
so sind doch, außer den öffentlichen Gebäuden, die Häuser
und inneren Räume ziemlich einförmig. Sollten sie nach
tausend Jahren etwa Neapel einmal aus der Asche des Vesuv
hervorgraben, so wird es in Bezug auf Das weit mehr zu
staunen geben.

Die Verschüttung Pompejis kann nicht plötzlich vor sich
gegangen sein, sie mag stunden-, ja tagelang gedauert
haben, und doch hat man in den Ruinen Hunderte von Leichen
gefunden. Sie wollten sich nicht trennen von ihren Wohnstätten, oder waren krank, brefthaft, gefangen und wurden
vergessen, oder sie haben in Rauch und Staub den Ausweg
nicht gefunden und sind erstickt. Erwürgt und verscharrt von
der Natur werden sie nach langer Grabesruh' zum Tageslicht
erhoben. — Wie ehedem leuchtet wieder die Sonne, wogt
das Meer, droht der Vesuv. Es ist dieselbe Welt wie einst —
die Natur ist nicht älter geworden; Millionen sind geboren,
gestorben — aber das Menschengeschlecht ist noch jung und
bereitet sich vor für künftige Jahrtausende.

Ein kleines Mädchen, wahrscheinlich das Kind eines
Aufsehers, spielte in einem dieser stillen Hofräume mit bunten
Steinchen. Es baute sich damit eine Pyramide und klatschte
in die Händchen, als sie fertig war. Die Abendsonne fiel
schief in das Gemäuer, färbte die Wände und Säulen roth,
färbte des Kindes Antlitz roth und die Aeuglein glühten in
Freude. Da dachte ich: Schicksal, du hast hier Menschen
und Menschenwerke vernichtet, das war unsäglich Jammer
und Noth. Gut denn, es ist vorüber, aber warum fängst
du mit diesem Kinde von Neuem wieder an?

Ueber das Gemäuer sah ich den bläulichen Vesuv ragen. Fast violett war er in dem Abendsonnenäther, als es in den Ruinen schon zu dunkeln begann. Ein braunes, leichtes Bändchen schwebte über dem Kegel, und löste sich auf in den Lüften, und zog immer wieder nach, so sanft und mild, wie zur Winterszeit ein Hauch aus warmer Brust.

Der Abend lag über der zerstörten Stadt, der Halb- mond hing darüber. Ich war allein in den weitläufigen Ruinen. Einen Hügel stieg ich hinan, der noch große Theile Pompejis birgt und da lag ich stundenlang auf einem Stein und träumte. Jeremias sang Klagelieder auf den Trümmern Jerusalems. Was sollte ich klagen? — Mir war Welt und Menschheit wie ein Fragezeichen.

Es war eine so stille, milde Nacht; nur von dem Meeresufer wehte das Anprollen der Wellen an das Gestein leise herüber. Die Wölklein über dem Kegel des dunkeln Vesuv waren ein wenig geröthet. Das Thal schwieg; in dem Gemäuer löste sich zuweilen ein Steinchen und bröckelte nieder . .

So weit ist meine Wanderschaft gegangen, daß ich zu einer Stadt gekommen bin, auf deren Hauptstraßen bestaubte Gräser wuchern, und über deren Forum das Eidechschen schleicht. —

Und als der Wanderer diese seltsame Stätte, dieses stumme, eherne Traumbild gesehen, da lenkte er seine Schritte wieder der nordischen Heimat zu.

Der Mond sank nieder zum Meere und zog einen glänzenden Streifen über das Gewässer gegen das Auge. Noch einmal warf er seinen erblassenden Strahl auf die bleichen Felsen von Sorrent, auf den finsteren Vesuv, auf die Ruinenstadt. Dann spielte er mit den zitternden Wellen des Meeres und stand auf der Linie des Horizontes wie ein goldenes Schifflein.

Da — ehe der Halbmond noch versank in dem Gewässer, — war plötzlich ein schwarzes Täfelchen in ihm. Es war wohl das Segel eines fernen Schiffes.

Endlich versank die Leuchte langsam — nur noch ein Spitzchen, nur noch ein Sternchen blieb zurück, dann verlosch auch dieses in den Fluthen.

Das Segelschiff aber trieb — Gott schütze seinen Lauf! — in tiefer Nacht auf weiten Wassern, und Friede war über den Ruinen.

Gloſſen über Italien.

Ueber kein Land der Welt iſt vielleicht ſo viel geſagt und geſungen worden, als über Italien. Die Phantaſie iſt nach all' dem Gehörten und Geleſenen hoch hinauf geſpannt, und wer ſich zuletzt auf ſeiner erſten Reiſe durch Italien ein wenig enttäuſcht fühlte, und es auch eingeſtünde, den dürfte man deswegen immer noch keinen Blödling ſchelten. Eine ungezügelte Phantaſie fliegt hoch über alles Mögliche hinaus; dieſer malt kein Rafael, baut kein Michel Angelo wunderbar genug, dieſer iſt keine Himmelsbläue blau, und kein italiſch Frauenauge glühend genug — dieſe iſt unerſättlich.

Ich bin auch ſo Einer, der in Italien ſeine Rechnung nicht ganz geſunden hat. Hätte ich dieſes Land nicht geſehen, ich würde heute noch glauben, es gäbe ein Paradies auf Erden. Nun, das iſt im Grunde ein Land, wie auch andere Länder ſind, mit demſelben Himmel und Sonnenſchein, mit demſelben Licht und demſelben Schatten; — daß man es ja recht verſteht, wenn man von der „wunderbaren" Natur Italiens ſprechen hört.

Voll hoher Erwartung ging ich in's Land der Romantik und der Dolche, aber ich habe in Welſchland keinen einzigen Banditen geſehen, es müßten denn welche hinter den

Fräcken, Kutten und Cylindern gewesen sein, die man in den Städten Italiens so gut umherstolziren sieht, wie irgend wo anders. Der moderne Italiener spielt auch lieber mit dem Spazierstock, als mit dem Dolch. Man gewinnt ihn bald lieb.

Der Welsche im Allgemeinen ist vielleicht ein wenig verschmitzt, hinterlistig, aber er ist es wie Mercur. Er ist vielleicht ein wenig unreinlich, gar schmutzig, aber er ist es malerisch; er bettelt, aber er bettelt graziös. Er ist liebenswürdig.

Der Italiener versteht es, wie keine andere Nation, sich an ein fremdes Volk zu schmiegen, sich ihm beliebt zu machen, er streckt aber auch dafür die Hände aus. Jeder, der Talent dazu hat, ist in Italien befugt zu betteln, Artig= keit und Grazie ist dem Italiener angeboren; jede seiner Bewegungen ist glatt und fein; jedes seiner Worte ist höflich. In Verona sah ich einen zerfetzten Vagabunden, der in der Trunkenheit auf der Straße Scandal machte, gleichzeitig aber die Vorübergehenden um Entschuldigung bat, daß er so unartig sei, aber er habe getrunken.

Der Italiener ist Gesellschafter, Künstler, Diener, er ist alles Mögliche, nur nicht der, der sein Brot in zähem Fleiß verdient mit den Händen. Daheim, wohlgemerkt, denn im Auslande ist der Italiener der fleißigste Arbeiter. Er lebt von fremden Völkern und für dieselben; es muß unter den Nationen auch eine solche geben.

So erscheint der Italiener dem Reisenden, der nicht Gelegenheit hat, näher die Verhältnisse zu untersuchen. Und der Fremde sinnt anfangs unwillkürlich nach, wie es kam, daß dieses Volk so herrliche Werke der Menschenhand und eine so große Geschichte weist. — „Ein Land, so schön und

reich und hochberühmt, bewohnt von einem Volk in Bettler-
lappen, das auf den Trümmern seiner großen Zeit sich
kindisch freut an seinen Narrenkappen."

Aber nur ein wenig tiefer geblickt:

Auf dem Gebiete des Handels offenbart sich Fleiß und
Klugheit des Italieners in außerordentlichem Maße. Das
fängt schon bei den Marktschreiern an; für zwei Soldi ver-
dirbt sich der Krämer Lunge und Luftröhre, sofern dies bei
einem Welschen möglich ist. Eine Nüsseverkäuferin in Florenz
pries den ganzen Tag über mit unverwüstlicher Metall-
stimme ihre biance nocci an, und tutte sont biance! Ich
kaufte ihr für einen Soldi Waare ab und fragte sie dann
um den Weg nach einer naheliegenden Kirche. Statt mir
denselben mit Worten zu weisen, verließ sie ihren Nüssekorb,
eilte mit mir, führte mich in die Kirche und haftig die
Gegenstände erklärend, in derselben herum, vergaß sich aber
plötzlich und schrie: „Jo biance belle nocci!" daß Alles
aufhorchte und das gute Weib schier als eine Irre aus der
Kirche geführt worden wäre.

Ich hatte mich sehr gewundert, daß die Krämerin ihren
Korb im Gassengewühle allein gelassen hatte, allein später
geschah es mir in Italien mehrmals, daß ich von Marktlern,
während sie in die nächsten Kaufläden liefen, um meine
Münzen zu wechseln, zum Hüter der Bude aufgestellt wurde.

In Florenz war es auch, wo mir ein kleines Mädchen
mit einem Fünfcentesimistück, das mir unversehens zu Boden
gefallen war, eine lange Strecke nachlief, mir es artig ein-
händigte und gleichzeitig um ein kleines Almosen bat. Ich
gab dem Kinde das Fünfcentesimistück wieder zurück und
legte zum Lohn für seine Ehrlichkeit noch ein zweites dazu,
und dafür machte mir die Kleine ein so liebes, herziges

Gesichtchen, wie es gleich in den Uffizien als Meisterstück hätte aufgestellt werden können.

Die meisten Leute haben, wie wir es auf der Schulbank gehört, fünf Sinne, aber der Italiener hat deren sechs, er besitzt nämlich auch noch den Kunst- und Geschmackssinn. Er weiß Allem eine gute Form zu geben; selbst der Kellnerjunge bekundet in dem Aufsetzen des Tischbesteckes seinen Geschmack, und die Oebstlerin schichtet ihre Trauben und Birnen künstlerisch auf.

Besonders viel hält der Italiener auf Monumentales, Unverwüstliches. Nicht blos seine Kirchen und Paläste, auch seine Canäle und Eisenbahnbauten beweisen es. In Florenz sind in weiterer Umgebung der Stadt die Straßen mit Quadern gepflastert. Da kann jahrhundertelang das Rad der Zeit darüber hinrollen mit einer schweren Geschichte, die Straßen sind für eine Ewigkeit gebaut. Dafür bestehen, und das selbst in größeren Städten, die Fußböden vieler Häuser aus geschlagenem Lehm, während die Todten von Bologna, Florenz, Pisa u. s. w. ohne Ausnahme unter prächtigen Marmorplatten ruhen.

Die öffentlichen Gebäude sind stets prachtvoll und zumeist monumentalen Charakters. Indeß wird dem guten Geschmack aber doch nicht ganz immer gehuldigt. Der Dom von Florenz mit dem nachbarlichen Glockenthurm erinnert mich trotz seiner außerordentlichen Größe und Bauart, wegen seiner eigenartigen äußeren Marmortäfelung an mit Elfenbein eingelegte Schmuck- oder Nähkästchen.

Freilich wandte ich mich von den neueren Gebäuden Italiens, nachdem ich die Peterskirche und den Dogenpalast zu Venedig und den Dom zu Mailand genau gesehen hatte, etwas zu früh zu den alten Bauten, die uns heute nur noch

in ihren gewaltigen Ruinen vor Augen stehen. Und in diesen
sah ich wieder mehr die alte Zeit, als die einstigen Riesen-
bauten selbst. Mondnacht lag über der ungeheuren Ruine
des Coloffeums zu Rom. Das inmitten des weiten Gemäuers
aufgestellte Kreuz warf lange Schatten, und daneben gurgelte
jener Brunnen, der einst von dem Blute der im Coloffeum
geschlachteten Christen eine stete Springquelle gab.

Und eine merkwürdigere Ruine giebt es auf Erden nicht,
als der ungeheure Schutthaufen der palatinischen Hügel.
Zwischen dem dunkelrothen, starrenden Gemäuer, über den
Geheimnissen unterirdischer, noch nicht ausgegrabener Räume,
auf dem Steinhaufen von Marmorblöcken und Trümmern
einstiger Prachtwerke saß ich lange und träumte. In den
Palästen der römischen Kaiser! Wie Gespenstererscheinungen
längstvergangener Herrlichkeit und Tyrannei ragen die Ueberreste von Pracht und Kunst aus schneeweißem Marmor; wie
Gespenstererscheinungen dämmern die blutrothen Fresken an
den Wänden düsterer Räume, die wohl Abgründe hatten, aber
keine Fenster, durch welche das befreiende, seelenveredelnde
Sonnenlicht in die Paläste der Herrscher hätte dringen
können. Aber sie beleuchteten ihre Wohnungen mit dem
Gefunkel des Goldes und mit den glühenden Augen der
Sklavinnen. Nero! Das Blut war deine Morgenröthe und
der weiße, schwellende Busen der Concubine deine Sonne!
— Das war ein wüster Traum der Geschichte. . . .

Und die wilden, zerrissenen Thermen des Diocletian,
des Caracalla! Jene Zeit hatte nicht Tempel und nicht
Schulen gebaut, wohl aber Bäder. Da mag viel Allotria
getrieben worden sein; heute riecht man aber nichts mehr
davon.

Heute ragen die Ruinen.

Nach einem längeren Aufenthalt in Italien verließ ich in einer mondhellen Herbstnacht Venedig, um nach der Heimat zurückzukehren. Ich reiste in Gesellschaft eines Bayern, der das liebe, nun wieder zu findende Deutschland auf Kosten Welschlands begeistert lobte, und sich unsäglich nach den „deutschen Brüdern" sehnte.

In der Grenzstation Cormons wollte ich dem betreffenden Beamten für das Umwechseln der Währung eine kleine Provision als Trinkgeld geben, der Mann nahm aber nichts, und daran erkannte ich den Deutschen. Mein patriotischer Bayer hatte mit dem ersten Deutschen, dem er hier begegnete, einem Bahnbeamten, Streit, und die Beiden drohten sich mit herben Worten. Erkannte ich daran wieder den Deutschen? Mit Tagesanbruch war ich auf österreichischem Gebiete; da war es bedeutend kühler als in Italien und ein wenig nebliger und die Leutchen waren ein bißchen gröber, und der Wein ein wenig saurer, und der Kaffee ein wenig theurer — so hatte ich mein Vaterland wieder.

Als die Sonne aufging, glitt unser Zug hin gegen Nabresina.. Zur Rechten lag das Meer, hinter welchem der schöne Garten Europas blüht, und dort am kahlen Strande ragte die Thränenburg Miramare. —

So viele nun der Gedanken, die ich hier wiederzugeben wagte. Dieselben mögen tausendmal, und weit besser ausgesprochen worden sein, als in diesen anspruchslosen Blättern; oder vielleicht sind manche davon auch derart, daß sie Niemand mit mir theilt. Genug — ich bin gereist und habe erfahren, gedacht, geträumt und erzählt.

Wenn ich nun im kühlen Waldschatten meines Heimatlandes ruhe und über meine Reise durch Italien nachsinne, klärt sich mir dieses Land wieder nach und nach zum Paradiese

voll übernatürlicher Pracht und Schönheit. Nimmer werde
ich die Werke Michel Angelo's und die Madonnen Rafael's,
und die Herbſtabende Neapels und die Mondnächte Venedigs
vergeſſen. Und vor Allem der Dom zu Mailand und die
ſchauerlichen und erhabenen Wunder des Veſuv haben Oel
in meine Seele gegoſſen, von dem das Lichtlein der Be-
geiſterung brennen wird, ſo lange ich lebe.

Am Wanderstabe meines Lebens.

Eine Selbstbiographie

Am Wanderstabe meines Lebens.

Im Herbst 1881.

Da nun, mein lieber Leser, die Ausgabe dieser Schriften zu Ende geht, bereitet mir mein Verleger eine Freude. Er theilt mir mit, daß die Schriften im Vaterlande und außer demselben, auch bei Deutschen jenseits der Meere viele Freunde gefunden hätten. Fügt aber gleichzeitig bei, daß die Leser, welche meine Werke kennen gelernt, nun vielleicht auch meine persönliche Bekanntschaft zu machen wünschten. Ich möge zum guten Ende eine Beschreibung meines Lebens liefern.

Das wäre nun für mich etwas Schweres, denn erstens ist mein Leben zur Stunde noch nicht abgeschlossen, zweitens bin ich erst achtunddreißig Jahre alt, also noch der nöthigen Selbsterkenntniß kaum fähig, und drittens ist Niemand weniger dazu berufen, literarisches Werden und Wirken öffentlich zu besprechen, als der Autor selbst.

Ich könnte mir's auch sehr leicht machen, denn der Gegenstand wäre mir gerade gut genug, um damit zu spielen, so wie ich in der „Waldheimat" (auf die ich aber trotzdem Jeden verweise, der Näheres aus meinem Kindes- und Jugendleben zu wissen wünscht) und in anderen Schriften bisweilen damit gespielt habe — aber manchen Leser höre ich flehen: Nur diesmal sei kein Dichter!

Rosegger, Am Wanderstabe. 25

In der That, ich will es nicht sein. Auf heißer Höhe
des Mannesalters will ich abrasten und die Merkzeichen
meines Pilgerstabes zählen, ehrlich und so offen und selbst-
los, als es sein kann.

Als ich mich auf dieser Erde fand, war ich ein Knabe
auf einem schönen Berge, wo es grüne Matten gab und
viele Wälder, und wo, so weit das Auge trug, fremde Berge
standen, die ich damals aber noch kaum angeschaut haben
werde. Ich lebte mit Vater und Mutter und etlichen Knechten
und Mägden in einem alten, hölzernen Hause und es gab
in Hof und Stall, auf Feld und Wiese und im Walde immer
alle Hände voll zu thun, und das Arbeiten vom frühen
Morgen bis in die späte Nacht war etwas ganz Selbst-
verständliches, sogar schon bei mir; und wenn ich auf dem
Anger mit Steinchen, Erde, Holzstückchen u. s. w. spielte,
so hatte ich immer Angst, des Vaters kernige Stimme würde
mich jetzt und jetzt zu einer Arbeit rufen. Ich habe das Spiel
mit Hast getrieben, um es noch vor der Arbeit zu Rande zu
bringen, und ich habe die Arbeit mit Hast vollbracht, um
wieder zum Spiele zu kommen. Und so hat sich eine gewisse
Eilfertigkeit in mein Wesen eingewachsen, der — war es im
Studium oder im Schaffen — die Geduld und Bedächtigkeit
nicht immer die rechte Wage hielt.

Mein Geburtsjahr ist 1843. Den Geburtstag —
31. Juli — habe ich mir erst später aus dem Pfarrbuche
zu Krieglach heraussuchen lassen, denn bei uns daheim wurde
nur mein Namenstag, Petri Kettenfeier, am 1. August, und
zwar dadurch gefeiert, daß mir meine Mutter an diesem
Tage einen Eierkuchen buk.

Unsere kleine Gemeinde, die aus 18—20 auf Höhen
und in Engthälern zerstreuten Bauernhäusern bestand, hieß

Alpel, oder, wie wir sagten: die Alpe; sie war von großen
Wäldern umgeben und durch solche stundenlange Wälder auch
getrennt von unserem Pfarrdorfe Krieglach, wo die Kirche
und der Friedhof standen. Mitten in diesen schwarzen Fichten-
wäldern, unweit von anderen kleinen Gehöften, die zerstreut
lagen und in denen es genau so zuging, wie bei uns, lag
denn meine Heimat mit den freundlichen, sonnigen Hochmatten,
Wiesen und Feldlehnen, auf denen das Wenige kümmerlich
wuchs, was wir zum Leben brauchten.

Krieglach liegt im Mürzthale, an der Südbahn, die damals
schon eröffnet war. Wir waren nur drei Stunden von dieser
Hauptverkehrsstraße entfernt, trotzdem aber durch die Wälder
und schlechten Wege, und besonders durch unsere Unbeweglich-
keit fast ganz von der Welt abgeschlossen.

Mein Heimatshaus hieß: beim Klupenegger. Mein Vater
war auch in demselben geboren, ebenso sein Vater; dann verliert sich der Stammbaum. Die Geschwister meines Vaters
waren als Hausbesitzer oder Dienstboten in der Gegend zerstreut. Meine Mutter war die Tochter eines Kohlenbrenners,
der von der Fremde zugewandert sein mußte, denn er konnte
den Bücherdruck lesen, was in Alpel zu jener Zeit etwas
Außerordentliches war. Er ertheilte neben seinem Gewerbe
auch Unterricht im Lesen, aber es sollen wenig Lernbegierige
zu seiner Hütte gekommen sein. Seine Tochter — die nachmals meine Mutter geworden — hatte die Kunst in unser
Haus mitgebracht. Die Geschwister meiner Mutter lebten
als Holzleute und Köhler in den Wäldern.

Ich mochte fünf Jahre alt gewesen sein, als in Alpel die
Mär ging, man höre auf unseren hohen Bergen die Kanonen-
schüsse der Revolution in Wien. Das war nun wohl nicht
möglich, doch aber ein Beweis, wie die Beunruhigung auch

in unsere stille Gegend gedrungen war. Was die Befreiung von Zehent und Abgaben, von Robot und Unterthänigkeit bei meinen Landsleuten für einen Eindruck gemacht hat, weiß ich nicht; wahrscheinlich nicht den besten, denn sie waren sehr vom Althergebrachten befangen. Mir kleinem Jungen aber hatte die Revolution etwas Gutes gebracht.

In einer Nachbarspfarre jenseits unserer oberländischen Grenze geriethen der Pfarrer und der Schulmeister in Streit, der Neuerungen wegen. Der Schulmeister hielt es so ein wenig mit den Revolutionären; als aber das Jahr 1849 kam, war der Pfarrer auf einmal wieder obenauf und ver= jagte den Schullehrer mit Verweigerung eines entsprechenden Zeugnisses. Nun war der Schulmann ein Bettelmann und kam als solcher auch in unsere Gemeinde Alpel. In dieser befanden sich ein paar Bauern, die dem zelotischen Pfarrer nicht grün waren und ihm zu Trotz den Schulmeister aufnahmen. Der Schulmeister — sein Name war Michel Patterer — ging nun und lehrte den Kindern das Lesen, Schreiben und Rechnen. Er bekam dafür das Essen und Tabaksgeld. Die Kinder folgten ihm von Haus zu Haus und unter ihnen war auch ich. Endlich wurde ihm ein be= stimmtes Wohnhäuschen angewiesen, wo er im Jahre 1857 gestorben ist.

Mein Schulbesuch war aber ein sehr mangelhafter; da war's die größere Entfernung, oder ich wurde zu häuslichen Arbeiten — besonders zum Schafe= und Rinderhüten, oder als Botengeher, oder zum Futterschütten in der Mahdzeit, oder zum Garbentragen im Schnitt, oder zum Ochsenführen bei Fuhrwerken, oder zum Furchenaushauen beim Ackern — verwendet; dann wieder war's der ungestüme Winter, oder meine körperliche Schwächlichkeit und Kränklichkeit, die mich am Schulgehen hinderten. Ich als der Aelteste unter meinen Geschwistern — wovon nach und nach an die sieben kamen — war das Muttersöhnchen und bei meiner Mutter fand ich bisweilen sogar ein wenig Schutz, wenn ich mich der Schule entschlagen wollte; denn die Schule war mir im Grunde recht zuwider, weil ich erstens das viele Rechnen haßte und zweitens die Buben, die mich gern hänselten, weil ich meine besonderen Wege ging, und mich zu ihnen nicht schicken wollte. Indeß, einen oder zwei Kameraden hatte ich immer, an denen ich hing, und mit denen ich auch die Knabenwildheit redlich durchgemacht habe.

Noch bei Lebzeiten des alten Schulmeisters war die Rede gewesen, ich „thäte leicht lernen", hätte den Kopf voll von allerlei fremdartigen Dingen, ich sollte studiren. Unter Studiren verstand man gar nichts Anderes, als nach Graz in's Seminar und später in's Priesterhaus gehen. Und es war richtig, ich war der passionirteste Kirchengeher und aufmerksamste Predigthörer, wobei ich das erste Hochdeutsch vernahm, denn wir sprachen alle miteinander das „Bäurische", nämlich die sehr alterthümliche Mundart der „Jackelländler", die vor Jahrhunderten aus dem Schwabenlande in unsere Gegend eingewandert sein sollen. Das Hochdeutsch des Predigers — so schlicht es von heimischen Landeskindern auch vorgetragen wurde — war wohl von den Wenigsten verstanden; für mich hingegen hatten die Kanzelreden einen großen Reiz, ich ahmte sie nach. Ich hielt, wo ich allein ging und stand, laute Predigten aus dem Stegreif, ich ging auf Suche nach geist= lichen Büchern, schleppte sie — wenn ich dazu die Erlaubniß hatte — in mein Vaterhaus zusammen, las dort die halben Nächte lang laut im Predigerton, auch wenn mir kein Mensch zuhörte, und trieb allerhand mysteriöse Phantastereien.

Also führte mich meine Mutter zu Geistlichen umher, und bat um Rath, wie ich denn in die „Studie" zu bringen wäre, „daß es nichts thät' kosten". Denn durch Unglücksfälle, Wetterschäden, Feuer, Krankheiten waren wir verarmt. Aber die geistlichen Herren sagten, wenn kein Geld da wäre, so könnten sie keinen Rath geben. Nur Einer war, der Dechant von Birkfeld, welcher sich erbötig machte, mich selbst im Latein zu unterrichten und später für mein Fortkommen was thun zu wollen. Ich wurde also nach Birkfeld zu einem Bauer gebracht, wo ich die Pflege genießen und die vierclassige Marktschule, sowie den zugesagten Lateinunterricht des Dechants besuchen sollte. Allein einerseits die rohen Jungen meines Quartierherrn, andererseits das Heimweh nach Vater und Mutter setzten mir so sehr zu, daß ich schon nach drei Tagen bei Nacht und Nebel aufbrach und den fünf Stunden langen Alpen= und Waldweg bis zu meinem Vaterhause zurücklegte. In jenen Tagen ist mein Heimweh geboren worden, das mich seither nicht verließ, auf kleineren Touren, wie auf größeren Reisen in Stadt und Land mein beständiger Begleiter war und eine Quelle meiner Leiden geworden ist. Es war dasselbe Gefühl, welches mich später zu Weib und Kind zog und immer wieder zurück nach den heimatlichen Bergen, als ihre steilen Hänge, ihre herbe Luft meiner schwachen Gesundheit längst schädlich und gefährlich zu werden begannen.

Nun, von Birkfeld zurückgekehrt, war ich entschlossen, mich dem Stande meiner Väter zu widmen. Indeß aber steigerte sich meine Neigung zu Büchern. In Krieglach lebte eine alte Frau, welche die Hoffnung auf mein Weiterkommen nicht aufgab und mir ihre Bücherschränke zur Verfügung stellte. Da fand ich Gedichte, Jugendschriften, Reisebeschreibungen, Zeitschriften, Kalender. Besonders die

illustrirten Volkskalender regten mich an. In einem solchen
fand ich eine Dorfgeschichte von August Silberstein, deren
frischer, mir damals ganz neuer Ton, und deren mir näher
liegender Gegenstand mich zur Nachahmung reizte. Ich war
damals etwa fünfzehn Jahre alt. Ich versuchte nun auch,
Dorfgeschichten zu schreiben, doch fiel es mir nicht ein, meine
Motive aus dem Leben zu nehmen, sondern ich holte die Stoffe
aus den Büchern. Ich schrieb nun selbst Kalender, die ich
auch eigenhändig illustrirte, Gedichte, Dramen, Reisebeschreibungen aus Ländern, in denen ich nie war, Alles nach alten
Mustern. Erst sehr spät kam ich darauf, daß man aus dem
uns zunächst umgebenden Leben die besten Stoffe holt.

Wir hatten uns noch einmal angestrengt, daß ich in
eine geistliche Anstalt käme, aber vergebens. Von jenen
Herren, die später wiederholt das Bedauern ausdrückten,
daß ich keiner der Ihren wäre, hat mir die Hand nicht
Einer gereicht. Und ich glaube, es ist gut so. Denn schon
meine Weltanschauung von damals hätte im Grunde nicht
mit der ihren harmonirt. Ich war mit ganzer Seele Christ.
Vor mir stand der katholische Cultus groß und schön; aber
meine Ideale gingen andere Wege, als die sind, auf denen
ich heute die Priesterschaft wandeln sehe.

Durch das Wanken und Wähnen, was ich denn werden
solle, war mir endlich alle Lust zum Bauernstande abhanden
gekommen. Meine Körperconstitution war auch nicht dazu
geeignet, und so trat ich im Sommer 1860 bei einem Schneidermeister in die Lehre. Bei demselben verblieb ich fast fünf
Jahre und wanderte mit ihm von Haus zu Haus, um den
Bauern die Kleider zu machen. Ich habe in verschiedenen
Gegenden, im cultivirten Mürzthale wie im verlassenen
Fischbacher Walde, in mehr als 60 Häusern gearbeitet und

diese Zeit und Gelegenheit war meine Hochschule, in welcher ich das Bauernvolk so recht kennen lernen konnte.

Nicht unerwähnt mag ich das Verhältniß lassen, in welchem ich damals zur Familie Haselgraber in Kathrein am Hauenstein stand. Der alte Haselgraber betrieb nebst einer kleinen Bauernwirthschaft und verschiedenen Gewerben auch eine Krämerei und stand also im Verkehr mit der Welt. In seinem Hause, in welchem ich wie daheim war, fand ich Bücher und Zeitungen, vor Allem aber an Haselgraber's Söhnen und Töchtern gute Freunde, die wie ich ein Interesse an Büchern und geistiger Anregung hatten, denen ich auch meine Dichtungen zu lesen gab, theilweise sie ihnen widmete, und mit denen ich in langjährigem freundschaftlichsten Verkehr stand.

Die Erinnerung an diese guten Menschen, die heute theils begraben, theils in der weiten Welt zerstreut sind, weckt jetzt noch das Gefühl der Dankbarkeit und Wehmuth in meinem Herzen.

Ich hatte in meiner Jugend das Glück, mit meist guten Menschen zusammenzukommen; darunter vor Allem zu nennen meine Mutter, mein Vater und mein Lehrmeister. Meine Mutter war die Güte, die Aufrichtigkeit, die Wohlthätigkeit, die Arbeitsamkeit selbst. Mein Vater voll herzlicher Einfalt, Redlichkeit, Duldung und echter Religiosität. Mein Lehrmeister war ein fleißiger Handwerker, der auf sein Gewerbe was hielt und mich mit milder Hand zur Arbeitsamkeit leitete. Für sein Leben gern wollte er einen tüchtigen Schneidermeister aus mir machen, aber er mag es wohl früh geahnt haben, daß seiner Liebe Müh' vergeblich sein werde. Trotzdem hat er mit herzlicher Neigung zu mir gehalten, bis ich ihm davonging.

Ich hatte nie das Bestreben, von meinem Handwerke fortzugehen, obwohl ich mit meinen Leistungen nicht recht zufrieden sein konnte. Mich hat nämlich schon seit meiner Kindheit her eine wunderliche Idee geleitet, oder eigentlich mißleitet. Sie entsprang wohl aus meiner Kränklichkeit und war geeignet, einerseits mich zu verkümmern, andererseits mich zu erhalten. Mir war nämlich in allen meinen Zeiten zumuthe, daß mein Leben nur noch ein kurzes sein werde, und daher das Streben nach einer besseren Stellung über- flüssig. So habe ich stets in einer gewissen, traumhaften Leichtsinnigkeit hingelebt, mit jedem nächsten Jahre den Tod, ja, mit jedem sich anmeldenden Unwohlsein resignirt das Ende erwartend. Der Weg, den ich machte, war demnach weniger ein Werk der Absicht, als des Zufalls.

Auch während meiner Schneiderzeit hatte ich allerlei gedichtet und geschrieben, und durch Lobsprüche und Rath- schläge veranlaßt, schickte ich eines Tages eine Auswahl von Gedichten nach Graz an das Journal: „Die Tagespost". Ich war lüstern, einmal zu sehen, wie sich meine Poesien gedruckt ausnähmen. Der Redacteur des Blattes, Dr. Svoboda, ver- öffentlichte richtig Einiges, war übrigens aber der Ansicht, daß mir das Lernen wohlthätiger wäre, als das Gedruckt- werden. Er suchte mir durch einen warm und zweckmäßig geschriebenen Aufsatz Gönner, welche mich vom Gebirge ziehen und mir Gelegenheit zur weiteren Ausbildung bieten möchten. Da war es vor Allem der Großindustrielle Peter Reining- haus in Graz, der mir alsogleich Bücher schickte und mich materiell unterstützte, dann der Buchhändler Giontini in Laibach, welcher sich bereit erklärte, mich in sein Geschäft zu nehmen. Nun verließ ich völlig planlos, nur vom Drange beseelt, die Welt zu sehen, mein Handwerk und meine Heimat, fuhr nach Laibach, wo ich einige Tage deutsche, slovenische und italienische Bücher hin- und herschob, dann aber, von Heimweh erfaßt, fluchtartig nach Steiermark zurückkehrte.

Ich habe mir den Vorwurf zu machen, Wohlthätern gegenüber meine Dankbarkeit — trotzdem ich sie tief empfand — nicht immer genügend zum Ausdruck gebracht zu haben; so war's auch bei Giontini; das plötzliche Verlassen meiner neuen Stellung sah nicht weniger, als dankbar aus. Trotzdem hat Herr Giontini mir das Ding nicht übel · genommen, sondern seine Wohlgesinnung mir in manchem Schreiben bewiesen und bis zu seinem Tode erhalten.

Meine Absicht war, nun wieder nach Alpel zurückzukehren, dort wieder Bücher zu lesen und zu schreiben und die weite Welt — Welt sein zu lassen. Allein, in Graz, das ich auf der Rückfahrt berührte, ließ mich Dr. Svoboda nicht mehr fort. Nun begann dieser Mann, dem ich meine Lebenswende und so vieles Andere verdanke, neuerdings thatkräftig in mein Leben einzugreifen. Er suchte mir Freunde, Lehrer, und eine Anstalt, an der ich mich ausbilden sollte. Die Landes-Institute — aus denen später mancher Tadel laut wurde, daß es mir an classischer, an akademischer Bildung fehle — diese Institute blieben damals vornehm verschlossen; eine Privatanstalt war es, und zwar die Akademie für Handel und Industrie in Graz, die mich aufnahm, deren tüchtige Leiter und Lehrer den zweiundzwanzigjährigen Bauernburschen in Arbeit und geistige Pflege nahmen.

Schon in den ersten Tagen meines Grazer Lebens bot mir der pensionirte Finanzrath Frühauf in seiner Wohnung Unterstand und Pflege gegen ein lächerlich billiges Entgeld. Reininghaus ist nicht müde geworden, mit Rath und That mir beizustehen. In seinem Hause erlebte ich manche

Freude, und an seiner Familie sah ich ein herrliches Vorbild
deutscher Häuslichkeit. Später nahm mich der Director der
Akademie für Handel und Industrie, Herr Franz Dawidowsky,
in sein Erziehungsinstitut für Studirende der Handelsakademie,
wo ich unter dem Deckmantel eines Hausjecretärs ein heiteres
Heim genoß. Drei Jahre war ich im Hause dieses vortrefflichen
Mannes, den ich wie einen Vater liebte und dessen nobler
Charakter günstig auf meine etwas bäuerliche Engherzigkeit
wirkte. Gleichzeitig lernte ich an den Institutszöglingen —
es waren Deutsche, Italiener, Engländer, Serben, Ungarn,
Polen u. s. w. — verschiedenerlei Menschen kennen, und so
ging der Erfahrungszuwachs gleichen Schrittes mit den
theoretischen Studien vorwärts.

Meine weit jüngeren Studiencollegen waren zumeist
rücksichtsvoll gegen mich, doch, wie ich früher das Gefühl
gehabt, daß ich nicht recht zu den Bauernjungen passe, so
war es mir jetzt, daß ich auch nicht zu den Söhnen der
Kaufleute, Bankiers und Fabrikanten gehöre. Indeß schloß
ich Freundschaft mit einem Realschüler, später Bergakademiker,
mit einem echten oberländischen Bergjohn, Namens August
Brunlechner. Wir verstanden uns, oder strebten wenigstens,
uns zu verstehen; Beide Idealisten, Beide ein wenig sentimental,
uns gegenseitig zu Vertrauten delicater Jugendabenteuer
machend und dann wieder uns zu ernster Arbeit ermunternd,
uns darin unterstützend — so hielten wir zusammen, und
die alte Freundschaft währt heute noch fort.

Ferner finde ich in der Liste meiner damaligen Freunde
und Gönner die Namen Falb (des bekannten Gelehrten und
Reisenden, damaligen Religionsprofessors an der Handels-
Akademie, der mir die Aufnahme an dieser Anstalt vermittelt
hat), ferner Nebenburg, Reicher, Oberanzmayr, Kicinoschegg,

Föbransperg, Grein, Friedrich, Steiner, Mayer u. s. w. Die damaligen Theaterdirectoren Kreibig und Czernitz gaben mir freien Eintritt in ihre Kunstinstitute; freundlich zog man mich zu öffentlichen Vorlesungen, und so gedachte man meiner bei verschiedenen Gelegenheiten. Mir kann also nichts gefehlt haben.

Ich hatte aber noch gar nichts geleistet. Dr. Svoboda hat es eben verstanden, durch wiederholte warme Notizen, durch Veröffentlichung manches meiner Gedichte das Interesse des Publicums für mich warm zu erhalten.

Das Studiren kam mir nicht leicht an, ich hatte ein ungeübtes Gedächtniß und für kaufmännische Gegenstände eine Begriffsstützigkeit, wie man sie bei einem Poeten nicht besser verlangen kann. Doch arbeitete ich mit Fleiß und gelassener Ausdauer und nebenbei sehnte ich mich — nach Alpel. Die Südbahn schickte mir manche Freikarte, um mehrmals des Jahres dieses Alpel besuchen zu können.

Bemerken möchte ich den Umstand, daß ich trotz meines oft krampfhaften Anschmiegens an die engste Heimat doch stets, und wohl ganz unbewußt, von einem kosmopolitischen Geiste beseelt war, der aber allemal in die Brüche ging, so oft ich in Kriegszeiten die Volkshymne klingen hörte und die schwarzgelbe Fahne flattern sah. Es ist ja was Schönes um den Patriotismus, wenn man nur auch immer genau die Grenze sähe, wo er aufhört, eine Tugend zu sein.

Auch andere Dinge gab es, in welchen ich die Grenze zwischen Tugend und Fehler nicht immer genau zu unterscheiden vermochte. So in Sachen der Rückhaltslosigkeit und Offenheit. Als Knabe hatte ich selbstverständlich gar keine Meinung, lächelte Jeden zustimmend an, der eine Meinung darthat und konnte mich des Tages von Mehreren, die ver-

schiedene Ansichten vertraten, überzeugen lassen. Diese Un-
selbstständigkeit dauerte ziemlich lange. Und später, als ich
zu einer persönlichen und festen Ueberzeugung gekommen war,
hatte ich lange nicht immer den Muth, dieselbe zu vertreten.
Leuten, die oft ganz das Gegentheil von meiner Ansicht
behaupteten, konnte ich in mir nicht zu nahe liegenden Dingen
gleichgiltig beistimmen, erstens um nicht unhöflich zu sein,
zweitens um mich nicht Rohheiten auszusetzen, mit denen der
Brutale den weicher gearteten Gegner in jedem Falle schlägt.

Von diesem Fehler ging ich allmählich zu einer Tugend
über, die aber auch mitunter wieder in einen Fehler aus-
zuarten drohte. Ich wurde bei mir nahestehenden Personen
und in mir naheliegenden Sachen die Rückhaltslosigkeit und
Offenheit selbst. Ich war nicht mehr im Stande, anders zu
reden, als was tief in mir lebte. So wurde ich oft rück-
sichtslos selbst gegen meine Freunde; es blutete mir das
Herz, wenn ich merkte, daß ich ihnen wehe that, aber an-
geregt oder gereizt, mußte meine Meinung unverblümt über
die Zunge. Es wäre gewiß eine löbliche Sache gewesen,
gegen meinen Vater — der strengkirchliche Ansichten hatte, und
dessen Seelenruhe darin gelegen wäre, auch mich dafür zu
bekehren — eine kirchlich-confessionelle Form zu heucheln; aber
nein, ich konnte es nicht. Ich sagte ihm, wenn er mich an-
regte, offen meine Anschauung über den Unterschied zwischen
Confession und Religion und habe den guten, herzensguten
Mann wohl oft damit gekränkt.

So bin ich zu jenem Freimuthe gelangt, der dem
Literaten wohl anstehen mag, dem Menschen im Verkehr mit
Menschen aber nicht immer ziert und zum Vortheile gereicht.

Ich bin schon frühe in den unverdienten Ruf eines
liebenswürdigen Burschen gekommen; selbstverständlich hat

sich von nun an dieser Ruf nicht mehr gesteigert, wodurch
meine Concentrirung, Selbstständigkeit und geistige Spann-
kraft allerdings nur gewonnen hat.

Indeß behaupte ich nicht, daß ich an einer einmal ge-
faßten Ansicht immer unumstößlich festgehalten hätte. Ich
dachte vor zehn Jahren in Vielem ganz anders, als vor
zwanzig und denke heute anders, als vor einem Decennium.
Ich habe mich einer wirklich überzeugenden Macht niemals
verschlossen, habe mich im Laufe meiner Jahre, meiner Erfahrungen und Studien modificirt und mich im Leben, in
der Geschichte und Philosophie so viel umgesehen, daß ich
nur von Einem unumstößlich fest überzeugt bin, nämlich von
der Fehlbarkeit alles Glaubens und Wissens.

Also verrannen die Studienjahre und ich wußte nicht,
was aus mir werden sollte. Im günstigsten Falle konnte
mich ein Grazer Kaufmann in sein Comptoir nehmen und
für diesen Fall kam mir der Gedanke, daß ich ohnehin nicht
mehr lange leben werde, wirklich recht bequem.

Auf meinen Landausflügen war mir das Auge aufgegangen für etwas, was ich früher immer gesehen, aber niemals geschaut hatte, für die ländliche Natur und für die Landleute. Ich hatte allerdings schon als Kind — und zwar ganz
unbewußt — ein Auge für die Landschaft. Wenn ich mich an
die ersten Wanderungen mit Vater und Mutter zurückerinnere,
so weiß ich nicht mehr, weshalb wir die Gänge machten,
oder was dabei vorfiel oder gesprochen wurde, aber ich sehe
noch den Felsen und den Bach und den Baumschlag und
weiß, ob es Morgens war, oder Nachmittags. In dieser
Zeit nun — gegen Ende der Studien an der Handelsakademie — kam mir Adalbert Stifter zur Hand. Ich nahm

die Werke dieses Poeten in mein Blut auf und sah die Natur
im Stifter'schen Geiste. Es ist mir später schwer geworden,
Nachahmung meines Lieblingsdichters zu vermeiden und
dürften Spuren davon in den älteren meiner Schriften wohl
zu finden sein.

Den Landleuten gegenüber regte sich nun in mir ein
lebhafter Drang, sie zu beobachten und sie wurden der
Gegenstand meiner Dialektgedichte.

Zahlreiche Proben davon brachte ich meinem Dr. Svoboda. Seine Beurtheilung war nicht ohne Strenge; doch
verstand er es, meinen oft herabgedrückten Muth allemal
wieder zu wecken, was mir sehr noth that. Er verwies mich
auf musterhafte Vorbilder; jedoch solche machten mich stets
muthlos, während Leichteres, weniger Gelungenes — wenn
es überhaupt in meiner Richtung lag — mich reizte
und belebte, Befriedigenderes zu schaffen. Der Einfluß
Dr. Svoboda's auf meine geistige Entwickelung ist ein großer,
obgleich mir sein hoher ästhetischer Standpunkt lange Zeit
unverständlich und kaum zu erreichen schien. Als er mir einst
sagte, ich müsse ein in ganz Deutschland gelesener Schrift-
steller werden, lachte ich ihm dreist in's Gesicht, aber er
lehrte mich die Selbstzucht und die Selbstschätzung, den Ehr-
geiz — damit hat er Manches erreicht.

Um jene Zeit suchte ich in Graz einen Verleger für ein
Bändchen Gedichte in steierischer Mundart. Ich fand einen
Einzigen, der sich bereit erklärte, das Büchlein herauszugeben,
wenn mir Robert Hamerling dazu ein Vorwort schriebe.
Schon einige Monate früher hatte ich die Kühnheit gehabt,
mich selbst bei Hamerling vorzustellen. Sein mildes Wesen
und das Interesse, das er für mich zeigte, ermuthigten mich,
ihm die Gedichte vorzulegen und dafür um ein Vorwort zu

bitten. Und Robert Hamerling hat meinem „Zither und
Hackbrett," wie wir das Büchlein nannten, einen Begleitbrief
mitgegeben, der mir für's Erste bei dem Verleger, Herrn
Josef Pock in Graz, ein ganz anständiges Honorar eintrug.
Diesem Vorworte ist es zu verdanken, daß die Kritik dem
Büchlein ihre Aufmerksamkeit zuwandte, und „Zither und
Hackbrett" hatte einen schönen Erfolg.

Robert Hamerling ist mir seit dieser ersten That ein
treuer Freund geblieben. Sein schlichtes Wesen, seine gütige
bescheidene Art, zu leiten und zu rathen, seine liebreichen
Gesinnungen, seine von jeder Ueberschwenglichkeit freie, ich
möchte sagen, classisch reine Weltanschauung war für meine
Schriften, aber noch mehr für die Ausbildung meiner Denkungs-
art von wesentlichen Folgen. Dieser stets anregende, schöpfe-
rische Geist, dieser beruhigende, versöhnende Charakter, dieses
stille, aber entschiedene Hinstreben nach dem Schönen und
Guten ist für mich in meinen verschiedenen Lebenslagen von
unschätzbarem Werthe gewesen.

Ein freundlicher Zufall wollte es, daß „Zither und
Hackbrett" gerade in den Tagen erschien (Juli 1869), als ich
nach beendigten Studien die Handelsakademie verließ, um
nun — eine Stelle zu suchen. Dr. Svoboda jedoch sagte:
„Jetzt suchen Sie keine Stelle, jetzt miethen Sie sich ein lichtes
Zimmer und studiren und dichten, auch machen Sie Reisen,
schauen die Welt an und schreiben darüber. Sie haben einen
glücklichen Styl, werden Ihre Schriften in den Zeitungen
abdrucken lassen, dann als Bücher herausgeben. Das Land
Steiermark wird Ihnen ein Stipendium verleihen und Sie
werden Schriftsteller sein."

So ist es auch geworden. Schon für die nächsten
Monate zog ich mich in meine Waldheimat zurück und schrieb

ein neues Werk in steierischer Mundart: „Tannenharz und Fichtennadeln". (Die beiden Dialektwerke sind der ausgewählten Ausgabe aus verschiedenen Gründen nicht einverleibt worden; doch war es nicht meine Absicht, dieselben zurückzusetzen; sie sind bei Leykam-Josefsthal in Graz zu haben.) Diesem folgte bald das beschreibende Werkchen: „Sittenbilder aus dem steierischen Oberlande". Die Winterszeit verlebte ich in Graz, wieder bei meinem alten Finanzrath Frühauf, besuchte Vorlesungen an der Universität und trieb fleißig Privatstudien. Im Sommer reiste ich. Ich bereiste Steiermark, besonders das Oberland, Oberösterreich, Salzburg, Kärnten und Tirol.

Im Jahre 1870 machte ich eine Reise durch Mähren, Böhmen, Sachsen, Preußen bis auf die Insel Rügen. Ging dann nach Hamburg, zur See nach den Niederlanden und fuhr rheinaufwärts bis in die Schweiz. Ich hatte vor, die Schweiz genau zu studiren, doch zog es mich mit solcher Macht nach der Steiermark zurück, daß mir der ausbrechende deutsch-französische Krieg eine willkommene Veranlassung war, den unter meinen Füßen brennend gewordenen Boden eiligst zu verlassen.

Zwei Jahre später bereiste ich Italien. Ich wollte auch nach Sicilien, doch hat mich in Neapel das Heimweh derart übermannt, daß ich umkehrte und bei Tag- und Nachtfahrten den kürzesten Weg nach Hause suchte. In den heimatlichen Thälern lag der frostige Herbstnebel, aber ich stieg auf die Berge, in den Sonnenschein hinauf und war glücklich. Die Alpenhöhen waren meine Lust. Ich ging stets allein und diesen Wanderungen verdanke ich hohe Genüsse.

Im Jahre 1870 von meiner Reise durch Deutschland heimgekehrt, fand ich auf meinem Tische eine Aufforderung des Pester Verlagsbuchhändlers Gustav Heckenast (mit welchem ich schon früher in Bezug auf seinen Freund Adalbert Stifter in Correspondenz gestanden), für seinen Verlag ein Buch zu schreiben. Das Buch war aber schon fertig und hieß: „Geschichten aus Steiermark". Heckenast ließ es sogleich drucken und ermunterte mich zu neuen literarischen Arbeiten. Ein Jahr später besuchte ich den feingebildeten Weltmann auf seinem Landgut in Maroth. Er schloß sich freundlich an mich, ich mich innig an ihn, es entwickelte sich zwischen dem vornehmdenkenden Kunstmäcen, dem verdienstvollen Begründer der ungarischen Literatur und dem noch etwas unsicher tappenden steierischen Poeten ein freundschaftliches Verhältniß, das bis zu Heckenast's Tode (1878) währte und, nebst vielfachen moralischen Vortheilen für mich, meine materielle Existenz als Schriftsteller begründet hat. Ich ließ bei Heckenast innerhalb von 8 Jahren nicht weniger als 14 Bände erscheinen, außerdem noch 6 Jahrgänge eines Volkskalenders: „Das neue Jahr", dessen Plan und Redaction er mir übertragen hatte. Zwei weitere Jahrgänge dieses Kalenders gab ich später beim Hofbuchhändler Hermann Manz in Wien heraus. Heckenast war es auch, der mir den Rath Dr. Svoboda's, alle meine Bücher früher in Zeitschriften zu veröffentlichen, wiederholte. Mir war das häufige Auftauchen meines gedruckten Namens fast peinlich, aber da ich sah, daß es auch bei Anderen so war, die vielleicht nicht so sehr auf den Ertrag der Waare angewiesen sein mochten, beruhigte ich mich und gewöhnte mich daran, wie sich das nachsichtsvolle Publicum daran gewöhnt hat.

In jenen Jahren kam mir gar nichts leichter an, als literarisches Schaffen, ja es war mir ein Bedürfniß geworden, Alles, was ich dachte und fühlte, niederzuschreiben. Jedem kleinen Erlebnisse entkeimte ein Gedicht, jeder bedeutendere

Vorfall drängte sich mir zu einer Novelle auf, und ließ mir keine Ruhe, bis die Novelle geschrieben war. Selbst in nächtlichen Träumen webten sich mir Erzählungsstoffe. Es war wohl auch einmal eine Zeit, da ich auf Jagd nach Gedanken für Gedichte, oder Stoffe für Novelletten ausging; aber das war immer das Unersprießlichste. So auch taugten mir die Stoffe nicht, die ich in Büchern las oder erzählen hörte. Nur unmittelbar Erlebtes, oder was mir plötzlich blitzartig durch den Kopf ging, das zündete und entwickelte sich.

Häufig ist mir der Rath ertheilt worden, Wald und Dorf zu verlassen, meine Stoffe aus der großen Welt zu holen und durch philosophische Studien zu vertiefen. Ich habe das versucht, habe aus den Studien schöne Vortheile für meine Person gezogen, doch in meinen Bauerngeschichten haben sich die Spuren von Bücherstudien niemals gut ausgenommen. Nur der Geist der Toleranz und Resignation, den man aus der Geschichte der Menschen und ihrer Philosophie zieht, mag meinen Büchern zu statten kommen. Weiteres fand ich nicht anwendbar, ja, es irrte und verwirrte mich und verflachte mich, wo es Andere vertieft. Jedem ist es nicht gegeben. Mir ist es auch nicht gelungen, der sogenannten Welt genug Verständniß und Geschmack abzugewinnen; Vieles, worin die „gute Gesellschaft" lebt und webt, kam mir flach, leer, ja geradezu abgeschmackt vor. Und aus den gelehrten Büchern schreckte mich nur allzu oft der Dünkel und die Menschlosigkeit zurück. Aus der Philosophie der modernen Naturgeschichte, so anregend dieselbe sonst auch wirken mag, ist für Poeten nicht viel zu holen, und wo ich mich mit meinen ländlichen Stoffen einmal dem Zeitgeist anbequemen wollte, da kamen jene Producte zu Stande, von denen mein literarisches Gewissen

behauptet, sie wären besser ungeschrieben geblieben. Andere
haben gerade auf diesem Felde Bedeutendes geleistet, aber ich,
dessen Weltanschauung wenigstens in Grundstrichen schon gezogen war, als ich aus meinen bäuerlichen Kreisen trat, vermochte in der tausendstimmigen Claviatur des Weltlebens den
rechten Ton nicht mehr zu finden.

Es war mir auf solchen Wegen nicht wohl zu Muthe,
ein tiefes Unbefriedigtsein begann ich zu fühlen, auch hier
kam etwas wie Heimweh über mich und so habe ich zu mir
gesagt: Du kehrst zurück in jene große kleine Welt, aus der
so Wenige zu berichten wissen, du erzählst nicht, was du
studirt, sondern was du erfahren hast, du erzählst es nicht
in ängstlicher Anlehnung an ästhetische Regeln, erzähle es
einfach, frei und treu. Und diesen Charakter, meine ich, soll
nun die Mehrzahl meiner Schriften tragen. Bei vielen habe
ich scheinbar meine Person zum Mittelpunkt gemacht, eine
Form, von der sich freilich manche Beurtheiler täuschen ließen
indem sie vielleicht die starke Selbstgefälligkeit eines Autors
betonten, der immer nur von sich selbst zu sprechen liebt.

Ich hatte darauf gebaut, daß die Leser in meinen betreffenden Erzählungen meine Person für den Stab am
Weinstock halten würden. Was sich dran und drum rankt,
das ist die Sache. Ich erzähle von Menschen, die ich kannte,
von Verhältnissen, die zufällig auch die meinen waren, von
Erfahrungen, die vor meinen Augen gemacht worden sind
und deren Werth an ihnen selbst liegen muß. Meine Person
darin läßt sich, wenn man will, in den meisten Fällen durch
eine andere ersetzen, man möge sich an ihr eine Type denken.
Ich selbst hätte vielleicht eine fremde Figur als Träger
hingestellt, wenn ich Raffinement genug besäße, etwas, was ich
persönlich erfahren oder was in mir entstanden, einem Andern

anzudichten. Die Unmittelbarkeit und Wahrheit hätte dadurch aber nicht gewonnen.

Wer sich nach einer Richtung hin concentrirt, der wird stets einer gewissen Einseitigkeit in Stoff und Styl verfallen und allmählich wird man ihm „Manierirtheit" zum Vorwurfe machen. Die Gefahr, manierirt zu werden, ist gerade bei solchen Autoren, die man Originale nennt, vorhanden; ich suchte mich vor ihr zu hüten, indem ich sie mir stets vor Augen hielt. Man nebelt wohl lange zwischen Extremen herum, bis man zur Einsicht kommt, daß das Natürlichste das Beste ist.

Ich bin von der Kritik viel belobt worden. Besondere Anerkennung hat aber meine große Fruchtbarkeit gefunden; wo noch ein Weiteres gethan wurde, da stand von meiner „Ursprünglichkeit" und „Waldfrische" zu lesen. Glimpflicher ist wohl kaum Einer weggekommen, als ich, so daß mir nach Heckenast's Tode einer meiner Verleger ganz unwirsch schrieb: „Machen Sie doch, daß Sie endlich einmal ein Buch fertig bringen, welches ordentlich verrissen wird, sonst müßte ich für die Zukunft Ihre Manuscripte ablehnen." Und der Mann hat, als das nächste Buch die Recensenten auch wieder „so waldduftig und thaufrisch anmuthete", wirklich abgelehnt.

Allerdings haben confessionelle Fachblätter daran Aergerniß genommen, daß ich in meinen Schriften das allgemein Menschliche und Gute befürwortete, daß ich die Gebote Gottes höher stellte, als die der Kirche, aber sie haben das genommene Aergerniß auch redlich wieder gegeben, und zwar durch die niedrige Art und Weise ihrer Angriffe.

Nach dem Eintritte in die städtischen Kreise, in die Welt, ist eine bemerkenswerthe Wandlung in mir vorgegangen. Ich

war nämlich enttäuscht. Ich hatte dort eine durchschnittlich
bessere Art von Menschen zu finden gehofft, als im Bauernthume, stieß aber überall auf dieselben Schwächen, Zer-
fahrenheiten, Armseligkeiten, aber auf viel mehr Dünkel und
falschen Schein. Und diesen geschulten und raffinirten Leuten
konnte ich die Niedertracht viel weniger verzeihen, als dem
Bauer. Es begann in mir eine Art von Mißtrauen gegen
die so laut gepriesene Bildung und Hochcultur aufzukommen.
Ich wendete mich schon darum mit Vorliebe den Natur-
menschen zu. Selbstverständlich bin ich der Rohheit auch im
Bauernthume ausgewichen, so gut es anging, und habe an
ihm nur das Menschliche und Seelische in meinen Schriften
zu fixiren gesucht. Das Elend, dem nicht zu helfen ist,
kann kaum Gegenstand eines poetischen Werkes sein. Meine
Schilderungen und meine Erzählungen aus dem Volksleben
mögen sich hier und da scheinbar widersprechen; der Grund
liegt darin, daß ich als Schilderer meine Stoffe aus der
Regel, als Novellist meine Stoffe aus den Ausnahmen gezogen habe. Im Ganzen glaube ich die Ausdehnung und
Bedeutung meines Gebietes erfaßt zu haben und die enge
Beschränkung meines Talentes zu erkennen. Jenen, die mich
darum etwa bedauern, sei bemerkt, daß ich mich in dieser
Beschränkung niemals beengt, sondern stets frei, reich und
zufrieden gefühlt habe.

Was ich jedoch fortwährend vermißte, das ist die
Schulung, der gründliche und systematische Unterricht in der
Jugend. Das läßt sich nicht mehr nachholen. In den Lehr-
büchern unbewandert, hat man oft das Einfachste und Nahe-
liegendste für den Augenblick des Bedarfes nicht zur Stelle.
Ein Beispiel aus der Grammatik: Ich kann über keine Decli-
nation und Conjugation, über keine Wortbezeichnung und über

keinen Satzbau wissenschaftlich Rechenschaft geben. Ich habe
z. B. das Wort Anekdote wohl schon dreihundertmal geschrieben
und weiß es heute noch nicht auf den ersten Moment, ob man
Anektode oder Anekdote schreibt. So fehlte mir auch jene
gewisse, für schriftstellerische Arbeiten so vortheilhafte Routine,
die aus allen Werken und Schriften rasch das Fördernde und
Passende herauszufinden und zu verwerthen weiß; das Studium ging, ohne mir seine ursprüngliche Form als Handhabe zu überlassen, allerdings bald in mein Blut über, so
daß Manches, was ich aus mir selbst zu schöpfen glaubte,
fremden Ursprunges sein mag, während ich nicht leugnen
will, daß Anderes, was ich aus irgend welchen Gründen
mit fremdem Siegel versah, aus mir selbst gekommen ist.

In der ersten Zeit meiner schriftstellerischen Thätigkeit
hat mich wohl auch die Eitelkeit ein wenig geplagt. Die
Recensionen über meine Arbeiten fochten mich nur wenig an.
Waren sie schmeichelhaft, so hielt ich's gewissermaßen für selbstverständlich, daß man mit mir Rücksicht habe, daß man mein
Wollen anerkenne und ermuntere. Waren die Recensionen ab-
sprechend, so konnte es mich auch nicht wundern, daß man meine
vielleicht schülerhaften, jedenfalls noch unreifen Productionen
bemängelte. Ich hatte über mich keine Meinung und so sehr
mich meine Dichtungen während ihres Entstehens begeisterten,
so gleichgiltig waren sie mir, nachdem ich sie vom Halse hatte.

Als aber später verschiedenerlei Auszeichnungen kamen,
Lobpreisungen vom Publicum, schmeichelhafte Zuschriften und
Ehren von bedeutenden Persönlichkeiten, Huldigungen von Cor-
porationen, Gemeinden u. s. w., da drohte mich einmal der
Wirbel zu überkommen. Aber nur vorübergehend. Im Hinblick
auf die Geschichte wirklich hervorragender Männer, die man nicht
gefeiert, sondern gelästert hat, in Anbetracht der verschiedenen

Urſachen, der Höflichkeitsſitten, des Localpatriotismus oder
gar eines verſteckten Eigennutzes, wurde mir die Inhalts-
loſigkeit eines ſolchen Gefeiertwerdens bald klar. Und wenn
ich den Tag erlebe, da Jene, die den „ſteieriſchen Dichter"
einſt vergötterten, mich vergeſſen oder mißverſtehen werden,
ſo kann mich das nicht mehr treffen. Liegt in meinen
Schriften Werth, ſo kann er durch derlei Dinge weder
beſtimmt, noch verändert werden; liegt keiner drin, ſo iſt das
raſche Vergeſſenwerden der natürlichſte und beſte Verlauf.

Selbſtverſtändlich freue ich mich offenmüthiger Bezeu-
gungen von Wohlwollen und Ehren, ſolche ſind mir ſtets
eine liebe Beſtätigung des wohlthuenden Eindruckes den
ich durch meine Schriften auf die Mitmenſchen gemacht. Ich
geſtehe allerdings, daß meine ſchriftſtelleriſche Thätigkeit
längſt nicht mehr ohne Abſicht iſt; ich will mitarbeiten
an der ſittlichen Klärung unſerer Zeit. Habe ich Beifall, ſo
wird er mich der Sache wegen freuen, wird mich der Freunde
und Stütze berechtigen, deren ich bedarf.

Im Januar 1872 ſtarb meine Mutter. Sie hatte noch
Freude gehabt an meiner neuen Lebensbahn, die ſie aber nicht
begriff. Das Heimatshaus war den Gläubigern verfallen;
ſie ſtarb nach jahrelangem Siechthum in einem Ausgeding-
häuschen, das einſam zwiſchen Wäldern ſtand. Mein Vater
zog ſpäter in's Mürzthal, wo ihm nach mancherlei neuerlichen
Mühſalen ein freundlicheres Daheim gegeben wurde.

Einige Zeit nach dem Tode der Mutter hatte es den
Anſchein, als wenn ich das Siechthum von ihr geerbt hätte.
Ich kränkelte, konnte auf keine hohen Berge ſteigen und war
ſchwerfällig in meinen Studien und Arbeiten. Heckenaſt lud

mich auf sein schönes Landgut zur Erholung. Aber dort wurde
mir trotz der allerbesten Pflege und liebevollsten Behandlung
noch übler und schon nach wenigen Tagen mußte ich meinem
Freunde gestehen, daß ich Tag und Nacht keinen Frieden
hätte, daß ich heim müsse in's Waldhaus. Da fuhr Heckenast
selbst mit mir in die Steiermark herein und reiste, um mich
zu zerstreuen, mit mir in Kreuz und Quer durch das schöne
Land.

In demselben Sommer war es, als mir auf dem Wald-
wege nach meiner Heimat Alpel etwas Außerordentliches begegnete. Nämlich ein zwanzigjähriges Mädchen aus Graz,
das mit ihrer Freundin eine Bergpartie nach Alpel machte,
um das Geburtshaus des Lieblingspoeten zu sehen. Sie
glaubte mich auf einer Reise in weiten Landen und hatte
mich vorher auch nicht persönlich gekannt. Die Folge dieser
Begegnung war, daß ein Jahr später (1873) im Waldkirch-
lein Mariagrün bei Graz Anna Pichler und ich uns für's
Leben die Hände reichten.

Nun kam für mich eine schöne, glückliche Zeit. Ich war
wieder ganz gesund. Wir führten ein ideales häusliches Leben.
Anna war die echte Weiblichkeit und Sanftmuth und ihre
reiche, heitere Seele regte mich zu den besten poetischen
Schöpfungen an, deren mein begrenztes Talent überhaupt
fähig war. Die Eltern meiner Gattin — geachtete Grazer
Bürgersleute — hüteten unser sorgloses Leben mit rührender
Liebe. Nach einem Jahre wurde uns ein Söhnchen geboren,
in welchem sich unser Glück zur denkbarsten Vollkommenheit
steigerte. Im zweiten Jahre kam ein Töchterlein, und zwölf
Tage später ist mir mein Weib gestorben.

* * *

Es ist wohl am besten, hier meine Uebersicht zu schließen. Denn das Weitere liegt mir noch zu nahe, um darüber die nöthige Unbefangenheit zu haben. Ich begann wieder zu reisen, aber allemal schon nach kurzer Zeit zog's mich zu den Kindern zurück. Ich begann wieder zu kränkeln; zu größeren Arbeiten fehlte mir die Stimmung, und doch mußte ich nach einer strengeren, zerstreuenden Thätigkeit suchen. Nun fiel mir damals ein alter Lieblingsplan ein, eine Monatsschrift für das große Publicum herauszugeben, mit der Tendenz, den Sinn für Häuslichkeit, die Liebe zur Natur, das Interesse an dem Ursprünglichen und Volksthümlichen wieder zu wecken. Ich begründete 1876 die Monatsschrift „Heimgarten" und fand an der altrenommirten Firma Leykam-Josefsthal in Graz einen tüchtigen Verleger. Mir gelang es, die meisten meiner literarischen Bekannten und Freunde, als Robert Hamerling, Ludwig Anzengruber, Eduard Bauernfeld, Alfred Meißner, Rudolf Baumbach, August Silberstein, Friedrich Schlögl, Franz Krones u. s. w. zu Mitarbeitern des neuen Blattes zu gewinnen.

Zu einer weiteren Thätigkeit veranlaßten mich verschiedene Körperschaften des In- und Auslandes, die mich einluden, in ihren Kreisen Vorlesungen aus meinen Werken in steierischer Mundart zu halten, womit ich schmeichelhafte Erfolge erzielte. Das wirkte ermunternd auf meinen Gemüthszustand, doch strengte es mich körperlich derart an, daß ich meine Reisen als Vorleser bald wieder aufgeben mußte.

Trotz dieser Obliegenheiten und anderen Aufgaben war ich recht unstet und haltlos. Die Freude an meinen wohlgearteten, gedeihenden Kindern hatte so viel Schmerz in sich. Den kleinen Haushalt führte mir eine meiner Schwestern. Vielen Dank schulde ich den Eltern meiner verstorbenen

Gattin, welche mir in dieser harten Zeit liebevoll beigestanden haben. Auf thatkräftiges Anrathen Heckenast's entschloß ich mich 1877, unweit von dem mehr und mehr in Wald versinkenden Alpel mir und den Kindern ein neues Heim zu schaffen. Ich baute in Krieglach ein kleines Wohnhaus, wo ich seither die Sommermonate zuzubringen pflege, während ich den Winter in Graz verlebe.

Die Sorgen und das Vergnügen, sowie die kleinen körperlichen Arbeiten, welche mir das neue Häuschen verursachte, thaten mir wohl. Im Jahre 1878 erfolgte der Tod meines Freundes Gustav Heckenast, nach welchem ich meine Vereinsamung neuerdings bitter empfand. Ich hatte ihn jährlich mehrmals in Preßburg besucht, wohin er übersiedelt war; er kam zu mir nach Steiermark, oder wir gaben uns in Wien ein Stelldichein. Auch standen wir in lebhaftem Briefwechsel, und seine Briefe enthalten wahre Schätze von Herzlichkeit und Weisheit. In meiner Betrübniß über den neuen Verlust mied ich die Menschen und strebte am liebsten den finsteren Wäldern zu und schaute andererseits doch wieder nach Genossen und Freunden aus. In der Haltlosigkeit eines unsteten Gemüthes war mein Thun und Lassen nicht immer zielbewußt, woraus mir manches Leid entstand — mir und Anderen. — Da nahm es eine neue Wendung.

In Krieglach lebte den Sommer über die Familie des Bauunternehmers Herrn Knaur aus Wien, die mir mit Herzlichkeit entgegenkam und der ich gern nahte. Die Anmuth, sowie die Vorzüge des Geistes und des Herzens der Tochter Anna veranlaßten in mir neuerdings die Sehnsucht nach einem verlorenen Glücke. Anna wurde (1879) mein Weib, und so hat sich der Kreis der Familie wieder geschlossen, dessen Wärme und Frieden für meine

Exiſtenz, ſowie für meine geiſtige Thätigkeit das erſte Bedürfniß iſt.

Das Bild eines neuen, freundlichen Lebens breitete ſich
vor meinen Augen aus; ein zweites Söhnlein kam und er-
füllte mich mit neuen Zukunftsträumen. Allein ein ſachte
ſich einſtellendes Bruſtleiden warnte mich vor allzugroßer
Zuverſicht. Ich hätte als Menſch noch Manches zu thun,
als Schriftſteller noch Manches zu ſagen. Ob mir dazu Kraft
und Zeit bleibt, oder nicht, jedenfalls glaube ich mit der
Veranſtaltung einer ausgewählten Ausgabe meiner Schriften
nicht ganz unklug gehandelt zu haben. Schon deshalb nicht,
weil mir ſehr daran lag, das Unbedeutendſte auszuſondern,
eingeſehene Irrthümlichkeiten zu berichtigen, jugendliche Unreif-
heiten zu ſtreichen und zu verbeſſern, wo der Autor ſelbſt
verbeſſern kann. Sollte in Bezug auf das eher zu wenig,
als zu viel geſchehen ſein, ſo möge man es nicht der Eitelkeit des Autors, ſondern äußeren Verhältniſſen zuſchreiben.

Ich gehe als Schriftſteller einen Weg, der, wie ſich's
zeigt, nicht viel betreten iſt; ich fühle mich auf demſelben oft
vereinſamt, aber ich kehre nicht um. Ich weiß nichts Beſſeres
zu thun, als mir treu zu bleiben.

Mir ſcheint nicht Alles, was wahr iſt, werth, vom Poeten
aufgeſchrieben zu werden; aber Alles, was er aufſchreibt,
ſoll wahr und wahrhaftig ſein. Und dann ſoll er noch etwas
dazugeben, was verſöhnt und erhebt; denn wenn die Kunſt
nicht ſchöner iſt, als das Leben, ſo hat ſie keinen Zweck.
Furchen ziehen durch die Aecker der Herzen, daß Erdgeruch
aufſteigt, dann aber Samen hineinlegen, daß es wieder
grüne und fruchtbar werde — ſo wollte ich's halten.

Ich hätte in meinem Berufe gern Gutes gewirkt, denn
die Menſchen ſind des Guten bedürftig und werth. Aller-

dings, sie haben mich oft verdrossen. Obgleich ich das Glück
hatte, zumeist mit vortrefflichen Charakteren umzugehen, so
habe ich doch auch die Niederträchtigkeit kennen gelernt und
gesehen, mit welcher Wollust die Menschen im Stande sind,
sich gegenseitig zu peinigen — die grauenhaften Schändlich-
keiten und Uebelthaten stets allemal unter einem schönen,
wenn nicht gar geheiligten Deckmantel verhüllend. Ich habe
Zeiten durchlebt, da ich es für die größte Narrheit hielt, den
Leuten Gutes thun zu wollen. Aber, wenn ich ihr unendliches
Elend sah und das Uebermaß ihrer Leiden, da dauerten sie
mich. Ich bin ja einer von ihnen. Ich sehe den unermeßlichen
Jammer einer jahrtausendelangen Geschichte, die sie sich selbst
im blinden Ringen nach glücklicheren Zeiten gemacht haben.
Aber ich sehe auch, daß wir heute lange nicht auf dem rechten
Fleck stehen. Lieber nach vorwärts und in's Ungewisse hinein-
stürmen, als hier stehen bleiben! Aber wenn ich sehe, wie im
rasenden Flug, oder sagen wir, in der rasenden Flucht nach
„vorwärts" das Gemüth zu Schaden kommt, dieses unser
größtes Gut, und ich keinen Ersatz dafür zu ahnen vermag,
so blase ich zur Rückkehr in die Wildnisse der Natur zu jenen
kleinen, patriarchalischen Verhältnissen, in welchen die Menschheit ihre Jugendidylle verlebt hat. Und wenn das auch nicht
geht, weil's nicht gehen kann, dann am liebsten — sterben.

Nein doch, ich vertraue der Zukunft. Es werden Stürme
kommen, wie sie die Welt noch nicht gesehen; aber wenn
wir die großen Ideale und Tugenden der Besten unserer
Vorfahren und der Wenigen von heute, die Schlichtheit, die
Opferwilligkeit, die Häuslichkeit, den Familiensinn, den Frohsinn, die Liebe, die Treue, die Zuversicht in die Zukunft
hinüberzutragen vermögen, um sie neu zu beleben und zu
verbreiten, dann wird es gut werden.

Ich habe mein schwaches Talent nicht vergraben. Ich
habe mich nicht bethören lassen von jener Lehre, daß der
Poet neben dem Schönheitsprincipe keine Absicht haben solle,
und auch nicht von jener, die im Dichterwerke nur Tendenz
will, sei es nach dem Idealen oder Materiellen hin. Ich
habe die Gestalt genommen, wie sie das Leben gab, aber
sie nach eigenem Ermessen beleuchtet. Ich habe die hellsten
Lichtpunkte dorthin fallen lassen, wo ich glaubte, daß das
Schöne und Gute steht, damit entschwindende Güter wieder
in's Auge und Herz der Menschen dringen möchten. Des
Gemeinen habe ich gespottet, das Verderbliche bekämpft, das
Vornehme geehrt, das Heitere geliebt und das Versöhnende
gesucht. Mehr kann ich nicht thun.

Soll es nun heute sein, oder in späteren Tagen: Willig
mag ich meinen morschen Wanderstab zur Erde legen, willig
meinen Namen verhallen lassen, wie des heimkehrenden
Aelplers Juchschrei verhallt im Herbstwind. Aber ich — ich
selbst möchte mich an dich, du liebe, arme, unsterbliche Menschheit klammern und mit dir sein, durch der Jahrhunderte
Dämmerungen hin — und Weg suchen helfen — den Weg
zu jener Glückseligkeit, die das menschliche Gemüth zu allen
Zeiten geahnt und gehofft hat.

Inhalt.

———

Druck:
Customized Business Services GmbH
im Auftrag der
KNV Zeitfracht GmbH
Ein Unternehmen der Zeitfracht - Gruppe
Ferdinand-Jühlke-Str. 7
99095 Erfurt